LES BELGES

DANS

L'AFRIQUE CENTRALE

PROPRIÉTÉ DE L'ÉDITEUR.

LES
BELGES

DANS

L'AFRIQUE CENTRALE

VOYAGES, AVENTURES ET DÉCOUVERTES

D'APRÈS LES DOCUMENTS ET JOURNAUX DES EXPLORATEURS

LE CONGO ET SES AFFLUENTS

PAR

CH. DE MARTRIN-DONOS

TOME PREMIER

ILLUSTRÉ DE 150 GRAVURES, DE 3 CARTES ET DE 5 PLANCHES EN COULEURS

BRUXELLES
P. MAES, ÉDITEUR-LIBRAIRE
1887

— TOUS DROITS RÉSERVÉS —

CHAPITRE PREMIER

L'État libre du Congo : ses limites, son fleuve. — Premières découvertes. — L'ambassadeur nègre : Cacuta. — Baptême du premier roi chrétien du Congo ; ses funérailles. — Couronnement du roi Alphonse. — Les *Vêpres congoises*. — Les Anziques. — Les Giachas. — Le XIXe siècle au Congo : Expédition Tuckey.

Le 26 février 1885, réunis en conférence à Berlin, sous la présidence de M. le prince de Bismarck, les délégués de quatorze puissances. Allemagne, Autriche-Hongrie, Belgique, Danemark, Espagne, États-Unis d'Amérique, France, Grande-Bretagne, Italie, Pays-Bas, Portugal, Russie, Suède et Norvège et Turquie reconnaissaient un nouvel État africain · l'État libre du Congo. Ils lui fixaient pour limites ·

1° A l'ouest, le littoral de l'océan Atlantique entre Banana et Yabé ; le parallèle de Yabé jusqu'à sa rencontre avec le méridien de Ponta da Lenha ; ce parallèle vers le nord, jusqu'au Tchiloango ; la rive gauche de ce fleuve, jusqu'à sa source ; une ligne courbe de ce point aux chutes de Ntombo-Makata du même fleuve, laissant sur le territoire français la station de Mboko, et sur le territoire de l'État libre celles de Moukoumbi et de Manyanga ; enfin, à partir de Ntombo, le fleuve Congo même, jusqu'au confluent de la Bounba, au delà de la station de l'Équateur, où la limite qui se dirige vers le nord-ouest reste à déterminer ;

2° Au sud, le fleuve Congo, depuis Banana jusqu'un peu en amont de Nokki, la rive nord étant au nouvel État, la rive sud au Portugal ; puis à partir de Nokki, le parallèle de ce point jusqu'au cours du Congo ; cette rivière jusqu'à un point déterminé dans les environs du 9ᵉ parallèle, et une ligne brisée de ce point au lac Bangouélo ;

3° A l'est, les rives occidentales du Bangouélo, du Tanganika, du Muta-Nzigé et de l'Albert-Nyanza ;

4° Au nord, la ligne de faîte (à reconnaître) qui sépare le bassin hydrographique du Congo de celui du Nil, du Chari et du Benoué.

Ces frontières, qui ne sont pour le moment exactement connues que dans leur partie occidentale, donnent au nouvel État une superficie approximative de 2,500,000 kilomètres carrés, traversés de part en part par le Congo.

Ce fleuve, qu'un développement total d'environ 4,500 kilomètres place au troisième rang des grands cours d'eau de l'Afrique, venant après le Nil et après le Niger, prend sa source entre les lacs Tanganika et Nyassa, se dirige d'abord vers le nord, atteint l'Équateur, où il décrit un immense coude, puis redescend vers le sud-ouest et va se jeter dans l'océan Atlantique, à Banana, par un vaste estuaire de 11 kilomètres de largueur.

C'est dans le cours du quinzième siècle, siècle si fécond en découvertes africaines, qu'il a eu la gloire de renverser, en faveur de la vérité, toutes les notions tous les systèmes géographiques connus jusqu'à lui, que l'estuaire du Congo fut découvert par le Portugais Diego Cam.

Vers cette époque, les expéditions maritimes des Portugais, dont l'initiative et la persévérance ont immortalisé le nom d'un de leurs plus grands princes, Henri le Navigateur, avaient révélé un monde nouveau.

Le cap Bojador avait été reconnu en 1434, le golfe de Guinée en 1482, et deux ans plus tard, Diego Cam, officier de marine et gentilhomme de la maison du roi don Juan II de Portugal, conduisant une flotte à la recherche de nouvelles contrées le long des côtes d'Afrique, atteignit l'estuaire du Congo.

Débarqué sur un coin de terre baigné par les eaux du fleuve, pour en prendre possession au nom de son roi, le Portugais y rencontra des nègres et apprit d'eux qu'un souverain tout-puissant régnait déjà sur le pays du Zaïre, comme ils nommaient de ce mot, signifiant « je connais » dans leur langue, la voie fluviale du centre africain.

Diego Cam, empressé de rendre hommage au noir souverain, dépêcha vers lui, chargés de présents, quatre hardis marins de sa flotte; mais, ne les voyant pas revenir, il s'empara — raconte le géographe flamand O. Dapper — de quatre Congois qui lui parurent avoir de l'esprit, promettant de les ramener après quinze lunes.

Le roi de Portugal accueillit favorablement les Africains, les fit instruire dans sa langue et dans sa religion et, tenant à honneur de ne pas rendre parjure, vis-à-vis de barbares, l'un de ses nobles gentilshommes, don Juan II confia au même Diego le soin de reconduire dans leur pays natal les quatre premiers Congois civilisés.

Ayant de nouveau jeté l'ancre a l'embouchure du Zaïre, Cam députa, cette fois, un de ces nègres vers le roi du Congo, pour le supplier de lui rendre ses quatre Portugais, puisqu'il avait, selon sa promesse, ramené les quatre Congois. La restitution s'effectua.

Pendant leur séjour dans le continent noir, les quatre Portugais avaient, a leur tour, appris le dialecte indigène, et imprimé au Roi du pays, par l'entremise de son oncle, le très haut comte de Songo, dont ils avaient su capter la confiance entière, des principes si courtois de civilisation, une telle horreur de l'idolâtrie que le roi du Congo pria Diego Cam de ramener, en qualité de son ambassadeur auprès de don Juan II, le nègre Cacuta, l'un de ses sujets retournés d'Europe.

Ainsi s'établirent les premières et cordiales relations des Portugais et des peuplades vivant à l'embouchure du Congo.

Il est difficile de suivre leur histoire à la fin du quinzième siècle et au début du siècle suivant.

A ces époques où l'on ne possédait ni les moyens d'investigation, ni les moyens de description, ni les moyens de publication dont nous disposons aujourd'hui, les anciennes chroniques traitant de l'Afrique en général se perdent le plus souvent, à l'égard du Congo, dans un inextricable dédale de faits naïvement racontés, de détails géographiques erronés, et de récits fantaisistes des mœurs et des coutumes de ses habitants.

Il faut arriver aux dernières années du seizième siècle pour obtenir, en 1598, une *Véridique description du royaume du Congo tirée des explorations portugaises*, par Philyppe Pigafetta.

Cette vieille relation, prétentieusement qualifiée de « Véridique » par son auteur, nous ramène en l'an 1578, où Lopez Édouard, de Benaventa, petite ville du Portugal, s'embarqua sur un navire marchand, le *Saint-Antoine* à destination du port de Loanda, qui faisait alors partie du royaume du Congo.

Arrivé, avec le voyageur portugais, à l'embouchure du Zaire, Pigafetta nous traduit les impressions diverses éprouvées par Lopez devant les riants paysages du fleuve, et les observations grotesques, ingénues, que lui suggère la vue des indigènes des deux sexes, noirs, aux cheveux crépus, parfois roux, dont les pupilles, noirâtres chez les uns, verdâtres chez les autres, tiraient sur l'algue marine. Il se perd bientôt dans de vagues considérations scientifiques au sujet de la crue des fleuves africains, et de la grandeur et des confins du royaume de Congo, qu'il divise en quatre parties.

Nous ne le suivrons pas dans la nomenclature des erreurs géographiques qu'il commet, et qu'une époque plus récente a, du reste, rectifiées ; nous lui emprunterons toutefois des détails intéressants et curieux sur les mœurs et les coutumes des peuplades nègres qui vivaient, au quinzième siècle, dans la vaste région, dont nous devons longuement traiter au cours de cet ouvrage.

Les populations du bassin du Zaire constituaient alors une multitude de petits royaumes gouvernés par des satrapes, vassaux parfois rebelles, mais tributaires des rois puissants du Congo.

Ces rois habitaient d'ordinaire une petite ville appelée Banza — Cour Royale —, nommée San-Salvator par les Portugais, et située au sommet d'une haute montagne, à 150 milles à l'est de l'Atlantique, dans la province congoise de Pemba.

Leur palais, entouré d'une double enceinte de pierres, étalait au centre de Banza, sa masse informe et blanchâtre qui dominait toutes les maisons, toutes les huttes de la ville, où s'abritaient près de dix mille habitants. Du haut de ses terrasses, le regard ne rencontrant aucun obstacle, pouvait parcourir, comme d'une guette, toutes les régions avoisinantes, les unes, plates et fertiles, s'étendant à l'ouest jusqu'à l'océan bleu, les autres, montueuses et boisées, vers le nord et vers l'est, se confondant, à de lointaines distances avec l'horizon toujours pur du royaume des noirs. Auprès de lui, l'église métropolitaine et le cimetière, construits par les Portugais depuis leur apparition première : plus loin, les habitations des seigneurs, gentilshommes nègres des rois du Congo ; ensuite les huttes et les gourbis des humbles esclaves, s'élevant à peine au-dessus des champs fertiles couverts de cultures, de belles prairies, d'arbres toujours verts, se groupaient en cercle.

LE ROI DU CONGO RECEVANT UNE AMBASSADE PORTUGAISE (D'APRÈS UNE ANCIENNE ESTAMPE).

couronnant l'immense plateau circulaire formé par le sommet du mont San-Salvator, bloc gigantesque de rocher veiné de fer.

Une longue génération de rois païens du Congo avait sans doute, à tour de rôle, gouverné de ce point inexpugnable des millions de noirs sujets, étrangers à toute civilisation, mais acceptant le joug des plus forts, jusqu'à la venue de Diego Cam en 1484.

Peu après cette date, commença la génération des rois chrétiens du Congo.

Le premier d'entre eux régnait déjà lors de la découverte de Diego Cam. Entraîné par la conversion de son oncle Songo dont nous avons parlé, ce roi du Congo consentit publiquement à embrasser la foi chrétienne en l'année 1491.

Quelques jours avant la date fixée pour la cérémonie de son baptême, un cortège bariolé de satrapes congois, precedé d'envoyés du clergé portugais, et suivi d'une foule énorme, incohérente, d'esclaves noirs agitant des crécelles bruyantes, frappant des tambours et remplissant les airs de leurs éclats joyeux, partit du port de Loanda, dans la direction de Banza.

Sur sa route, hâtivement balayée par des indigènes poussant des exclamations de bienvenue, il rencontra, à trois jours de marche de San-Salvator, les gens de la cour du roi venus, au nom de leur maître, souhaiter aux prêtres portugais l'accueil le plus favorable et le plus empressé. Partout, sur son parcours, les champs avoisinants, les collines, les arbres, furent couverts d'une foule innombrable d'hommes, de femmes et d'enfants du continent noir, tourbillonnant dans les épais nuages de poussière qu'elle avait soulevés. En quelques jours il franchit la distance de l'Océan aux pieds du San-Salvator, et gravit jusqu'à Banza les sentiers rocailleux et abrupts de la montagne.

Le roi du Congo l'avait attendu assis sur son trône, échafaudage carré de planches de bois de santal, incrusté d'ivoire, dressé à la porte de son palais, suivant l'antique coutume des rois nègres, quand ils recevaient une ambassade, qu'on leur apportait des tributs, ou qu'ils remplissaient leurs hautes fonctions.

Arrivé devant ce trône, tandis que, dans les rues étroites de Banza et sur le plateau du mont, le cortège s'était répandu, l'un des envoyés portugais prêtre missionnaire, adressa au roi du Congo une harangue évangélique, et le baptisa du nom de Jean, premier roi chrétien du Congo. (Le roi portugais de l'époque était don Juan II.)

Un interprète portugais traduisit au roi la harangue. Le roi Jean se leva ; ses gestes, ses paroles exprimèrent la joie que lui causait l'arrivée des chrétiens; puis toute la foule des assistants fit retentir les airs de clameurs d'allégresse, et jura d'embrasser les croyances importées par les Portugais. Ceux-ci offrirent au nouveau converti les présents envoyés par leur souverain : des vêtements sacerdotaux filés d'or et d'argent, des ornements d'autel, des crucifix, des tableaux de saints, des bannières, dont les couleurs vives et voyantes séduisirent le souverain puissant du pays du soleil.

La cérémonie du baptême était à peine terminée que le néophyte roi apprit la révolte de ses sujets d'Anzica, habitants des rives du Zaire, à l'endroit où ce fleuve s'étale, comme un lac, sur sa plus grande largeur.

Le roi se mit en campagne, châtia les rebelles, et revint pour mourir bientôt après dans sa capitale de Banza.

La conversion toute récente au christianisme des noirs de cette contrée ne put les empêcher de faire à leur souverain décédé les funérailles accoutumées que ces peuplades réservaient à leurs rois païens.

Aussi, dès que les habitants de Banza eurent répandu chez les tribus voisines le bruit du décès de Jean du Congo, toutes les jeunes et jolies filles, négresses vierges du pays, soupirèrent-elles après l'insigne honneur d'être enterrés vivantes avec le cadavre du roi. Un grand nombre d'entre elles, toutes filles de qualité, se battit à la porte du palais. Parées de leurs habits de fête, les jambes cachées sous un triple jupon soyeux, dont chaque partie de différentes couleurs, frangée, garnie de houppes, se relevait à moitié pour se nouer à la ceinture, les seins et le dos couverts d'un manteau de tissu de feuilles de palmier, la tête enveloppée d'un petit bonnet rouge ou jaune, bas, terminé en carré, ces vierges, chargées de présents et de vivres, dons de leurs parents ou de leurs amis, se hâtaient de solliciter la mort.

Parmi elles, douze seulement devaient être appelées à servir, murées vivantes, le cadavre du roi Jean, enseveli et placé, dans la position d'un homme assis, dans un immense tombeau.

Entre-temps, la population nègre du Congo, pour célébrer les funérailles de son roi, se débaucha, hurla, dansa, chanta, fit bonne chère pendant toute la semaine qui suivit son décès.

Au roi Jean succéda son fils aîné, nègre converti et baptisé sous le nom d'Alphonse. Il dut son élection à l'influence des missionnaires portugais et au consentement des notables du pays. (Le trône du Congo n'était pas héréditaire, le fils aîné d'un roi défunt voyait parfois la succession de son père passer à un puissant satrape appuyé par ses égaux.)

L'élection du nouveau roi Alphonse occasionna des réjouissances publiques dans la capitale du Congo.

Le jour de son installation au trône, les principaux indigènes, personnages du pays, quelques sujets portugais résidents, s'assemblèrent dans une cour du palais, carrée et à découvert, fermée d'une muraille à chaux et à ciment élevée un peu au-dessus d'une hauteur d'homme. Au milieu de la cour, un magnifique tapis, précieux cadeau d'un roi portugais, était étendu, supportant au centre un fauteuil de velours rouge aux bras sculptés et dorés, devant lequel reposaient, placés sur un coussinet également de velours, une couronne brodée d'or, d'argent et de soie, trois auréoles d'or de l'épaisseur du petit doigt, et une bourse, don d'un missionnaire, qui renfermait une bulle et des indulgences pontificales.

Le futur roi Alphonse comptait au nombre des personnages prenant part à cette assemblée, sans savoir si le sort lui serait favorable.

Douze satrapes, gouverneurs des plus puissantes provinces du royaume, ayant décidé son élection, ordonnèrent au héraut, grand noir hérissé de plumes de toutes sortes d'oiseaux, de prononcer à haute voix les paroles sacramentelles d'usage : « Qui que tu sois qui dois être élu roi, garde-toi d'être concussionnaire, vindicatif et méchant, sois ami des pauvres, donne des aumônes pour la rédemption des captifs et des esclaves, secours les affligés, favorise l'Église, conserve la paix à ton royaume, ne romps jamais l'alliance qui est entre toi et le roi du Portugal, ton frère. »

Ces paroles dites, des musiciens esclaves à demi vêtus, présents à la cérémonie, jetaient au vent les sons discordants de leurs divers instruments et dansaient des sarabandes effrénées.

Deux des satrapes, prenant par la main Alphonse, le nouvel élu, l'amenèrent au fauteuil royal, dans lequel il s'assit; puis l'un deux lui posa la couronne brodée sur la tête, l'autre ajusta les anneaux d'or aux bras du souverain et lui attacha sur les épaules un manteau de velours.

Un prêtre portugais, couvert d'une chasuble et d'une étole blanches, s'avança ensuite suivi de son clerc portant un missel, sur lequel Alphonse jura d'observer inviolablement les paroles que le héraut avait prononcées au début de la cérémonie.

Le couronnement terminé, les assistants quittèrent la cour et reconduisirent le roi dans l'intérieur de son palais, tout en lui jetant sur le corps du sable et de la poussière, afin de l'obliger à se souvenir que, tout roi qu'il était depuis un instant il ne serait un jour que cendre (*pulvis*).

Durant huit jours Alphonse, sans pouvoir sortir de son palais, reçut les visites interminables de ses fidèles sujets lui apportant leurs présents leurs vœux et leur soumission.

Mais après le rire les larmes, après la joie la douleur, après la note gaie les glas, les sombres deuils; dès son avènement au trône, Alphonse eut à combattre une rebellion provoquée par un de ses frères qui avait juré de le détrôner. Il réunit à cet effet une armée d'environ dix mille hommes, nombre bien inférieur à celui des rebelles qu'il avait à combattre. Ces rebelles, païens fanatiques, s'étaient groupés par milliers autour du frère du roi, dans l'espoir de tirer vengeance d'Alphonse qui, converti au christianisme essayait de supprimer chez ses sujets l'idolâtrie et surtout la polygamie.

Retranché dans sa capitale avec sa petite armée, Alphonse soutint vaillamment durant plusieurs jours les assauts violents de ses adversaires, pour la plupart nègres issus de la province de Panga, et ne dut sa victoire définitive, la déroute complète des assiégeants, qu'à l'intervention miraculeuse, écrit Pigafetta, « d'une Vierge céleste qui marchait à la tête de son armée, et de l'éclat de la lumière qui sortait d'un cavalier monté sur un cheval blanc et portant une croix rouge sur la poitrine ».

Que de superstition, de foi aux miracles, chez ces païens des derniers siècles, à peine convertis, mais épris naturellement du merveilleux et du surnaturel!

En reconnaissance, toutefois, de cette victoire attribuée au ciel, Alphonse obligea son frère à payer comme indemnité de guerre tous les frais nécessaires à la construction d'une église catholique. Puis il continua à faire du prosélytisme, parfois même militant, en faveur de la religion. Sur son ordre, toutes les idoles adorées par les païens furent apportées dans un même endroit pour y être brûlées. Cet autodafé réduisit en cendres les images différentes, et grossièrement taillées dans des bois divers, de démons hideux et effrayants; des dragons vivants, nourris à grands frais de mets succulents par les indigènes; des couleuvres et des serpents d'une grosseur effroyable, des boucs, des tigres, des hippopotames, tous les animaux ayant, par le seul fait de la terreur qu'ils inspiraient aux païens, droit à leur vénération; et tous les objets multiples et variés du culte des nègres congois, tels que : oiseaux nocturnes, herbes vénéneuses, arbres élevés, morceaux de bois, pierres, bêtes vivantes et mortes, et jusqu'à des peaux d'animaux empaillées.

En leur lieu et place, Alphonse fit distribuer à ses sujets des croix peintes, des images de saints, des chapelets sculptés et d'autres articles de piété importés au Congo par les missionnaires portugais.

Ce zèle pieux valut au roi Alphonse, écrit Pigafetta, « une maladie lente et douce, qui ne le fit pas souffrir, mais le rappela au ciel, du fond de cette vallée de misère ».

Le clergé portugais lui réserva de pompeuses funérailles; il empêcha la coutume des douze filles vierges ensevelies vivantes avec les cadavres des rois défunts, mais il fut impuissant à réprimer les orgies et les débauches par lesquelles, durant huit jours, les sujets d'Alphonse manifestèrent la douleur de l'avoir perdu.

Son successeur élu fut son fils don Pedro, « tout à fait semblable à son père, en ce qui touchait la religion ».

Sous le règne de ce dernier, l'évêque portugais de l'île de Saint-Thomas fit une visite à ses fidèles du Congo, et fut reçu par le roi et les indigènes avec des démonstrations de joie et des honneurs incroyables.

Débarqué au port de Prazza, sur l'Atlantique, à une distance de Banza (San-Salvator) d'environ cent cinquante milles, l'évêque put parcourir la route de l'Océan à la capitale du Congo sur des nattes tissées en joncs de diverses couleurs. Il reçut des indigènes accourus sur sa route les présents les plus considérables et les plus étranges, des agneaux, des chevreaux, des poulets, des perdrix, des poissons.

Mort quelque temps après ce voyage, cet évêque de Saint-Thomas fut remplacé dans sa charge épiscopale par un nègre congois de race royale nommé don Rodrigo, qui fut aussi le premier évêque du Congo. Premier évêque, hélas! qui n'eut pas le temps, avant de mourir, d'arriver dans la capitale de son État spirituel.

Don Pedro, roi du Congo, suivit très vite aussi l'évêque Rodrigo dans la tombe, ne laissant pas de fils.

La couronne royale du Congo passa dès lors à Francisco, frère du roi précédent, qui la transmit aussitôt, par sa mort subite, à un cinquième roi chrétien du Congo : le roi Jacques.

Ce souverain libéral et magnanime, magnifique en vêtements, renonça au costume de ses pères pour s'habiller comme les Portugais. Sa libéralité le poussait à donner ses habits soyeux aux gens de la cour, après les avoir portés deux ou trois fois. Bon nombre de marchands du Portugal, en exploitant cette passion du roi nègre, s'enrichirent dans la vente de soieries et d'étoffes précieuses, jusque-là inconnues au continent noir.

A son décès, une révolution surgit au Congo; des discordes sanglantes s'élevèrent entre les grands et les esclaves du pays.

Les satrapes, en désaccord, durent élire coup sur coup trois successeurs différents à la couronne.

Le premier élu, fils aîné du roi Jacques, fut tué le jour même de son élection.

Le second, proclamé roi par la majorité du peuple et des courtisans, fut égorgé par les Portugais et les satrapes, au moment où le peuple le saluait roi avec des acclamations enthousiastes.

Le peuple nègre courroucé prit les armes, les poignards et les haches, les flèches et les arcs, et massacra tous les Portugais, à l'exception des prêtres, par respect pour leur ministère.

Au lendemain de ces *vêpres congoises*, don Henri, frère du feu roi don Jacques, monta sur le trône du Congo.

Son premier et seul acte de gouvernement fut de conduire ses troupes contre les tribus nègres d'Anzicha, qui avaient profité des discordes du Congo pour essayer de secouer le joug.

Ces peuples anziques (nom moderne : Loutsa-Nsigué) habitaient les territoires voisins des lacs, à l'orient du fleuve Zaïre. Sauvages au delà de toute limite, ils se dévoraient entre eux, sans épargner leurs amis, leurs plus proches parents.

Dans leur pays croissait le bois de santal rouge, qu'ils appelaient tavilla, et le blanc, dont la meilleure qualité, réduite en poudre et mélangée avec de l'huile de palme, leur servait à s'enduire le corps pour se donner une bonne constitution et conserver leur santé.

Ils avaient pour armes de petits arcs dont le bois était entouré de peau de serpents multicolores, préservatrice des insectes et des vers. La nature leur fournissait des cordes pour ces arcs, des roseaux ou plutôt des joncs de couleur rouge, souples et flexibles. En outre, des haches au fer bien affilé, à deux têtes opposées, dont l'une était convexe, en demi-lune, et l'autre aplatie, en manière de marteau, fixées par des lames de cuivre à un manche fort court, leur servaient à la fois d'épée et de bouclier. Ils portaient des hallecrets faits de bandes de peau d'éléphant, larges de trois doigts, épaisses de deux, arrondies au moyen du feu, dont ils se servaient comme cottes de mailles.

Hommes alertes, méprisant le danger, ils bondissaient par monts et par rochers, tenant leur vie pour rien, chassant pour leur nourriture, guerroyant contre les tribus voisines pour faire des prisonniers et alimenter ainsi leurs marchés de victuaille humaine.

Troquant leurs esclaves, le lin abondant dans leurs champs fertiles, l'ivoire arraché aux éléphants nombreux de leurs forêts, contre le sel, les coquillages de Loanda, les étoffes de soie, les verroteries, ils estimaient surtout les couteaux portugais. Ces couteaux leur servaient à s'orner le visage

LE COURONNEMENT DU ROI ALPHONSE (D'APRÈS UNE ANCIENNE ESTAMPE).

de cicatrices larges et profondes : ignoble tatouage infligé également à leurs femmes.

Henri trouva la mort en combattant les rebelles d'Anzicha. Alvaro Iᵉʳ, fils aîné d'une de ses esclaves, avait, en l'absence du roi précédent, géré le gouvernement du Congo ; son élection au trône fut assurée de ce chef.

Homme débonnaire et de bon jugement, son premier soin fut d'apaiser les troubles locaux et de rendre à son pays son ancienne tranquillité. Il s'excusa par lettres au roi de Portugal du massacre des Européens, priant le monarque d'encourager comme par le passé les relations commerciales et amicales des deux peuples.

Ce souverain eut un instant l'envie de renier la foi catholique dans laquelle il était né, pour retourner aux croyances païennes de ses ancêtres. Parmi ses familiers, son confident intime, un nègre appelé Francisco Bullamatare, déblatérait chaque jour devant lui contre la religion des blancs prohibant la polygamie, cette liberté chère aux fils des pays chauds. Et Alvaro se laissait chaque jour convaincre davantage par les conseils de Francisco.

Soudain le ciel intervint. Francisco mourut, et son corps, malgré tout, enseveli dans une église, fut, dans une nuit de tempête, enlevé par les mauvais esprits qui avaient, en grand tumulte, rompu, déchiré les nattes de la toiture pour pénétrer dans les saints lieux.

Le lendemain matin, terrifié devant le toit déchiré de l'église et la disparition du cadavre, le roi chrétien pensa à la vengeance divine et se repentit. Il n'avait pas songé aux hyènes et aux chacals.

Alvaro donna de plus tristes exemples de sa pusillanimité.

Des bords lointains des lacs où le Nil prend sa source, les Giachas, hordes barbares et nomades, Huns du centre africain, monstres friands de chair humaine, vinrent assiéger Banza. Ces redoutables ennemis, géants nus, ayant pour toutes armes des massues, des poignards et des javelots, effrayèrent Alvaro qui, présageant sa défaite, quitta la ville à la faveur de la nuit et s'embarqua sur le fleuve Zaïre, où le suivit toute sa cour.

A l'exemple de leur roi les habitants de Banza s'enfuirent, et la capitale du royaume du Congo, livrée aux Giachas, fut en partie incendiée et entièrement pillée.

Le lâche souverain, pour rentrer en possesion de son domaine, implora le secours de don Sébastien, roi de Portugal, qui lui envoya en toute hâte le général Francisco Govea, à la tête de six cents soldats et de nobles Portugais volontaires.

Cette petite armée européenne, arrivée au Congo, put, après une année et demie de rudes et nombreux combats, chasser entièrement les Giachas du royaume. Les géants noirs reculèrent devant le fracas et les projectiles des bombardes et des arquebuses des Portugais.

Alvaro remonta sur son trône, restaura sa capitale, et, reconnaissant envers les Portugais des services rendus par eux, flatté de l'ambassade que le roi Philippe II d'Espagne et du Portugal, succédant à don Sébastien, lui envoya à l'occasion de son avènement, concéda au roi de Castille différentes mines d'or, d'argent et autres métaux qui abondaient dans son royaume.

Le Portugais Édouard Lopez fut chargé par Alvaro Ier de porter à Philippe II la nouvelle de cette concession. Lopez partit du Congo pour n'y plus retourner.

Alvaro II, roi régnant, peu après le départ d'Édouard Lopez, sur les principautés collectives formant le vaste royaume du Congo, disposait à son gré des propriétés et des biens de ses nombreux sujets ; aussi ses coffres et ses silos regorgeaient-ils d'une innombrable quantité de petits coquillages, brillants et agréables à la vue.

Ces coquillages, richesses métalliques du roi nègre, plus précieuses pour lui et ses populations tributaires que l'or et que l'argent, constituaient la monnaie courante du pays. Ils provenaient d'une petite île plate nommée « Loanda », sorte de dépôt de limon et de sable, formée dans l'océan Atlantique, à l'embouchure du Coanza, fleuve de l'Angola, province du sud du Congo.

Les femmes habitant cette île consacraient leurs journées entières à la pêche de ces coquillages, à la frappe de la monnaie. Tandis que leurs maris, chasseurs, couraient, sous les forêts de palétuviers, à la poursuite des cerfs rapides ou des sangliers sauvages, elles, près des rives de l'île, entrées dans la mer, toutes nues, le corps penché sur leurs jambes droites, les seins pendants, battues par les vagues grisâtres, plongeaient et replongeaient dans les eaux peu profondes de légères corbeilles de jonc, dont elles retiraient, mêlées aux sables, aux algues, au limon, les petites perles grises destinées à grossir le trésor de leur roi.

Ce riche souverain avait aussi son armée, composée de guerriers, tous gens de pied, disséminés sur les divers points de son domaine, mais prompts à se grouper, à se réunir à la voix de leur chef. Témoin le fait suivant que nous extrayons les récits de Pigafetta : Histoire du Congo.

Don Sébastien, roi de Portugal, successeur de don Juan II, encourageant par tous les moyens le trafic de ses nationaux avec les naturels des côtes africaines, jugea bon d'expédier, sous le commandement du Portugais

Paul Diaz, une véritable flottille de navires chargés à ses frais de marchandises précieuses, pour la province d'Angola. Don Sébastien confia de plus à Diaz la mission de soumettre à la domination portugaise tous les peuples vivant depuis l'embouchure du Coanza jusqu'au quinzième degré de latitude nord.

Diaz parvint au port de Loanda, vendit ses marchandises, amassa de grandes richesses, et s'établit sur le continent africain, près d'Angola, pour attendre une occasion favorable à l'accomplissement de sa mission. Cette occasion ne tarda pas à s'offrir.

Des marchands portugais et congois, s'étant, selon la coutume, rendus à l'époque fixe aux grands marchés tenus dans la ville de Cabaza, résidence du roi d'Angola, vassal d'Alvaro II, furent massacrés en route sur l'ordre du souverain d'Angola, jaloux de s'approprier leurs denrées. Un différend violent éclata aussitôt entre le souverain et le vassal ; la guerre fut déclarée.

A l'appel d'Alvaro, soixante mille soldats répondirent.

Il en vint de Bamba, pays des nègres valeureux et robustes, capables d'un seul coup de hache de fendre en deux un esclave, ou de briser la tête d'un taureau ; d'Anzicha, terre des noirs anthropophages, voisins du désert de Nubie, lestes archers dont l'adresse était si grande, qu'ils perçaient, au vol, de leurs flèches courtes, les plus rapides oiseaux. Il en vint des forêts et des plaines, des monts et des vallées, de tous les points du bassin gigantesque qu'arrose le fleuve Congo.

Bientôt, groupés au pied des collines, entre les fleuves Coanza et Luiola, les guerriers d'Alvaro II furent placés sous le commandement de Diaz, en face de l'armée du roi d'Angola.

Ils étaient tous là, enfants de races belliqueuses, insouciants de la mort, prêts à braver tous les dangers, heureux de risquer leurs vies pour défendre une cause qu'ils ignoraient, mais qu'ils savaient être celle de leur roi.

Leur masse noire, au-dessus de laquelle planaient des lambeaux soyeux d'étoffes multicolores, offrait aux regards du Portugais un étrange spectacle.

De ces guerriers sauvages, les uns, exécuteurs des sonneries et des commandements des chefs, portaient de grandes crécelles de bois qui, agitées, rendaient des sons terribles ; les autres frappaient à tour de bras, avec des marteaux d'ivoire, sur des tambours formés de cuirs épais tendus sur des cylindres d'écorce ; d'autres encore, musiciens arrachaient des sons stridents, belliqueux, en soufflant dans de longues trompes, défenses creuses d'éléphants, percées sur les côtés de trous mal arrondis.

Tous obéissaient à de grands chefs noirs, à l'aspect redoutable, coiffés de vraies forêts de plumes ocellées d'autruches, de paons et de coqs. Leurs poitrines, nues, noires et reluisantes, étaient garnies de lourdes chaînes de fer portées en sautoir.

Le bas de leurs corps disparaissait sous des robes blanchâtres, dont ils relevaient les pans pour les attacher à leurs ceintures, travaillées, garnies de clochettes tintant à chaque pas, au moindre mouvement.

Ils portaient chacun leur arc, leur poignard et leurs flèches, et étaient prêts au combat.

La bataille s'engagea; la masse se désunit; le premier rang des guerriers congois s'avança vers les Angoliens.

Les combattants de ce rang d'élite prirent entre eux de larges intervalles, pour lancer plus facilement leurs traits et éviter, par des bonds de côté, les flèches des ennemis. Bientôt, lassés, ils battirent en retraite, aux sons convenus des tambours, et furent en hâte remplacés par un rang de nouveaux soldats, auxquels succédèrent encore des troupes fraîches et reposées.

Enfin Diaz, jugeant au nombre des Angoliens tués, que la victoire était sienne, ordonna aux Congois de charger l'ennemi au poignard. Des milliers de nègres congiens, enjambant les haies, les ravins et les obstacles d'une plaine inculte, coururent avec des cris sauvages sur les Angoliens éperdus, qui reculèrent, vaincus, jusqu'au delà des rives du fleuve Coanza, tandis que dans les airs crécelles et tambours, trompes d'ivoire et clochettes répandaient des sons bruyants et victorieux.

Alvaro et Diaz avaient vengé le massacre des victimes du roi d'Angola. Diaz soumit peu après le territoire de ce souverain à la domination du Portugal; et le roi du Congo, au palais de Banza, — ou San-Salvator — capitale de son royaume, s'apprêta à goûter les joies de l'hyménée.

Le mariage d'un roi du Congo était au seizième siècle, une cérémonie peut-être réjouissante pour lui et la *Mani-Mombanda*, c'est-à-dire la Dame des femmes, qu'il épousait, mais elle ne l'était assurément pas pour ses nombreux et respectueux sujets.

Dès la première nuit des noces, des délégués spéciaux étaient chargés de pénétrer dans toutes les maisons et les huttes des habitants aisés du royaume, de mesurer la longueur des lits et d'exiger de leurs propriétaires tant par empan. Ce singulier impôt, levé pour la nouvelle reine, avait le nom de *pintelfo*.

Quelque temps après Alvaro II mourut, et avec lui s'arrêta l'histoire connue des premiers rois chrétiens du Congo.

Comme leur royaume, les rois restèrent durant deux siècles ensevelis dans un oubli presque complet. De loin en loin, quelques missionnaires romains ou français parlèrent encore, au cours des dix-septième et dix-huitième siècles, de l'existence d'une contrée gouvernée par des majestés noires à l'embouchure du Zaïre; mais, dans ces temps modernes, le cours de l'énorme fleuve africain resta pour la science un mythe légendaire, une énigme indéchiffrée.

Le dix-neuvième siècle vit à peine se terminer la période de gloire et de désastres qui a marqué ses premiers ans dans l'histoire des guerres européennes, que les Anglais, soucieux des intérêts de la science géographique, se préoccupèrent activement de la recherche des sources des grandes routes fluviales africaines, et en particulier de celles du Congo.

En 1816, le gouvernement britannique envoya à l'embouchure de ce fleuve une expédition sous le commandement du capitaine James Kingston Tuckey.

L'amirauté anglaise fournit au chef de cette mission les instructions les plus précises touchant les recherches à faire au Congo.

Il s'agissait surtout de remonter le Zaïre, pour faire connaître si ses sources ne se confondaient pas avec celles du Niger, de décrire les affluents de cet énorme fleuve et d'en définir le nombre.

Le président du conseil maritime anglais de 1816, en posant au départ du capitaine Tuckey le précédent problème à résoudre, avait ajouté que « jamais dans aucune contrée du monde une expédition de découvertes n'avait été envoyée sous de meilleurs auspices et de plus flatteuses espérances de succès que celle qu'il allait diriger ».

Ces paroles encourageantes durent, transformées en amère dérision, revenir plus tard à la mémoire de Tuckey!

Son expédition, composée de vint-six Européens, partit d'Europe sur le navire *le Congo*, et arriva à l'embouchure du Zaïre, diminuée de deux personnes mortes pendant la traversée.

Elle put, durant trois mois, remonter, sur une longueur de 172 milles (environ 450 kilomètres), le fleuve Congo, jusqu'à la cataracte de Sangalla, chutes d'Yellala.

Arrêtée là par la mort de Tuckey et de la plupart des personnes qui la composaient, cette expédition n'eut pas les heureux résultats qu'attendait d'elle l'amirauté britannique.

Elle servit néanmoins, pendant plus d'un demi-siècle, à résumer les premières notions géographiques exactes sur le cours du haut Congo.

Après elle, un nouveau silence, de nouvelles pages blanches arrêtèrent l'histoire du fleuve africain et des terres qu'il arrose, histoire que le docteur Bastian, voyageur allemand au territoire du Congo en 1857, et le lieutenant Grandy, en 1873, furent, par l'insuccès de leurs expéditions successives vers le continent noir, incapables de tirer de l'oubli.

L'immortelle gloire d'avoir, dans la seconde moitié du dix-neuvième siècle, enrichi le volumineux domaine des connaissances géographiques de la découverte totale du cours du fleuve Congo, incombait à un explorateur anglais : Henry Moreland Stanley.

CHAPITRE II

Enfance de *John Rowlands*. — *John Rowlands* devient Stanley. — Stanley soldat, marin, officier, voyageur, journaliste, explorateur, écrivain. — Principales étapes du missionné du *Daily Telegraph* et du *New-York Herald* « à travers le Continent mystérieux ».

ORSQUE dans l'avenir, les populations policées de l'État libre du Congo graveront en caractères ineffaçables, les noms de leurs bienfaiteurs sur les plaques de bronze ou de marbre de leurs monuments et sur les socles de leurs statues; l'un d'eux aura sa place acquise à la droite de celui d'un Roi!

Ce nom, entré déjà dans l'Immortalité qualifie une illustration contemporaine, dont la biographie appartient étroitement à l'histoire des découvertes africaines, et se trouve irrévocablement liée à l'histoire du Congo. Ce nom, est celui de Stanley!

Henry Moreland Stanley, de son véritable nom *John Rowlands*, naquit en 1840, près de la petite ville anglaise de Denbigh (pays de Galles), et non en Amérique, comme certains l'ont affirmé.

Dès l'âge de deux ans il perdit son père, et l'année suivante il fut envoyé par sa mère à l'hospice des enfants pauvres de Saint-Asaph.

Dans cette école hospitalière, il reçut une bonne éducation, les principes d'une instruction solide, au cours de laquelle il manifesta son penchant favori pour l'étude de la géographie et de l'arithmétique.

Les personnes qui connurent John Rowlands dans sa jeunesse, remarquèrent le caractère inflexible, décidé, peu expansif et très chatouilleux de l'enfant qui, sans changer beaucoup sous ce rapport, devait grandir et s'appeler Stanley.

A l'âge de treize ans, Rowlands quitta l'hospice, se rendit à Brynford, où vivait un de ses parents, et pendant les trois années qui suivirent (de 1853 à 1856) nous ignorons ce qu'il devint.

Parvenu à l'âge où l'on ne doute pas de sa propre force, où l'âme ne se refuse pas une seule espérance, où l'imagination entrevoit, à travers le prisme radieux de l'avenir, tous les genres possibles de gloire, de couronnes et de lauriers, John Rowlands, déshérité de la fortune, exalté par la lecture des légendaires récits des oncles d'Amérique, des nababs d'Orient, des planteurs des colonies, rêva sans doute, au delà de l'horizon brumeux de la vieille Angleterre, des contrées plus luxuriantes, des « continents mystérieux ».

Nous le retrouvons à seize ans à Liverpool, port, où il s'embarqua sur un navire en destination de la Nouvelle-Orléans, payant par le travail à bord, le prix de son passage.

Arrivé à destination, le jeune Anglais, en butte aux difficultés de l'existence, obligé de lutter contre la misère, de combattre la faim menaçante, rechercha et obtint dans la maison d'un brave négociant de la Nouvelle-Orléans, nommé Stanley, un emploi rémunérateur. Là, notre héros s'acquitta avec tant d'intelligence et d'activité du travail qui lui fut confié, il capta si complètement la confiance et l'affection de son premier protecteur américain, que ce dernier finit par l'adopter et par lui donner ce nom de Stanley, illustré depuis.

Cependant la mort subite de son père adoptif, décédé sans tester, obligea Henri Stanley à s'acharner encore au combat pour la vie.

Une nouvelle période de neuf années échappa dès lors à son histoire biographique, période au cours de laquelle le jeune homme énergique et courageux qui nous occupe, dut voir s'égrener une à une les illusions de

gloire facile du premier âge, mais retremper et fortifier dans l'adversité le caractère et le tempérament qui feront un jour de lui une célébrité des deux mondes.

L'année 1861, où la guerre de la sécession éclata aux États-Unis, nous présenta Stanley soldat, enrôlé volontaire dans l'armée confédérée, avec laquelle il prit part à divers engagements, sous les ordres du général Johnstone.

Fait prisonnier l'année suivante (avril 1862), à la bataille de Pittsburgh, Stanley réussit à s'enfuir, grâce raconte-t-il, à sa grande maigreur, au milieu de la pluie de balles que lui décochèrent ses gardiens.

La crainte d'être arrêté comme prisonnier confédéré échappé le détermina au début de l'année 1863, à s'engager en qualité de simple matelot dans la marine fédérale. Embarqué sur le *Ticonderoga*, l'apprenti marin ne tarda pas à conquérir des grades ; à la fin de son premier mois d'embarquement il devint secrétaire du capitaine du navire ; au début du quatrième mois, il était le secrétaire de l'amiral, qui avait hissé pavillon sur le *Ticonderoga*.

Dans les combats divers auxquels fut mêlé ce vaisseau, Stanley acquit le grade d'enseigne, à la suite d'une action d'éclat. L'officier de marine assista à l'attaque du fort Fisher (janvier 1865) et six mois plus tard le *Ticonderoga*, partant en croisière en Europe, amena à Constantinople Stanley, qui obtint un congé pour visiter d'abord l'Asie Mineure, et, louable pensée, pour aller ensuite revoir sa mère au village natal.

De retour aux États-Unis, l'officier marin, n'ayant plus à combattre puisque la guerre était terminée, donna sa démission, et aborda la carrière du journalisme, qui fit de lui le reporter infatigable, l'explorateur célèbre et l'écrivain : Henri M. Stanley.

Ses premiers et remarquables débuts dans cette carrière datent de sa campagne à la suite de l'expédition du général Hancock contre les Indiens Cheyennes et Kiowas, comme reporter du *Missouri Democrat* et de la *New-York Tribune*. Ils attirèrent sur lui l'attention de la presse, et lui valurent sa nomination de correspondant-voyageur du grand journal américain, le *New-York Herald*.

Stanley au *Herald*, c'est Stanley lié à James Gordon Bennett, propriétaire de ce journal ! Deux énergiques enfants de leurs œuvres ; deux hommes pour qui les dangers matériels, les obstacles physiques, les difficultés financières n'ont jamais existé devant le but à atteindre, devant une situation fortunée et glorieuse à conquérir, devant une action généreuse à accomplir !

La campagne de 1867, entreprise par les Anglais en Abyssinie, fournit à

Stanley la double occasion de remplir sa première mission de correspondant du *New-York Herald*, et de visiter pour la première fois une parcelle du sol africain. La mer Rouge, les troupes expéditionnaires britanniques et leurs bagages transportés par une caravane d'éléphants, un coin de la terre d'Afrique avec ses forêts, ses ravins, ses montagnes, les engagements des Anglais et des Abyssiniens, la prise de Magdala, la mort de Théodoros, passèrent, vivants tableaux, sous les yeux des lecteurs du *Herald*, dans les correspondances remarquables adressées d'Abyssinie à ce journal par le jeune écrivain.

Rentré en Europe, il se trouva à Madrid, lors de la révolution qui détrôna Isabelle II ; puis il partit pour l'Égypte, et assista à l'inauguration du canal de Suez (1869). Dès lors, toujours pour le compte du journal américain, nous retrouvons le correspondant visitant successivement Constantinople, Tiflis, Bakou, Téhéran, Ispahan, Shiraz, et s'arrêtant à Bombay en septembre 1870.

Revenant bientôt vers l'Europe, Stanley s'arrêta quelque temps en Égypte caressant l'espoir d'y voir arriver Livingstone, l'explorateur africain, dont la longue et silencieuse absence préoccupait, à cette époque, la presse du monde civilisé.

Déçu dans son attente, Stanley s'embarqua pour l'Espagne, et séjourna dans cette contrée jusqu'au jour où Gordon Bennett l'appela, par télégramme, à Paris.

Le propriétaire du *New-York Herald* avait conçu la noble et généreuse résolution d'envoyer Stanley à la recherche de Livingstone, disparu au cœur de l'Afrique, pour apporter à l'illustre explorateur assistance et secours. L'homme que nous avons vu tour à tour employé de commerce, soldat, matelot, officier de marine, reporter, nous apparaît sous une transformation nouvelle. Stanley, Protée de notre siècle, devient géographe, explorateur et écrivain. Le livre intitulé « *Comment j'ai retrouvé Livingstone* » nous fait assister à toutes les péripéties du romantesque voyage entrepris par son auteur, en 1871, vers le centre du continent africain.

Le 10 novembre de cette année, l'intrépide Stanley, sur les bords du Tanganika, à Oudjiji, surgit devant Livingstone épuisé, presque mourant, à bout de ressources et abandonné par une grande partie de ses serviteurs, comme une apparition surnaturelle, comme un *Deus ex machina*.

La réussite de cette expédition renvoya Stanley en Afrique. Le *Daily Telegraph*, journal de Londres, et le *Herald* s'unirent pour le charger, vers les derniers mois de l'année 1874, d'aller poursuivre et compléter les récentes découvertes géographiques de Livingstone.

C'est alors que commença cette magnifique exploration de l'Afrique centrale, qui demeurera l'œuvre la plus audacieuse et la plus remarquable de l'infatigable Stanley.

Arrivé au continent noir par Bagamoyo, port sur l'océan Indien, le 17 novembre 1874, l'explorateur entreprit, le 8 mars de l'année suivante, la première circumnavigation du lac Victoria, sur le *Lady Alice*, petit navire démontable qui, plus tard, descendit avec son illustre passager l'énorme cours du Congo, depuis Vouénya ou Nyangoué (localité située sur ce fleuve, entre le 3° et 4° degré de latitude sud, et le 23° et 24° degré de longitude est), jusqu'au large estuaire du Zaïre à Banana, sur l'océan Atlantique. (L'estuaire du Congo est situé par 6° degré 30' de latitude sud, et presque sur le méridien de Paris.

Nous allons suivre pas à pas chacune des étapes de ce mémorable voyage de Stanley, dans la seule partie du bassin du Congo; les descriptions

LE « LADY ALICE » DÉMONTÉ.

de ce fleuve et du territoire qu'il arrose étant le seul objet de notre présent ouvrage.

Tandis que l'Europe et l'Amérique attristées, sans nouvelles depuis deux années du hardi pionnier de l'exploration en Afrique centrale, escomptaient les tristes probabilités de sa mort et doutaient de déchiffrer bientôt l'énigme problématique des richesses ou des déserts du territoire du Congo, Stanley parvint, le 19 novembre 1876, sur la rive droite du Zaïre, qu'il appela fleuve Livingstone, et campa joyeusement aux villages de Vouénya.

Poursuivant sa route, il découvrit, à trois jours de navigation fluviale de Nyangoué, le point où le Rouiki, rivière, déverse, avec une vitesse d'un nœud à l'heure, par une embouchure large de cent yards, ses eaux noires et boueuses sur la rive gauche du Congo.

La population hostile et barbare de ces parages refusa à l'Européen de lui vendre même des vivres. Stanley et les trente-six hommes de sa suite n'eurent pour se nourrir sur les bords du Rouiki que quelques rares bananes emportées de leur halte précédente.

Le 24 novembre au matin, le *Lady Alice* et son équipage remontèrent le Rouiki pendant une dizaine de milles, évitant les arbres flottés, dont les branches plongeaient en masses épaisses dans les eaux de la rivière et les coloraient d'une teinte noirâtre, d'une vague couleur d'encre à copier.

Stanley et ses compagnons durent ce jour-là défendre leurs vies menacées par les indigènes riverains armés de flèches et de lances à pointe de fer.

Un rapide combat de quelques minutes laissa la victoire au *nouéma* (chef blanc), ainsi que nommèrent Stanley les sauvages vaincus, fuyant devant les balles du fusil à éléphant de l'explorateur.

Cette arme perfectionnée, confiée à la garde d'un porteur zanzibarite de Stanley, Billali, servit à tuer en cette circonstance un noir dont le cadavre roula dans les eaux noires du Rouiki. Billali, grondé sévèrement par son maître à l'occasion de ce meurtre, avait répondu dans le franc et naïf langage du nègre ému d'un reproche :

« Je n'ai pu faire autrement, monsieur, je vous assure ; une minute de plus, et il m'aurait tué; il me visait avec sa lance et il était tout près de moi, j'ai tiré le premier. »

Deux jours après, le 26 novembre, Stanley, poursuivant de nouveau la descente du Livingstone, Zaïre ou Congo, comme dans ses appellations multiples est qualifié le fleuve géant du centre africain, rencontra Nakannpemmba, village nègre où de hideux débris de chair humaine, restes de nombreux festins, disposés en ligne le long des rues, témoignaient du cannibalisme de ses habitants. Ces anthropophages furent toutefois moins dangereux pour Stanley et ses compagnons que les maladies, dyssenterie et petite vérole, conséquences fatales des fatigues et des privations encourues par les voyageurs, qui les attaquèrent en cet endroit. La colonne exploraratrice, munie des médicaments nécessaires à combattre ces maux, put au complet continuer sa route et atteindre, le 27 novembre, les chutes d'Oukassa, causées par la projection des monts d'Oussi, situés sur la rive droite du fleuve.

A ces rapides divisés par une couple de longs îlots rocheux, produits par une banquette de schiste verdâtre mêlé de fer carbonaté et de poudingue, le fleuve, large de plus de sept cents mètres, roulait en tourbillons ses eaux furieuses et abondantes, et Stanley dut suspendre sa route et camper quelques jours à terre, afin de donner à ses compagnons et à lui-même l'occasion d'un repos nécessaire et bien mérité.

Mais quel repos fut possible en face de ces rapides, pour la vaillante colonne livrée à une nouvelle épidémie de petite vérole, exposée aux attaques incessantes de féroces et avides cannibales ! L'escorte noire de Stanley, lassée, terrifiée, insouciante de l'objectif glorieux et utile que poursuivait son chef, menaça de l'abandonner. Heureusement ce dernier, depuis longtemps habitué aux caprices de ses compagnons nègres, sut les décider à rester, et il put avec eux lever le camp d'Oukassa, redescendre le fleuve et arriver, le 29 novembre, à quatre milles des chutes, à Mbourri, situé sur la rive gauche, en face d'un groupe de villages nègres qui s'appelle Vinarounga.

Le *Lady Alice* stoppa une entière journée dans ces parages ; un nègre de garde à bord captura et amena devant Stanley un vieillard in-

VUE AUX ENVIRONS DU ROUIKI ET DE NAKANNPEMMBA.

digène entièrement nu, d'un noir de jais, courbé en deux par les années, créature humaine entièrement incivilisée et incivilisable, surprise en flagrant délit d'escalade du bateau. Stanley, trouvant ce sauvage trop vieux pour rien apprendre, le fit remettre en liberté. Quelques heures après, d'autres indigènes, montés sur des canots, venant de la direction des chutes d'Oukassa, se dirigèrent vers le *Lady Alice*. Stanley leur fit offrir, par ses interprètes, des perles, des étoffes, du cuivre, du fer, en échange de chèvres, de bananes et de grain. Cette offre acceptée, les indigènes demandèrent à être régalés du son du tambour. L'un de ces instruments se trouvait à bord du navire, et grâce à lui, aux roulements sonores et prolongés qu'en obtint un des passagers, l'équipage entier put s'éloigner sans danger du pays des anthropophages.

Le 30 novembre, Stanley, poursuivant sa route, passa entre deux belles îles boisées, qui occupaient le milieu du courant du fleuve, près du marché nègre d'Oussako Ngonngo, et atteignit le 1er décembre le marché d'Oukonnghi, situé en face de l'île de Mitanndeh, par 3° 6' de latitude sud, où il s'arrêta.

Ce marché d'Oukonnghé, célèbre dans le continent noir, et dont Livingstone avait même vaguement entendu parler par les habitans des bords du lac Tanganika, était fréquenté par la tribu guerrière et cannibale des Bakous-

UNE MAISON A IKONNDOU.

sou, habitants d'une contrée découverte et riche en palmiers, où les Arabes relativement civilisés de l'Afrique orientale avaient à diverses reprises, essayé, mais en vain, de pénétrer.

Stanley et son escorte échappèrent aux Bakoussou, et redescendirent le fleuve. Le 5 décembre, un violent orage et le manque de vivres arrêtèrent les voyageurs près d'Ikonndou, ville remarquable située par 2° 53' de latitude méridionale. Les huttes qui la composaient étaient de doubles cages, élégamment construites avec des tiges de panis. Chacune de ces cages avait sept pieds de long, cinq de large et six de haut; reliées toutes deux par la toiture, elles avaient une pièce commune où les deux familles se réu-

LES EXPLORATEURS DU « CONTINENT MYSTÉRIEUX ».

nissaient pour se livrer à leurs travaux et recevoir leurs amis. Ces maisonnettes confortables, parfaitement étanches, abritèrent l'équipage du *Lady Alice*. Les vivres abondants aux environs d'Ikonndou, pots emplis de sève de palmier, lourdes grappes de bananes, melons délicieux, fruits de manioc, arachides et cannes à sucre, assurèrent aux voyageurs une agréable victoire contre la faim.

Les indigènes de cette localité, rencontrés par Stanley, lui apprirent un nouveau nom de baptême du fleuve Congo, le *Rou-a'r-ohoua*. En outre, ils déclarèrent qu'une île, appelée par eux Matourou, qui se trouvait autrefois en aval d'Ikonndou, avait été complètement détruite par les *kiremmbos-remmbos* (les éclairs).

« Qui a envoyé les kiremmbos? demanda Stanley à l'un d'eux.
— Ah ! qui sait ? Peut-être *Firi-Niammbi* (la divinité).
— Tous les habitants sont-ils morts?
— Tous ! hommes, femmes, enfants, chèvres, bananes, palmiers, tout, tout ce qu'il y avait. »

Le 8 décembre suivant, l'explorateur anglais avait descendu le fleuve jusqu'à Onnia-N'sinnghé, village d'un mille de long, situé par 2° 49' de latitude sud, sur la rive nord d'une crique d'environ trente yards de large.

A quatre milles en amont du village, une rivière, la Lira, apportait au fleuve Congo son large tribut d'eau transparente et profonde. A son confluent, l'équipage du *Lady Alice* eut à soutenir contre les indigènes un véritable combat naval dont il sortit victorieux.

Le 18 décembre, après avoir dérivé pendant quelques milles, le navire vogua dans une sorte de large canal qui séparait de la rive gauche du Zaïre l'île populeuse de Mpika, merveille de végétation, formée surtout de bananiers et de plantains. Les passagers débarqués en face, sur une place foraine des noirs couverte de gazon, s'arrêtèrent pour déjeuner à l'ombre de ses arbres séculaires. Immédiatement les gens de Mpika appelèrent à son de trompe tous les guerriers des alentours, qui, réunis bientôt en grand nombre, témoignèrent de leur désir d'avaler et *déjeuneurs* et déjeuner. Les interprètes de Stanley réussirent pourtant à calmer ces hostiles insulaires qui consentirent à l'échange du sang.

Au départ du *Lady Alice* de l'île de Mpika, une foule de noirs se pressait sur la rive pour crier aux voyageurs : *Mouenndé Kivouké-vouké !* « (allez en paix) ». Ce souhait affectueux ne devait pas se réaliser.

Après une descente de dix milles environ, des milliers de formes humaines cachées dans les jungles de la berge décochèrent leurs flèches au monstre de bois ferré inusité qui nageait sur le fleuve.

A cette attaque dangereuse, les rameurs du navire emportant Stanley redoublèrent de zèle pour imprimer à l'embarcation sa plus grande rapidité. Le *Lady Alice* échoua à la côte, près d'une vaste place déserte, marché nègre abandonné, non loin, hélas ! des sauvages hostiles, dont l'infernal concert de trompes et de hurlements arrivait à ses marins, au milieu du sifflement étrange des flèches empoisonnées. Cette fois, il fallut combattre. Stanley fit à la hâte construire un *boma*, sorte de camp, qu'il entoura d'une enceinte épaisse et haute de broussailles, dans laquelle furent formés des abris pour les tireurs. Puis, à la tête de sa troupe aguerrie, mais réduite à un petit nombre d'hommes valides, la plupart noirs de Zanzibar et nègres recrutés sur les bords du Congo, il attendit bravement l'ennemi.

Bientôt un bruissement continu dans les broussailles voisines, les chocs successifs et rapides des flèches tombant au milieu du camp, annoncèrent sa présence.

Des milliers de têtes émergèrent de la jungle, à quelques mètres du *boma*; les défenseurs de Stanley purent, à leur aise et sans danger, tirer et mettre dans le noir sur ces cibles mouvantes, qui, touchées, s'affaissaient avec des cris de rage et de malédiction contre le *nouéma* (chef blanc).

La victoire fut rude à gagner. Le lendemain, Stanley, menacé de l'abandon d'une grande partie de ses gens, démoralisés par le chiffre croissant des malades et des morts de l'escorte, et par les incessantes attaques qui signalaient chacune de ses marches, dut, à prix d'or local, un âne de selle, une malle, une chaîne d'or, trente dotis, de belles étoffes, cent cinquante livres de perles, seize mille trois cents cauris, un revolver, deux cents cartouches et cinquante livres de fil de laiton, racheter les services de ses compagnons de route. En outre, comme jadis Ulysse en des circonstances presque identiques, Stanley puisa dans son âme, et dans la ferme volonté d'accomplir sa mission, des accents persuasifs qui lui valurent de nouvelles et sincères promesses de fidélité et d'attachement de la part de ses compagnons.

Ulysse a trouvé son Homère, Stanley aura-t-il le sien ?

Le 25 décembre, l'explorateur anglais célébra son premier noël au Congo, près de Vinya-Ndjara; les vingt-trois embarcations, canots taillés dans des troncs d'arbres qui composaient sa flottille, furent baptisés, et des régates organisées sur le fleuve.

Le soir de ce *christmas* mémorable, Stanley et son fidèle compagnon Frank causèrent de l'avenir, après avoir parlé du passé.

« Voyez cette carte, dit Stanley en montrant la dernière carte de l'Afrique centrale dressée par les Européens, la région que nous venons d'aborder y figure en blanc, le vide est absolu. Je vous assure, Frank, que ce vide énorme est sur le point d'être comblé... A cet égard, je n'ai pas l'ombre d'un doute... Bonne nuit, mon garçon, bonne nuit, et que d'heureux songes accompagnent votre sommeil!... »

Cette confiance surhumaine au cœur de Stanley n'était-elle pas un gage certain de succès?

Le 28 décembre, un brouillard épais et grisâtre planant sur le fleuve voilait, dès le matin, les palmiers de la berge où est situé Vinya-Ndjara.

FRANK POCOCK.

Lentement la brise chassa ces vapeurs, le soleil parut et les rives boisées s'élevèrent solennelles et tristes. Enfin le Zaïre montra sa nappe grise, et, à neuf heures, sa surface calme brilla comme un miroir. L'escadre de Stanley vogua de nouveau vers l'inconnu.

Le jour suivant, elle atteignit le Kassoukou, rivière qui mêlait ses eaux de couleur sombre à celles du Congo, en face de l'important village de Kissannga-Sannga.

En aval de ce village, la population riveraine somma impérieusement les marins de la flottille de retourner d'où ils venaient.

Mais, se ravisant en présence de la quantité considérable d'êtres humains qui composaient la suite de Stanley, quelques indigènes poussèrent des clameurs joyeuses : « Bo-bo-bo-bo ! Bo-bo-bo-bo-o-o ! (de la viande ! de la viande ! ah ! ah ! ah !) » et ils regardèrent dès lors l'explorateur et ses hommes du même œil qu'un gourmet regarde un chapon truffé.

L'un deux, misérable très gras, armé d'une lance, plus hardi que les autres, s'approcha, dans un canot, de la barque montée par le célèbre Anglais. Sans s'émouvoir ce dernier regarda le sauvage à la bouche entr'ouverte par un rictus grimaçant, aux grandes dents carrées et blanchâtres, à la tête hideuse inclinée vers l'épaule dans l'attitude d'un habile jeteur de lance, au front bas, à la face trapue, à la chevelure courte et épaisse. Ce nègre recula son bras droit, rejeta le corps en arrière, et brandit sa lance contre Stanley.

L'Anglais resta impassible ; la lance effleura ses épaules et s'abattit dans l'eau, avec un sifflement...

Une heure après la flotille d'exploration croisa l'embouchure de l'Ourinndi. Puis, poursuivant sa route, elle longea les territoires d'Oussonngora Méno et de Kasséra, retraites des hippopotames et des éléphants.

Des sous-bois impénétrables, composés de fougères, de dattiers et de palmiers raphias vinifères, de massifs de piment, de lianes, de caoutchoucs grimpants, de joncs d'une longueur infinie, et du *mucuna pruriens*, effroi des indigènes, en raison de la tenacité avec laquelle les poils de cette plante, véritables aiguillons, pénètrent dans la peau, tels étaient les domiciles où les éléphants de ces parages avaient tracé des voies ouvertes au premier explorateur des rives du Congo. Il s'y réfugia un instant, pour échapper à une pluie diluvienne qui, nouvel obstacle, venant après les rapides, la faim, les cannibales, les flèches empoisonnées et les lances, menaça d'interrompre à jamais le cours de son expédition.

Dès le 31 décembre 1876, par un de ces brusques revirements de température fréquents sous les tropiques, le ciel pur et bleu, la forêt sombre et tranquille, le fleuve sans une ride, ressemblant à une nappe solide d'argent bruni, la journée superbe, invitèrent la petite escadre à continuer sa route.

Elle se trouva le premier jour de l'an 1877, par 1° 10' de latitude sud et environ 25° de longitude est, à cinq jours de navigation des cataractes, dont le nom depuis lors devint Stanley-Falls. L'équateur et les chutes périlleuses, au nombre de sept, furent franchis après trois semaines d'un

COMBAT AU CONFLUENT DE L'AROUHIMI ET DU LIVINGSTONE (CONGO).

effroyable labeur, d'efforts excessifs et continus, pendant lesquelles les braves conquérants des obstacles physiques du fleuve avaient dû repousser les attaques incessantes de nuit et de jour de féroces cannibales fortifiés dans les diverses îles placées entre les cataractes.

Le 28 janvier, les membres de l'expédition Stanley descendirent en toute hâte le cours rapide du Livingstone, pour échapper au bruit assourdissant des chutes, et allèrent camper le lendemain dans un des villages abandonnés d'Oussimmbi, situé par 0°/22' 29" de latitude nord.

Un nouveau combat, une nouvelle victoire, signalèrent encore pour eux cette étape nouvelle. Depuis le Rouiki, où l'expédition était parvenue le 23

LA SEPTIÈME CATARACTE DES STANLEY-FALLS.

novembre 1876, jusqu'au 29 janvier 1877, elle avait combattu vingt-quatre fois les sauvages, et pris dans ces luttes soixante-cinq boucliers pareils à des portes, impénétrables aux lances et aux flèches des indigènes.

Le 1ᵉʳ février, par 0°/50' 17" au nord de l'équateur, Stanley découvrit un vaste affluent, dont l'embouchure mesurait une largeur de plus de 3 kilomètres. Arrêté en aval de cette rivière, l'Arouhouimi, avec ses embarcations, il vit venir à lui une véritable flotte comptant cinquante-quatre canots de guerre, montés par des indigènes en armes. « Sa marche était ouverte par une barque monstrueuse, portant, sur chaque bord, quarante rameurs qui pagayaient debout et à l'unisson, au rythme d'un chant barbare. A l'avant, sur une sorte de plate-forme, se tenaient dix jeunes guerriers, coiffés des plumes caudales du perroquet gris à queue rouge. A l'arrière huit hommes gouvernaient l'embarcation avec de longues pagaies, décorées de boules d'ivoire. »

Le grand canot s'élança; les autres le suivirent, faisant jaillir l'écume et soulevant l'eau sous leurs proues aiguës.

De la flottille de Stanley partit une détonation suivie d'une nuée de balles qui domina, un instant, le bruit éclatant des énormes tambours, de cent trompes d'ivoire et les chants stridents de mille voix humaines, arrivant des canots ennemis.

Les armes européennes, qui parlent et qui tuent, domptèrent toujours les sauvages des rives du fleuve Congo. Ces puissants auxiliaires, renforcés du jugement sûr, de la surveillance continuelle des dangers, de la mâle et froide énergie de Stanley, lui permirent de sortir sain et sauf de l'avant-dernier combat, le trente et unième, le plus acharné de tous ceux qu'il eut à soutenir sur le terrible fleuve, combat du 14 février 1876, contre les Maroundja armés de mousquets.

Cette bataille eut lieu par le 1° 28' de latitude nord, auprès d'îles fluviales, dont l'une fut appelée par son premier visiteur européen l'île de l'Observation.

En cet endroit le Congo prenait une largeur de plus de onze kilomètres, remplie de petites îles basses formées d'un sable d'alluvion et couvertes d'arundos, de papyrus et d'autres variétés de cypéracées. Ces îles étaient de vrais nids d'oiseaux variés : marabouts et grues baléariques, baleiniceps-rois à la jambe courte, flamants roses, oies à aile éperonnée, canards sauvages, aninghas, martins-pêcheurs, aigrettes, ibis noirs et rouges, bécassines et gibier d'eau.

La plus grande et la plus boisée de ces îles regorgeait en outre de babouins, de lémures, bruyants veilleurs de nuit, et de singes minuscules à longue queue. Dans les autres, parfois, au bruyant froissement du feuillage, les voyageurs invités à regarder virent s'enfuir des troupeaux de buffles rouges dont le vacarme troublait dans les hauteurs des arbres de grands singes barbus effrayés.

Les canaux qu'elles formaient entre elles, fourmillaient d'amphibies : hippopotames et monitors. Souvent aussi leurs eaux profondes s'ouvraient pour engloutir de monstrueux crocodiles, repus, chauds de soleil, arrachés à leur somnolence, sur la plage d'une île, par le bruit des rameurs des canots de Stanley.

Vainqueur des Maroundja, ce dernier se trouva aux prises avec la faim dans les journées du 18 et du 19 février.

Le 20, parvenu dans l'île de Mouannganngala, situé dans le fleuve à plu-

LE ROI DE TCHOUMBIRI

sieurs milles en aval de la grande rivière d'Ikélemmba, rencontrée la veille, Stanley put traiter de l'achat de vivres avec les indigènes. Sa flottille embarqua des cochons noirs, des chèvres, des moutons, des bananes, du pain de cassave, de la farine, du maïs, des patates, des ignames et du poisson.

Ainsi ravitaillée, elle se remit en route, et, longeant les côtes boisées de l'Oubannghi, elle toucha, par 0°/51′ 13″ de latitude sud, à un point où le fleuve coule entre deux pointes rocheuses et basses, populeuses, bien cultivées et couvertes de bananeraies.

Quatre jours après, par 1° 37′ 22″ au sud de l'équateur, elle s'arrêta près de l'île de Mommpourennghi, où eut lieu la fin touchante d'une compagne de voyage de Stanley; fin ainsi racontée par l'immortel auteur de l'ouvrage *A travers le Continent mistérieux* :

« La fidèle Amina gisait mourante dans un canot, dont je fis approcher le *Lady Alice*.

LE FILS AÎNÉ DU ROI DE TCHOUMBIRI.

« Ah ! maître, me dit-elle en m'apercevant, je ne reverrai plus la mer. Votre fille Amina va mourir. J'aurais tant voulu revoir nos cocotiers et nos manguiers; mais non, Amina est mourante, et sur une terre païenne. Elle ne verra plus Zanzibar. Le maître a été bon pour ses enfants, et Amina s'en souvient. C'est un mauvais pays, maître; vous vous êtes égaré en y venant. Adieu ! n'oubliez pas la pauvre petite Amina ! »

On l'enveloppa dans un linceul, et, au coucher du soleil, sa dépouille fut confiée aux profondeurs du fleuve africain.....

Enfin le 27, la colonne d'exploration longea un territoire habité par des créatures noires, pour lesquelles l'épithète *d'humanitaires* put être employée. Ces indigènes étaient les sujets pacifiques du roi de Tchoumbiri, dont la capitale s'élevait sur la rive gauche, à quelque distance du courant, au milieu de champs labourés et de villages populeux.

Le roi de Tchoumbiri rendit visite à Stanley. C'était un homme d'une cinquantaine d'années, avec des yeux petits, un nez bien fait, mais de larges narines et des lèvres minces. Il était soigneusement épilé, avait la voix douce, les manières presque affables, une politesse empressée, qui néanmoins laissaient percer ses instincts mercantiles et son esprit rusé au delà de toute mesure.

Sa coiffure était une natte très serrée, tissée de fibres de palmier crucifère. Sa poitrine et ses épaules, noires, étaient entièrement nues. Au baudrier, lui passant sur l'épaule gauche, où se dressaient en aigrette les soies d'un éléphant, était suspendu un large sabre à lame courbe. Il tenait à la main une queue de buffle, moustiquaire de sa royale face, et avait à la ceinture, outre sa tabatière et un paquet de feuilles de tabac, des gourdes remplies de talismans, de poudres magiques, enveloppées dans des lambeaux de flanelle rouge et noire, une collection d'antiquailles en bois, de fétiches grossiers, etc., etc.

Cet aimable personnage possédait « quatre dizaines » d'épouses, qui eurent pour Stanley et ses compagnons les attentions les plus délicates.

UNE DES FEMMES DU ROI DE TCHOUMBIRI.

Beaucoup d'entre elles étaient jolies et bien faites, avaient la peau d'un brun superbe, et une gracieuse courbe d'épaules, rare chez la plupart des femmes du Congo. Elles portaient des colliers de cuivre jaune d'une épaisseur énorme ; de lourds anneaux, sortes de carcans, leur arrivaient jusqu'au menton et atteignaient presque l'extrémité des épaules. Heureuses femmes avec trente livres d'airain soudé à leur cou d'une façon permanente !

Il fallut pourtant les quitter. Le 7 mars, la flottille exploratrice s'éloigna de ce lieu, grossie de trois canots d'escorte, montés par quarante-cinq hommes commandés par le fils du roi de Tchoumbiri.

Le 8 mars, sur la rive gauche du fleuve, par 3° 14′ 4″ de latitude méridionale, elle rencontra l'Ibari N'koutou, rivière puissante et profonde, venant de l'est nord-est, ayant à son embouchure une largeur d'environ 400 mètres. A quelques milles en aval du confluent de cette rivière, la vaillante petite troupe de Stanley livra son dernier combat contre les indigènes. La défaite des sauvages coûta quatorze blessés à la cohorte victorieuse des explorateurs.

Le 12, vers onze heures du matin, le fleuve, graduellement arrivé à une largeur de rives de plus de deux kilomètres, mit les voyageurs en présence d'une expansion très ample qui fut qualifiée étang de Stanley (Stanley-Pool).

Les plateaux herbeux qui couronnaient ces falaises, plateaux aussi verts que des pelouses, rappelèrent à Frank Pocock, compatriote de Stanley, un coin de la vieille Angleterre! quelque chose du pays natal!

Dès lors les tribus riveraines du fleuve ne furent plus redoutables pour l'explorateur; mais le cours d'eau, roulant, du Stanley-Pool jusqu'à son embouchure dans un lit profond obstrué par des récifs de lave, des projections de falaises, des bancs de roches erratiques, traversant des gorges tortueuses, franchissant des terrasses et tombant en une longue série de chutes, de cataractes et de rapides, devint son plus terrible ennemi, heureusement impuissant.

Le 16 mars, Stanley rencontra une large rivière qui apportait au Congo,

TRAÎNAGE DES CANOTS SUR LES PROMONTOIRES ROCHEUX.

roulant avec furie des vagues écumantes, un nouveau contingent d'eau rapide et considérable. Il la nomma : *Gordon Bennett*.

Stanley pensait à Bennett, ce jour-là !... Bennett, c'était le *Hérald*,... la presse, qui, à la même date, sans nouvelles de l'explorateur depuis des années, déplorait prématurément sa perte et maudissait le légendaire sphinx du centre africain, auquel nul Européen n'avait pu jusque-là arracher ses secrets !...

La dernière moitié de mars fut pour la flottille de Stanley la période la plus rude et la plus accidentée de sa descente du fleuve géant, période au cours de laquelle les canots durent parfois être amenés à terre, et traînés par les hommes de l'expédition sur les promontoires rocheux des berges.

Le 1ᵉʳ avril, elle campait en aval des chutes de Kaloulou, sur la rive droite. Kaloulou était le nom d'un enfant nègre élevé par Stanley durant son voyage. Il avait péri avec huit hommes le 27 du mois précédent, dans un canot entraîné de terrasse en terrasse, pris par le tourbillon, saisi par des vagues, jeté de l'une à l'autre, auprès des dangereux rapides du fleuve.

Le 8 avril, *au défilé des Tourbillons,* en face d'Oumvilinnghya, Stanley dirigea le *Lady Alice* à travers un passage très difficile.

Le 11, cette embarcation attachée par des câbles solides, s'arrêta au-dessus d'une nouvelle cataracte, baptisée de son nom : *Chute lady Alice.*

MORT DE KALOULOU.

Puis, poursuivant sa route périlleuse, voguant de chutes en rapides, longeant les territoires des Bacessé, accéléré par le courant du fleuve au confluent du Nkenké, le bateau qui portait l'explorateur et sa fortune franchit, les 22 et 23 avril, les chutes d'Inkissi ou « le chemin qui marche », encaissé dans une gorge étroite, flanqué de vagues tournoyantes, qui se rencontraient au milieu du courant, se recouvraient et reproduisaient en aval un véritable chaos de lames furieuses, se poursuivant, se heurtant et s'écroulant avec un fracas inouï sur une distance de deux milles.

Les Babouennédé, indigènes de ces parages, témoignèrent aux voyageurs des marques de bienveillance qui leur firent oublier les dangers de leur navigation fluviale. En revanche, les fourmis, les moustiques, la vermine

LES MEMBRES DE L'EXPÉDITION, RAPATRIÉS

de toute espèce, la *djigga* du Brésil (puce pénétrante), la filaire, et un entozoaire qui dépose dans les muscles des œufs d'où sortent des vers gros et courts produisant de graves tumeurs, pallièrent les effets inaccoutumés pour eux d'une trop gracieuse hospitalité.

Le 29 avril, en halte au bord d'une anse située à l'extrémité supérieure de la baie de Nzabi, les marins de Stanley, devenus constructeurs de navires, taillèrent dans une forêt voisine un superbe *oubani*, arbre de la famille des burseracées, boswellia de dix pieds de tour à la base, d'une hauteur de tronc de quarante pieds. Le 8 mai, cet arbre creusé devint le canot *Stanley*. Le 16, il vogua à tribord du *Lady Alice*, et avec toute la flottille s'arrêta en amont de deux chutes du fleuve auprès de l'embouchure du ruisseau de Mohoua. Le 3 juin, Mohqua fut abandonné, et les canots descendirent lentement jusqu'au village de Zinnga, où un jeune villageois demanda à Stanley, qu'il combla de joie, s'il était *Innghiliz*, *Frannciss*, *Dytche* ou *Portigase*.

Cette question n'était-elle pas une certitude du voisinage de l'Océan, bleu domaine de la civilisation?

Confiant, rempli d'espérance, Stanley s'éloigna de Zinnga. Hélas! le lendemain, la mort de son fidèle Frank, noyé dans le fleuve, ramenait l'explorateur désolé aux plus noires pensées, au plus sombre désespoir.

Il faut lire les sublimes et émouvantes pages de l'écrivain Stanley, retraçant la mort de son compagnon, pour comprendre toute l'amertume douloureuse, toutes les souffrances déchirantes que ressentit au fond de son cœur l'homme, l'ami, atteint dans de chères affections.

Les 13 et 14 juin, Stanley, retenu par la fièvre, resta avec sa flottille aux environs de Massassa, vaste bassin formé par le fleuve.

Le 25 de ce même mois, il compta les chutes qui lui restaient pour atteindre Ntombo-Mataka, près de Sangalla, la cataracte autrefois visitée par l'infortuné capitaine James Kingston Tuckey. Le 16 juillet, toute l'expédition atteignit cette grande chute, et apprit par les indigènes qui peuplaient ses rives qu'aucun obstacle sérieux n'existait en aval sur le fleuve, jusqu'à l'Océan.

Le 4 août 1877, Stanley, arrêté au village de Nsannda, dépêcha en avant deux indigènes, porteurs de lettres pour Embomma, avec cette suscription :

« A n'importe quel gentleman résidant à Embomma et parlant anglais, français ou espagnol. »

Écrites par Stanley dans ces trois langues, ces lettres contenaient la nouvelle de son voisinage et mentionnaient le danger qu'il courait de mourir de faim. Le 6 août, une réponse d'un négociant européen établi à Boma mettait en relation écrite, après plus de trois années, l'explorateur Stanley et un honnête homme blanc civilisé.

La lutte si longue et si terrible que l'explorateur avait soutenue contre le malheur et la famine était enfin terminée.

Le 12 août 1877, mille et deux jours après son débarquement a Bagamoyo, Stanley doubla la pointe de Banana, à l'embouchure du Congo.

Monté sur le *Kabinnda*, vapeur anglais, capitaine John Petherbridge, l'explorateur jeta un dernier regard à l'énorme fleuve sur lequel il avait tant souffert. Il le vit s'approcher, humble et soumis, du seuil de l'immensité liquide, simple goutte d'eau, malgré sa puissance et sa fureur, en comparaison de l'incommensurable volume et de l'étendue sans bornes de l'Océan, qui déroulait devant lui la chaîne indéfinie de ses vagues géantes, lamées d'argent.

Astre lumineux éclairant les mystères d'un continent ignoré, Stanley allait bientôt briller à l'horizon du monde civilisé !...

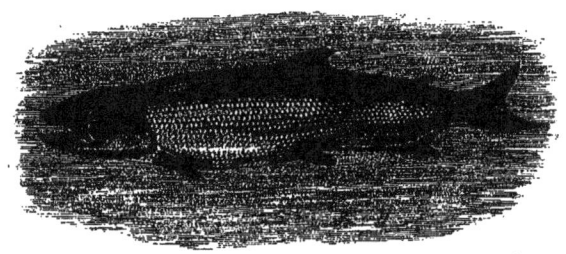

CHAPITRE III

La découverte de Stanley et l'Europe. — L'œuvre africaine du Roi des Belges. — Le Comité d'études du haut Congo. — Le colonel Strauch. — Stanley retourne à Banana. — Une croyance des Kabindas. — Les passagers du *Barga*. — Une escadre dans un bateau. — Le baobab.

'ÉCLATANTE et rapide nouvelle de l'apparition de Stanley à l'embouchure du Congo fit tressaillir la société contemporaine dans ses sphères savantes et philanthropiques.
Cette nouvelle arrivait au moment où les plus grands États de l'Europe et de l'Amérique s'agitaient dans les convulsions d'une crise économique intense minant leur richesse et leur sécurité; à l'heure où les vieilles nations européennes, trop à l'étroit dans leurs frontières, tournaient leurs regards vers le vaste continent noir,

Le Portugal organisait et plaçait sous le commandement du major Serpa Pinto une exploration scientifique ayant pour objectif les bassins du Zambèze et du Congo.

La France aidait de Brazza et ses compagnons Marche et Ballay dans leur campagne de l'Ogoué.

Le Comité britannique, qui dirige à Londres le *Fonds africain*, traçait entre l'Océan, les grands lacs et le fleuve Zambèze, un immense réseau de découvertes futures réservées à ses nationaux.

Les Allemands retournaient, guidés par le docteur Lenz, au territoire des Adouma, voisins de l'Ogoué.

La Belgique, incapable de se laisser distancer par ses aînées dans l'arène de la civilisation, suivait avec orgueil les audacieuses mais glorieuses entreprises qu'un certain nombre de ses enfants, pionniers héroïques de la conquête africaine, conduisaient vaillamment au pays des nègres, des côtes de Zanzibar au lac Tanganika.

Plus que jamais l'insatiable désir qui pousse l'homme blanc à rechercher, à découvrir, à posséder, à civiliser tous les points du globe, révélait son existence et sa force !

Aussi le succès inespéré du voyage de Stanley, transmis aux quatre coins du monde sur les ailes de la Renommée, soulevait-il chez tous les peuples civilisés des acclamations enthousiastes et sympathiques, où perçaient des lueurs d'espoir.

Un homme, en possession de forces restreintes, triomphant de mille et mille obstacles, héros d'aventures si dramatiques, si extraordinaires, que l'imagination fertile et audacieuse de Jules Verne n'eût pas osé les concevoir, un voyageur intrépide, envoyé et défrayé par deux seuls journaux, privé durant trois années de tout secours, de toute nouvelle des contrées des deux mondes, réduit aux uniques ressources de son courage, de son expérience des difficultés de la vie des tropiques, avait traversé sur le chemin qui marche et parfois qui se précipite menaçant et terrible, la région centrale mentionnée jusque-là sur les cartes d'Afrique sous le titre de *pays inconnu*.

Il avait, dans le cours de ses rudes étapes, surpris l'essence première des secrets mystérieux d'un monde qui comptait des millions de créatures humaines, barbares mais inconscientes, plongées dans l'ignorance la plus absolue, vivant brutalement des fruits délicieux de leurs bois exotiques, des animaux divers que recélaient leurs forêts, des multiples poissons qui peuplaient leurs cours d'eau.

Grâce à lui, désormais, les doutes énoncés par les meilleurs esprits, lorsqu'il s'agissait de la possibilité d'ouvrir, au cœur de l'Afrique, des débouchés au commerce et à l'industrie des pays producteurs, n'avaient plus leur raison d'être. L'œuvre hardiment entreprise de régénérer une race humaine, d'arracher, par centaines de mille, des esclaves à la traite odieuse que Livingstone appelle une *iniquité monstrueuse*, d'enrichir le royaume, toujours trop pauvre de la science, de connaissances géographiques, d'observations utiles, de collections précieuses : cette sublime conception du premier duc de Brabant, devenu roi des Belges, laissait entrevoir dans un avenir prochain, une réalisation certaine.

Le Souverain, qui, depuis des années, sans cesse préoccupé des intérêts d'une nation avide de répandre au dehors l'exubérance de ses productions, de ses énergies, de ses dévouements, de ses talents, avait, par sa persévérance, ses largesses, son éloquence persuasive, groupé, encouragé, entraîné les éléments les plus divers et les plus capables pour les guider ensuite à l'accomplissement d'une tâche glorieuse et humanitaire ; le Roi patriote, dont un souhait légitime, aujourd'hui réalisé, avait été, suivant sa belle expression, que Bruxelles devînt le quartier général d'un mouvement civilisateur africain ; l'auguste et actif Président du Congrès géographique de 1876, l'Initiateur, l'Organisateur infatigable de l'Œuvre africaine : Sa Majesté Léopold II allait ajouter à tous ses droits à l'immortalité le titre impérissable de premier civilisateur *pacifique* du continent noir, en parachevant, fécondant la découverte de Stanley.

Cette découverte était une victoire pour la science ; le second roi des Belges devait en retirer une conquête définitive pour la civilisation.

Les sophismes étranges, les accusations pamphlétaires, les oppositions systématiques, les attaques paradoxales, les critiques impitoyables dirigées, au début de l'entreprise africaine, contre la fondation et les efforts de l'Association internationale, se sont évanouis, impuissants, devant le résultat atteint en peu d'années et ne figureront point dans l'histoire de l'avenir qui, de siècle en siècle, transmettra aux races futures éblouies le succès éclatant et unique à notre époque d'un Roi qui, sans ternir sa conquête par de sanglants massacres ou par l'emploi de moyens inavouables, a créé entre les États du vieux monde un lien de solidarité de plus, et permis à l'humanité de poursuivre, sur un domaine agrandi, l'accomplissement de ses destinées.

L'histoire consacrera aussi des pages justement émues à la vaillante cohorte des premiers Belges, héros admirables de dévouement et d'abnégation, qui sont allés, au profit de la prospérité générale strictement liée à la cause de leur Souverain, poser sur le sol inexploré de l'Afrique inhospitalière, les premiers et vigoureux jalons d'une entreprise grandiose, le plus souvent, hélas ! au prix de leur sang, de leur vie.

Crespel, Maes, Popelin, Ramaeckers et tant d'autres victimes dont les mânes reposent, solitaires, à des milliers de lieues de leur chère Belgique, revivront éternellement dans la mémoire des Belges, fiers de leurs morts glorieuses, et puisant dans l'exemple de leurs généreux sacrifices des ardeurs plus vives, des élans plus irrésistibles vers la conquête civilisatrice du dangereux centre africain !

Plus les lauriers de la gloire sont rudes à gagner, plus une nation civilisée prodigue pour les conquérir le sang de ses enfants, ses richesses et sa force ! Les grandes et nobles causes ont eu, dans tous les temps leurs péripéties de gloires et de deuils ! La foi, la science, le patriotisme, la civilisation, comptent de nombreux martyrs ; et c'est en vain que l'Égoïsme, hideuse plaie qui ronge notre époque, essaye de pénétrer au cœur d'une société d'élite, gardienne immuable des sentiments les plus désintéressés, des aspirations les plus élevées, les plus légitimes, où se recrutera la légion sans cesse renaissante des hommes d'initiative, d'action, de devoir, de progrès.

Cette société d'élite a eu et possède encore dans notre pays de nombreux adhérents dont le nombre accroît chaque jour la liste du martyrologe africain ; par elle, d'héroïques recrues succèdent volontairement aux héros tombés sous les flèches envenimées des sauvages, ou épuisés par les intempéries d'un ciel équatorial ; et la réalisation d'un fait inscrit en lettres d'or dans les annales de la régénération de la race noire, d'une branche de la famille humaine, demeurera la preuve irrécusable, l'éternelle recompense de sa vitalité.

Nous avons, dans la première partie de notre ouvrage, retracé les étapes émouvantes des Belges, parvenus à relier par des stations hospitalières successives la côte zanzibarite au lac Tanganïka.

En juin 1877, la commission internationale de civilisation et d'exploration de l'Afrique, sorte de parlement de l'Association internationale, réunie au palais de Bruxelles sous la présidence de S. M. Léopold II, préméditait l'envoi éventuel d'une expédition qui, partant des environs de Loanda (océan Atlantique), se dirigerait de l'ouest vers le Tanganïka et tâcherait d'opérer sa jonction avec les explorateurs venant de Zanzibar.

Un mois après, l'audacieuse descente du Congo effectuée par Stanley modifiait le projet de la commission.

L'attention des civilisateurs se concentra dès lors sur l'immense artère fluviale qui, grossie de volumineux et nombreux affluents, arrose et fertilise la vaste région du centre africain.

Ils se disposèrent à grouper de nouvelles forces, pour examiner la possibilité d'importer plus rapidement, en remontant le cours du fleuve, les bienfaits et les merveilles de nos mœurs et de nos industries, au cœur de cette terre d'Afrique, si près de nous par l'espace, si loin par les coutumes sauvages et cruelles de ses habitants.

Une tâche longue et laborieuse, capable de soutenir et de stimuler les âmes généreuses, réunissant toutes les conditions d'un succès populaire,

LE COLONEL STRAUCH

basée sur des desseins essentiellement philanthropiques et utilitaires, s'imposa aux mêmes intelligences qui avaient créé et dirigé l'Association internationale africaine.

La même haute initiative, la même influence royale patronnait, le 25 novembre 1878, une société nouvelle constituée à Bruxelles dans le but spécial d'explorer et de rendre accessible aux peuples civilisés le bassin du Congo, sous le titre de : *Comité d'études du haut Congo*.

Dans une lettre adressée le 24 mars 1884, par le général H. S. Sanford, ministre plénipotentiaire des États-Unis, au sénateur américain Morgan, la large part que notre Souverain s'était réservée dans ce comité est brièvement et nettement définie :

« Cette œuvre, que le roi des Belges a pris sous sa haute et financière protection, s'est développée dans des proportions extraordinaires et a eu pour résultat pratique d'ouvrir à la civilisation et au commerce du globe une vaste, populeuse et fertile région, et d'y garantir la destruction future de ses marchés d'esclaves. »

Le Comité d'études devait en effet aux termes de son programme : tracer une route accessible et sûre à l'homme civilisé, à travers un pays où les obstacles physiques de toute nature s'alliaient à l'hostilité, à la barbarie invétérée de peuplades incultes; chercher par des travaux ingénieux et ardus à contourner les chutes périlleuses dont Stanley avait signalé l'existence en amont de Vivi ; nouer des relations pacifiques, des rapports commerciaux avec les tribus riveraines ; établir de loin en loin, tout le long du fleuve, parmi ces nations exemptes de toute domination de puissances européennes, des stations *hospitalières* (à l'instar de celles fondées à la côte orientale), centres d'études, points d'appui et de refuge pour les voyageurs, susceptibles de devenir autant de groupes de populations marchant par degrés dans la voie du progrès, autant de villes africaines où l'industrie locale étalera, près des produits manufacturés de la vieille Europe, ses créations splendides, empruntées à un sol que la nature a gratifié de ses luxuriantes et magnifiques richesses.

Pour réaliser ce prodige, le Comité d'études du haut Congo possédait un capital d'un million de francs, valeur matérielle relativement impuissante, si elle n'eût été renforcée par l'intelligence, l'activité et les connaissances acquises dans l'art de la conquête africaine civilisatrice, de ceux qui l'administraient.

Le roi des Belges, inspirateur et parrain prévoyant du comité, n'avait point négligé de réunir toutes les chances, toutes les forces favorables ou nécessaires au développement de la société naissante. Il lui donnait, à Bruxelles, pour président, un homme capable de la faire grandir : M. le colonel Strauch, qui depuis des années collaborait à l'œuvre africaine, en qualité de secrétaire général de l'Association.

En outre, le pavillon du Comité — le drapeau que les voyageurs déploieraient, suivant un usage constant en Afrique, en tête de leurs caravanes et au-dessus de leurs établissements — était celui qui avait déjà resplendi sous l'Équateur, la bannière glorieuse et chérie des premiers pionniers belges de l'Association : l'étendard bleu chargé d'une étoile d'or.

Le choix du président, l'adoption du drapeau, par le nouveau *Comité d'études* dénotaient clairement que les deux sociétés internationales africaines étaient et entendaient rester sœurs.

Enrôlées sous le même oriflamme, guidées par des pensées presque identiques, ayant à Bruxelles leur siège commun, les mêmes âmes dirigeantes, ces deux sociétés marchaient par deux routes opposées à la découverte totale d'un pays tropical qui, à la honte des siècles passés, tandis que les deux Amériques s'étaient couvertes d'États civilisés et prospères, que l'Inde était devenue une province anglaise, que le Japon se transformait en un royaume européen, que l'Australie, la Nouvelle-Zélande et bien d'autres contrées reproduisaient aux antipodes, les institutions politiques et sociales des nations les plus florissantes, nourrissait une population de 90 millions d'habitants moralement enfouis sous les ténèbres épaisses et profondes de l'ignorance et des barbares préjugés.

Honneur à ces sociétés bienfaisantes !

Elles ont marqué l'éclosion d'une ère nouvelle pour une terre de servitude et de mystère, pour une partie du noyau de l'Afrique, de l'incommensurable région centrale qui reste encore à explorer, et dont les limites furent tracées par les expéditions de Barth, de Mage, de Rohlfs, de Nachtigal, de Schweinfurth, de Baker, de Gordon, de Livingstone, de Cameron, de Pogge, de du Chaillu.

Elles ont permis à la Belgique d'ajouter à la liste glorieuse de ces illustrations de la découverte africaine les noms de ses plus grands explorateurs, de ses plus généreux martyrs, à côté de celui de Stanley.

Ce dernier, revenant par le Cap de son mémorable voyage au Congo, avait, en décembre 1877, rencontré à Zanzibar les *leaders* belges de la première expédition de l'Association internationale.

Dès cette époque, Stanley, convié par S. M. Léopold II et par M. le colonel Strauch, secrétaire général de l'Association, à offrir, suivant la nécessité, ses services et son assistance aux explorateurs belges, s'était mis, par une longue et courtoise lettre, en rapport avec le capitaine Cambier, l'illustre créateur de la station de Karéma ; depuis, il avait attentivement suivi les marches progressives des expéditions à la côte orientale, et communiqué à leurs divers chefs des conseils précieux, des propositions d'organisation de caravanes ou l'indication de points spéciaux à visiter.

Cet intérêt bien légitime, que le célèbre voyageur prenait aux opérations des Belges en Afrique, son esprit entreprenant, son tempérament énergique et robuste, son intrépidité incontestable, sa pratique sans égale des voyages aux pays des tropiques, le désignaient de prime abord aux fondateurs du Comité d'études du haut Congo pour diriger une œuvre qui ne pouvait à son origine être confiée à des novices inexpérimentés ou peu sûrs.

D'autre part, l'homme favorisé par le sort, qui venait de trouver une inconnue du problème géographique africain; qui traçait sur la carte le cours majestueux du fleuve équatorial; qui, au lendemain d'une série bien longue de dangers inénarrables et d'épreuves écrasantes, dans son désir de secouer la torpeur fatale, la somnolence qui envahit tout être livré au repos forcé, à l'arrêt subit de tout mouvement, de toutes préoccupations, après avoir vécu durant des années d'une existence orageuse et prodigieusement active, avait jeté sur ses notes précieuses d'explorateur cette pensée vivifiante de Longfellow : « La récompense est dans la poursuite ; le prix, c'est le ravissement que donne la course. » Stanley, insouciant de nouvelles fatigues ou de nouveaux périls, ne pouvait qu'accepter avec empressement la situation élevée que lui offrait l'auguste Fondateur du Comité d'études, situation, qui lui permettrait de contribuer dans une large part à rendre féconde sa découverte.

Les instructions données à Stanley, à tous ses agents, par le Comité d'études du haut Congo furent strictement conformes à celles que remettait aux siens l'Association internationale : l'humanité, la justice, la loyauté, régleront constamment leurs rapports avec les indigènes ; ils n'auront jamais recours à la violence, à la supériorité matérielle, fût-ce même pour venir à bout de défiances injustes, ou vaincre des résistances déraisonnables : c'est par la persuasion, la douceur, les bons procédés qu'il s'agira d'en triompher.

Ces agents sont bien des civilisateurs pacifiques, des missionnaires patients mais énergiques dans leurs négociations, largement compensées par le bénéfice moral, le progrès des idées, l'amélioration des mœurs, qui s'accompliront ainsi parmi les populations africaines.

Nous verrons par la suite que ces instructions ne furent jamais méconnues.

Au grand étonnement de certaines nations conquérantes, persuadées que plus un peuple est ignorant et sauvage, plus on doit user, pour le civiliser, de moyens violents et terribles, une poignée valeureuse de Belges tolérants, charitables, dévoués, remplis d'abnégation, allait se succéder au Congo, et amener les habitants de ce pays, à marcher à pas de géant dans la voie des idées modernes, du progrès général.

En juillet 1879, Stanley, débarqué pour quelques jours à Gibraltar, recevait du colonel Strauch, président du Comité d'études, les instructions définitives les plus précises, relativement à la mission dont il était chargé.

« Il serait bon, mentionnaient-elles, d'obtenir des chefs de tribus riveraines des concessions de terrains privilégiées, et de livrer à la culture le plus possible de terres arables.

« Les stations à créer devraient être habitées par des hommes de couleur, *libres*, sous le protectorat des hommes blancs.

« L'influence protectrice de ces stations devrait pouvoir s'étendre sur les chefs et les tribus environnantes, dont on formerait une sorte de confédération républicaine d'hommes noirs, *libres* ; confédération qui serait indépendante, excepté toutefois, si le Roi à qui est due la conception de l'œuvre du Congo, se réservait plus tard le droit de déléguer des pouvoirs présidentiels sur cette république à une personne résidant en Europe.

« Le projet n'est pas de créer une colonie belge, mais de jeter les bases d'établissement d'un puissant État nègre. »

En réponse à ces diverses notifications, Stanley adressait au colonel Strauch certaines objections basées sur le temps et les difficultés à surmonter pour accomplir cette œuvre sublime, à la réussite de laquelle il se déclarait entièrement dévoué.

Le 14 août 1879, deux ans presque jour pour jour, après avoir quitté l'embouchure du Zaïre, Stanley débarquait à Banana, venant de Zanzibar, où il était allé recruter, pour remplir sa nouvelle mission, soixante-huit Zanzibarites, dont trente-quatre l'avaient accompagné dans son dernier voyage à travers l'Afrique. Obligé d'attendre dans cette localité pour composer la première expédition du Comité d'études, Stanley renforça son escorte noire de soixante-douze Kabindas, de quelques nègres de la côte occidentale et de cinquante indigènes des environs de Vivi, engagés à la journée.

Les Kabindas, originaires du pays qui s'étend au nord du Congo jusqu'à la rivière de Tchiloango, sont de hardis marins qui forment exclusivement l'armement des embarcations employées par les divers trafiquants européens établis sur le littoral congois et à l'estuaire du fleuve. Parmi eux se recrutent aussi les charpentiers, les blanchisseurs, les cuisiniers, indispensables aux voyageurs et aux résidants civilisés. Bien que restés sauvages, ils sont utiles aux blancs dans les divers métiers qu'ils ont appris, et dont la nécessité leur fait chaque jour un besoin plus pressant.

Un de leurs chefs de tribus, Manuel Poun, avait été élevé en Portugal ; puis, de retour dans son pays, il avait repris les mœurs et les coutumes de ses sujets ou *muleks*. (1)

(1 Ce mot a mille acceptions, mais il ramène toujours l'idée d'inférieur, de serviteur.

D'un naturel fort peu impressionnable, ces Kabindas sont incapables de s'émouvoir d'un accident si grand qu'il soit, dont ils sont les témoins ou les propres victimes. Un négociant français, M. Ch. Jeannest, qui a résidé quatre années sur la côte occidentale d'Afrique, dans les parages de l'estuaire du fleuve Congo, raconte ainsi la cérémonie des funérailles d'un Kabinda, mort dans les circonstances suivantes. (1)

Ce nègre, après avoir frappé l'eau du fleuve pour effrayer les caïmans ou les requins, s'était livré aux ébats nautiques les plus imprudents dans les eaux jaunâtres de la crique de Banana. Malgré sa précaution première, il fut désagréablement surpris dans son bain par un monstreux crocodile entraîné jusque-là par le courant rapide. L'animal amphibie coupa la jambe du Kabinda qui, ramené à terre par des camarades témoins de l'accident, montés dans une pirogue, fut déposé mutilé et sanglant sur les rives sablonneuses du Congo.

Pendant qu'il se tordait dans d'atroces souffrances, ses amis l'entouraient sans lui porter secours, mais criaient et se lamentaient; les femmes accouraient de tous côtés pour pleurer autour de son corps; une vieille négresse, toute nue, se roulait dans le sable, s'agenouillait, poussait des hurlements affreux, jusqu'au moment où le malheureux Kabinda privé de sang, mort quelques heures après, obligeait selon la coutume ses noirs compatriotes à veiller toute une nuit son cadavre.

Ces veilles nocturnes et funèbres étaient pour les Kabindas une occasion de chanter un air plaintif et monotone puisé au fond des bouteilles de tafia. Le lendemain ils transportaient le corps du défunt au village le plus voisin, et l'enterraient sans l'ensevelir, comme un vulgaire animal, dans le cimetière. Cette apparence de cérémonie terminée, les noirs se dégrisaient peu à peu, reprenaient leurs occupations et ne pensaient pas plus au mort qu'un employé européen des pompes funèbres ne pense à ceux qu'il conduit quotidiennement à leur demeure dernière.

Les Kabindas ont une légende religieuse, mélangée de croyances locales et de souvenirs de la religion catholique enseignée par les missionnaires qui, aux siècles derniers, ont parcouru leur pays.

Ils croient fermement qu'un homme venu d'en haut résolut un jour de peupler le monde. Pour ce faire, il prit de la terre, lui donna la forme humaine, et, ayant construit un four, l'y plaça. Le four chauffé trop longtemps noircit entièrement la statue; ce bloc de terre brûlée, fut le père des nègres.

---

(1) *Ch. Jeannest*. Quatre années au Congo. (Paris, Charpentier, éditeur. 1 vol. in 18º, 3 francs 50).

L'homme d'en haut, mécontent du résultat obtenu, pétrit une autre forme, chauffa davantage le four, et obtint cette fois un produit jaune; ce fut le père des mulâtres.

Furieux, le sculpteur sur terre cuite, le premier Bernard Palissy qui rêvait toujours mieux, renouvela pour la troisième fois son expérience, chauffa avec rage, à rouge, puis à blanc, et sortit du four un mannequin couleur race caucasique : le roi de tous les autres, le *papa* des Kabindas.

L'homme d'en haut, satisfait, brisa son four et se reposa.

Cette légende bizarre, que nous livrons aux méditations de nos lecteurs, est cependant en contradiction avec certaines connaissances des Kabindas, qui savaient parfaitement que la race mulâtre provient des relations des races blanche et noire.

Mais toutes leurs actions, toutes leurs croyances sont en opposition continuelle. D'une intelligence trop primitive pour concevoir un être idéal, ils ont besoin de dieux palpables, auxquels ils reconnaissent une puissance surnaturelle, divine. Leurs invocations ne s'adressent toutefois qu'aux fétiches méchants; les bons n'ont pas besoin d'être sollicités.

Les femmes des Kabindas cultivent la terre, c'est-à-dire qu'elles s'occupent à peu près uniquement à arracher les mauvaises herbes, à les brûler, à émonder les pieds de manioc, en grattant légèrement le sol à l'aide d'une pioche dont le type primitif a dû se trouver dans l'arche de Noé.

Elles emmènent aux champs leurs filles en état de marcher, et, si elles ont des enfants à la mamelle, elles les portent sur le dos, travaillent et piochent, tandis que le nourrisson, à cheval sur leurs reins, est assis dans un morceau d'étoffe qui vient s'attacher au-dessus des seins et les comprime affreusement.

Une affaire très importante chez les Kabindas, une cérémonie tapageuse, une occasion pour eux et leurs femmes de se livrer pendant deux jours aux jouissances enivrantes du tafia, c'est une fête d'épousailles, une noce de Kabindas, l'accouplement légal, jusqu'à la date toujours possible du divorce d'un nègre kabinda avec une négresse *ejusdem farinæ*.

Un Kabinda, lassé de la vie de garçon, a arrêté le prix avec le père d'une jeune fille : il est fiancé. Durant quarante-huit heures, il y a fête dans les deux camps. Les danses et les orgies marquent cette date mémorable.

Le jour du mariage arrivé, les parentes et les amies de la fiancée sortent des cuisines de la belle, apportant l'une, un plat de porc, mets consacré dans toutes les occasions solennelles, les autres du mouton, des poules, du poisson, etc., etc., enfin une immense *moanda* (plat à l'huile de palme), le *nec plus ultra* pour un palais de Kabinda.

Une large bande d'un riche tissu soyeux recouvre tous ces plats et forme comme un vélum sur la tête des femmes qu'elle relie toutes ensemble. Celles-ci, vêtues très légèrement de leurs plus belles étoffes, défilent les unes derrière les autres, lentement, sur une pièce de coton déroulée, étendue à terre depuis le *chimbeck* (case) de la future jusqu'à celui de son fiancé. Un négrillon ouvre la marche, que règlent deux hommes placés à ses côtés, armés chacun d'un sabre de cavalerie rouillé, provenant directement d'un vieux stock d'arsenal portugais.

Derrière le cortège se presse la foule des Kabindas de la localité, les uns portant des *m'bouda*, dames-jeannes de tafia, les autres tirant des coups de fusil, en signe de réjouissance.

Le mari attend entouré de ses amis, il reçoit les arrivants d'un air grave circonstancié, puis on se met à table, les hommes d'un côté, et les femmes de l'autre.

La fiancée n'est pas encore là.

Les hommes et les femmes, accroupis sur leurs talons, mangent, absorbent, engloutissent, les uns avec une cuiller de bois, les moins favorisés avec leurs doigts. Toutefois, luxe inusité, ils ont chacun leur assiette, taillée au couteau dans le tronc d'un *boswellia*.

La bouche pleine, ils rient, causent, jacassent, chantent à tue-tête, en ayant soin d'humecter à outrance leurs gosiers assoifés de desséchant tafia.

De temps à autre, les femmes quittent leurs places, afin d'aller servir leurs seigneurs et maîtres, non pour changer les assiettes, mais pour passer les plats abondants.

Le festin terminé, la fiancée, annoncée par son père, est confiée à son mari... Le jour baisse, le soleil disparaît, l'heure crépusculaire passe rapide sous le ciel équatorial. Le Kabinda un instant disparu au fond de son chimbeck, pour mettre son épouse au courant de ses nouveaux devoirs, revient seul prendre part aux réjouissances générales qui durent toute la nuit. L'orgie dès lors est à son comble; les fusils tonnent jusqu'à épuisement de poudre; les chants, les danses, la boisson, la musique stridente et les hurlements sauvages des nègres *ivres-morts d'eau-de-vie* à cinquante degrés, jettent leurs notes discordantes sous un ciel africain où brillent, dans toute leur éblouissante clarté, les étoiles silencieuses, dont le scintillement fait pâlir la froide lumière du phare géant de la nuit.

Ces sortes de noces se renouvellent fréquemment chez les Kabindas. Parmi ces peuplades, la polygamie existe au plus haut degré. La femme est une richesse : plus un homme en possède et plus il est puissant; ce sont des bras à faire travailler, qui rapportent sans coûter autre chose que des

VUE DE BANANA.

anneaux de cuivre. C'est en outre un moyen de nombreuse parenté, qui unit au mari les membres des familles de ses femmes, et augmente son influence.

Certains chefs kabindas épousent jusqu'à six femmes ; mais une seule mérite réellement ce titre : c'est en général la première épousée la grande femme, comme l'appellent ces indigènes ; son fils est un chef de tribu futur et l'héritier présomptif, ceux des autres femmes sont des muleks

Lorsque le mari kabinda peut prouver, devant les juges du pays, des griefs sérieux et avouables contre son épouse, il est autorisé à la renvoyer à sa famille, moyennant une indemnité. Bien trouvée chez ces sauvages polygames, cette application du dommage et intérêt !

Presque toujours les batailles entre Kabindas proviennent de l'enlèvement de quelque belle Hélène du pays, que deux puissants chefs se disputaient. En tout temps et en tout pays, le sexe faible charmant, blanc, teinté de rose ou noir d'ébène, fut toujours l'occasion des plus grandes querelles, et partout, selon l'axiome d'un législateur, dans toute affaire embrouillée, souvent même dans les plus sanglantes pages de l'histoire, dans l'assassinat des rois et des grands, comme parfois dans la vengeance d'une nation opprimée par des tyrans, on doit d'abord chercher... la femme.

Chez les Kabindas, disons-nous, des luttes belliqueuses s'élèvent entre tribus à propos d'une épouse ravie, d'une jeune fille enlevée. Deux camps se forment aussitôt ; les hommes ennemis, armés de leurs sabres, marchent les uns sur les autres, s'injurient et se jettent des pierres, en évitant avec soin de se prendre aux cheveux. Comme il existe entre les deux corps ennemis un espace assez large pour rendre inoffensives les lames d'acier terni, les Kabindas finissent par ne plus se lapider, pour assister en spectateurs bruyants et animés à un simulacre de guerre qui n'offre aucun danger.

L'un des combattants, le plus hardi, s'avance entre les deux camps, et, en courant en cercle, en se penchant, en se livrant à mille contorsions grotesques, fait voltiger au-dessus de sa tête un pagne dont l'extrémité, attachée à une hampe de bois, se déploie, flotte comme une longue écharpe et décrit dans l'air des courbes gracieuses. Puis il ne tarde pas à renoncer à ce genre d'exercice, saisit d'une main son sabre, de l'autre le fourreau, et les frappe l'un contre l'autre, en défiant et en insultant ses ennemis : « Lâches, femmelettes, chiens de nègres, hurle-t-il, avancez, c'est moi, approchez ! »

Un adversaire se présente ; le bravache n'insiste plus et bat prudemment en retraite. Des deux camps opposés se croisent de nouvelles pierres, jusqu'à ce qu'un arc-en-ciel pacificateur, la belle Hélène, cause du combat, mette fin à l'orage en réintégrant le domicile conjugal ou paternel.

C'est parmi ces tribus peu belliqueuses, mais utiles aux Européens vivant à l'embouchure du Congo, que Stanley avait recruté des renforts pour son escorte noire. Leur pays s'appelle Cacongo, soit en langage indigène : le second Congo (*n'ca* veut dire l'autre, le second). Landana, Futila, Kabinda et Vista sont autant de localités lui appartenant, autant de points où se trouvent de nombreuses factoreries hollandaises.

Il nous paraît utile de donner dès à présent la description des établissements commerciaux des Européens dans le bas Congo, désignés sous le nom de factoreries.

Ces factoreries se composent en général d'une maison principale à simple rez-de-chaussée, construite en planches venues d'Europe, recouverte d'une toiture en feutre, et renfermant de nombreux magasins servant d'entrepôt pour les marchandises et les produits, une forge, une cuisine, une huilerie pour l'épuration de l'huile de palme, des chambres d'habitation placées à chaque extrémité des divers magasins, et séparées d'eux, pour en assurer la surveillance constante, par une cloison à claire-voie.

Autour de ce palais local se pressent les chimbeks, cabanes des naturels employés à la factorerie, formant parfois de véritables villages, suivant l'importance de l'établissement européen.

Chaque groupe de ces employés noirs a son chef, qui jouit d'une autorité sans conteste. Élu par ses congénères, il est très fier et très jaloux de son autorité, et n'obéit qu'au blanc chez lequel il distribue les travaux réservés à chacun de ses subordonnés.

Le nombre des factoreries hollandaises, françaises, anglaises ou portugaises, était considérable sur la côte occidentale africaine du Congo. On en trouvait dans toutes les criques, au bord de toutes les rivières et cinq d'entre elles étaient établies à Banana ; la plus importante appartenait à la *Nieuwe Afrikaansche Handels-Vennootschap*, de Rotterdam.

C'est dans le havre de cette dernière que le vapeur *Barga*, capitaine Michel Demyttenaere, parti d'Anvers en mai 1879, vint s'ancrer quelques jours et déployer fièrement, sous le bleu limpide d'un ciel équatorial, la flamme aux trois couleurs de la Belgique.

De son bord, quatre Belges (MM. Van Schendel, ingénieur, Gérard et Petit, mécaniciens, et Janssens, charpentier), trois Américains, trois Anglais, deux Danois, un Français, avant de débarquer sur un sol qu'ils devaient, avec l'appui du Comité d'études, enrichir de leurs rudes labeurs, admirèrent le splendide paysage qui s'offrait à leurs regards.

Devant eux le village de Banana alignait le long du rivage ses maisons enduites de chaux, dont la blancheur éblouissante étincelait sous les rayons puissants du soleil des tropiques, tandis que plus au nord, sur l'horizon, se découpaient les falaises rouges de la rive méridionale du fleuve (cap Padron) surmontées de leurs forêts de palmiers, de papyrus, de cactus de 6 mètres de hauteur, de plantes grasses de toute espèce, dont les couleurs harmonieuses, empruntées à toutes les teintes du vert, se confondaient dans un ensemble admirable avec le velours de leurs fruits multicolores.

Sous leurs yeux, près des flancs du navire, le havre de la factorerie et le port de Banana, constitués par un bras du Congo séparant le rivage septentrional du fleuve des nombreux îlots qui encombrent son cours, étalaient comme un miroir la surface unie de leurs eaux.

Plus loin, vers l'occident, le fleuve au courant indomptable, filant avec une rapidité de 7 à 9 kilomètres à l'heure, luttait victorieux contre la mer, et roulait ses vagues grisâtres, charriant des amas boueux, des troncs d'arbres et des millions d'épaves arrachées à ses rives, jusqu'à cinquante milles au milieu des flots verts de l'Océan irrité.

A la bouche du fleuve, large de 11 kilomètres, la pointe française ou de Banana, couronnée par la factorerie de la maison Daumas-Béraud (ancienne firme Daumas-Lartigue) de Paris, le premier établissement fondé sur cette terre en 1855, s'étendait au nord, basse et sablonneuse, mesurant environ 3 kilomètres de longueur, sur une largeur variant de 40 à 400 mètres ; à son centre, deux marais de formation récente, créés par les assauts incessants des eaux du fleuve et de la mer, formaient par instant comme un seul corps mouvant avec ces deux voisins liquides ; les vagues montueuses de l'Atlantique passaient au-dessus de leurs eaux stagnantes et couraient se mêler à celles du Congo.

Au sud de l'embouchure, Shark-Point encadré par une végétation riche et sauvage, abritait des vents du sud-ouest la crique où se balançait à l'ancre le steamer *Barga*. Au point le plus élevé de ce promontoire, une colonne de pierre se dressait en pyramide monumentale, intacte et respectée par le temps, les saisons et les indigènes, pour perpétuer la mémoire de la découverte de l'estuaire du Congo par le Portugais Diego Cam.

Mais l'attraction enchanteresse, la variété infinie de ce spectacle africain, que les passagers du *Barga* eussent en vain comparé à tous ceux qui, sur la côte occidentale, le port du Gabon lui-même, avaient signalé leurs escales ; l'ensemble sauvage, plein de magnificence, de cette nature animée où les lames écumantes de l'Océan, les flots tourbillonnants du fleuve, séparés dans leur course furibonde par d'innombrables îlots de verdure, s'alliaient à la grâce merveilleuse, à l'incomparable splendeur des sites luxuriants des côtes et des nuances inimitables, indéfinisables des berges du Congo, ne pouvaient que rappeler aux voyageurs européens, par leurs côtés plus tristes, le silence par trop solennel qui régnait sous les voûtes boisées des rives, les périlleux dangers que sous sa beauté farouche tenait aux mariniers le fleuve hypocrite, l'absence complète de tous travaux humains, hormis les factoreries, les terres fécondes mais partout indéfrichées, la nécessité d'installer dans « ces régions bénies » la civilisation avec son apport inséparable de bien-être, de travail et de liberté.

Les Européens arrivés d'Anvers remarquaient la largeur du port de Banana, double de celle de l'Escaut devant la cité maritime belge; sa longueur de près de 4000 mètres, dépassant le développement total des nouveaux quais de la même ville; sa profondeur variant jusqu'à 10 mètres et plus, offrant aux navires du plus fort tonnage un mouillage sûr, à l'abri des courants et des vents du large; et son entrée, resserrée entre deux bancs de sable, visibles seulement à marée basse, le banc de Stella à l'ouest, le banc de Dialmath à l'est; séparée du lit principal du fleuve par une île appelée *Boulembemba* (l'île aux bœufs).

Que manquait-il à ce port naturel pour acquérir une importance considérable, et devenir le plus grand entrepôt du commerce de la côte occidentale africaine? Il lui manquait les bienfaits, le mouvement et l'activité qu'allait lui donner généreusement le Comité d'études, inspiré et fondé par S. M. Léopold II.

Ces régions mieux connues, plus fréquentées désormais, vont se transformer et devenir méconnaissables. Un phare gigantesque jettera dans la nuit africaine l'éclat de ses feux électriques à l'entrée du port de Banana; des bouées aux couleurs éclatantes marqueront le libre chenal qui y conduira les navires de tous les rivages du monde civilisé; les sondages seront complétés, des digues et des quais s'élèveront avec majesté sur les rives sablonneuses; les installations maritimes les plus complètes assureront à l'Anvers africain un avenir indiscutable et brillant. Une population noire, grâce à l'outillage compliqué de la science moderne, instruite et guidée par des blancs dans l'art de l'utiliser, aura érigé ces travaux, aura creusé le port de Banana, rival de Zanzibar!

Mais le *Barga* ne peut s'éterniser dans le havre de la factorerie; les passagers européens doivent s'arracher à la contemplation du délicieux tableau dont les ombres ont inspiré leurs calculs ou leurs rêves. Le *Barga* doit sans retard revoir le port d'Anvers; il faut au plus tôt l'alléger du précieux chargement dont ses flancs sont bondés.

Quel étrange armateur a frété ce navire? ont dû se demander les habitants du village de Banana, dont la population nègre d'environ 700 individus avait envoyé la plus grosse part de ses échantillons humains au déchargement du *Barga* : des Krouboys (indigènes de la côte de Krou, cap des Palmes), noirs très vigoureux, moins incivilisés, moins voleurs que les gens du pays, manœuvres habituels des factoreries, sorte de porte-respect des blancs, très mal vus des nègres de Banana, que l'appât d'un gain rémunérateur avait amenés a prêter leur concours; ainsi que des *kroomen*, esclaves libérés, issus de tous les points de l'Afrique centrale.

Assurément, le négociant auquel appartenait la cargaison du *Barga* n'a pas eu l'intention de consacrer à la *troque* les marchandises qu'il vient d'importer au Congo.

Des flancs volumineux du navire à vapeur sortaient des steamers, des baleinières, des allèges en acier, un gig, toute une flotille, parée, armée, prête à s'élancer à la conquête du courant rebelle d'un fleuve géant.

KROUBOY.

Chacun de ces bateaux portait sur le blindage, à l'abri du pavillon bleu chargé de l'étoile d'or, un nom qui sera pour ses passagers futurs un souvenir de la patrie lointaine, ou qui, plein de glorieuses promesses, guidera ses hardis marins de plus en plus loin sur le Congo.

Le plus grand de tous ces bateaux était la *Belgique*, steamer à deux hélices jaugeant 30 tonneaux, mesurant 65 pieds de long, 11 pieds de large, 5 pieds et demi de profondeur; sa force nominale était de 16 chevaux, sa vitesse de 8 nœuds et demi.

Puis venaient : *En avant*, embarcation à vapeur à roues, jaugeant 9 tonneaux, mesurant 43 pieds de long, 7 pieds 11 pouces de large; d'une force nominale de 6 chevaux ; d'une vitesse de 8 nœuds ;

Le *Royal*, steamer à hélice, construit par White, de Cowes; jaugeant 8 tonneaux ; 30 pieds de long, 6 de large, d'une vitesse de 8 à 9 nœuds. Cet élégant petit navire, richement équipé, muni d'une cabine luxueuse, était un don royal, généreusement offert à la première expédition du Comité d'études par S. M. Léopold II ;

L'*Espérance*, embarcation a vapeur, à hélice, jaugeant 8 tonneaux ; 42 pieds de long, 7 de large, force de 6 chevaux ; vitesse de 7 à 8 nœuds ;

Deux baleinières l'une d'une capacité de 12 tonneaux, l'autre de 6 ;

La *Jeune africaine*, allège en acier ;
Un gig de 3 tonneaux et demi.

Tous ces bateaux, amarrés le long du rivage, stupéfiaient la population noire de Banana, et remplissaient d'un espoir légitime tous les membres européens de l'expédition de 1879 réunis autour de Stanley, qui, appréciateur habile de ces richesses de locomotion en même temps que reporter fidèle, ajoutait aux notes de son second voyage du Congo .

« Le coût total de la construction de cette flottille était de 120,000 francs. »

Des essais indispensables devaient être subis par chacune de ces embarcations destinées à affronter à bref délai les passages périlleux, les tourbillons menaçants, les tempêtes violentes, la longue série de dangers que leur réservait la navigation fluviale.

Pendant que Stanley et ses compagnons blancs dressent au sport nautique les bateaux et les équipages nègres qui les amèneront le 1er février 1880, à 184 kilomètres de la côte océanique, par 5° 40' de latitude sud et 13° 49' de longitude est, sur la rive droite du Congo, au point appelé Vivi, nous allons entr'ouvrir le trésor des richesses botaniques et anthropologiques des territoires du Congo, au bord desquels les vagues de l'Atlantique courent parfois, furieuses, se briser contre les récifs, ou viennent ailleurs, calmes et paisibles, mourir en franges dentelées blanchâtres sur un sable fin et brillant.

Au sud de l'embouchure *actuelle*, le territoire qui se termine par le cap Padron présente une variété abondante des plus beaux spécimens de la flore africaine. (Nous écrivons l'embouchure « actuelle », à cause d'une opinion émise par divers visiteurs de l'estuaire du Congo sur l'existence probable autrefois d'un delta de ce même fleuve, c'est-à-dire de bouches multiples par lesquelles le cours d'eau monstrueux de l'équateur africain se déversait dans l'Océan.

Les environs d'Ambrizette, de Kinsembo surtout, sont pourvus des plus grands arbres du globe, du roi des forêts africaines, du majestueux baobab *(Adansonia digitata)*.

Ce géant végétal atteint des proportions colossales. Peu élevé comparativement aux proportions phénoménales de son tronc, le baobab est couronné d'un feuillage très maigre, clairsemé au hasard de ses branches étalées en bouquet à une distance énorme, où s'accrochent par des filaments des fruits oblongs, noirs, d'une matière dure, ressemblant à une nuée de corbeaux suspendus par une patte, et contribuant à donner à l'arbre un aspect fort original.

Son bois humide et tendre s'entaille avec une grande facilité. Son écorce, épaisse et flexible, est peu adhérente au tronc; coupée avec un couteau, elle se déchire sous forme de longs et larges rubans que les naturels trans-

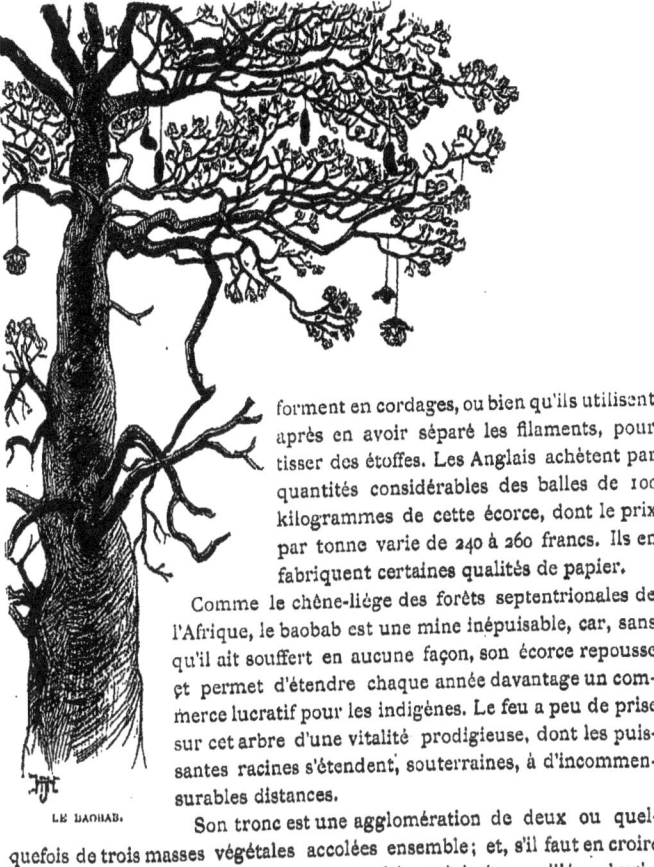

LE BAOBAB.

forment en cordages, ou bien qu'ils utilisent après en avoir séparé les filaments, pour tisser des étoffes. Les Anglais achètent par quantités considérables des balles de 100 kilogrammes de cette écorce, dont le prix par tonne varie de 240 à 260 francs. Ils en fabriquent certaines qualités de papier.

Comme le chêne-liége des forêts septentrionales de l'Afrique, le baobab est une mine inépuisable, car, sans qu'il ait souffert en aucune façon, son écorce repousse et permet d'étendre chaque année davantage un commerce lucratif pour les indigènes. Le feu a peu de prise sur cet arbre d'une vitalité prodigieuse, dont les puissantes racines s'étendent, souterraines, à d'incommensurables distances.

Son tronc est une agglomération de deux ou quelquefois de trois masses végétales accolées ensemble; et, s'il faut en croire les explorateurs illustres qui se sont parfois arrêtés émerveillés, ahuris, devant un de ces colosses, il en est qui mesurent jusqu'à 35 mètres de circonférence.

Le conte d'un Robinson se taillant une maison complète, avec salon, salle à manger, cuisine, chambre à coucher, dans l'intérieur de ce monstre de la végétation africaine, n'offrirait rien d'invraisemblable à ceux qui connaissent de vue le baobab du Congo.

Une émotion indéfinissable se reflète dans tous les récits descriptifs des voyageurs qui ont fait halte un seul jour à l'ombre de ces géants séculaires. « Le silence profond qui règne sous leurs voûtes, écrit l'un de ces voyageurs, saisit profondément l'âme et la remplit d'une religieuse émotion. »

Parfois, auprès des baobabs, sur le même littoral dont nous essayons de retracer les merveilles, l'euphorbe à candélabres *(Euphorbia candelabrum)* parvient à une hauteur gigantesque, et projette sa tige grise et rugueuse, armée d'un panache verdoyant, au milieu des acacias ou des mimosas dont le feuillage disparait sous des fleurs d'or.

RACINES DE MANGLIER.

En outre, les grandes fougères, les cocotiers, les bassia, les aloès, les cactus, les énormes figuiers, les bananiers, les tamariniers, les gommiers d'Australie *(Eucalyptus globulus)* qui atteignent en dix années jusqu'à trente mètres de haut, les pandanus, dont les branches en candélabres s'affaissent sous le poids d'un monde de végétaux parasites, les mangliers, qui forment aux embouchures des rivières et dans toutes les lagunes d'impénétrables fourrés, se groupent de loin en loin sur les côtes, tantôt en oasis ou en forêts profondes, tantôt en bosquets délicieux.

Mais lorsque, malgré les draperies flottantes des lianes, le brillant soleil de l'Équateur glisse jusqu'aux terres fécondes qui produisent ces pittoresques sites boisés ses premiers regards indiscrets à travers les dômes touffus, une innombrable légion d'êtres vivants salue d'un étrange concert de chants, de jasements, de cris, de rugissements sonores, la clarté naissante du jour.

Dès l'aube, en effet, lorsque les tiédeurs de la nuit disparaissent devant la fraîcheur grise et bleue du matin; lorsque les gouttes de rosée brillent, perles diaphanes, attachées à l'extrémité des feuilles, tout renait, tout vit, tout s'agite, sur le littoral du Congo, que la civilisation n'a pas encore privé des hôtes sauvages, charmants ou terribles, qui peuplent ses vastes ombrages.

Dans l'antre des forêts, les animaux des grandes races africaines sont abondamment représentés. Le lion fait fuir devant lui des bandes effarouchées d'antilopes *cobus* dont la chair excellente enrichit parfois le menu de la table des habitants humains de ces parages, des troupeaux de buffles rouges, des gazelles, des zèbres, des léopards. Les lianes, les grandes herbes, les jungles de toute espèce, s'écartent un instant pour livrer passage à ces hordes qui, dans leur course, effrayent des essaims de petits oiseaux, dont le plumage d'un gris sombre ne rappelle en rien celui des brillants oiseaux-mouches de l'Amérique, auxquels ils peuvent être comparés par leurs formes mignonnes.

ANTILOPE COBUS.

Les régions supérieures des arbres sont hantées par des myriades de perroquets gris, à queue rouge, qui jasent, caquettent, volent par saccades, jouent familièrement avec des singes verts *(Ciropithecus cephus)*, jusqu'à ce que la venue soudaine et effrayante d'un chimpanzé ou d'un gorille, à l'air féroce et repoussant, arrête leurs joyeux ébats.

Dans les bois rapprochés des centres populeux, les chacals et les hyènes, se reposent de leurs fraudes nocturnes; sur les berges des fleuves, et près des lagunes où croissent les palétuviers et les *ginglus* (sorte de pruniers), les lourds hippopotames se traînent lourdement pour sécher au soleil leur corps dégouttants de vase noirâtre.

Toutes les rivières du littoral offrent à des quantités d'oiseaux aquatiques une pêche abondante, de copieux repas de poissons gros et petits. Les pélicans, les hérons, les ibis, sont les hôtes habituels de leurs bords, sans compter les cormorans ; et des vols considérables de petits oiseaux qui s'enfuient à tire-d'aile, poussant des cris aigus, lorsque de gros éperviers, toujours affamés, tournoient, planent dans l'air et s'apprêtent à fondre sur leur faible proie.

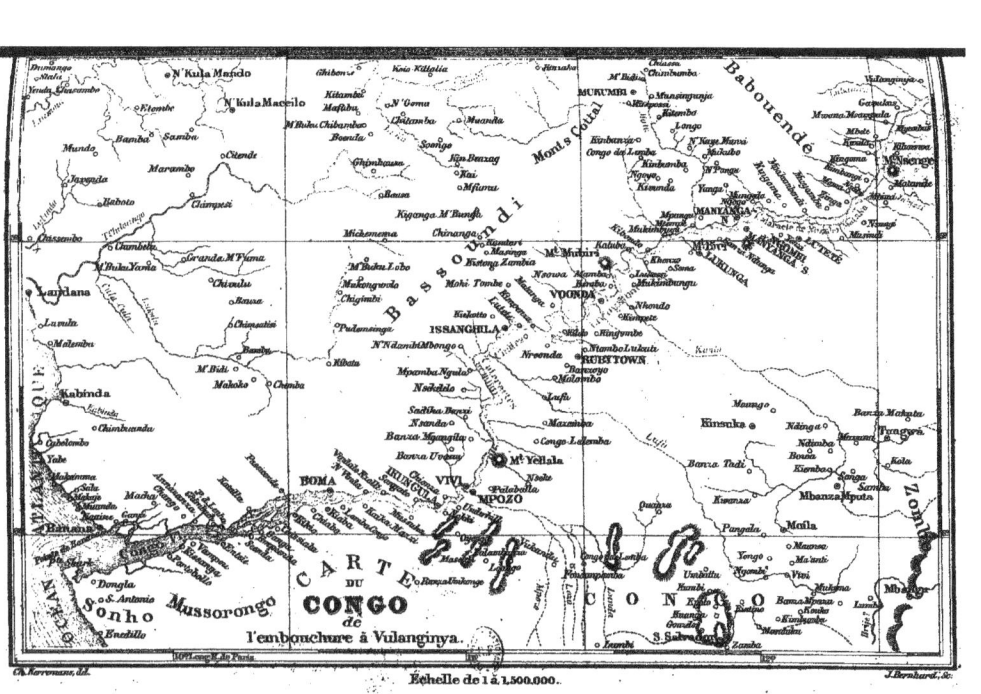

CHAPITRE IV

Les blancs à Banana. — Une chimbouck d'ivoire. — Un banquet à la factorerie hollandaise. — Promenade nocturne. — Danse des Krouboys. — Les quatre saisons au bas Congo. — Pêche en haute mer ; chasse à la panthère. — Quelques fleurs.

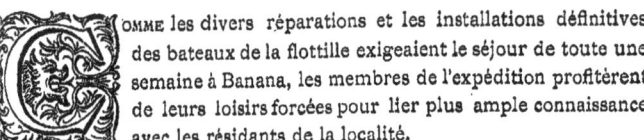omme les divers réparations et les installations définitives des bateaux de la flottille exigeaient le séjour de toute une semaine à Banana, les membres de l'expédition profitèrent de leurs loisirs forcées pour lier plus ample connaissance avec les résidants de la localité.

Dans ces lointaines latitudes, la même origine européenne la même couleur de visage, les souvenirs qui se rattachent à l'existence de tout homme civilisé, assurent aux émigrants qui arrivent l'accueil le plus cordial, l'hospitalité la plus large de la part des blancs qui y sont établis.

Les religions, les castes, les coteries politiques, les nationalités différentes s'effacent devant le titre d'Européen.

La fraternité des peuples trouve dans ces contrées, non une promesse banale, platonique, mais tous les actes généreux et désintéressés que ce beau mot comporte.

Belge, Anglais, Français, Portugais, quiconque appartient à une nation civilisée du globe, qu'il soit millionnaire ou trafiquant, qu'il ait été attiré par l'attrait d'une excursion aventureuse, ou par l'intérêt d'un voyage d'affaires, est, dès qu'il met le pied sur les rives de l'estuaire du Congo, reconnu signor par les muleks, et traité d'ami par les résidants au visage pâle. Les rapports entre blancs peuvent parfois subir quelques modifications par suite d'un séjour prolongé, mais la bonne impression des relations du premier jour reste la même.

Les premiers compagnons européens de Stanley, à Banana, purent apprécier l'exactitude de cette assertion. Recueillis avec empressement et fêtés par tous les chefs des factoreries locales, ils furent surtout l'objet des prévenances les plus délicates de la part de M. A. de Bloeme, gérant de la factorerie hollandaise de la Société commerciale africaine, de Rotterdam.

Cette factorerie, créée en 1869 par M. Kerdyck jeune, s'élevait sur la pointe de Banana et occupait avec ses magasins, ses hangars, ses cours, sa maison principale, un espace d'environ sept cents acres de terrain, à quatre pieds à peine au-dessus de l'eau d'un bras du fleuve; elle comptait un personnel considérable d'employés blancs et noirs, tous amplement pourvus de travail, par suite des affaires très florissantes de la société.

Par son importance commerciale, cette maison était au premier rang de tous les établissements similaires existant au Congo en 1879. M. de Bloeme, son directeur, comptait alors neuf années de service dans ces parages ; c'est assez dire combien il était expert dans l'art d'échanger les objets manufacturés de l'Europe contre les productions du littoral occidental et du centre de l'Afrique.

Ces productions varient suivant le climat et aussi suivant les habitants de l'intérieur. Les terres du littoral fournissent de l'huile de palme (obtenue du palmier, *Elaïs guineënsis*), des arachides, du sésame, de la gomme copal, du café, des cocnots, de l'orseille, de la cire, de la gomme élastique, du tabac, de l'écorce de baobab, du caoutchouc.

Kinsembo est le lieux le plus important pour les arrivages de l'ivoire. Ce produit est apporté de l'intérieur par des caravanes, *chimboucks*, de cent à cinq cents noirs, chargés d'au moins cinquante dents d'éléphant, souvent de plus de deux cents et quelquefois de trois cents défenses. Ces caravanes arrivent à la côte après trois et même quatre mois de marche, vers l'époque des pluies ; pendant cette saison, les rivières étant toutes navigables, les noirs mettent à profit ces voies naturelles de communication.

Dès que l'on apprend dans les centres de population côtières qu'une chimbouck d'ivoire est en route, tous les linguistiers (les linguistiers sont des nègres marchands sachant parler soit l'anglais, soit le portugais) sont en mouvement ; les uns envoient en courtiers leurs muleks les plus intelligents, les autres vont eux-mêmes chez les blancs chercher les bons de marchandises qu'ils ont en réserve, et tous courent au-devant de la caravane munis de présents qu'ils destinent comme appâts aux porteurs d'ivoire.

Ils s'engagent ainsi fort loin dans l'intérieur, et c'est à qui atteindra le premier la chimbouck, pour obtenir la vente du plus grand nombre possible de défenses. Arrivés tous ou presque tous ensemble auprès des caravaniers, ils livrent de véritables combats pour décider les nègres de l'intérieur, les *matouts*, à suivre tel ou tel sentier menant aux divers villages du littoral où sont établis les blancs. Chacun, pour décider les vendeurs, leur expose avec feu la richesse des Européens établis dans sa tribu, la quantité de poudre et de fusils, de qualité supérieure, que ces *mundelés* (hommes blancs) viennent de recevoir, et fait miroiter à leurs yeux nombre considérable de perles bleues *(bouassa)* qu'ils toucheront pour prix de leur ivoire.

Cette rencontre des linguistiers et des matouts s'effectue le plus dans l'intérieur des terres, à un point nommé Kimbala, marché situé à 50 lieues environ de la côte océanique, au sud du Congo.

De ce point, trois sentiers se dirigent vers le littoral : l'un, vers le nord, c'est le moins important ; le deuxième vers le sud ; le troisième vers San-Salvador (ancienne Banza) ; ces deux derniers sont les plus fréquentés, car c'est là que viennent les plus riches chimboucks.

Dès que les caravaniers sont, en tout ou en partie, arrivés à l'une des places commerçantes du littoral, ils sont logés et nourris aux frais et dans les maisons des linguistiers.

Leur installation une fois faite, une députation est envoyée chez les blancs. Les ambassadeurs, simples muleks, accompagnés parfois de leur *makrount* ou *m'fuma* (chef) et d'un linguistier habile, s'annoncent aux habitants des factoreries en frappant sans relâche avec un petit bâton sur des *gingons*, cloches en fer qu'ils tiennent à la main.

Autant de gingons, autant de villages différents. Les traitants peuvent donc par le nombre de ces cloches, dont les tintements criards et secs charment plus ou moins l'oreille, juger de l'importance du nouvel arrivage. Chaque députation va de factorerie en factorerie; les noirs qui la composent portent des sabres qu'ils alignent devant les gérants. Ces derniers leur allouent des cadeaux de bienvenue, et les noirs retournent à leur village. Dès lors le marché de l'ivoire est ouvert, les blancs s'apprêtent à acheter.

La fraternité des peuples fait place alors à la rivalité intéressée des commerçants; les blancs ne sont plus amis, ils sont concurrents; ils ne se voient plus entre eux, ils se dénigrent réciproquement, ils déprécient devant les linguistiers les marchandises et les procédés commerciaux des voisins : on croirait assister à des élections présidentielles, aux États-Unis.

Chaque blanc octroie à ses linguistiers de superbes présents, et déploie toutes les ressources de son habileté pour obtenir, en manifestant l'intention d'acheter tout l'ivoire de la caravane à des prix fabuleux, aussi bon marché que possible un nombre parfois très restreint de défenses d'éléphant.

Bientôt une avalanche de matouts nègres de l'intérieur, vêtus de vieux pagnes en paille sordides, les pieds et les mains ornés de bracelets, soit en perles bleues enfilées, soit en fer, les épaules cachées sous des colliers de verroterie mêlée de gris-gris, s'abat autour des factoreries et envahit les habitations des blancs.

Les noirs sont armés de cimeterres en fer forgé et de sagaies; des couteaux sont passés à leurs ceintures; leurs cheveux reluisants, huilés, sont nattés de cent manières, toutes plus originales les unes que les autres, il en est même de fort coquettes. Ils se forment en bon ordre, et précédés de linguistiers, portant sur leurs épaules une défense ou plusieurs suivant leur grosseur, maintenues par quatre petits morceaux de bois travaillés en long et reliés entre eux par des lianes, ils défilent, cortège étrange et pittoresque, devant les chefs des factoreries.

C'est le chef de factorerie qui s'occupe exclusivement pour le compte des maisons européennes du négoce de l'ivoire. L'importance de ce négoce, les pouvoirs qu'il exige, la connaissance des linguistiers et l'expérience des mœurs commerciales des nègres qu'il nécessite, font que le gérant seul peut assumer une si lourde responsabilité. En outre, ce directeur doit savoir acheter toute marchandise précieuse et s'acquitter de cette mission de façon à conserver, à rehausser même son prestige de chef blanc aux yeux des nègres indigènes.

Les linguistiers déposent à terre et déballent en présence du gérant leur fardeau d'ivoire ; les *marfoucks* — chefs interprètes des factoreries, au fait des coutumes de chaque maison de commerce, accompagnant toujours les blancs, les aidant dans leurs opérations et leur servant d'intermédiaires près des noirs étrangers à la localité où ils résident — sondent alors une à une, au moyen d'une tige de fer, les défenses à acheter. Cet examen est nécessaire ; chaque défense est creuse, en moyenne, jusqu'au tiers de sa longueur totale, et les nègres ne se font pas faute bien souvent d'y tasser de la terre mouillée pour en augmenter le poids.

Le pesage a lieu sous la surveillance des linguistiers ; ils s'accroupissent ensuite autour de la marchandise, pour assister, spectateurs flegmatiques, à la discussion que le gérant, après avoir noté les poids et établi ses calculs d'acheteur, ouvre avec les matouts.

Le blanc offre son prix qui n'est jamais accepté d'emblée. Les caravaniers poussent des plaintes lamentables, des hurlements de désespoir, ils crient au voleur pendant des heures entières ; et ce n'est qu'après un véritable combat de patience, de ténacité, de ruses, de diplomatie, que le gérant d'une factorerie acquiert selon son désir chaque défense d'ivoire, scrupuleusement examinée, passée de main en main, pesée, soupesée. Le prix se compose d'un certain nombre de fusils, de kilos de poudre et de pièces d'étoffe. Une fois arrêtée, la valeur de la dent s'augmente pour le blanc d'un cadeau à faire au linguistier, présent dont l'importance est encore longuement discutée.

Lorsque toutes les formalités et les précautions de l'achat sont terminées, l'épilogue de cette opération arrive ; c'est le quart d'heure de Rabelais pour le blanc : il faut payer l'ivoire acquis. Un linguistier, un matout et un des muleks entrent seuls dans le bureau de la factorerie. De nouveaux combats sont livrés ; car le gérant européen, qui s'est souvent laissé aller à promettre un prix trop élevé, cherche par un payement intelligent à en diminuer l'importance.

Le matout une fois réglé, on lui fait présent soit d'un petit bonnet rouge, soit d'un chapeau de paille quelconque, et on le met à la porte tout doucement, en lui disant dans sa langue quelques paroles qui le mettent en belle humeur. Le linguistier intelligent, rusé, voleur, menteur, outre la commission que lui octroie le blanc, parvient à soutirer au matout des bénéfices nouveaux, en faisant croire au sensible nègre de l'intérieur qu'il n'a rien obtenu du chef de la factorerie.

Nous avons longuement insisté sur les détails relatifs au négoce de l'ivoire, l'un des plus importants commerces de la côte du Congo, depuis la localité d'Ambriz, sur le littoral, jusqu'à l'embouchure du fleuve. C'est la côte occidentale de l'Afrique qui entre pour la majeure partie dans l'exportation de l'ivoire, matière recherchée par la luxueuse industrie de l'Europe. On estime à 8 à 9.000 environ le nombre des défenses de toutes grandeurs achetées et exportées par les factoreries établies dans ces parages.

La maison hollandaise dirigée par M. de Bloeme présentait, dès le matin du 20 août 1879, non pas l'animation étrange des jours d'arrivée d'une chimbouck, mais un spectacle qui n'était pas sans attrait pour les estomacs valides et pleins d'appétit des membres européens de l'expédition de Stanley.

Des employés blancs de la factorerie distribuaient aux cuisiniers nègres des fournitures pour les repas de la journée, non pas avec la parcimonie habituelle ou plutôt avec la précaution prise en pareille circonstance contre les majordomes noirs gaspilleurs, mais avec une largesse inusitée.

De grands verres pleins de farine étaient remis aux cuisiniers, pour être transformée en autant de petits pains destinés à satisfaire les exigences des palais les plus fins.

Dans les cours, des négressses accroupies devant des nattes garnies de *chicuangos* (petites mottes de farine de manioc pilée et cuite, renfermée dans des feuilles de bananier; on dirait des pains blancs au beurre, mais elles sont moins appétisantes, et dégagent une odeur forte assez désagréable); des jeunes nègres porteurs de poules très petites, attachées en grappe par la patte aux deux bouts d'un bâton; des enfants chargés de tomates grosses comme des cerises, d'oignons, d'œufs, d'aubergines, de manioc, attendaient qu'un des marfouks de la maison, vieux noir fort laid, aux cheveux gris, le visage marqué de la petite vérole, grand et maigre comme un clou, la peau ridée comme un vieux parchemin, arrivât pour leur donner, en échange de leurs denrées alimentaires, des bouteilles de tafia et des brasses de cotonnades.

Des Kabindas apportaient de grandes corbeilles chargées de *gingens*, sorte de prunes jaunes, presque sans noyau, cueillies à un arbuste vivace très commun dans la contrée et recherché par les blancs pour former les arcades qui entourent leurs maisons et pour orner leurs cours. D'autres déposaient aux pieds du marfouk un fardeau d'ananas arrachés un peu partout dans les environs de la factorerie; ces plantes sauvages, d'un beau vert, étaient ornées de leur fruit en forme de pomme de pin, le plus fin et le plus succulent des produits végétaux du pays.

Des marécages voisins de la pointe de Banana et des côtes océaniques, des nègres pêcheurs amenaient de véritables cargaisons de moules, d'huîtres, de langoustes et d'énormes crevettes.

Le marfouk présidait intelligemment au choix des hors d'œuvre à offrir aux invités de M. de Bloeme. Il refusait aux pêcheurs les huîtres de marais, celles qui, attachées en grappes aux branches d'arbres baignant dans l'eau et aux racines des palétuviers, étaient très grosses, mais détestables, d'un goût de vase tel qu'il eût fallu les laisser séjourner plus de huit jours dans l'eau de mer pour les rendre à peu près mangeables; il obligeait les vendeurs à nettoyer, à laver à l'eau salée les grosses crevettes pêchées par eux dans les lagunes marécageuses.

A cette époque de l'année, d'autres fruits, abondants

ANANAS
DU BAS CONGO.

seulement pendant la saison des pluies, ne pouvaient, au grand regret du marfouk, figurer au dessert des Européens. Les grosses oranges, qui sont mûres quand elles sont d'un jaune-vert clair, dont la saveur agréable et légèrement acide en fait un rafraîchissement aussi sain que recherché ; la pastèque, volumineux et commun échantillon des fruits agréables, mais dangereux, du pays; les petits citrons ronds, très aigres-doux, et les *advocas* des Portugais, fruit vert, mou, côtelé, affectant la forme d'une énorme poire, dont l'intérieur blanc et laiteux se divise en compartiments ; les mangues, les bananes de diverses espèces, la petite, dite banane d'argent qui se mange généralement crue, et celle plus longue, dite banane de cochon, avec laquelle on fait d'excellentes compotes, devaient forcément manquer sur la table, du reste très bien fournie, des déjeûners du 20 août, à la factorerie hollandaise.

La salle à manger de ce magnifique établissement présentait, durant l'après-midi de cette journée mémorable, un coup d'œil inusité. Elle rappelait la table d'hôte d'un des plus grands hôtels du boulevard parisien où des voyageurs de tous les rivages, de toutes les nations se rencontrent, un jour, à la même heure, pour savourer les merveilleuses créations de l'art culinaire contemporain.

Des Hollandais, des Américains, des Danois, des Français, des Anglais des Portugais, des Belges, unis par les liens étroits d'un même appétit, et mieux encore dans le but de fêter l'inauguration d'une œuvre grandiose de civilisation africaine, délectèrent les mets exquis dont nous venons de donner une nomenclature incomplète, entremêlés de plats plus résistants confectionnés par un nègre du Congo, suivant les règles de Grimod de La Reynière, d'Antonin Carême, de Brillat-Savarin ou de M. de Cussy. Inutile d'ajouter que le menu surabondant et *extra* de ce déjeuner fut largement arrosé avec tous les vins des meilleurs crus d'Europe, voire avec du vin de palme, liquide léger et blanchâtre, assez agréable au goût, produit du *Raphia vinifera* (cette boisson, fort recherchée par les indigènes, est très capiteuse, enivre, même prise en petite quantité, et rend fou furieux celui qui en abuse).

On dîne, on banquette aujourd'hui, chez les peuples civilisés, pour célébrer solennellement les dates plus ou moins marquantes de l'histoire ; ne pouvait-on pas déjeuner à Banana et porter des toasts au succès des premiers champions d'une lutte glorieuse et terrible, la veille du jour où les braves marins de la flottille du Congo allaient affronter les dangers sans nombre d'une redoutable navigation ? Stanley et ses compagnons devaient-ils seuls faire exception à cet usage ? Qui voudrait les blâmer d'avoir, avant d'aborder les travaux formidables d'une entreprise, enjeu de leur santé, peut-être de leur vie, partagé une fois encore en compagnie d'êtres affables et généreux les plaisirs relatifs qu'un siècle de progrès inscrit sur le programme de toutes ses réjouissances ?

L'homme courageux et fort, alors qu'il a pris ses mesures contre les fatigues et les dangers certains du lendemain, n'est-il pas en droit de s'attarder quelque peu aux délices du comfort, du bien-être qu'il va quitter pour de longues années?

Nous pouvions ajouter que le désir d'échapper à la domination de pensers trop absorbants, ou empreints des préoccupations vagues, anxieuses, de l'inconnu, nous pousse parfois à la recherche de distractions même futiles, pourvu qu'elles nous soustraient momentanément à tout souci. Tel général, par exemple, dont le plan de bataille est sagement combiné se plaît à jouer au billard deux heures avant l'attaque; ailleurs, dans le fond noir d'un cachot cellulaire, un misérable condamné à mort profite de la générosité de la loi, pour apprécier les talents d'un chef de cuisine, avant de monter sur la sinistre plate-forme.

La gaieté la plus franche ne cessa de régner au banquet de M. de Bloeme. Les visages basanés, cuivrés, des vieux serviteurs blancs de la factorerie hollandaise et des établissements voisins, réjouis par les mets et les vins exquis, tranchaient étrangement sur les physionomies des convives européens que le soleil africain n'avait pas encore marqués de sa rude empreinte. Ces derniers auraient pu se croire toujours en Europe, occupés à fêter l'anniversaire joyeux d'un grand jour, si par les fenêtres entr'ouvertes de la salle à manger un luxuriant paysage africain, la bruyante éloquence d'un fleuve monstrueux et sauvage, les sarabandes effrénées de noirs à qui un gracieux congé avait été accordé, ne leur eussent rappelé qu'ils étaient à Banana.

Devant eux, une cour de la factorerie, transformée en véritable jardin des Hespérides, présentait un de ces décors indescriptibles, que l'imagination d'un peintre essayerait en vain d'enfanter.

Les dernières lueurs de l'astre équatorial coloraient les feuillages variés à l'infini de nombreuses plantes exotiques, chargées de mille fleurs dont les corolles fraîches s'entr'ouvraient toutes grandes pour recueillir la chaleur mourante, et emplissaient de suaves émanations, d'un parfum enivrant où dominait la senteur pénétrante de la neige tombée au pied des orangers et des citronniers, l'horizon empourpré, mobile, passant par toutes les teintes les plus douces, les plus vaporeuses, au gré des caprices du soleil couchant.

Dans cette cour, se croisaient ou se mêlaient les Krouboys, les Kabindas, les nègres indigènes de Banana, employés de la factorerie, qui avaient dévoré, à grands renforts de tafia, des plats de moanda, des mets préparés sous toutes les formes, mais toujours à l'huile de palme, à la sève jaunâtre du palmier *Elats guineensis*.

Les hommes, déshabillés dans leurs atours de gala, portaient le *blélé*, pagne descendant jusqu'à mi-jambe, attaché autour des reins par une ceinture de drap rouge ou bleu ; leurs cous étaient parés de colliers de perles plus ou moins précieuses enfilées dans des barbes d'éléphants ; à leurs poignets s'enroulaient des bracelets en cuivre ou en fer ; un sabre de cavalerie, ou tout au moins un indispensable bâton, un jonc ou un bambou, constituaient leur pacifique armement.

Quelques-uns, plus fortunés que les muleks vulgaires, avaient orné leurs têtes crépues d'un couvre-chef de feutre, volé peut-être, ou dû à la magnificence d'un blanc, et ils avaient collé sur leurs épaules comprimées le drap râpé d'une jaquette reluisante, provenant en ligne directe de la garde-robe fripée d'un Européen.

Les plus rayonnants, les plus fiers, se promenaient orgueilleusement avec un parapluie ouvert à la main. Un parapluie aux couleurs éclatantes, c'est l'idéal du luxe pour le nègre du Congo. Il n'est pas rare de rencontrer un indigène de ces parages, vêtu ou dévêtu d'une méchante loque en paille du pays, flânant majestueusement sur la plage de Banana avec une de ces merveilles de l'industrie des Auvergnats : un parapluie multicolore immense, un riflard de famille destiné à conserver la belle couleur chocolat de la peau d'un négro.

Les femmes avaient, comme les hommes, revêtu le blélé ceint aux reins par une sextuple ceinture de perles blanches et bleues ; leurs épaules nues tressaillaient sous les caresses de la brise du soir, mais leurs seins étaient pudiquement voilés par un petit mouchoir rabattu sur la poitrine et noué derrière le dos. Leurs bras, jusqu'au coude, leurs jambes, jusqu'à la hauteur du genou, disparaissaient sous d'énormes manilles en cuivre plein ; et malgré la précaution qu'elles avaient prise de se garnir les chevilles et les poignets de bandes d'étoffe, pour éviter le frottement douloureux et les écorchures occasionnés par cette parure métallique, elles se traînaient avec peine, les pieds gonflés et tout en sang.

Tous les noirs des chimbecks de la factorerie étaient présent à cette fête, les malades eux-mêmes y assistaient, on les reconnaissait au pagne teint en rouge, confondu avec leur corps également enduit de cette couleur, soit partiellement, soit des pieds à la tête ; on y voyait aussi de jeunes mères nouvellement accouchées, que trahissaient les ronds blancs dessinés sur les tempes, au milieu du front, sur le bout du nez. Ces êtres ainsi barbouillés portaient sur eux toutes sortes d'amulettes, de fétiches, au cou, aux mains, aux pieds, à la ceinture; une jeune femme, entre autres, avait sous le menton un tel paquet de noix de palme qu'elle était obligée de tenir constamment le nez en l'air.

Imaginez l'effet indescriptible que produisaient ces sortes de monstres bariolés sur les hôtes de la factorerie hollandaise.

Cette vue pittoresque et sauvage à la fois ne valait-elle pas les plus riches décors d'un opéra-comique? Et si la musique discordante, le vacarme épouvantable, le tohu-tohu infernal, ne les eussent littéralement assourdis, les invités de M. de Bloeme auraient pu se croire encore dans la loge de face d'un grand théâtre d'Europe, un soir de représentation de gala.

Enfin l'aubade est terminée; la nuit succède au jour sans transition crépusculaire, les indigènes des deux sexes posent un genou à terre, puis, plaçant la main droite dans le creux de la main gauche, ils agitent les doigts de cette dernière pour saluer les blancs, et se retirent pour gagner leurs chimbecks.

Laissons ces grands enfants — créatures naïves qui viennent d'obéir, dans leur manifestation singulière, à un sentiment de respect envers les hommes d'une race qu'ils reconnaissent supérieure et qu'ils pressentent devoir être utile à leur régénération — goûter sous la toiture végétale des huttes les douceurs d'un sommeil réparateur, pour suivre, au cours d'une promenade nocturne sur le rivage de la crique de Banana, les hôtes si bien traités par la factorerie.

Dans le firmament clair et pur, la voie lactée ressemble à une rivière de diamants; la Croix du Sud brille sur leurs têtes; la Couronne de la Vierge, la Constellation du Corbeau, Orion, fixent le regard par le groupement particulier des étoiles et la vivacité de leur lumière; Sirius a un tel éclat que les tardifs promeneurs peuvent, à la faveur des rayons lumineux qu'il projette, admirer sur les eaux calmes de la baie l'étincelant reflet de millions de mondes suspendus à la voûte céleste au fond bleu noir.

C'est l'heure où l'âme la plus froide se sent remuée par le plus imposant des spectacles, le moment du doute pour le sceptique, l'instant aussi où la vue d'une étoile, commune au ciel de toutes les contrées, ramène la pensée du voyageur européen, errant dans la nuit africaine, au souvenir d'un lointain foyer de famille, de chères affections, d'une mère patrie.

Stanley et ses compagnons, absorbés dans la muette contemplation de ce panorama sublime, allaient devant eux, rêveurs, échangeant à peine leurs impressions diverses, lorsqu'un bruit formidable de casseroles brisées vint tout à coup frapper leurs oreilles.

Un groupe de noirs, composé de Krouboys, tous employés dans les factoreries voisines, se livraient, sous ce ciel enchanteur, aux entrechats les plus fantastiques.

Deux d'entre eux, assis sur un petit banc, tenaient entre leurs jambes des boîtes de conserves défoncées, et à l'aide de deux baguettes ils frappaient à coups redoublés sur ces instruments, tambours économiques qui rendaient un son fêlé et peu harmonieux. Leurs camarades tenant d'une main un sabre de cavalerie ou un tronçon de sabre-baïonnette, de l'autre une machette ou un fourreau, trépignaient en cercle, piaffaient, penchaient leur corps en avant et se balançaient tantôt sur une jambe, tantôt sur l'autre. Par moment, ils poussaient des hurlements frénétiques, suivis de quelques mots inintelligibles accompagnés de simulacres d'attaque et de défense.

C'était une danse de guerre, mêlée de gestes de défi et de provocation.

Les Européens ne pouvaient se lasser de regarder ces nègres robustes, armés, pirouettant, gesticulant, sous la scintillante clarté des étoiles devant laquelle pâlissait la lumière même de la lune. On eût dit des démons à la peau noire et luisante, dansant une ronde de sabbat près de feux étranges flamboyant dans l'obscurité.

Ces divertissements chers aux nègres se renouvellent fréquemment en juillet, août et septembre. Cette saison, la plus belle de l'année sur le territoire côtier du Congo, offre les conditions les plus favorables pour l'acclimatement des Européens. Durant cette période, le temps est généralement bon, bien que le ciel, sans rayons éclatants, soit presque toujours couvert; une douce brise marine souffle toute la journée; vers le soir, un brouillard assez dense couvre la terre et se transforme pendant la nuit en rosée abondante qui s'évapore aux premiers rayons du pâle soleil du matin.

Cette bienfaisante rosée disparaît en octobre et en novembre, car ces deux mois constituent l'époque de l'année la plus pénible, la plus triste et la plus dangereuse pour les Européens établis dans ces parages; c'est la saison des pluies torrentielles et continues.

Il arrive parfois qu'au mois d'octobre un soleil dévorant amollit et rend impropres à tout travail, à toute fatigue, les résidants de la contrée. La brise de mer, tant désirée, se lève certains jours à dix heures du matin, pour finir le soir vers quatre heures. Dès qu'elle disparaît, des nuées de moustiques ou de maringouins, mouches grosses à peine comme la tête d'une épingle, envahissent l'espace et obscurcissent l'horizon. Ces insectes s'introduisent dans la bouche et dans les oreilles et font subir d'atroces douleurs aux hommes les plus robustes.

A cet inévitable désagrément s'ajoutent fréquemment les ennuis moraux et physiques, causés par de violents *tornados*, orages à la fois terribles et grandioses, dont on ne peut guère en Europe se faire une idée exacte.

D'épais nuages noirs voilent tout à coup l'horizon et plongent dans une obscurité presque complète de vastes espaces des rives du Congo : un fougueux aquilon, qui dans sa course indomptable a franchi, sans diminuer sa force et sa fureur, les terres inexplorées de l'Ogoué, du Kwilou (fleuves au nord du bassin du Congo), passe sur les forêts, les oasis, les vallons et les plaines, courbant les cimes les plus élevées des arbres géants, déracinant leurs troncs robustes, et faisant trembler sous les huttes de paille les

CORBEAUX A COLLIER BLANC (BANANA).

noirs habitants de la contrée. L'air est chargé d'électricité; l'atmosphère est transformée en une gerbe immense et lumineuse, en une traînée sans fin de flammes et de feux; des coups de tonnerre retentissent avec un tel fracas, qu'il semble à chaque instant que la foudre tombe simultanément sur tous les points couverts par l'orage.

Bientôt les nuages se fondent en gouttes d'eau larges, serrées, bruyantes, ravinant les talus mamelonnés des berges, dépouillant les arbres de leur bois mort, de leurs feuilles jaunies, transformant en torrents les paisibles rivières et en marais fangeux les terres dénudées.

Une heure plus tard, le temps est magnifique, un soleil de feu brille dans un ciel sans nuage ; une brise fraîche et caressante a remplacé le terrible aquilon.

Mais la pluie torrentielle a remué la boue des marécages et des lagunes, et l'a rejetée sur leurs bords ; la chaleur subite, après l'orage, a desséché cette vase noirâtre ; les miasmes les plus délétères se sont répandus dans l'air.

Maux de têtes, insomnies, fièvres paludéennes, gastrites, énervement, mauvaise humeur permanente, spleen équatorial, sévissent alors parmi les Européens qui vivent sous ces latitudes. C'est l'âge d'or de la quinine, remède souverain que les blancs absorbent par doses considérables.

Les insolations aussi sont à craindre, et durant ces deux mois les blancs doivent éviter autant que possible de sortir de leurs factoreries.

Le mois d'octobre offre aux naturels du pays l'occasion de récolter le sel dans les marais de la pointe de Banana.

Les négresses seules sont chargées de ce labeur. Lorsque les marais se dessèchent sous l'influence du soleil, elles construisent avec la vase de petits murs qui divisent l'étang en une foule de compartiments de toutes grandeurs. Elles pénètrent chacune dans un carré différent, ayant de l'eau jusqu'aux genoux, pour la vider avec des vases en jonc, tressés de leurs mains. Lorsqu'il n'y a plus dans le marais que quelques centimètres d'eau croupissante, elles l'abandonnent à l'évaporation et trouvent plus tard le fond tapissé de sel cristallisé qu'elles recueillent dans des sacs en paille.

Le sel récolté le plus souvent au prix de fièvres, de rhumatismes, de fluxions de poitrine, que les malheureuses femmes gagnent à ce travail, les naturels vendent fort cher ce produit aux nègres de l'intérieur, qui en sont très friands. Ces derniers le recherchent à tel point, que lorsqu'ils en sont privés dans les tribus les plus éloignées des côtes, ils coupent en petits morceaux les vieux pagnes portés par les habitants du littoral, pour en exprimer, en les mâchant, toute la saveur saline dont l'air de la mer les a saturés !

Par un contraste bizarre, cette époque de fortes chaleurs humides refroidit, glace même les relations courtoises entre les résidants civilisés du Congo.

La sympathie réciproque, le sentiment inexprimable d'affabilité, la confiance immédiate, qui perçaient dans l'accueillante cordialité des blancs de la côte occidentale envers les émigrés de leur race qui viennent de débarquer sous ces latitudes, se transforment, s'effacent. La misanthropie, la nostalgie, tous les fléaux antisociaux imaginables caractérisent les maladies morales auxquelles sont alors en proie ces braves gens, énervés, aigris, impuissants à chasser le souvenir des heures moins pénibles passées sous le ciel si clément du pays natal.

Leurs habitations deviennent le repaire des *salalés*, fourmis blanches. Ces insectes innombrables et voraces rongent les poutres, les traverses, s'attaquent sans distinction à tous les bois, et transforment en éponges les solives qui supportent, dans les magasins des factoreries, les rayons sur lesquels sont rangés les tissus. Poursuivant leurs ravages, ils rongent par le milieu les plus belles pièces d'étoffe, tendant toujours à gagner l'endroit le plus épais, le plus serré.

Les fourmis construisent leurs nids avec une matière qui prend à l'air la dureté de la pierre; elles enlacent de ces chaussées voûtées les objets auxquels elles s'attachent et sont ainsi à l'abri de toute attaque. Dans les contrées marécageuses, les blancs, pour échapper à ces insectes, véritable fléau, sont obligés d'enduire de goudron, renouvelé chaque matin, toutes les planches de leurs factoreries.

Ces parasites incommodes, mais nullement dangereux, ne sont pas, hélas! les seuls êtres nuisibles que les blancs rencontrent au Congo.

Les scorpions hantent par millions toutes les constructions servant de combles, ou d'entrepôts de vieilleries, aux commerçants du pays. Le sol en est littéralement couvert; les noirs osent à peine marcher sur ces scarabées hideux, toujours prompts à se venger cruellement de ceux qui osent troubler leurs évolutions.

Le scorpion marche, rampe presque, en ayant toujours soin de relever la griffe menaçante, chargée de venin, dont sa longue queue est armée. A l'aide de ce dard l'ignoble animal, traverse la semelle naturelle, souvent épaisse d'un centimètre, durcie comme la corne, qui fait partie du corps des noirs allant toujours pieds nus, sur le sable brûlant ou par les chemins épineux.

Cette piqûre très douloureuse engourdit le membre blessé et occasionne des élancements dans le corps tout entier. Le mulek assez malheureux pour en éprouver les effets se venge, mais un peu tard, en saisissant, étreignant fortement entre ses doigts la griffe de l'animal qui se débat impuissant, se tortille et meurt en essayant vainement de pincer avec ses mandibules de devant, rappelant ceux de la langouste, les phalanges de sa victime justement irritée.

Dans les bureaux, dans les cuisines, dans les cambuses et les armoires, l'agile cancrelat à l'odeur repoussante, à l'aspect répugnant, dévore le papier, les torchons et le linge; puis il va grossir dans tous les coins, comme certaines mouches en des lieux qu'il n'est pas nécessaire de désigner davantage, les tas d'un roux douteux que forment ses hideux congénères.

Dans les parois crevassées des chimbecks nichent en paix les scolopendres et les inoffensifs *zephronias* aux mille pattes imperceptibles.

Souvent un mulek, envoyé par son maître à la recherche de toiles où de papiers d'emballage relégués dans le fond des pièces mal éclairées d'une factorerie, voit, à sa grande frayeur, un serpent, reptile magnifique mesurant de 1 mètre à 1 mètre 50, dresser sa tête menaçante et entr'ouvrir sa large bouche écumante de blanc venin.

Remis de son effroi, le mulek courageux presse d'une main l'animal, de l'autre saisit le cou entre ses doigts, serre de toutes ses forces et tire à lui; le serpent s'enroule alors autour de son bras nu ; le mulek ne sourcille pas au contact de ce ruban glacé qui glisse, frotte, se tord en spirale et l'orne pour un instant d'un bracelet multicolore.

A tous ces hôtes, si nuisibles et parfois si redoutables des factoreries européennes, il faut ajouter les invasions désastreuses des rats en décembre.

Quelles atroces nuits on passe à Banana, à cette époque de l'année ! Les moustiques, les maringouins, non contents d'obliger les blancs à se coucher ensevelis sous les mailles étroites d'une moustiquaire, luttent, avec les rats, pour chasser le sommeil des paupières de l'homme brisé par les labeurs d'une journée bien remplie.

Les rats, par bataillons serrés, envahissent les chambres à coucher; on les entend grimper sur les toilettes, boire bruyamment dans les pots à eau, dégringoler dans les cuvettes, fureter, grignoter partout. Le bruit de leurs griffes sur la porcelaine, leur cri agaçant, le grincement du papier qu'ils ravagent, obligent mille fois, dans le cours des heures obscures, les occupants des lits à se lever furieux, exaspérés, pour livrer un combat aux lâches tapageurs qui décampent, glissent, sautent de tous côtés, en effleurant parfois de leurs corps mous, visqueux, les légers vêtements de leurs ennemis victorieux. Le silence renaît un moment; les rats, bientôt revenus, mêlent aux ronflements des dormeurs le vacarme endiablé de leurs affreux bruissements.

Enfin, janvier arrive ; avec quelques beaux jours, reparaissent des nuits plus sereines et des pensées plus riantes. Les insectes et les rats sont encore un détail quotidien de la vie, mais le ciel est pur, la saison moins humide, les *Europo-Congois* opposent aux ennuis matériels et moraux de leur existence des distractions actives, des excursions de pêche en haute mer et sur le Zaïre, des chasses en forêt aux fauves léopards, ou sur les eaux du fleuve aux gigantesques caïmans.

Les petits vapeurs, que les factoreries françaises et hollandaises de Banana occupent d'habitude à répartir dans les diverses maisons commerciales échelonnées le long du fleuve les marchandises apportées d'Europe par les navires et à en rapporter les produits qui formeront les chargements de retour des steamers ou des voiliers européens, sont chauffés dès le matin d'une journée qui s'annonce remplie de promesses de beau soleil et de mer tranquille.

Les chefs des factoreries prennent passage sur ces navires. De toutes les anses du fleuve sinueux, des canots, aux parois peu épaisses, longs de 5 à 6 mètres, formés de deux troncs d'arbres creusés, sciés sur la moitié de leur longueur et attachés côte à côte par des lianes résistantes, glissent sur les eaux calmes, emportant chacun deux nègres robustes, gaillards bien découplés, grands, élancés et souples, hardis marins et pêcheurs habiles à lancer le harpon.

La flottille s'ébranle et double la passe du cap Padron. L'Océan déferle doucement ses vagues harmonieuses sur la rive, sans opposer de résistance au courant rapide du Congo qui trace une traînée grisâtre au milieu de leur chaîne bleue.

Les vapeurs amiraux de l'escadre de pêche ont stoppé soudain. Entre les eaux claires et transparentes, les pêcheurs ont vu miroiter les reflets argentés des écailles d'innombrables poissons, dont les files, serrées comme un vrai banc de sable, font hésiter les flots réguliers et paisibles.

C'est un passage, un banc de sardines, qui va remplir, ample provision, le ventre vide des pirogues. Celles-ci, pagayées vivement par les nègres qui les montent, arrivent ensemble sur la lame au-dessous de laquelle nagent en masse les poissons. Les harponneurs noirs, debout sur une étroite planchette à l'avant des embarcations, balancés au hasard des mouvements de la vague, lancent à tour de bras des instruments formés de plusieurs baguettes pointues en bois très dur, reliées ensemble à des manches auxquels sont attachées des cordes fixées aux canots. Chaque fois les baguettes sont retirées des eaux, ramenant transpercés des poissons qui frétillent. La pêche est promptement terminée ; les canots retournent bondés au port, jetant à la brise marine les sons désaccordés de leurs chants d'allégresse.

Un autre jour, sur les rives du fleuve, les blancs vont en flânant suivre les résultats de la pêche des nègres qui ont tendu l'épervier aux habitants des eaux. Les immenses filets ramenés sur les berges enserrent des *bagrés* ou des *Polypterus*, poisson très commun, rempli d'arêtes, dont le dos est armé sur la partie inférieure de neuf nageoires épineuses, la mâchoire supérieure prolongée en forme de scie, et le corps recouvert d'écailles zébrées.

Ils remarquent quelquefois un *Serrasalmus piraya* ou un *Erithrinus macrodon*, poisson très abondant sur les côtes orientales de l'Amérique du Sud et dans les fleuves des Guyanes (les spécimens de cette espèce, égarés dans les eaux du Congo, mesurent jusqu'à 3 pieds et demi de longueur; leur corps est coloré de rose-topaze sur la partie supérieure et leur ventre est gris clair), et d'autres curieux poissons, dont l'un, aux nageoires prolongées en forme d'éventail et l'extrémité inférieure du corps arrondie en tuyau, est d'un aspect très original.

Dans les marais de Banana, la pêche moins riche en poissons précieux n'offre pour les blancs aucun attrait. Les indigènes la pratiquent avec des nasses, ou bien de la manière suivante : ils fichent dans la vase des piquets assez rapprochés autour desquels ils entortillent des lianes qu'ils relient avec de grandes herbes. Cette inextricable barrière contourne un vaste espace du marais. Le menu fretin s'engage et se débat, sans pouvoir en sortir, dans les mailles très serrées de ce filet ligneux. Sa prise est dès lors jeu d'enfant. Les naturels s'en contentent, car ils trouvent excellente la chair puant la fange des poissons de marais.

Des distractions, mêlées de péripéties émouvantes, de scènes souvent dramatiques, sont réservées, sous ces latitudes, aux disciples fervents de saint Hubert. La forêt vierge, avec ses taillis serrés, marécageux et pleins de plantes épineuses, son clair-obscur, ses ravins dangereux cachés sous les lianes; le bois touffu avec sa voûte de verdure impénétrable aux rayons du soleil; l'oasis parfumée avec ses entre-lacs de feuillage exotique; le littoral océanique avec son sable ensoleillé; les bords des étangs, les berges des fleuves, les plaines incultes ou défrichées, appartiennent avec leur gibier de toute espèce aux Nemrods assez audacieux pour affronter les fatigues et les dangers d'une excursion de chasse en territoire du Congo.

Dans les environs de Banana notamment, on rencontre, au hasard des plaines couvertes d'une herbe drue et d'un si beau vert qu'elles paraissent autant de tapis de velours, des broussailles mystérieuses, des buissons de dattiers nains, des filets capricieux d'eau douce glissant sous le gazon ou se perdant dans les escarpements boisés des précipices, d'étroits sentiers tracés par les bêtes fauves ou par les nègres chasseurs, routes qui se croisent, se bifurquent, se replient sur elles-mêmes et toujours aboutissent à des repaires giboyeux.

Vers le soir, le cri des pintades et des perdrix rouges venant remiser sous bois trouble le silence des fourrés. Les roucoulements des tourterelles de Barbarie, l'aimable chant des colibris gazouillant leur adieu au soleil qui s'enfuit, résonnent sous les voûtes boisées. Des écureuils se pourchassent dans les branches, s'arrêtent court, se lancent dans l'espace suspendus par une patte, s'élancent de nouveau et par bonds plus rapides, font mille contorsions gracieuses, prenant des poses méditatives, tragiques ou désopilantes, et remplissent les airs de leurs cris stridents pareils à des rires de gaieté.

ÉCUREUIL DU CONGO.

Au bord des berges arides, parmi les champs tristes et déserts, les noirs corbeaux à collier blanc dévorent, s'acharnant parfois sur les carcasses puantes d'animaux. Dans les airs planent les aigles au-dessus des milans et des éperviers.

Bientôt c'est l'heure où les oiseaux se pelotonnent frissonnants au plus épais des taillis, où les écureuils cessent leurs ébats, où les représentants de la race féline, les chats-tigres et les panthères, dominent de leurs miaulements féroces les aboiements prolongés du chacal répondant aux ricanements de l'hyène.

Les fauves se mettent en chasse, et parfois leurs sauvages accents de triomphe annoncent qu'ils ont égorgé une faible proie qu'ils déchirent à belles dents.

Quelle aubaine pour les amateurs passionnés de cette guerre où l'homme, armé d'un snider, peut braver la force musculaire puissante des animaux les plus féroces et les plus indomptables, et la rapidité d'êtres gracieux, aux couleurs chatoyantes, à la chair fine et savoureuse!

Les négociants blancs établis à Banana organisent assez rarement des campagnes en règle contre ces hôtes nombreux de leur région. Absorbés par leurs affaires commerciales, ils hésitent à se livrer trop souvent aux rudes fatigues qui sont la suite inévitable de telles chasses, quand elles n'entraînent pas des conséquences plus fatales et plus irrémédiables.

D'autres fois, l'un d'eux part à pied de bonne heure, armé d'un bon fusil, emmenant un mulek porteur de ses provisions consistant en quelques biscuits, une poule rôtie et deux bouteilles de vin. Ils gagnent le petit bois qui couvre la colline située au nord de la localité, tirant par-ci, par-là, quelque menu gibier inoffensif. Ils ont marché longtemps, l'heure avance, la faim commence à les talonner; ils se séparent pour chercher un endroit où ils puissent dresser le couvert afin de déjeuner, c'est-à-dire pour trouver quelque délicieuse clairière sur les bords d'un joli ruisseau, où le gazon moelleux leur servira de siège et de table à manger. L'endroit charmant découvert, les deux compagnons de chasse se réunissent et procèdent avec un vigoureux appétit à l'attaque des vivres emportés le matin, en attendant qu'une part du butin empruntée à leur gibecière ait promptement apprêtée, pris sur un grand feu de broussailles, une teinte appétissante de gibier rôti.

Soudain, à quelques pas de leur salle à manger pittoresque, un hôte inattendu s'arrête, s'accroupit sur ses quatre pattes et regarde fixement les dîneurs en se battant les flancs de sa queue nerveuse. Les chasseurs effrayés prennent leurs fusils, épaulent et font feu. Mais l'émotion fait dévier leurs armes, et l'animal furieux, une agile panthère, bondit vers l'un d'eux pour le terrasser.

L'imminence du danger rend aux deux hommes tout leur sang-froid. Le blanc plus courageux tâche de saisir l'animal à la gorge et de lutter corps à corps avec lui, tandis que le nègre, choisissant un instant favorable, transperce à bout portant, par un adroit coup de feu, le féroce animal qui s'affaisse épuisé.

Le cadavre de la bête, placé par les chasseurs sur des bambous reliés ensemble par des lianes, est triomphalement amené à Banana. Toute la noire gent du village vient voir, injurier et battre le corps privé de vie d'un animal devant lequel elle eût fui lâchement, sans nul doute, si elle l'avait rencontré vivant.

Que d'anecdotes, d'études de mœurs, de descriptions infinies nous pourrions puiser encore dans le trésor intarissable des événements, des labeurs, des loisirs, des souffrances, des joies, des divertissements, des ennuis qui marquent chaque jour dans l'existence des blancs et des noirs fixés sur les rives du Congo, près de la côte occidentale africaine !

Mais en essayant de relater les phases diverses de la température, la marche rapide du temps, nous nous sommes laissé emporter en haute mer avec des pêcheurs de sardines, au bois, avec des chasseurs de panthère ;

CAMOENSIA MAXIMA.

il nous faut maintenant passer soudain aux déluges de février et de mars, pour donner un léger aperçu des saisons sous ces latitudes à nos lecteurs impatients, et les inviter à faire appel à leur imagination fertile pour suivre avec profit la description des plus ravissants, des plus enchanteurs, des plus délicieux paysages qu'un printemps équatorial fait éclore loin d'eux, sous les effluves brûlants d'avril et les caresses de mai.

Nulle plume ne peut retracer l'éblouissant coloris que la flore africaine, revivifiée par les fraîcheurs dernières, épand à profusion sur le sol plantureux de cette belle contrée. En divers points, les renoncules, les clématites, les hibiscus, les plumbagos, les héliotropes indica, les convolvulus, mille différentes espèces de solanées, de plantes remontantes, d'arbustes à feuilles caduques, étalent sur le tissu vert des lianes ou sur les plaines gazonnées leurs pétales multicolores, veloutés et resplendissants sous les ardeurs du soleil palliées par la brise rafraîchissante.

Le *Lonchocarpus* masse en buissons ses bouquets mauves et son feuillage, le *Rhyncosia* déroule ses flots carminés, et le superbe *Camoensia maxima* reflète dans l'azur liquide des rivières et des ruisseaux la corolle d'argent de sa fleur poétique.

Les orchidées dorées offrent en abondance sur ce sol un splendide représentant le *Lissochilus giganteus*, l'un des plus magnifiques membres de la flore du haut Congo.

Et sur toutes ces fleurs, déployant au soleil leurs ailes diaphanes, des papillons, arcs-en-ciel véritables dont il est impossible de détailler les espèces et les nuances infinies, des myriades d'insectes dorés, verts, jaunes, rouges, voltigent, planent, se reposent un instant, s'enivrent de leur suc, de l'éclat de leurs couleurs vives, avec des froissements imperceptibles, des murmures indéfinissables.

Linné, Buffon, de Jussieu, devraient ressusciter pour classer, dénommer et décrire toutes les merveilles qui vivent, croissent, fleurissent, grandissent, voltigent, volent, courent, bondissent, rampent et meurent, avec le retour périodique des saisons, sur cette vaste région africaine, riveraine de l'estuaire du Congo, d'où, les premiers envoyés du Comité d'études vont sous la direction de Stanley, cicerone expérimenté, s'élancer à la conquête d'un courant parfois indomptable, et toujours périlleux.

CHAPITRE V

Le 21 août 1879. — Une forêt enchantée. — Kissanga. — Les deux fils du Mani-Pouta. — Une halte à Ponta da Lenha. — L'arbre fétiche — En hamac près de Boma. — La traite odieuse. — Le cimetière de Msoukou. — A la poursuite des caïmans. — Vivi ; première station du Comité d'études.

EPUIS le jour mémorable qui vit, en l'an 1869, à l'inauguration du canal de Suez, les eaux de la mer Rouge, libres de tout obstacle, se mêler étonnées aux vagues houleuses de la Méditerranée, le soleil africain n'avait jamais brillé sur une date plus solennelle, plus digne de figurer dans les annales chronologiques des conquêtes humanitaires et scientifiques, que celle du 21 août 1879.

Le canal de Suez a relié deux mers ; la route que le Comité d'études commence à tracer ce jour-là doit, au delà d'un fleuve gigantesque, rejoindre une voie terrestre, pour établir à travers le centre d'un continent la communication de deux océans dont les lames toujours en mouvement touchent à tous les rivages du globe. Le 21 août 1879, le rêve d'un duc de Brabant, l'œuvre d'un roi des Belges, réalisent ce que les siècles précédents considéraient comme une utopie, le premier pas de la civilisation est tenté vers le Minotaure africain, par la côte occidentale, son empreinte est ineffaçable, l'histoire en immortalisera le souvenir.

Les nègres, les êtres humains, barbares, incultes, vivant sur les deux rives de l'estuaire du Congo, ont pressenti la grandeur, l'importance de l'évènement qui marque cette journée célèbre. Ils sont accourus à Banana, des centres populeux de toute la contrée, pour donner par leur multitude un caractère plus animé, et plus saisissant à la fois, à l'aurore de ce grand jour qui inaugure une ère nouvelle pour le bassin du Congo.

Les Kabindas, les Krouboys et les naturels de l'endroit représentent les tribus riveraines du nord du fleuve; les Mussorongos, voisins de Shark-Point, sauvages pirates des côtes océaniques, les Michicongos, venus des territoires méridionaux d'Ambrizette et de Kinsembo, les Kroomen, forment une masse noire sur les bords de la crique de Banana, et couvrent de leurs pirogues, de leurs canots de tous genres, la surface tranquille de ses eaux.

Le personnel blanc des factoreries environnantes n'a rien négligé pour donner à la cérémonie du départ de la flottille de Stanley tout l'éclat, toute la solennité possible sous ces latitudes.

Aux fenêtres des habitations, au sommet des mâts les plus élevés, sont hissés les pavillons des nations des deux mondes, mariant leurs couleurs bariolées au bleu étoilé d'or des drapeaux du Comité d'études.

Les navires à vapeur et les embarcations appartenant aux blancs sont entièrement pavoisés.

Dans l'embarcadère, où les premiers agents de la société civilisatrice vont se réunir, des massifs de verdure et de fleurs dérobent à la cupidité des nègres les bouteilles chaperonnées d'or, d'où le champagne, ce vin de la gaieté, ce reflet de l'espérance, s'échappera en flocons neigeux d'écume au moment des adieux et des toasts.

Bientôt Stanley et ses compagnons sortent des jardins de la factorerie hollandaise et vont prendre leurs places respectives à bord des embarcations parées, brillantes, impatientes de nager, d'évoluer sur des flots inconnus et rebelles.

Sur le plus haut mât de l'*Albion*, steamer qui avait porté Stanley depuis Zanzibar, la flamme de partance est soudain amenée.

Tous les petits bateaux de l'escadre nouvelle qui va conquérir le Congo se meuvent, les uns enlevés par de vigoureux coups de rames, les autres mus par de dociles machines à vapeur, dont la fumée épaisse et grisâtre ternit l'opale du ciel africain.

Les hourras frénétiques des blancs saluent ce premier pas; les noirs hurlent, frémissent d'enthousiasme, ceux du rivage se livrent à des sarabandes effrénées, chantent, tirent de véritables salves de coups de feu, tandis que la population noire embarquée sur les pirogues innombrables essaye, au milieu de difficultés inextricables, de suivre à la course les rapides embarcations de la flotille de Stanley, qui continue triomphalement sa route vers l'île de Boulembemba.

Une heure plus tard, l'*Albion*, l'*En avant*, la *Belgique*, le *Royal*, l'*Espérance*, suivis péniblement par les bateaux à rames, doublaient cette petite île et saluaient dans ses parages un brick-goélette européen qui louvoyait pour atteindre le port de Banana.

Cette île boisée, située, comme nous l'avons dit, entre le cours large du fleuve et un bras plus étroit qui forme au nord l'anse, en forme de banane, dominée par les factoreries et les huttes des noirs ressemblant à autant de meules de paille, est un dépôt d'alluvion fertile, grossi par les troncs d'arbres et la vase boueuse que charrie le Congo. Abondante en eau douce elle est souvent visitée par les nègres pêcheurs; sa végétation assez luxuriante présente un ensemble triste et mélancolique. Pas un oiseau, pas un être animé, gracieux ou sauvage, ne paraissent troubler sa morne solitude et son profond silence.

En face de cette langue de terre, sur la rive droite du fleuve, la flottille longea sans dangers un bourg nommé San-Antonio, repaire de pirates mussorongos. Les sauvages indigènes attaquent souvent dans la nuit les navires au mouillage dans ces eaux. Montés sur des pirogues, ils rament silencieusement dans l'obscurité et s'approchent d'un bâtiment; si l'équipage n'est pas sur ses gardes, surpris dans son sommeil, il est écrasé par le nombre; le navire est pillé et brûlé, dès que les marchandises ont été enlevées.

Ce n'est pas sans étonnement et sans colère impuissante et craintive que ces voleurs de nuit regardaient passer devant eux de nombreuses embarcations, coquettes, reluisantes, bondissant sur les lames soumises du fleuve, comme autant de monstres marins insouciants des caprices ou de la fureur des éléments ligués contre eux.

Bientôt après, la flottille dépassait le Cange, forêt épaisse, impénétrable; forêt enchantée, selon une légende très répandue parmi les Kabindas, légende que l'un d'eux, passager de l'*Albion*, racontait à quelques Zanzibarites de l'escorte noire de Stanley, accroupis en cercle autour de lui, sur le pont du navire.

« Un jour, leur dit-il, une pirogue montée par des pêcheurs de Banana passait non loin des grands arbres qui bordent le rivage et projettent leur ombre sur le courant.

« Tout à coup on la vit se dresser sur sa quille et disparaître renversée dans les flots sombres qui l'entraînèrent vers l'Océan. Les noirs qui la montaient, parvenus à la nage sur les rives voisines, cherchèrent en vain la pirogue, et ne purent jamais s'expliquer comment, où et par qui elle avait été enlevée. Toutefois, des bruits effrayants, un vacarme étrange, des cris assourdissants d'animaux à eux inconnus, l'obscurité qui régnait sous les dômes épais de la forêt profonde, dénotaient la présence d'êtres fantastiques et terribles, de divinités malfaisantes en ces lieux pleins d'ombres épaisses. Le bois du Cange était ensorcelé. Nul enfant du pays des noirs ne doit passer près de ses limites sans battre le fétiche et le supplier de lui épargner un mauvais sort. »

A ce récit, les noirs effrayés, ahuris, décrochent leurs ceintures et en détachent chacun leurs fétiches particuliers: les uns, des griffes de panthère ou des dents de requin; d'autres, de petites idoles en bois grossièrement sculpté, renfermant un creux vitré où des poudres saintes, des matières consacrées sont soigneusement conservées. Ils se mettent, dans un langage animé, à invoquer ces dieux lares, inséparables compagnons de tout être humain noir du Congo, en prenant mille poses méditatives, inspirées ou grotesques.

Le Kabinda, promoteur de cette effusion de prières, criait de toutes ses forces, en agitant d'une main une calebasse contenant de petites pierres, tandis qu'il tenait de l'autre un petit bâton surmonté d'un paquet de rubans de diverses couleurs, au milieu desquels se trouvait un sifflet en bambou. Par moments, cessant de crier, il soufflait de tous ses poumons dans l'instrument à vent, auquel il arrachait des sons aigus et criards, puis il parlait à son bâton, le flattait, en caressait les rubans soyeux, le suppliait de lui être favorable en rendant impuissants les hôtes dangereux de la forêt riveraine.

A ce vacarme infernal, les passagers blancs de l'*Albion*, arrachés à leurs occupations diverses, s'étaient rassemblés autour des tapageurs, pour obtenir des explications. La légende leur fut de nouveau racontée, amplifiée, grossie, par toutes les voix discordantes des noirs qui la tenaient du Kabinda. Les blancs réprimèrent leurs rires pour ne pas offenser leurs utiles compagnons; mais en apercevant sur la rive boisée du fleuve de monstrueux hippopotames, ils comprirent l'origine de la croyance légendaire. Vraisemblablement l'accident de la pirogue chavirée près des rives du Congo devait être attribué à l'un de ces amphibies qui, remontant à la surface de l'eau pour respirer après un plongeon prolongé, avait rencontré par hasard un obstacle et l'avait renversé, pour replonger aussitôt sans souci des conséquences de son méfait.

Les noirs, comme tous les êtres ignorants et superstitieux, sont enclins à voir des faits miraculeux dans tout ce qu'ils ne peuvent facilement expliquer. De là naissent des milliers de légendes fabuleuses, naïves ou absurdes, qui se rattachent à chaque point de leur territoire, à chaque lac, à chaque rivière, à n'importe quel ruisseau, aux forêts mystérieuses, aux bois serrés impénétrables, à tous les sites hantés par les animaux qui les effrayent, ou peuplés de merveilles qui les charment et parlent à leur imagination encore dans l'enfance.

Les hippopotames que les blancs de la flottille venaient d'apercevoir, sont très nombreux sur tout le cours du Congo, mais il est rare d'en rencontrer à l'embouchure du fleuve, où l'eau est trop saumâtre. Leurs dents, d'une grandeur extraordinaire, recourbées en demi-cercle, mesurent parfois jusqu'à 70 centimètres et pèsent jusqu'à deux kilos chacune. Bon nombre d'entre elles grossissent chaque année le chargement des chimbouks (caravanes d'ivoire) et parviennent en Europe où, transformées en manches de couteaux ou en coupe-papier, elles enrichissent le mobilier luxueux des gens fortunés. Peut-être un de nos lecteurs effeuille-t-il les pages de notre livre avec l'ivoire de l'hippopotame qui donna naissance à l'histoire de l'ensorcellement du Cange, où nous avons laissé, luttant contre le courant, les vaillants bateaux de l'escadre d'exploration de l'Afrique centrale.

Ah ! les valeureux marcheurs ! Comme ils filent, comme ils découvrent à chaque heure aux yeux éblouis, grands ouverts de leurs passagers blancs, des paysages nouveaux infiniment variés, des sites toujours enchanteurs !

Les voici déjà à 14 milles de Banana, devant des factoreries européo-africaines, au lieu nommé Kissanga.

A quels qualificatifs, à quelles épithètes emprunter assez de force d'expressions charmeresses pour peindre la toute-puissance et la beauté physique de cet endroit béni des rives du Congo, où la mère nature a prodigué, groupé dans un ensemble ravissant, ses plus étonnantes merveilles, ses plus majestueuses créations ?

Les voyageurs du Comité d'études, à qui il était permis de détailler chaque plan de l'immense tableau qui se déroulait sous leurs yeux, promenaient leurs regards éblouis de la côte, — où les huttes et les factoreries apparaissaient enfouies sous un feuillage fantastique passant par tous les tons du vert, au milieu des troncs massifs, noueux, contournés, bizarrement architecturés d'arbres appartenant à de multiples espèces du monde végétal géant, — aux nombreux îlots, forêts vierges inhabitables, qui s'élevaient au-dessus du fleuve dont elles troublaient le cours.

Kissanga ne possédait alors que trois factoreries ; l'une d'elles appartenant à des Hollandais, était dirigée par M. Ribeiro.

Ces établissements qui pouvaient, grâce à leur voûte élevée, braver impunément les fureurs de l'été équatorial, s'étaient groupés autour d'une crique semi circulaire formée par le lit du Congo, sur un sol noirâtre fertile où croissaient en abondance les élaïs, producteurs intarissables d'huile de palme, et les palétuviers baignant leurs rameaux verts dans des mares formées par des pluies fréquentes et dont les bords disparaissaient sous des massifs d'orchidées aux fleurs rouges, jaunes, blanches ou mauves, resplendissantes de fraîcheur.

POGONORHYNCUS ŒOGASTER.

Le passage de la flottille effrayait les étranges oiseaux, hôtes de ces verdoyantes demeures.

Des *Pogonorhyncus œogaster*, arrachés à leurs rêveries, à leurs méditations stupides au bord du fleuve, déployaient la large envergure de leurs ailes rouges, et allaient instinctivement s'accrocher aux branches mortes les plus élevées des arbres de la rive pour suivre d'un regard terne les évolutions de la masse inusitée des bateaux qui passaient en jetant dans l'espace des tourbillons de fumée, des ronflements sonores de machines et des bruits cadencés de rames frappant l'eau.

Les noirs indigènes de Kissanga, Mussicongos ou Mussorongos, moins pirates que leurs frères de San-Antonio, mais serviteurs assez peu dévoués des blancs de la localité, étaient ravis d'admirer à la fois ces nombreux petits vapeurs neufs brillant au soleil. Ils connaissaient déjà les navires qui font depuis Banana le service des factoreries riveraines ; ils voyaient fréquemment, entre autres, le fameux *Kabinda*, ce vapeur sur lequel Stanley atteignit, en 1877, les côtes de l'Océan.

Ces naturels, plus rebelles à la civilisation que les Kabindas ou les Krou-

LE ROI PLENTY

boys, sont aussi plus ignorants et moins aptes à se rendre utiles aux blancs de leur région. Chez eux le type nègre est bien accusé, mais sans aucune exagération. Bien bâtis physiquement, on n'en rencontre presque jamais ayant des difformités ou des affections congénitales. Ils sont intelligents, et susceptibles de s'attacher au blanc, relativement, bien entendu.

D'une nature svelte, il est très rare de rencontrer parmi eux ces types de colosses montrant une musculature exubérante, comme on en voit parmi les nègres croos. A ce corps délié correspondent un crâne ovale et un visage de même forme, qui donnent aux individus une physionomie vive

LE CONGO A KISSANGA.

et ouverte. Pourtant une belle tête est chez eux aussi rare qu'une figure repoussante.

Les cheveux sont presque toujours coupés court; il est cependant parmi eux des nègres qui les portent longs et relevés au milieu du crâne, ce qui les fait ressembler à des clowns ornés de grotesques perruques. D'autres se font raser la tête depuis la nuque jusque vers le milieu de l'occiput, et de là, en ligne droite au-dessus des oreilles, jusqu'aux tempes, de façon que l'on pourrait s'imaginer voir une tête chauve portant un bonnet rond en laine frisée.

) La barbe est faible et toujours assez claire; les indigènes qui portent toute leur barbe sont très rares.

Il est difficile de décrire le costume indigène, bien que ces populations soient en contact depuis des siècles avec les nations civilisées. Lorsqu'ils sont habillés, ils portent des étoffes importées d'Europe, appelées *panno* (mot portugais qui veut dire étoffe), de couleurs vives, enroulées autour des hanches.

Prenant parfois ces étoffes pour modèle, les indigènes fabriquent avec des herbes très fines des tissus fort délicats qui, avec les franges y attachées, dénotent de leur part assez de goût. Seuls les rois ou les princes, car on abuse de ces hautes qualifications pour désigner les chefs de tribus indépendantes, revêtent dans les occasions extraordinaires, outre le panno, des habits noirs ou rouges.

Le roi se distingue par une peau de léopard ou de chat sauvage faisant office de tablier; cette peau est garnie d'une clochette qui prend souvent les proportions d'une vraie sonnette et annonce de loin l'approche du souverain. Celui-ci tient en outre à la main une longue canne, souvent garnie d'une poignée d'ivoire taillée et représentant un fétiche; puis le long bonnet, insigne de la royauté, tissé avec des fibres d'ananas, d'une façon très délicate; coiffures auxquelles on attache, au Congo, une grande valeur, car on paye ces bonnets de 20 à 30 francs.

Les enfants sont moins vêtus jusqu'à un certain âge, garçons et filles courent tout nus à travers les rues de leur village; quelquefois on leur voit autour des reins, une ceinture de coquillages, de racines ou d'autres objets; peut-être est-ce le dernier souvenir de leur ancien costume, de celui de leurs grands-parents. Cette ceinture est portée par les adultes, comme on porterait avec piété un bijou de famille.

Le tatouage est général chez les deux sexes; il consiste en nombreuses incisions faisant des cicatrices sans suite, en forme de bourrelets longs d'un centimètre, sur le dos, sur les épaules, sur la poitrine et sur le ventre; des dessins réguliers, larges de 2 centimètres, obtenus par des incisions faites en croix, tournent comme un ruban autour du bas-ventre.

Leur peau est d'une teinte chocolat, plus foncée que celle des noirs de Banana (plus on s'avance vers l'intérieur de l'Afrique, et plus on remarque la tendance de la couleur des nègres à franchir par degré les nuances du noir, depuis le noir chocolat râpé, jusqu'au noir du plus noir cirage).

Ces Mussorongos ont la déplorable habitude de se fourrer dans le nez des quantités prodigieuses de tabac en poudre. Celui dont ils usent ainsi est blond, et colore disgracieusement la lèvre supérieure de tout priseur.

Ils fument en outre le produit d'un certain arbuste qu'ils appellent *iamba*; c'est une sorte de poison lent, extrait de feuilles de chanvre ou de lin ; il a le triste don de rendre fou furieux l'individu qui abuse de son usage.

Pour fumer l'iamba, satisfaction des plus grandes pour un Mussorongo, à jeun, dès le matin, il faut une pipe toute particulière qui mérite une mention spéciale c'est une calebasse elliptique, le plus souvent un fruit de baobab; sur le gros bout est adapté un fourneau de pipe, dans lequel on met l'iamba bien sec; l'autre extrémité est percée d'un gros trou par lequel on aspire une fumée épaisse, âcre, blanche, d'une odeur très forte, très pénétrante. En général les Mussorongos n'aspirent que trois ou quatre bouffées de cette drogue, dont ils certifient l'efficacité hygiénique. Après chaque bouffée, ils sont obligés de tousser fortement et à plusieurs reprises : on croirait voir autant de collégiens fumant leur premier cigare.

Une des croyances religieuses des Mussorongos, digne pendant de la légende des tribus kabindes, ayant trait comme elle à la création des hommes de couleurs différentes, a été recueillie mot à mot par M. Jeannest qui séjourna longtemps parmi ces tribus. La voici :

« Il y a bien longtemps, bien longtemps, le Mani-Pouta (la divinité) eut un jour deux fils; l'un se nomma Mani-Congo, l'autre Zonga.

« Leur père tout-puissant leur dit, un matin, d'aller, quand la poule chanterait, se baigner dans un lac qui se trouvait non loin du point terrestre où les dieux avaient planté leur tente. Zonga y parvint le premier, et remarqua avec étonnement qu'à mesure qu'il entrait dans l'eau il devenait blanc. Mani-Congo, qui rejoignit bientôt après son frère, se baigna à son tour; mais il resta tout noir. Tous deux revinrent alors au chimbeck de leur père, qui, leur montrant différents objets étalés à terre, leur ordonna de choisir ceux qui dans le nombre convenaient le mieux à chacun d'eux.

« Zonga prit du papier, des plumes, une longue-vue, un fusil, de la poudre. Mani-Congo préféra des bracelets en cuivre, des cimeterres en fer, des arcs, des flèches, des boucliers. Leur choix terminé, ils ne purent continuer à vivre ensemble au même lieu, dans l'intérieur de l'Afrique; leur père après quelques jours, résolut de les séparer.

« Ils partirent tous deux, suivant la même direction. Ils marchèrent longtemps à travers des pays remplis de forêts enchantées, de grands fleuves, de hautes montagnes, de lacs bleus ; et un jour ils aperçurent la mer immense devant eux.

« Zonga s'en alla par delà l'Océan (la légende ne dit pas comment); il devint dans une autre contrée le père de tous les blancs.

« Mani-Congo resta, sur les côtes océaniques ; il fut le père de tous les noirs. »

A vrai dire, toutes ces peuplades ne savent pas trop à quoi elles croient. Cette persistance à rechercher les causes de la variété des races humaines est toutefois remarquable chez ces païens du Congo, qui du reste sont à peu de chose près, en ce qui touche les mystères de la création, aussi avancés que les peuples les plus instruits.

Ils croient à leurs traditions locales, traditions qu'ils ne peuvent se transmettre que de vive voix, et qui varient inévitablement suivant la facilité de parole ou la fertilité d'imagination du conteur nègre.

Quels grands enfants que tous ces nègres, et combien il est désirable pour leur développement intellectuel, moral et physique, d'arriver, en les civilisant, à les sevrer des habitudes funestes qui les anémient ou les détruisent, et des croyances invétérées, des superstitions ridicules qui pèsent sur eux comme une malédiction, et mettent obstacle à leurs progrès !

Ce but fait partie du programme de l'œuvre dont Stanley accomplit au Congo les premières étapes que nous allons suivre avec lui. Stanley laisse Kissanga et vient aborder avec ses équipages à Ponta da Lenha ou pointe des Bois, comme il convient de nommer ce site où les rives du fleuve disparaissent sous des masses impénétrables de mangliers au feuillage vert-noir. Deux ou trois factoreries portugaises, établies côte à côte, relèvent la tristesse solennelle des arbres du rivage et de la sombre forêt de l'arrière-plan.

Cette localité, située à trente quatre milles de l'ancrage de Banana, sur la rive nord du fleuve, est très commerçante. Les habitants indigènes échangent des quantités considérables d'huile de palme, de minerais, de noix palmistes, et toutes sortes de produits comestibles, contre les balles de coton, les articles de quincaillerie, coutellerie, ferronnerie, verroterie, importés par les Européens.

Les passagers débarqués de la flottille trouvèrent auprès du directeur d'une factorerie anglaise, comptoir de MM. Hatton et Cookson, l'hospitalité la plus cordiale.

Parmi les particularités signalées naïvement par les indigènes de cette partie du Congo, où le lit du fleuve qui a encore une largeur de plusieurs kilomètres, est parsemé d'une foule de petites îles, il faut mentionner un fétiche spécial. Cette divinité païenne est un arbre, un colosse végétal, isolé, au centre d'une clairière de la forêt voisine. Des quantités prodigieuses de chauves-souris ont élu domicile sur ses branches, elles y passent leurs journées entières, et, bien que chassées plusieurs fois par les coups de fusil des indigènes, elles persistent à y retourner. Rien n'est curieux comme le spectacle qu'offrent ces mammifères repoussants, lorsque, effrayés par les nègres venus exprès pour battre le fétiche (battre le fétiche est l'expression consacrée par les indigènes pour signifier : invoquer les puissances divines, surnaturelles), ils s'éparpillent et obscurcissent le ciel tout autour de leur demeure aérienne.

Après une excellente nuit de repos passée à Ponta da Lenha, les bateaux de la courageuse colonne expéditionnaire reprennent leur route vers le nord, suivant le sillage de l'*Albion*, navire à vapeur au gigantesque tonnage, eu égard aux dimensions restreintes de chacune des petites embarcations qu'il guidait.

Ils traversent alors une région morne et stérile, d'une pauvreté irrémédiable; des collines rocheuses à l'herbe courte; un sol tourmenté et aride dont le massif baobab relève seul la nudité : l'animation, la vie, le pittoresque, font absolument défaut.

Quelques heures après, ils touchaient à Boma ou Embomma. Ce point très important du cours du fleuve est le plus rapproché de cette capitale fameuse du Congo, San-Salvador, siège des rois, dont nous avons concisément exposé l'histoire au début de notre présent volume.

Boma est situé à trente lieues environ des côtes de l'océan Atlantique. Depuis plus d'un siècle, les Européens entretiennent des relations commerciales avec ce district. Tuckey l'avait visité en 1816, et la description donnée par lui, à cette époque, des coutumes et des mœurs des indigènes, de leur défiance des étrangers, de leur intolérance, de leur passion pour le tafia, de leur indolence, était encore d'une parfaite exactitude lors de la seconde visite de Stanley.

Cependant cette localité est un immense débouché pour les produits de l'intérieur en général; les blancs y achètent beaucoup d'arachides et d'huile de palme; presque toutes les maisons établies à la côte occidentale de l'Afrique, dans la région du Congo, y possèdent des comptoirs.

Boma était alors le centre du commerce européen sur le fleuve, et le siège d'importantes factoreries appartenant à la Nieuwe Afrikaansche Handels Vennootschap de Rotterdam, à la maison Daumas, Béraud et C¹ᵉ de Paris, à la maison Hatton et Cookson de Liverpool, et à la Central African trade Cᵒ de la même ville. Ces quatre maisons comptaient parmi leur personnel un grand nombre d'agents et d'employés portugais, par la raison bien simple que le portugais est la langue européenne la plus répandue sur la côte et sur le bas fleuve, cette région ayant été pendant plusieurs siècles évangélisée par des missionnaires portugais, qui, malgré leurs persévérents efforts, ne parvinrent pas à réprimer l'odieux commerce des esclaves entrepris par certains de leurs compatriotes.

Les factoreries sont presque toutes disposées de la même manière. Ordinairement il y a un grand bâtiment particulier qui sert aux agents et employés blancs; puis alentour, quelques maisonnettes pour le personnel noir, des magasins et des greniers. Les bâtiments n'ont qu'un rez-de-chaussée. Les constructions se composent de planches et de bambous; généralement les toitures sont en zinc et avancent fortement sous forme de marquises, de vérandas, pour procurer de l'ombre. Elles ont peu ou point de fenêtres; ces fenêtres, lorsqu'il en existe, sont garnies de jalousies de bambous et de volets peints en couleurs vives, tranchant sur le blanc resplendissant des façades.

Dès cinq heures et demie du matin, on entend les cloches de ces divers établissements appelant au travail le personnel; et bientôt les escouades de noirs s'agitent sous la conduite des employés européens. A onze heures, il y a un repos de près de deux heures, et la journée de travail se termine à six heures du soir.

Les blancs vivent à Boma selon les habitudes européennes. Vers sept heures du matin, on leur sert un déjeuner au thé, au café ou au chocolat; à midi et à six heures du soir, ils absorbent différents menus successifs, composés généralement de conserves avec mouton, poulet, canard, etc., etc.

Quelquefois la carte du jour comprend un bifteck d'hippopotame; ces biftecks sont taillés dans un morceau de la tête monstrueuse de l'animal amphibie; les pieds sont aussi des morceaux recherchés par les Européens, surtout quand ils proviennent d'un jeune hippopotame.

Ce comfort relatif permet aux blancs de supporter victorieusement les rudes intempéries du ciel africain.

Sur presque tous les points de ce continent noir, dont les bizarres légendes, les monstres imaginaires ou les déserts sans limites, produits de l'imagination de nos pères, avaient retardé les découvertes, les voyageurs expérimentés s'accordent à reconnaître que les Européens installés, munis non seulement du nécessaire, mais de ce superflu dont ils éprouvent le besoin pour résister à l'influence du climat africain, peuvent vivre sans être exposés outre mesure, à une mortalité plus prompte. Il y règne assurément comme dans l'Inde ou les autres pays tropicaux, des maladies nombreuses, des dangers climatériques réels; mais grâce aux moyens hygiéniques que la science prescrit aujourd'hui, l'homme blanc parvient à les combattre efficacement, surtout lorsqu'il s'est établi à demeure dans une zone où il peut arriver par des observations attentives à se créer un régime spécial.

Les voyageurs isolés et non acclimatés courent des risques plus graves et plus immédiats ; les fatigues de la route, les privations de tout genre, l'absence de ces petits soins superflus dont il vient d'être parlé, le découragement moral qui peut s'emparer d'eux dans des territoires perdus, en sont les causes inévitables.

Les factoreries de Boma, hollandaises, françaises et portugaises, étalent au bord de l'eau leur ensemble de constructions en bois généralement couvertes de toits en zinc. Le personnel blanc qui les habitait témoigna généreusement à l'égard de ses visiteurs, dont l'un, Stanley, était pour le plus grand nombre un ami d'autrefois, une bienveillance empressée, une courtoisie hospitalière.

En octroyant libéralement dans le cours de ce livre, l'épithète de *blancs* aux fils de Japhet résidant au Congo, nous n'entendons pas qualifier exactement la couleur de leur visage. Presque tous, après un séjour prolongé sous ces latitudes, ont le teint brûlé par soleil, d'une pâleur presque lugubre, ni blanc ni rosé, mais olivâtre. D'ailleurs, en politique comme en physiologie, la couleur importe peu aux qualités morales et aux besoins matériels de l'individu.

Les Européens de Boma, gens très serviables, désireux en outre d'améliorer leur bien-être local, avaient planté des arbres à fruit, créé des potagers, cultivé la vigne, et les productions de leurs terres augmentées d'ananas, de goyaves, de citrons doux, qu'ils s'étaient hâtivement procurés au marché indigène tenu tous les deux jours derrière leurs habitations, réussirent amplement à satisfaire l'appétit des voyageurs beaucoup plus rassasiés de paysages et de fatigues, depuis leur départ de Banana, que de provisions fraîches et succulentes.

Cette halte réconfortante à Boma permit aux membres de l'expédition de visiter à plusieurs kilomètres du village la délicieuse résidence des directeurs de la factorerie anglaise. Pour franchir la distance qui sépare Boma de cette habitation, les Européens durent consentir à se laisser transporter en hamac.

Une vieille coutume portugaise, conservée chez les blancs du Congo et qualifiée de très efféminée par l'infatigable Stanley, consiste à imposer aux visiteurs civilisés de ces parages l'usage du hamac pour tout trajet un peu long par voie de terre.

Cet appareil de locomotion, installé sur la longueur d'un bambou très résistant, est enlevé, avec le personnage qui y repose plus ou moins mollement suivant le nombre de couvertures et de traversins dont il s'est muni, par deux nègres vigoureux, l'un faisant reposer une extrémité du bambou sur son épaule gauche, le second appuyant l'autre bout sur son épaule droite.

Le pas des deux porteurs est égal, allongé et tient le milieu entre la course et la marche. De temps à autre ils se reposent en plaçant le bambou du hamac sur des cannes qu'ils ne quittent jamais, et dont ils se servent dans les passages difficiles; puis ils changent d'épaule et reprennent leur allure accélérée. Quatre couples de porteurs sont spécialement attachés au service de chaque hamac. Ils se succèdent, en marche, environ toutes les deux heures pour le transport de l'appareil et de son contenu; et généralement, si le voyageur a des malles ou des bagages, les six nègres se remplacent successivement pour le partage des colis.

Par une bizarre superstition, les nègres du Congo attribuent un maléfice au passage d'un blanc en hamac à travers un de leurs villages. « C'est fétiche », disent-ils; fétiche signifie dans ce cas sorcellerie, sacrilège. A moins d'employer la force, et par suite d'affronter des périls que l'on peut éviter, il faut céder à ce préjugé ridicule des nègres et se garder de traverser en hamac leurs centres de population.

Tel n'était pas le cas, toutefois, pour les quelques blancs de l'expédition qui se dirigèrent de Boma vers la maison de campagne des Anglais.

Doucement bercés par le balancement régulier de leur litière portative, ils suivirent une vallée en pente douce qui débouchait dans une plaine alluviale, ravinée çà et là par les eaux; puis, au-dessus des grandes herbes, ils aperçurent une jolie maison carrée à pignons aigus, située sur un mamelon gazonné. Cette habitation rappelait un cottage anglais, d'une étrangeté fantastique. Elle abritait des compatriotes de Stanley; c'est assez dire quel accueil y reçurent les arrivants.

Que de moments de plaisir, de gaieté, de confortable douceur pour les membres de l'expédition du Comité d'études, au cours de leurs premières escales sur le Congo, qui ne leur a pas encore opposé sa rage, sa furie écumante, et ne les a pas encore assourdis de ses rugissements, du fracas de ses chutes et de ses cataractes!

Ils ont suivi jusqu'à Boma des rives déjà effleurées par la civilisation moderne; et dans ce district même ils n'assistèrent plus à ce brigandage naguère organisé, à ce système de dévastations et de massacres dont les guerres les plus meurtrières ont à peine, à travers les âges, égalé les horreurs quotidiennes, au honteux trafic des esclaves, à la chasse de l'homme par l'homme, aux ignobles marchés qui comptaient chaque année des milliers de victimes.

Dès le commencement du seizième siècle, la traite des nègres, qui avait

VUE DES FACTORERIES DE BOMA.

pour but d'accroître le nombre des travailleurs des colonies américaines, exerça ses plus cruels ravages dans le plateau central africain.

Ce territoire, qui comporte un développement indéfini et qui peut devenir le pendant de l'Inde, était comparable à un vaste entrepôt de travail d'où la main-d'œuvre s'écoulait sans cesse dans toutes les directions par le trafic de l'homme. Selon l'expression de Cameron, l'Afrique perdait le meilleur de son sang par tous les pores; l'un de ces pores était Boma.

Trop souvent, dans les criques aux bords incultes que le cours sinueux du fleuve creuse en aval de ce district, des bateaux négriers, à l'ancre, ont attendu leur chargement de marchandise humaine, et leurs farouches capitaines ont pu suivre, de leurs yeux avides, les files échelonnées, le long des sentiers de la plaine, des caravanes d'êtres vivants, le cou engagé dans de lourds carcans, les mains liées derrière le dos, la bouche bâillonnée par un morceau de bois semblable à un bridon, la ceinture reliée par des cordes qui servaient de rênes à leurs odieux conducteurs.

Ces troupeaux d'esclaves décimés par la faim, la fatigue, les souffrances, la maladie, réduits à l'état de squelettes ambulants, ayant perdu jusqu'à l'usage de la voix, arrivaient à Boma après des marches forcées de trois, de six mois, d'un an même, marches pendant lesquelles les scènes les plus lamentables, les plus cruelles, les plus déchirantes, s'étaient fréquemment renouvelées.

Les masses d'hommes qui allaient, arrachés à leur terre natale, grossir le contingent des victimes de la civilisation du nouveau monde, avaient marqué leur route de jalons effroyables, de cadavres lacérés par les coups de bâton des conducteurs, et abandonnés aux fauves vautours. L'épuisement, la fatigue, en avaient fait tomber un nombre incalculable le long du chemin parcouru; les coups de massue sur la nuque, les massacres, avaient mis fin aux tortures de ceux qui cherchaient à fuir derrière les rochers ou dans la profondeur des taillis, et qui, bridés, impuissants, restaient livrés à la vengeance implacable de leurs bourreaux!

Si la moderne Boma n'offrit plus ces monstrueux tableaux qui tachent si tristement les feuillets de son histoire des siècles antérieurs, de trop nombreux districts de l'Afrique centrale, dans toute la zone des grands lacs jusqu'au Zambèze, sont encore le théâtre des dégradants spectacles de la chasse aux esclaves, de la traite des noirs.

Les naturels de Boma ont pu récemment raconter, d'après les récits des noirs réfugiés parmi eux des tribus lointaines de l'intérieur, les révoltantes opérations des traitants arabes dans les bassins du Tanganika, du Nyassa, et dans le territoire compris entre le Loualaba et la province d'Angola.

Stanley ne les ignorait pas, il avait en 1876, à Nyangwé, relaté dans ses notes les tristes résultats, les fatales conséquences de ces incessantes razzias d'hommes noirs.

« Maître, disait à Stanley un Zanzibarite de son escorte à travers le Continent mystérieux, quand je vins ici pour la première fois, il y a huit ans, toute la plaine entre Mana-Mamba et Nyangwé avait une population si dense, que tous les quarts d'heure nous traversions des jardins, des champs, des villages. Chaque hameau était entouré de troupeaux de chèvres et de porcs. On achetait un régime de bananes pour un cauris. Vous pouvez voir vous-même ce que le pays est devenu aujourd'hui. » « Je vis, ajoute Stanley, une contrée à peu près inhabitée et retombée dans l'état sauvage. »

Ce n'était donc pas aux rives fortunées du fleuve où n'existaient plus les sombres drames de la traite, que Stanley et les agents du Comité d'études devaient s'attarder. Le Congo, ce grand chemin qui marche, s'ouvrait devant eux, large et hérissé d'obstacles, mais il devait, bon gré, mal gré, les conduire eux, ou leurs vaillants successeurs, sur tous les points de son territoire, districts, villages ou simples bourgades, menacés sans cesse de partager le sort désastreux de leurs pareils entre Mana-Mamba et Nyangwé.

Nous laissons un instant Stanley poursuivre avec sa flottille son exploration nautique, pour séjourner à Boma et y attendre l'arrivée d'un civilisateur belge, le R. P. Carrie, supérieur de la Mission du Congo, qui nous fournira de précieux détails sur le personnel et le matériel de l'expédition.

Nous avons jusqu'ici, cédant à la nécessité de renseigner nos lecteurs sur l'histoire et les descriptions géographiques inévitables du vaste territoire du Congo, méconnu le titre de notre ouvrage : « les Belges dans l'Afrique centrale. » Il est indispensable, pour l'intelligence de nos récits, de définir de notre mieux chacun des points de ce lointain théâtre des exploits bienfaisants ou des martyres des Belges qui tous, à des titres divers, ont inscrit leurs noms dans les annales de la civilisation africaine.

Les missionnaires chrétiens, belges, français ou anglais, catholiques ou protestants, qui ont précédé ou suivi les explorateurs en Afrique, semèrent toujours dans des terrains parfois bien arides, il est vrai, les germes d'une amélioration capable de régénérer moralement les races inconscientes de ce continent.

Après la première étude d'exploration du Comité du haut Congo, le père Carrie arrivait au Congo, pour fonder une mission éducatrice.

Le 3 novembre, le prêtre missionnaire touchait à Banana, y séjournait deux jours, remontait le Congo, et s'arrêtait à Boma, le 6 du même mois.

Il rencontrait en ce lieu deux vapeurs de la flottille de Stanley, avec quelques-uns des membres de l'expédition.

« Le personnel du grand explorateur est assez nombreux, écrivait le missionnaire au mois de décembre suivant; il se compose, outre M. Stanley,

GRAMINÉES DU BAS CONGO.

d'un surintendant, d'un ingénieur, d'un capitaine marin, de plusieurs mécaniciens, charpentiers, etc., en tout vingt blancs de différentes nations: Belges, Américains, Anglais, Italiens et Danois. Un naturaliste français, M. Protche, arrivé dernièrement de Paris à Landana, et un ancien membre de l'expédition allemande à Chinchoxo, après Landana, vont également s'adjoindre à la Société d'études.

« Arrivés dans une dure saison, exposés à de rudes privations et obligés de supporter des travaux et des fatigues pénibles pour des Européens, plusieurs ont été déjà cruellement éprouvés par la fièvre, et l'un d'entre eux vient de succomber.

« Le matériel de l'expédition est très considérable, il comprend notamment cinq petits vapeurs et quelques embarcations secondaires, des machines et des chariots pour les transporter par terre, des maisons en bois toutes prêtes à monter, etc., etc. »

Ces extraits de la lettre d'un missionnaire nous amènent à citer l'établissement de la mission française catholique, créé à Boma sur la rive du fleuve, auprès de la rivière Kalamou ou du Crocodile, qui serpente à travers des terres ornées çà et là des gerbes gracieuses du palmier *Hyphœne*. C'est près de cette même rivière que s'élèveront successivement les bâtiments de la station de l'Association africaine du Congo à Boma, et la première factorerie créée au Congo une par maison belge.

A 25 milles environ du confluent de cette rivière, et par conséquent à la même distance de Boma, nous retrouvons dans un lieu nommé Msoukou Stanley et sa flottille, qui s'y étaient arrêtés.

Blancs et noirs venus à terre s'étaient installés en camp volant, non loin d'une factorerie anglo-hollandaise, comptoir de la maison Hatton et Cookson, dirigé par MM. A. Da Motta et J. W. Harrison.

Le lit du fleuve, très large jusqu'à ce point, se resserrait entre de hautes collines arides, rocheuses, sauvages, entièrement stériles, dont la chaîne se déroulait vers le nord, triste et monotone, à travers un pays inhabité et sans produits végétables.

Sur le versant nord de la chaîne septentrionale s'étendait une contrée herbeuse, rayée de veines rouges se montrant dans les noullahs, les ravins et les pentes où les pluies les ont mises à nu, et plongeant dans des bassins souvent entrecoupés de larges plateaux et de grandes côtes pareilles à des dykes.

Auprès de Msoukou se tenait un marché nègre, où se renouvelaient assez fréquemment des événements tragiques, par suite d'une coutume locale qui punit de mort le vol commis sur un marché public. Tout individu surpris en flagrant délit la main dans le panier à sel d'une marchande noire, ou sur le goulot de la bouteille de tafia du voisin, était immédiatement « lynché », selon le mot américain ; son cadavre abandonné sur la route pourrissait au soleil, servant d'exemple à ceux qui eussent été tentés de commettre pareil crime.

Les cimetières ne manquaient pourtant pas à ces terribles justiciers.

Non loin du marché, un vaste champ stérile, dominé par un arbre colossal, était consacré à la sépulture des noirs décédés sans reproche, d'après les coutumes locales.

Les tombes étaient entretenues et semblaient être prêtes non seulement à recevoir le corps, mais à être un lieu de dépôt pour tous les objets ayant appartenu au défunt. Chacune d'elles était ornée de pots, de bols, de cruches, de cuvettes, de chaudrons, de théières, de marmites, de verres, de bouteilles à bière, à gin, à eau-de-vie, à tafia, de seaux, d'arrosoirs en fer-blanc. Au-dessus du tertre ainsi décoré pendaient, à la branche de l'arbre, les divers havresacs en fibres de palmier dans lesquels le défunt portait ses

LE CIMETIÈRE DE MSOUKOU.

aliments lorsqu'il vivait : arachides, pain de cassave et autres denrées. Bien entendu, tous les objets ainsi exposés, particulièrement ceux d'un usage courant, avaient été mis à l'avance dans l'impossibilité de tenter les noirs qui, malgré leur superstition ou l'odieuse loi tendant à la simplification et à l'application fréquente de la peine de mort, n'auraient pas manqué de les voler.

C'est aux environs de ce marché, dans la crique de Msoukou, que la première expédition du Comité d'études, qui était arrivée là en parfait état, devait séjourner plusieurs semaines, utilisées par l'*Albion*, la *Belgique* et d'autres rapides embarcations de la flotille à effectuer de nombreuses traversées fluviales entre le camp et Banana, pour mettre en communication avec le monde civilisé, avec leur patrie, avec leurs familles, les blancs de l'expédition, et assurer en outre leurs divers approvisionnements et le transport complet de leur matériel.

Devant Msoukou s'étendent encore de nombreux îlots, et sur la rive opposée du Congo la petite rivière Sufu dégorge un faible apport d'eaux vives et rapides.

Les crocodiles, les caïmans, les monitors et les hippopotames commencent à abonder dans les eaux du Congo, à partir de ce point.

Les occupations pénibles et nombreuses des blancs fixés à Msoukou furent entremêlées de scènes non moins fatigantes, d'épisodes de chasse à ces animaux amphibies.

L'un de ces monstrueux caïmans, qui étalaient au soleil leurs impénétrables cuirasses, sommeillant sur les rives d'un îlot, avait osé, chose rare en plein jour, emporter pour son déjeuner un nègre de l'escorte de Stanley.

Les blancs résolurent de venger la mort de l'infortuné Zanzibarite, et plusieurs d'entre eux s'embarquèrent un beau matin, bien armés, pleins de confiance et d'ardeur, dans une pirogue indigène.

Pendant quelques heures, l'embarcation, vigoureusement pagayée par des noirs, remonta le courant impétueux du fleuve, et, un peu en amont du confluent du Sufu, atteignit le rivage d'une petite île, Zungachya-Idi.

Là les chasseurs descendirent à terre, pour se rafraîchir et laisser reposer leurs hommes. Quelques naturels échoués sur le même rivage accueillirent très bien les blancs, moyennant quelques bouteilles de tafia débouchées à leur intention.

La chaleur était assez forte, et les blancs, désireux d'éviter autant que possible toute fatigue inutile, attendirent que le soleil, monté plus haut à l'horizon, projetât des rayons plus pâles et plus tièdes.

Vers quatre heures, une douce brise, apportant encore les fraîches senteurs de l'Océan, passait sur les eaux du fleuve et invitait les chasseurs a redescendre dans leur pirogue pour commencer réellement à chasser.

L'un d'eux, le plus habile tireur de la bande, fut placé à l'avant du canot, les autres s'assirent à ses côtés; six rameurs noirs accroupis, trois de chaque côté, sur les bordages de l'embarcation, se tinrent prêts à nager au premier signal. Le patron gouvernait, et la pirogue, entraînée par le courant, dériva lentement le long de la berge du Congo. Le silence était absolu; les blancs, le doigt sur la détente de leurs fusils, épiant le rivage, se tenaient prêts à faire feu.

Depuis une demi-heure environ, ils descendaient ainsi le fleuve, quand tout à coup le tireur placé à l'avant, et qui, armé d'une lorgnette, fouillait les grandes herbes de la rive, poussa une exclamation contenue et, se retournant, montra à quelques centaines de mètres en avant du canot, un gigantesque caïman étendu sur la rive, la gueule largement ouverte et paraissant plongé dans une somnolente béatitude.

La pirogue s'approcha, glissant sans bruit sur les eaux; les chasseurs purent distinguer les pattes énormes, la queue formidable de l'animal qui mesurait certainement plus de trois mètres de long.

A cent mètres, le meilleur tireur ajusta; le coup partit; le monstre fit un bond prodigieux, mais, réveillé en sursaut, il ne put mesurer son élan, et, blessé sans doute, il tomba à deux pas du fleuve, au milieu des racines d'un palétuvier.

Une détonation nouvelle, partie de la pirogue, envoya plusieurs balles à l'animal amphibie, qui ouvrit entièrement sa large gueule, fit plusieurs sauts sur lui-même, essayant de regagner l'eau, mais retomba complètement immobile.

Les noirs poussèrent des hourras formidables, et ramèrent avec vigueur.

La pirogue rapprochée de l'endroit où gisait le monstre, un feu nourri, une décharge générale de tous les fusils du bord acheva de le tuer.

Restait à emporter le caïman foudroyé. Les noirs refusaient de débarquer; il fallut des menaces, des promesses et des plaisanteries pour décider les deux plus courageux d'entre eux à descendre à terre. Ils s'approchèrent du reptile avec mille précautions, comme font les chats lorsqu'ils ont peur d'un objet qui excite cependant leur curiosité.

Oh! si le caïman avait fait le moindre mouvement, les deux nègres, moins poltrons que le reste de l'équipage noir de la pirogue, seraient morts de frayeur. Mais l'animal ne bougea pas; les naturels parvinrent à l'accrocher et l'attirèrent à eux. La pirogue touchait à la rive à l'aide d'une corde, les passagers réussirent à hisser dans l'embarcation le monstrueux amphibie qui rebondit en tombant entre les flancs du bateau. Blancs et noirs ne purent se défendre d'un sentiment d'effroi : s'il vivait encore ?

Ces animaux ont la vie si dure ! Ce n'est, en effet, qu'en les frappant dans la gueule ou sous les hanches qu'on parvient à les tuer; ces parties sont les seules vulnérables; sur tout le reste du corps, la balle glisse sans pouvoir pénétrer.

Mais il n'y avait plus rien à craindre de celui-là. Derrière lui les deux noirs remontaient à bord, et la pirogue continua de descendre le fleuve à la dérive, en quête d'un nouveau gibier. D'autres caïmans furent aperçus, mais ils évitaient l'embarcation et plongeaient bien avant qu'elle ne fût arrivée à portée.

Encouragés par ce premier succès, les blancs désiraient, avant de retourner au camp, charger entièrement leur pirogue.

CHAPITRE CINQUIÈME

Le jour baissait, le soleil allait bientôt entraîner avec ses derniers rayons l'horizon empourpré, lorsque l'un des chasseurs, debout dans le canot, cria sur un ton de commandement à tous les autres : « Baissez-vous ». Inconsciemment l'équipage obéit. Un coup de fusil retentit, les noirs se dirigèrent à force de rames vers la rive opposée. De brusques détonations simultanées suivirent la première.

Les blancs avaient tiré sur un caïman qui menaçait de toucher l'embarcation; celui-ci disparut dans le fleuve, il était perdu pour les chasseurs Les caïmans blessés ou morts, une fois dans leur élément, ne reparaissent plus à la surface.

Pendant cette soirée de chasse, la pirogue avait erré à l'aventure sur les eaux du Congo; après le dernier épisode, elle se trouvait à l'entrée du Sufu. Là, la rivière glissait entre des rives bordées de grands arbres dont les verts sommets se rejoignaient pour former une voûte épaisse où gîtaient des légions d'oiseaux. Le lit de ce cours d'eau était peu profond, et la pirogue s'y était à peine engagée qu'un énorme tronc d'arbre lui barra le passage.

L'équipage désappointé songeait à rebrousser chemin, lorsqu'un des blancs imagina le moyen de franchir l'obstacle.

L'arbre couché en travers de la rivière disparaissait à moitié sous l'eau, mais le pied reposait sur le sol. Les blancs sautèrent sur le tronc, et les six noirs débarqués à l'arrière poussèrent de toutes leurs forces la pirogue allégée; l'avant eut bientôt traversé les branches et la pirogue bascula, sans chavirer, de l'autre côté de la barrière végétale.

L'exploration put être continuée. La nuit tombait; les mangliers, dont les racines osseuses ternissaient les eaux du Sufu et ressemblaient à autant de pattes de monstrueuses araignées, attristaient, assombrissaient les bords de la rivière. On ne voyait ni une fleur, ni un brin d'herbe, on n'entendait pas un seul cri d'oiseau... partout régnait ce calme lugubre d'une nature presque déserte qui s'endort.

Les chasseurs, trop éloignés du camp de Msoukou, ne pouvaient plus songer à regagner leurs tentes pour y dormir, et d'autre part l'obscurité croissante les obligeait à cesser leur promenade aquatique; ils résolurent de passer la nuit sur les rives boisées du Sufu.

Hélas! combien ces braves blancs étaient mal inspirés! Établis de leur mieux auprès de grands feux de broussailles qu'ils avaient eu le soin de faire allumer par les noirs, nos chasseurs couchés sur des lits d'herbes sèches appellèrent en vain le sommeil. Les moustiques, les mouches de sable, insectes imperceptibles, noirs, à la piqûre venimeuse, hargneux, tenaces, affamés, fondirent sur les blancs, par milliers. La colère des hommes, leur rage, leur furie, furent impuissantes contre ces légions d'insectes invisibles et dont les bruissements chargés de menaces indiquaient toujours l'innombrable présence.

Ces ennemis impitoyables criblèrent de leurs piqûres le visage et les mains des blancs ; les nègres, plus heureux en cette circonstance d'avoir le derme très dur et d'exhaler de leur corps une odeur spéciale, furent seuls épargnés.

Ah ! ces nuits à la belle étoile, sous les astres resplendissants qui flamboient au firmament bleu-noir de l'Afrique centrale, que de cuisants souvenirs, que d'enflures, que de démangeaisons, elles peuvent causer aux voyageurs oublieux de l'heure à la poursuite de caïmans !...

Enfin le jour parut, un jour cru, bas et humide, qui glissait contre les rameaux décharnés des mangliers et blanchissait peu à peu le liquide sillon du Sufu.

Enfiévrés de dépit, de douleur, de fatigue, les blancs, emportés par la pirogue, retournèrent au camp de Msoukou.

De joyeuses clameurs saluèrent leur retour ; des hourras frénétiques accueillirent le débarquement de leur butin. Les noirs de l'escorte de Stanley se livrèrent autour du caïman sans vie aux plus excentriques ébats, dansant, chantant, injuriant le monstre et se riant de lui. Ce fut pour les chasseurs un bien léger triomphe, qui ne put leur faire oublier les traces maudites de leur défaite nocturne contre les moustiques.

Jusqu'au 13 septembre 1879, les voyages aller et retour de Msoukou à Banana entrepris par l'*Albion* et la *Belgique* retinrent Stanley dans cette halte sur le Congo. Le 17, l'*Albion* fut envoyé en Europe, avec les rapports du chef de l'expédition concernant les premiers mouvements effectués sur le Congo.

La flottille reprit bientôt après sa course contre le courant du fleuve, et, après avoir longé dans un étroit canal le rivage sinueux de l'île de Buka, elle rencontrait une autre île tristement célèbre, l'Ile des Princes, tombeau de plusieurs membres de l'expédition de Tuckey en 1816, et sépulture des rois de Boma. Ces îles, encadrées par une végétation tropicale luxuriante, laissaient entrevoir dans le pêle-mêle nuancé de leurs arbres divers et de leurs mille espèces de palmiers, dont les branches et les palmes s'enchevêtraient harmonieusement, de gracieux hôtes emplumés aux couleurs ravissantes.

A douze ou quinze milles au-dessus de Msoukou, sur la rive gauche du Congo, Stanley atteignit Nokki, dernière station commerciale du fleuve. A cette époque, elle comptait une factorerie dirigée par M. G. H. Faro, Portugais dont nous avons déjà parlé à Boma.

En face de Nokki, sur la rive droite, se trouve un village nommé Nkongolo (Ikoungoula) où nous retrouverons plus tard une installation de chalets et de maisons en bois, due à l'Association internationale du Congo, titre qui remplaça celui de Comité d'études du haut Congo, lorsque cette dernière société promotrice de l'œuvre africaine à la côte occidentale, satisfaite des premiers résultats atteints sur le Congo, décida ce changement de nom.

En amont de Nokki, le fleuve, déjà si impétueux auparavant, redouble encore de rapidité et présente un danger véritable, lorsque ses eaux sont très fortes, à le remonter en pirogue. Les canotiers sont alors obligés de sauter à terre et de haler l'embarcation au moyen de câbles, à travers les troncs d'arbres et les rochers qui bordent ses rives. Parfois même, avant d'arriver à Vivi, les voyageurs qui ont employé ce genre de locomotion, sont obligés, pour contourner les rapides, de se cramponner avec force à des rochers glissants et à des arbres presque suspendus sur le courant; il est impossible de s'éloigner du lit du fleuve, encaissé par des montagnes coupées à pic.

A l'un de ces passages difficiles, la flottille de Stanley fut diminuée d'un grand chaland en fer; saisi par les tourbillons, il chavira et fut englouti dans les profondeurs.

Le 26 septembre à cinq heures du soir, l'*Espérance,* ayant à son bord Stanley, stoppait en face de Vivi, situé sur la rive droite à 130 milles de la côte, par 5° 40' de latitude sud et 13° 49' de longitude est : Vivi devait être la première station hospitalière fondée par le célèbre agent du Comité d'études sur le cours du fleuve Congo.

Bientôt toute la flottille débarquait en ce même point les membres de l'expédition et leur noire escorte d'ouvriers et de travailleurs, et dès la fin de février s'élevait au-dessus des eaux irritées du fleuve, devenu innavigable en amont de ce lieu, une véritable oasis artificielle, mais plus précieuse et plus cordiale que les oasis des déserts, un établissement qui ne serait nullement déplacé au milieu des plus pittoresques cottages de nos plus riches contrées d'Europe.

La première station de Vivi dominait un coteau verdoyant, d'une altitude de 115 mètres, et dont la seule pente accessible baignait sa base encadrée de mille plantes aquatiques, dans une petite rivière mouchetée de mignonnes cascades qui clapotaient à travers d'innombrables fissures dans des roches de grès bleu. Cette fraîcheur donnait naissance à quelque végétation, à des bois aux couleurs pittoresques, et elle devait féconder les vastes jardins et

STATION DE VIVI
VUE DE LA ROUTE D'ISSANGHILA.

les bananeraies créés par Stanley dans la vallée gracieuse où coulent les eaux vives du ruisseau.

Ce courant s'appauvrit pendant la saison sèche, mais il offre néanmoins une eau plus agréable à boire que celle du fleuve Congo qui, bien que potable et saine, est chargée de sédiments sablonneux et a souvent comme un arrière-goût de thé léger.

Sur le versant de la colline de Vivi opposé à cette rivière, s'ouvre une autre vallée remplie de sites boisés, riches en coloris fantastiques, en feuillages enchevêtrés où se poursuivent des lianes, des ronces épineuses, échappées à des labyrinthes inextricables de grandes herbes et d'arbrisseaux.

En arrière de la colline de Vivi, une masse énorme, montueuse, limite l'horizon et tranche sur les vallées fertiles par la nudité de ses flancs couverts de misérables touffes de végétation et surmontés d'immenses blocs de roches granitiques, qui paraissent autant de ruines de tombeaux ou de temples druidiques.

Sur le plateau de la colline, la station fondée par Stanley présente l'aspect d'un rectangle déroulé comprenant des constructions élégantes : maisonnettes en bois, magasins en fer solidement installés, grand chalet à étages recouvert d'une coupole resplendissant aux rayons du soleil, petite cuisine en fer implantée dans le sol, hangars, ateliers divers, séparés par des cours plantées d'arbres, le tout sous la protection du pavillon du Comité d'études qui déploie, au sommet d'un mât élevé à l'extrémité de l'établissement, sur le versant tourné vers le Congo, son écharpe bleue sur laquelle se détache l'étincelante étoile d'or.

La tombe isolée d'un ouvrier belge, du mécanicien Hubert Petit, mort au début de la fondation de l'établissement de Vivi, assombrissait, hélas! un coin de ce tableau dès le 13 mai 1879.

Les trois autres Belges de cette première expédition occupaient à Vivi des situations différentes; M. Van Schendel, ingénieur en chef, fut attaché à la construction de la route partant de Vivi vers l'intérieur. Quant à Stanley, ayant solidement établi sa première station, base de ses opérations futures, il s'apprêtait à triompher de nouvelles et plus grandes difficultés.

Durant son séjour prolongé à Vivi, l'explorateur, toujours aussi intrépide, courait à travers les montagnes, se livrait à de continuelles excursions, sans avertir jamais personne ni de son départ, ni de son retour. Il revenait à la station très souvent épuisé de fatigue, tout couvert de poussière et de sueur.

Pour parvenir à Stanley-Pool et établir la deuxième station du Comité d'études, à Issanghila, Stanley devait, dès la fin de la saison des pluies, commencer à franchir, sur un espace d'environ deux cents milles, des montagnes abruptes, rocheuses, entassées les unes sur les autres sans laisser de passage entre elles, et les franchir non seulement avec un personnel nombreux, mais encore avec un matériel interminable de mobilier, de maisons en bois, de chariots et de vapeurs, qu'il faudra hisser à des hauteurs de trois à quatre cents mètres, sur des pentes extrêmement rapides, et cela non pas une fois, mais des milliers de fois ! Entreprise effrayante, œuvre colossale, travaux de plusieurs années, devant lesquels Stanley aurait reculé malgré sa confiance et son courage, s'il n'avait escompté le concours dévoué, actif, infatigable et généreusement désintéressé de la légion héroïque des Belges qui vinrent, sous sa direction, en assurer le succès.

CHAPITRE VI

Le commerce belge au Congo. — M. Gillis au marché de Soma. — Les porteurs d'arachides. — Rêves d'un commerçant. — Aperçu rapide des productions agricoles du bas Congo. — Les passagers du *Biafra*. — Harou et sa caravane de mules. — Valcke « briseur de rochers ». — Triste Noël. — Paul Nève et Stanley fondent la station d'Issanghila.

PEINE le drapeau bleu du Comité d'études flottait-il au faîte de la colline de Vivi, protégeant la station fondée pacifiquement sur un sol concédé par les indigènes moyennant une rente annuelle, qu'à plusieurs milles en aval de cette conquête vraiment civilisatrice le caducée moderne d'un Mercure belge apparaissait pour la première fois sur les bords du Congo, hardiment importé par M. Adolphe Gillis.

Ce négociant, habitant de Braine-le-Comte, spéculateur entreprenant et patriote, qui avait à diverses reprises essayé de tirer le commerce belge de sa torpeur relative en remorquant les productions nationales aux rivages fortunés du Brésil et de la côte d'Or, partait d'Anvers en mars 1880, chargé par un groupe de capitalistes et de commerçants belges qu'il avait réuni, de fonder à Boma et à Nokki des comptoirs commerciaux, d'importantes factoreries.

Honneur à ce fils de la Belgique industrielle et commerçante !

Il a osé le premier aborder la voie commerciale tracée depuis des années par l'auguste pensée de S. M. Léopold II ; il est allé, au péril de sa vie, cueillir les fruits naissants de l'arbre de la civilisation planté au prix des efforts désintéressés et des sacrifices onéreux des promoteurs de l'œuvre africaine.

Il a compris que l'industrie, l'esprit de colonisation, le commerce de la Belgique, devaient s'allier sur la terre d'Afrique, auxiliaires tout-puissants et rémunérés, aux premières tentatives dirigées à la côte occidentale avec l'appui magnanime d'un Roi. Il a voulu prouver que malgré l'exiguïté de son territoire la nation belge peut lutter de pair avec les plus grands États du monde civilisé dans le domaine des productions industrielles et commerciales.

Sans attendre le résultat éventuel des premières études du Comité international du haut Congo, M. Adolphe Gillis a fort heureusement du reste entraîné le commerce, l'épargne et l'industrie de son pays vers le vaste bassin du Congo qui réserve un champ de production immense et où les besoins de millions d'habitants sont en proportion de ses dimensions colossales.

Le climat tropical, avec sa dangereuse alternative de soleil brûlant et de pluie, sources de végétation luxuriante, ne pouvait arrêter un homme qui connaissait déjà des latitudes isothermes ; et c'est à son initiative personnelle, à ses espérances légitimes de faire bénéficier quelques-uns de ses nombreux compatriotes des ressources certaines qu'offrait une contrée à peine exploitée, que M. Gillis a dû de représenter la Belgique laborieuse sur les bords du Congo, à l'exemple de la Hollande, de l'Angleterre, de la France et du Portugal.

Dès son arrivée au Congo, M. Gillis se mit en devoir d'étudier les ressources que l'on pouvait tirer du territoire du bas Congo. Il parvint à Boma, et visita au nord de cette localité un important marché indigène connu sous le nom de Soma.

Le sentier qui y conduit court sans interruption sur un terrain de schiste glissant ou de durs cailloux de quartz ; il monte, descend, remonte, redescend, et traverse plusieurs fois la vallée de Sanka-Sanka riche en beaux points de vue. Sur son parcours, on rencontre fréquemment de petits groupes d'indigènes portant leurs marchandises sur la tête et se rangeant respectueusement pour laisser passer les Européens.

Le marché de Soma est situé sur le plateau d'un monticule qui n'a guère que cinquante pas de diamètre, et qui est ombragé par quelques arbres.

De ce plateau la vue s'étend au loin sur les innombrables collines et les sommets du pays des Mayombès.

Les Mayombès sont des peuplades très commerçantes; la principale ville de leur territoire, située au nord de Boma, se nomme Mayumba. Placée entre deux grandes routes fluviales, le Congo et le Kwilou (fleuve moins considérable comme longueur de cours que son interminable voisin, mais très important pour le négoce), cette localité concentre les productions diverses de la région qu'elle commande : l'ivoire, le caoutchouc, l'huile et les noix palmistes.

Ses habitants se détachent en caravanes, pour aller vendre ces produits dans les factoreries établies à la côte occidentale ou près des cours d'eau, mais surtout aux comptoirs commerciaux de Boma qui reçoivent directement les marchandises des vapeurs venant de l'Europe. Ils sont très habiles à falsifier le caoutchouc, et ils trompent bien souvent les négociants en couvrant des pierres avec de la gomme et en faisant passer dans le nombre cette fausse marchandise.

Toutefois les Mayombès sont d'utiles pourvoyeurs pour les blancs, et, ce qui les distingue des autres nègres, ils se contentent facilement des offres et des prix qui leur sont proposés par les négociants européens.

Revenons à M. Adolphe Gillis. Aussitôt arrivé au marché de Soma, il s'établit à l'ombre d'un des arbres du plateau et observa l'animation qui régnait sur le marché.

Les nègres groupés, debout ou accroupis près de leurs marchandises, se ressentaient du voisinage de la civilisation, leurs costumes bariolés étaient confectionnés avec des étoffes européennes.

De jeunes nègres, errant gravement à travers la foule, parés de leurs plus beaux vêtements aux couleurs tranchantes, jetés autour des hanches, tiennent en main de vieux fusils à silex et sur l'épaule un petit sac artistement tissé d'herbes fines, renfermant les munitions et les provisions; dans la ceinture sont glissés des poignards de forme fantastique, ou de larges couteaux.

Ailleurs, on aperçoit des amis d'un même district qui se saluent à la mode africaine, en se tendant les mains croisées et en frappant ensuite deux coups ; puis les bouteilles de tafia, de gin, de malafou (vin de palme), circulent, et la pipe emplie d'iamba passe de bouche en bouche.

Plus loin, des curieux suivent d'un regard attentif les acheteurs et les vendeurs ; et parfois, dans le débat assez criard et la gesticulation très vive des parties, un nègre malin, un loustic de l'endroit, lance un bon mot, une grosse plaisanterie, qui soulève un bruyant rire général.

Là, une jeune femme nègre, assise à l'orientale, son enfant sur le dos, surveille sa marchandise étalée devant elle en petits tas : bananes, maïs, woandou et fèves de nisandi.

Sa voisine offre des nattes, des tissus et des facendas. Près d'elle, un vieux nègre arrivé de la côte occidentale ouvre ses caisses de liquides alcoolisés, déballe de longues machètes, des haches forgées, de vieux cercles de tonneaux, tandis qu'à ses côtés un jeune gars vigoureux sépare à grands coups de couteau une côte de lard qui déjà commence à avoir un aspect passablement moisi, mais dont néanmoins les larges tranches sont enviées par les amateurs avides.

Bientôt, nombre de curieux indigènes, appuyés sur leurs fusils, font cercle autour de M. Gillis et des blancs qui l'accompagnent, entre autres un Belge, M. Delcommune, le plus ancien de tous les Belges présents au Congo.

M. Delcommune, employé de la maison française Daumas et Béraud, résidait depuis plusieurs années dans les localités diverses situées sur le fleuve, où cette maison comptait différents comptoirs. Sa connaissance de la langue indigène, du *fiot*, lui permettait de servir d'interprète habile à M. Gillis.

Ce dernier avait l'intention de marchander, d'acheter même plusieurs des produits étalés sur le marché de Soma, pour juger de la façon dont les nègres procédaient à leurs transactions commerciales.

A cette intention, il s'était muni de pièces d'étoffes, d'articles de fabrication européenne, monnaie courante du pays, objets de séduction pour les nègres marchands.

Le vendeur noir est en général habile en affaires ; il sait parfaitement estimer la valeur locale d'une denrée, bien qu'il demande quelquefois à l'acheteur, avec intention, des prix exorbitants. Un de ses avantages sur le blanc, c'est qu'il ne tient jamais compte du temps qu'il dépense en pourparlers, en marchandages, en discussions oiseuses, en débats outre mesure qui finissent toujours par lasser la patience de l'Européen négociant avec lui. L'adage américain *Times is money* n'est pas près d'avoir cours au Congo.

C'est aussi par suite de cette insouciance de la valeur du temps que les nègres sont incapables de comprendre pourquoi les blancs payent davantage les denrées apportées à la factorerie, que les mêmes denrées achetées sur un marché.

Cette excursion sur le marché de Soma fut pour M. Gillis une première étude; il comprit, d'après les nombreuses demandes qui lui furent faites de bouteilles de gin et de tafia, en échange des marchandises solli-

M. ADOLPHE GILLIS.

citées, que le tafia, le gin, encore le gin et le tafia, sont des valeurs d'un haut cours sur le marché nègre; elles exercent une fascination réelle sur les palais toujours altérés des noirs, déjà grisés par les âcres vapeurs de l'iamba. Exceptionnellement, on rencontre des indigènes assez sages pour préférer les étoffes à l'alcool, dont la qualité au Congo réside surtout dans l'éclat de l'étiquette collée à la bouteille. Plus cette étiquette est coloriée, plus elle frappe l'œil du nègre par ses tons vifs, éblouissants de carmin, d'or, de vert, etc., plus elle séduit le noir... Les liqueurs Cusenier n'auraient pas au

Congo la valeur de certaines drogues inqualifiables qu'un distillateur plus ou moins consciencieux aurait eu la précaution d'introduire dans des flacons entourés d'une immense étiquette multicolore, représentant un superbe Bacchus à cheval sur un tonneau et entouré de ses attributions mythologiques.

De retour à Boma, M. Gillis assista aux transactions commerciales des blancs des factoreries avec les traitants indigènes.

Certains jours, dès le matin, les noirs descendaient en longues colonnes vers le village, chargés des produits qu'ils venaient vendre aux Européens, l'orseille, le sésame et surtout les arachides. Les vendeurs allaient de porte en porte devant les établissements commerciaux, et s'arrêtaient suivant les articles qu'ils désiraient en échange.

Les comptoirs Béraud et Daumas possédaient un stock considérable de vieux fusils à pierre, qui avaient autrefois encombré les arsenaux français : aussi les porteurs d'arachides venaient-ils en grand nombre solliciter l'échange aux chefs de ces maisons.

Lorsque le blanc était décidé à acheter, les porteurs étaient introduits dans les cours de la factorerie, et le personnel s'occupait à percevoir et à peser les sacs de marchandises Cette dernière opération se faisait très minutieusement, les blancs ne devaient point cesser de surveiller leurs serviteurs noirs, qui parfois d'accord avec les vendeurs essayaient de poser le pied sur la balance, ou de repasser deux fois le même sac.

Le payement s'effectuait ensuite au milieu des récriminations tapageuses des porteurs d'arachides. L'un trouvait que le fusil qu'on lui remettait n'était pas assez luisant, l'autre qu'il ne chantait pas bien, c'est-à-dire que la batterie ne résonnait pas avec assez de force.

Un troisième murmurait au sujet du pot à eau aux fleurs décolorées qu'on lui avait octroyé ; plus loin, un nègre rébarbatif grimaçait en s'escrimant sur un cadenas dont la clef rouillée ne jouait pas dans la serrure... Le tumulte durait ainsi des heures entières, mais peu à peu les nègres, sans autre satisfaction que celle d'avoir crié, se taisaient et repartaient le soir vers l'intérieur, bien décidés à recommencer leur transport d'arachides à la prochaine occasion.

A Boma, parvenaient rarement des fractions de chimboucks d'ivoire, que nous avons vu se diriger plus spécialement vers les villes de la côte occidentale.

Cependant quelques défenses de grande taille, certaines quantités de cet ivoire moelleux appelé ivoire *gris d'argent*, très recherché des industriels d'Europe, étaient apportées à Boma. Cet ivoire conserve sa blancheur et ne jaunit pas avec le temps. Il diffère sous ce rapport de celui de l'Asie et de la côte occidentale d'Afrique.

Les indigènes venus des contrées qui s'étendent au loin dans le sud de Boma, apprirent à M. Gillis l'existence de richesses minérales aussi abondantes que variées.

Dans l'intérieur des terres, on signalait des mines de cuivre très importantes : le minerai de carbonate de cuivre ou de malachite, y était très riche et très abondant. Quelques échantillons de cette malachite, belle et bien veinée, furent remis à l'Européen.

Le fer, ainsi que l'indiquaient les armes et les ustensiles forgés par les indigènes, devait être très commun ; on le rencontrait, paraît-il, en oxyde et à l'état naturel. L'or lui-même pailletait le lit des rivières qui arrosent les régions méridionales du Congo. Le cuivre jaune, apprécié par les indigènes à l'égal de l'or, s'y trouvait à l'état natif.

Le centre africain, riche en métaux de toute nature, recélait sans nul doute, dans les entrailles de ses terres, des pierres précieuses, des diamants peut-être, à l'instar du pays du Cap.

Qui sait, se trouvait en droit de penser le premier spéculateur belge aux rives du Congo, si le bassin de ce fleuve gigantesque, exploré un jour, sillonné par des voies de communication sûres et rapides, visité par une population active et intelligente, n'opérera pas dans le monde une révolution analogue à celle qu'amena la découverte des mines d'or de l'Australie et de la Californie ?

En attendant des promesses légitimes, des certitudes de richesses futures miroitaient aux yeux de l'explorateur supputant une à une les ressources illimitées des rives du fleuve.

Né dans une région agricole, il n'ignorait pas quel labeur sans relâche exigeant en Belgique, la fertilisation du sol, le défrichement des bois, le labour multiple des terres, le drainage, l'emploi des engrais et autres matières propres à fertiliser les terres ; il savait aussi à quelles influences pernicieuses du climat : pluie, sécheresse, tempête, neige, grêle, gelée, sont exposés les champs ensemencés. Ses nombreux voyages lui avaient appris que les Belges, passés maîtres dans l'art et la pratique agricoles, avaient su par une intelligente et opiniâtre persévérance rendre productifs et féconds les terrains même les plus arides de leur royaume qui, sous le rapport de l'agriculture, se plaçait en Europe au même rang que les États les plus vastes et les mieux cultivés.

Adolphe Gillis passait en revue et récapitulait les avantages que ses compatriotes pourraient retirer des cultures de tout genre auxquelles se prêtait l'immense région arrosée par le fleuve africain.

Avec une somme minime d'efforts, le cultivateur européen arriverait à de magnifiques résultats en appliquant au Congo les progrès de l'agriculture, source de la richesse économique des peuples civilisés, mère de l'industrie et du commerce.

Assurément un ouvrier blanc ne pourrait pas, sans compromettre sa santé, travailler aussi longuement et s'appliquer à d'aussi rudes besognes qu'en Europe ; mais il n'y aurait pour lui aucun inconvénient, aux heures les moins brûlantes du jour, à transformer à l'aide de la charrue de vastes espaces d'une terre où se développe une végétation prodigieuse.

La nature assure à ce pays privilégié du Congo la possibilité d'obtenir une des premières places dans la branche agricole, sous l'impulsion d'une population instruite et laborieuse.

Le café, la canne à sucre, le maïs, le manioc, le tabac, les arachides, l'orseille, le crin végétal, le lin, le chanvre, mille variétés utiles de palmiers, croissent à l'état primitif avec une richesse de végétation sans égale, et sans exiger de l'indigène insouciant et ignorant des soins assidus.

Les forêts de cette contrée possèdent des bois précieux pour la fabrication des meubles de luxe et des meubles de première nécessité : l'ébène, les papyrus, le caoutchouc, les gommiers, les baobabs.

Dans les vallées, sur les flancs des collines, d'innombrables troupeaux de moutons et de chèvres trouveraient une pâture abondante et généreuse au milieu des herbages, prairies naturelles fertilisées par les saisons pluvieuses. Les toisons et les peaux de ces animaux ajouteraient en outre leur productif contingent aux autres branches d'exportation de la contrée.

Toutes ces ressources que prévoyait l'expérience de M. Gillis sont bien faites pour tenter les nombreux déshérités qui végètent et rêvent dans les bas-fonds de notre société contemporaine.

Trop souvent d'audacieux mystificateurs abusent de la crédulité naïve de leurs lecteurs ou de leurs auditeurs en exagérant les promesses et les trésors certains pays d'outre-mer. Mais c'est d'après les récits authentiques de voyageurs dignes de foi que nous énumérons ici, dans notre ouvrage sur le Congo, quelques-unes des ressources que peut offrir ce pays à l'activité, aux besoins des peuples européens.

Homme d'affaires expérimenté et réfléchi, Gillis reconnut bien vite les avantages considérables de la région, et se félicita d'avoir exposé sans hésitation sa personne et même son patrimoine au profit d'une cause intéressant non seulement ses propres commanditaires, mais encore ses concitoyens.

S'il faut en effet de longues années pour déterminer certains peuples à rompre parfois avec des habitudes casanières dues aux privilèges que leur accordent le sol sur lequel ils vivent, le ciel sous lequel ils respirent, il n'est pas moins incontestable, à notre époque, que les migrations de ces mêmes peuples sont devenues plus fréquentes, et sont chaque jour rendues plus fatales, plus inévitables, nous dirons même plus nécessaires.

LE CRIN VÉGÉTAL.

Au dix-neuvième siècle, l'Europe a vu de toutes parts grandir sur la mappe monde des États devenus aujourd'hui pour ses nations diverses des concurrents redoutables, des menaces d'amoindrissement de richesse, des prévisions même de ruine si les Européens ne cherchent pas dans leur activité et leur intelligence les moyens de l'éviter.

D'autre part, le continent civilisé du vieux monde assiste, depuis la longue paix durable encore entre ces peuples rivaux, à la lutte sourde, non bruyante, mais terrible, que ces nations se livrent sur le terrain de la production industrielle et de l'échange commercial.

Les besoins matériels ont augmenté pour l'homme, mais l'accroissement de la production a dépassé cette augmentation.

L'ardeur du bien-être, la soif du mieux, se sont infiltrées aussi dans toutes les masses, dans toutes les classes sociales...

Cependant tous les enfants des pays prospères ne peuvent jouir au même degré des faveurs de la civilisation, bienfaits qu'ils connaissent, qu'ils désirent, et qu'ils vont quelquefois demander à des contrées lointaines, inexplorées, en voguant au delà des mers, au risque le plus souvent de cruelles désillusions.

Le progrès a imposé cette nécessité d'émigration aux peuples d'Europe.

La science, faisant disparaître par la vapeur et l'électricité les distances géographiques, a permis à ces peuples d'améliorer leur existence sous tous les rapports, en parsemant de missions évangéliques, de colonies, de comptoirs, de stations navales, de lieux de déportation, etc., tous les points de l'immense univers.

La Belgique ne peut se soustraire aujourd'hui ni à l'obligation créée par le progrès, ni au devoir de profiter des avantages offerts par la science.

Aussi lorsque M. Gillis retraça dans ses lettres adressées à ses compatriotes, les facilités que rencontreraient au Congo les industriels belges pour échanger leurs différents articles de fabrication : coutellerie, tissus, coutils, cretonnes, armes, alcools, verreries, etc., etc., contre des cargaisons entières de manioc, bananes, caoutchouc, ivoire, bois, gommes et autres matières premières susceptibles de donner au commerce belge un nouvel essor et d'offrir à la chimie de nouvelles découvertes applicables à l'industrie et à l'économie des individus, il avait la certitude de rendre service à ses compatriotes et de pouvoir les amener à suivre son exemple.

Rentré en Europe après son voyage d'études commerciales au Congo, M. Gillis fit part de ses observations aux commerçants et aux industriels de la Belgique dans une conférence donnée à l'Union syndicale de Bruxelles.

Ses concitoyens hésitaient toutefois à courir les chances de la fortune aux rives lointaines du Congo. Le plus grand nombre critiquait amèrement les tentatives dirigées vers le centre africain ; selon d'autres, le Comité d'études ne parviendrait jamais à créer des débouchés sérieux aux produits manufacturés de l'Europe. Quelle hérésie !

La Société internationale créée par S. M. le Roi des Belges pouvait encourager au Congo les efforts des commerçants, mais son programme exclusivement philanthropique et scientifique lui interdisait d'intervenir dans toute opération ayant un objectif quelconque de spéculation financière. Les promoteurs du Comité d'études fondaient une grande œuvre humanitaire ; ils ne voulaient point monter une grande affaire commerciale.

Cette dernière phrase, écrite pour réfuter certaines allusions pamphlétaires dirigées par une plume anonyme contre les travaux du Comité africain, peut être plus explicite et plus complète encore. Si l'œuvre africaine eût été constituée en entreprise particulière dans un but spéculateur, elle eût pris à son service des agents, des industriels, des négociants, des hommes rompus aux transactions financières et commerciales ; dans ce cas, n'ayant en vue qu'un intérêt purement financier, ne songeant qu'à emplir les coffres de quelques-uns, elle n'eût pas rencontré dans les rangs de l'armée, dans les plus hautes sphères sociales, dans les classes d'élite de la Belgique, un seul officier de cœur prêt à lui sacrifier sa vie, un seul homme jaloux de lui donner l'appui de son nom et de sa fortune, un seul ingénieur désireux, au prix de sa santé ou de son dernier souffle, de lui accorder le concours entièrement dévoué de son talent.

La cupidité, l'amour du gain, la passion du lucre, Sa Majesté l'Argent, engendrent parfois l'audace ; la grandeur et la noblesse d'une cause inspirent seules les dévouements sublimes, le désintéressement poussé jusqu'à l'abnégation, le courage qui va jusqu'à l'héroïsme, tous les sentiments qui font les martyrs...

Mais tandis que Gillis étudiait la possibilité de fonder un premier établissement commercial belge aux rives du Congo et que Stanley, aidé de l'ingénieur belge Van Schendel, enfonçait les premiers jalons de la route ardue de Vivi à Issanghila, point extrême atteint par Tuckey en 1816, quatre vaillants pionniers belges, enrôlés volontaires sous la bannière du Comité d'études en qualité d'adjoints à la première expédition guidée par l'illustre explorateur anglais, s'embarquaient à Liverpool sur le vapeur *Gaboon*, le 15 août 1880.

C'étaient MM. Paul Nève, ingénieur ; Carl Braconnier, capitaine au 4ᵐᵉ régiment de lanciers, adjoint d'état-major ; Victor Harou, lieutenant au 5ᵐᵉ régiment de ligne ; Louis Valcke, lieutenant au régiment du génie. Avec eux M. Pierre Van den Bogaerde, lieutenant-colonel du génie, atteindra le Congo, où il est détaché en mission spéciale (1).

---

(1) M. Van Neste (Pierre), lieutenant de vaisseau, se trouvait aussi à bord du *Biafra* en destination du Congo, où il arriva pour passer seulement quelques semaines au service du Comité d'études.

Les voyageurs longèrent sur le *Gaboon* la côte occidentale d'Afrique jusqu'à Bonny (à l'embouchure du Niger); là ils prirent place sur le steamer *Biafra*, touchèrent avec ce navire à Fernando-Pô, puis firent un coude au nord dans le Vieux Calabar, passèrent par le Gabon, par Loango, par Landana, et poursuivirent leur route vers le sud.

Le 3 octobre, la terre n'était pas encore visible, mais les passagers du *Biafra*, prévenus de son voisinage, s'attendaient à chaque minute à la voir émerger du sein des flots, à l'horizon. Les vagues de l'Océan, coupées par un large et fort courant, se brisaient aux rivages de nombreuses îles flottantes formées de paille et d'arbustes maintenus droits par leurs racines entrelacées. Le courant charriait des buissons et des troncs d'arbres; ses eaux brunes, sales et boueuses tranchaient sur la teinte verdâtre de la mer. De grandes algues et des détritus de tout genre, mêlés à la mousse, lui formaient comme un lit. Le mugissement formidable de son cours ressemblait au bruit d'un torrent furieux qui bondît à travers les rochers.

Soudain les passagers du *Biafra* distinguent dans les brumes vaporeuses, limites de leur horizon, des points noirs minuscules, des cimes de grands arbres, qui peu à peu grossissant, se multipliant, s'élargissant, forment autant d'îlots boisés qui s'enchaînent, se réunissent et dessinent ensuite une longue ligne noirâtre, baignée dans les eaux d'un fleuve : c'est la terre du Congo!

Le cap Padron, Shark-Point, les parages récemment admirés par les passagers du *Barga*, apparaissent aux voyageurs qu'un frisson d'émotion pénètre et qui n'ont pas assez de regards pour contempler l'harmonieux ensemble du splendide panorama déroulé sous leurs yeux.

Bientôt le *Biafra* stoppe dans la crique de la factorerie hollandaise de Banana; les agents du Comité d'études débarquent et trouvent dans la maison de la société Pinckoff, de Rotterdam, le logement, la nourriture, le traitement le plus confortable des pays équatoriaux. La société internationale africaine avait confié à la maison hollandaise le soin de pourvoir aux besoins de ses agents en Afrique.

Le lendemain, près des flancs du *Biafra*, la *Belgique*, gracieux steamer de la flottille de Stanley, se balançait à l'ancre dans les eaux calmes de la baie.

La Belgique! un vivant rappel de la patrie, une légion de souvenirs passés, mais aussi une sensation douloureuse pour la patriotique phalange belge; le pavillon qui représentait censément à l'arrière de ce navire le drapeau national rouge, jaune, noir, n'était plus qu'une loque déchirée, d'un noir douteux; le capitaine de la *Belgique* était un commis de bureau américain !

Trois jours passés à Banana et employés à la concentration des éléments, nécessaires à leurs étapes futures initièrent les nouveaux venus aux désagréments inévitables, mais surmontables, de l'existence sur les terres tropicales. Cependant les lézards, les araignées gigantesques, les insectes variés, qui partageaient sans façon, sans invitation préalable, la couche, les repas, les boissons des voyageurs; les rudes intempéries de la saison au cours de laquelle ils parvenaient au Congo; des circonstances plus décourageantes survenues durant leur séjour à Banana : la mort de M. Jeoffroy, ingénieur

M. PAUL NÈVE.

compagnon de M. Gillis, et la démission de M. Van Neste, agent du Comité, ne purent ébranler la ferme résolution prise par MM. Nève, Braconnier, Harou, Valcke, de remplir jusqu'au bout l'objet de la mission à eux confiée, à la réussite de laquelle l'avenir et la fortune de l'œuvre africaine, dont la gloire doit rejaillir sur le Roi et la nation belges, se liaient indissolublement.

Paul Nève était né à la Hulpe le 19 décembre 1851. Après avoir fait les plus brillantes études et passé tous ses examens avec la plus grande distinction, il sortit premier de l'École des mines en 1877. Trois ans plus tard il occupait à Termonde le poste d'ingénieur provincial, lorsqu'il sollicita l'honneur d'être envoyé en Afrique où nous le retrouvons, agréé par le Comité d'études, en qualité d'ingénieur attaché à la première expédition au Congo.

Ses compagnons, Braconnier, Harou, Valcke, sont tous trois officiers de l'armée belge; ils ont grandi, conquis leurs grades respectifs à l'école du devoir et de l'abnégation, palladium de la neutralité du royaume, au sein de cette société d'élite d'où se sont élancés avant eux vers l'Afrique centrale, bien des hommes enthousiastes et désintéressés, rentrés dans leur patrie héros illustres, ou tombés là-bas martyrs immortels. Ils vont ajouter leurs noms à la liste des soldats belges qui ont payé de leurs souffrances, de leur santé, parfois de leur vie, les glorieuses pages que les Annales de la Civilisation noire transmettront à la postérité !

Le 6 octobre 1880, les ex-passagers du *Biafra*, à l'exception de M. Van Neste, partaient à bord de la *Belgique*, pour remonter le Congo et rejoindre Stanley.

Un accident arrivé à la machine força le steamer à stopper à Ponta da Lenha. Paul Nève, appliquant pratiquement ses connaissances techniques d'ingénieur, passa toute la nuit au travail pour remettre en parfait état le précieux engin de locomotion, qui, le 8 octobre au soir, débarquait à Vivi son équipage et son chargement.

Cette station, alors commandée par M. Sparhawk, un Américain, comptait une population nègre de soixante-douze habitants : interprètes, chefs, cultivateurs, gardiens, blanchisseurs, cuisiniers, ouvriers divers.

Les crocodiles s'étaient permis de fréquentes excursions dans les parages de la station de Vivi, et lorsque arrivèrent les membres retardataires de la première expédition ces animaux amphibies avaient déjà dévoré deux nègres campés à Vivi et l'âne favori de M. Stanley.

Les ânes sont autant de forces très appréciées dans ces régions lointaines, où le cheval ne se rencontre pas, ce qu'il ne faut pas attribuer, suivant nous, à l'abondance des mouches tsetsé. Ces ânes, petits, mais rudes à la peine, qui transportent jusqu'à cent livres anglaises de marchandises à travers les sentiers les plus périlleux et les plus abrupts, ont une allure peu rapide et sont généralement fort dociles.

La cavalerie de campagne de la première expédition du Comité d'études, comprenait un nombre assez considérable de ces ânes, ainsi que de fortes mules, magnifiques bêtes achetées à Ténériffe et pouvant porter aisément une charge de 150 à 200 livres anglaises.

Dès le 9 décembre, une caravane commandée par Harou qui, bien que malade, s'apprêtait à aller par voie de terre vers Issanghila, à la rencontre de Stanley. Paul Neve devait faire partie de cette marche aventureuse.

La station de Vivi présentait ce jour-là une animation inusitée. Le personnel noir était fort occupé à charger les animaux porteurs des bagages des blancs et de leur matériel.

Les ânes acceptaient, sans trop regimber, les charges qui leur étaient imposées; mais les mules, si hautes sur leurs jambes qu'il était assez difficile de placer sur leur dos les lourds fardeaux, se prêtaient mal à ces préparatifs de départ et gratifiaient de nombreuses ruades à tort et à travers les travailleurs qui les approchaient. Heureusement les Zanzibarites, assez durs et très adroits, faisaient mine, par orgueil, de ne pas sentir les coups de pied qu'ils attrapaient déçà et delà, et activaient le chargement.

LE BAS CONGO AUX ENVIRONS DE VIVI.

Après deux longues heures employées à ces préparatifs, la caravane peut enfin s'ébranler. Les petits ânes, peu rétifs, s'engagent les premiers dans les sentiers tortueux, étroits, en zigzags, tracés par les fréquents passages des nègres, et indiquant la route à suivre aux mules de la caravane, dont quelques-unes servent de monture aux voyageurs.

Quelles montures! Il faut pour les tenir en respect dans la voie étroite où passage est possible, toute l'habileté, toute l'expérience de cavaliers achevés, de vrais muletiers espagnols. A chaque instant les mules indociles cherchent à s'écarter du sentier; elles s'échappent sur les côtés, franchissent les crêtes les plus élevées, folâtrent à droite et à gauche, se livrent aux courses les plus furibondes, les plus échevelées, entremêlant leurs ébats de ruades, batailles, sauts de tout genre, qui aboutissent à des dégringolades continuelles de l'une ou l'autre charge ; et durant le cours de l'étape, jusqu'à ce que la fatigue ait abattu leur fougue, c'est constamment nouvelle besogne imposée par ces rétifs solipèdes aux noirs et aux blancs de l'expédition.

Le chemin que Stanley a tracé au delà de Vivi, est devenu presque impraticable ; la saison des pluies a transformé en torrents profonds et rapides, où les crocodiles ont élu domicile, les moindres ruisselets qui le sillonnent ; la caravane de Harou doit donc forcément suivre la piste à peine indiquée, le sentier des nègres qui se déroule en serpentant même aux endroits où les détours n'ont aucune raison d'être. Il est curieux de constater qu'en Afrique jamais sentier tracé par la marche des indigènes ne gardera la ligne droite sur un parcours de plus de dix mètres ; cependant ces zigzags ne semblent pas avoir pour but d'éviter les obstacles, car le sillon durci passe partout, au fond des précipices ravinés comme au sommet des montagnes, montant et descendant les pentes les plus raides, traversant les passages les plus inextricables.

La route que suivit la caravane belge a été pratiquée au milieu des rocs, dans un cailloutis de quartz très pénible pour la marche ; ce ne sont qu'escaliers, crêtes et pics abrupts ; parfois elle traverse un plateau où l'herbe atteint plus de deux mètres de hauteur, plus loin un coin de vallée changée en lit de torrent. Parfois les berges des cours d'eau sont presque perpendiculaires et taillées dans le roc ; les mules hésitent à franchir ces passages où elles risquent de se briser les jambes ; si les rives sont en terre glaise, la difficulté est tout aussi sérieuse ; il faut surmonter partout des obstacles sans nombre pour diminuer la distance qui sépare Stanley des marcheurs.

Le 11 décembre, l'expédition atteignit la rivière Boundi en face laquelle Stanley avait, quelques mois auparavant, établi un camp de repos. A l'endroit où les voyageurs se trouvaient, cette rivière se bifurque et forme deux bras importants dont la traversée est difficile. Ce cours d'eau roule au milieu d'une véritable forêt ; ses bords sont constitués par une terre grasse et la pente en est si glissante que l'on ne peut s'y tenir debout. Il faut décharger ânes et mules et transporter la cargaison à l'aide d'un radeau. Quant aux bêtes de somme, on les pousse dans la rivière où elles n'entrent qu'avec terreur ; les hommes cherchent un endroit guéable ou quelque pont naturel formé par des racines de palétuviers, et ils gagnent non sans peine l'autre rive, en évitant prudemment les nombreux crocodiles dont ils troublent le repos.

Enfin, tant bien que mal, les animaux eux-mêmes ont fini par atterrir sur la rive opposée; les noirs procèdent au rechargement, la caravane se reforme et se remet en marche à travers la forêt. Ici nouveaux embarras, nouvelles fatigues; les charges des bêtes s'accrochent aux lianes, aux arbustes, aux ronces epineuses, et ce n'est qu'à coups de couteau et de hache que l'on parvient à les dégager.

Contretemps, ennuis, accidents de toutes sortes, rien ne devait manquer à la première colonne des Belges au Congo; et dès le début, dès la première étape, ils faisaient ample connaissance avec les difficultés semées au cours de toute expédition africaine. Quelle rude école, et combien elle est à même d'aguerrir et de doubler l'expérience de voyageurs européens !

La rivière Boundi franchie, la caravane commandée par Harou se trouvait à Pamborgolo, ancien camp de Stanley, dans une petite plaine au bord de l'eau.

Pamborgolo ressemblait à un village abandonné; les huttes vides formaient un demi-cercle au centre duquel se dressait une tente gigantesque. Les voyageurs en prirent possession et s'y installèrent pour passer la nuit.

Encore une de ces nuits où le sommeil est impossible, où les hommes blancs servent de pâture aux myriades de moustiques et d'insectes qui sont les hôtes malencontreux de cette région. En outre le froid, — oui, le froid, bien que le thermomètre centigrade eût marqué au moins de 25° à 27° au-dessus de zéro, au cours de cette nuit-là — succédant aux fortes chaleurs de la journée, faisait grelotter les voyageurs. Paul Nève, à Pamborlogo, éprouva les atteintes du mal qui devait l'enlever; néanmoins il partit courageusement en avant-garde le lendemain matin, à la rencontre de Stanley.

L'agent supérieur du Comité d'études, ayant laissé Vivi dès les premiers jours de mars 1880, avait, marquant chacune de ses étapes de découvertes nouvelles, de fatigues incessantes, d'incidents de tout genre inhérents à toutes les explorations des pays sauvages et incultes de l'Afrique, franchi successivement la rivière Loa, escaladé les hautes collines boisées de N'lammba-N'lammba, traversé les villages de Bannza-Mouko, Mgangila, visité les hauts et puissants chefs des peuplades indigènes de ces contrées, sans avoir à utiliser, autrement que contre les fauves ou les oiseaux, les armes de guerre de son escorte noire.

Sans s'irriter, sans gémir des tortures fréquentes de la faim, des ardeurs irritantes du soleil, contre lesquelles ils opposaient parfois l'ombre avare d'un buisson chétif ou d'un acacia rabougri, les Zanzibarites et les nègres de la côte occidentale s'étaient montrés des compagnons dévoués de l'explorateur.

Mais la marche en avant de Stanley avait été fréquemment retardée par des haltes, des excursions à droite et à gauche de la route qu'il traçait entre Vivi et Issanghila, et des allées et venues sur le chemin déjà parcouru depuis Vivi.

Le 24 novembre Stanley, arrêté aux villages de Ndambi-Mbongo, était agréablement surpris par la visite d'un jeune officier de l'armée belge, le lieutenant Valcke, un de nos passagers du *Biafra*, qui avait devancé Paul Nève et Harou. Valcke arrivait à point pour détruire un obstacle, considérable qui s'opposait à la marche de Stanley.

A Ndambi-Mbongo, Stanley se retrouvait sur la rive droite du fleuve Congo, en face de la chute de Nsongo-Yellala. Le courant était obstrué en cet endroit par des rochers de quartz et de grès, bases d'une montagne à pic, qui déterminaient un remous si impétueux que, sur une longueur de plus d'un mille, le fleuve était transformé en un rapide périlleux.

En amont de ce point apparaissent les premières cataractes baptisées par Stanley du nom de Chutes Livingstone. Elles sont au nombre de trente-deux.

Le Congo y franchit la chaîne côtière de l'Afrique occidentale dans un lit enserré, déchiré, formé de terrasses rocheuses, où roulent des eaux tumultueuses tombant de rapide en rapide.

La largeur du Congo, qui mesurait près de l'océan Atlantique jusqu'à 17 kilomètres, n'atteint plus en certains points que 425 mètres, c'est-à-dire la largeur de l'Escaut devant Anvers.

On peut comparer le lit du fleuve à un gigantesque escalier s'élevant en zigzags du fond d'un précipice aux parois élevées, ayant trente-deux marches irrégulières formées par des blocs de toutes formes et de toutes dimensions; sa hauteur serait de deux cents mètres, et sa longueur de soixante-quinze lieues!

La première de ces chutes commence en aval de Vivi, la dernière est celle de Ntamo, immédiatement à la sortie de Stanley-Pool.

Près de la chute de Nsongo, c'est à Valcke que Stanley confia le soin de faire sauter un monstre de granit; l'officier de génie dirigea si habilement cette tentative qu'elle fut couronnée d'un plein succès.

Le matériel naval porté par l'escorte de Stanley fut radoubé, mis en état de reprendre la navigation fluviale, et le *Royal*, le beau petit yacht de la flottille du Congo, don de S. M. Léopold II, put transborder sur la rive gauche du fleuve les éléments divers de ce corps expéditionnaire, avant-garde de la première expédition.

Les naturels de Ndambi-Mbongo et ceux d'Issanghila, point assez rapproché de la chute de Nsongo, qui avaient assisté à l'exploit de mineur de Valcke, applaudirent à la formidable explosion suivie de l'éboulement de la montagne, et dans leur enthousiasme ils baptisèrent l'homme blanc du nom de *boula matari*, « le briseur de rochers ».

L'officier belge, éprouvé par les fatigues d'un rapide voyage, ne tardait pas à payer au climat équatorial son tribut de fièvres et de maladies.

Après l'officier belge, l'ingénieur Paul Nève devait près de Nsongo, au camp de Khonzo, retrouver Stanley et lui rendre aussi dès son arrivée un premier et signalé service.

Le 14 décembre, Paul Nève se présentait devant Stanley.

L'explorateur anglais, dont nous avons longuement parlé déjà dans notre ouvrage, sans avoir jusqu'ici esquissé son signalement physique, est un homme de taille moyenne, trapu, osseux, très nerveux; sa figure est énergique, sa voix forte et impérieuse, ses cheveux presque entièrement gris; il possède le don de juger d'un coup d'œil les hommes qu'il rencontre aux hasards de sa vie aventureuse; ses grands yeux gris perçants sondent profondément les qualités morales de l'individu sur lequel ils s'attachent; très sérieux, peu expansif, il manifeste fort peu les impressions bonnes ou mauvaises que lui laissent les personnes avec lesquelles il a été en rapports verbaux.

Le 14 décembre, Stanley portait sur Paul Nève le jugement suivant: Jeune ingénieur très intelligent, à l'apparence plutôt délicate, mais extrêmement bon garçon.

Paul Nève était bien tel que Stanley l'avait jugé. Chargé de vaquer à ses labeurs d'ingénieur de la première expédition, Paul Nève, en dépit des crises incessantes de la fièvre à laquelle il était en proie, se mit en devoir de rendre propres à la navigation tous les bateaux, vapeurs et allèges de la flottille destinée à remonter le Congo, depuis le canal de Khonzo jusqu'à Issanghila.

Le montage de l'*En avant* pour être sa première besogne, n'en fut pas moins rude. N'ayant à sa disposition que des nègres, inintelligentes machines, écrivait-il, incapables de serrer un écrou, l'ingénieur dut bien des fois payer de sa personne et devenir ouvrier mécanicien ou chauffeur.

Ah ! le Comité d'études avait sur les rives lointaines du fleuve équatorial des serviteurs loyaux et dévoués, qu'aucune tâche ne rebutait, si disproportionnée qu'elle pût être avec les habitudes antérieures de ceux à qui elle incombait !

Au bout de quatre jours, le matériel naval entièrement restauré pouvait voguer sur le fleuve. Paul Nève s'occupa dès lors du transport en amont du matériel de l'expédition resté en souffrance. Au cours de cette navigation fluviale, le courant était tel que pour le remonter il fallait fréquemment se haler à l'aide de gros câbles attachés aux arbres qui, battus par de fortes pluies, venaient baigner dans l'eau leurs branches dépouillées.

Le 24 décembre, la veille de Noël 1880, l'expédition était réunie à trois quarts de mille d'Issanghila.

La contrée n'offrait plus cette végétation riche et luxuriante que l'on rencontre sur les rives du Congo, voisines de l'Océan.

L'expédition avait traversé de pâles étendues couvertes d'herbes sèches et décolorées ; çà et là des piles de roches grises, tristes et solennelles ; de maigres bouquets d'arbres décharnés couronnant des hauteurs ou masquant des bas-fonds ; des vallées désertes troublées par le bruit d'une eau roulant furieuse dans des lits de rivières devenues torrents.

Les quelques indigènes rencontrés sur ces rives avaient insouciamment regardé passer sur le fleuve les multiples embarcations d'acier, déroulant sous le ciel leur ondoyant panache de fumée blanchâtre ; les crocodiles, les hippopotames, les monitors, toute la population aquatique du fleuve s'était prudemment effacée devant la flottille triomphante.

Le fleuve seul avait opposé la fureur de ses eaux, ses *mpoutou-poutou*, ses rapides dangereux et ses tourbillons menaçants à la marche accélérée des embarcations.

Le 24 décembre, avons-nous dit, le camp de l'expédition fut installé non loin d'Issanghila, dans un pays très pauvre habité par des indigènes très rapaces, à qui Stanley dut faire distribuer de nombreux bibelots, lances de fer, couteaux, haches, cuivre, fil de laiton, etc., pour obtenir en retour des aliments frais, capables de réparer les forces de ses compagnons blancs et de sa nombreuse escorte.

Le vieux chef du district voisin était accouru, à la nouvelle de l'arrivée sur ses terres de quelques étrangers. Suivi d'une cinquantaine d'indigènes armés de fusils à silex, il rejoignit les membres de l'expédition. Le but de sa visite était de se faire octroyer un impôt ; Stanley le comprit, et pour avoir la paix il régala immédiatement ce souverain nègre d'un litre de tafia, orné d'une étiquette dorée sur laquelle on lisait : « Rhum de la Jamaïque » ; mais fort probablement le liquide étrange qu'elle contenait n'avait jamais brillé sous le chaud soleil des Antilles.

Devant le camp, le fleuve se ruait écumant dans un sombre défilé, entre des falaises qui revêtaient des teintes colorées suivant les veines de roches et la maigre végétation d'un vert grisâtre qui s'égarait çà et là sur leurs pentes abruptes.

HALAGE DES EMBARCATIONS PRÈS DES CHUTES.

Le jour de Noël consacré au repos permit à quelques-uns des membres de l'expédition d'escalader les sommets des hauteurs voisines, d'où la vue s'étendait sur une terre ingrate et désolée, et pouvait suivre les ondulations d'une chaîne de collines couvertes de buissons, d'herbes maigres et décolorées. Sur la crête de cette chaîne, à plusieurs milles vers le sud, le misérable village de Nsannda, ou, comme on le nomme quelquefois, « Banza Nsannda N'sannga », montrait ses huttes ressemblant à autant de fourmilières.

Le chef de Nsannda, jeune nègre mince, faiblement charpenté, grand chanteur, toujours ivre, était une ancienne connaissance de l'explorateur du continent mystérieux.

Le jour de Noël fut pour l'ingénieur Paul Nève marqué par une recrudescence de fièvre. De son lit de douleur, puisant assez de forces pour écrire dans l'affection qu'il portait aux siens, l'ingénieur traçait les lignes émouvantes que nous nous reproduisons ici textuellement :

« C'est de mon lit que je revois aujourd'hui ma patrie, mes amis, ma famille en fête ; au foyer de mes parents l'on se réunit certainement ce soir ; le feu ronfle, on devise joyeusement, c'est le beau jour de l'hiver. »

Oui! Noël est pour bien des heureux le beau jour de l'hiver ; mais que de fois à ces veillées du soir les parents, les amis, groupés autour de l'âtre, se serrent, se comptent, et retrouvent plus grand, plus douloureux, le vide qu'a laissé l'absent ! Combien alors les pensées d'une mère, d'un père, d'une sœur, d'un ami, s'envolent tristement vers un cher et courageux exilé?

Quelques jours de répit, de halte dans ces parages, furent accordés à l'expédition placée sous le commandement de Valcke. Stanley avait quitté ses compagnons pour aller à Vivi à la rencontre du lieutenant-colonel Van den Bogaerde et d'un agent du Comité d'études, le capitaine Anderson.

Le lieutenant-colonel Van den Bogaerde, chargé d'une mission spéciale auprès de Stanley, amenait en outre de Ténériffe le précieux renfort de porteurs quadrupèdes dont plusieurs avaient été utilisés par la caravane Harou pour rejoindre Stanley.

Harou et sa troupe indisciplinée, que Nève avait laissés sur les bords du Boundi le 12 décembre, reçurent aussi la visite de Stanley, retournant le 2 janvier au camp d'Issanghila.

A cette époque, le lieutenant Valcke, rudement éprouvé par les fatigues et la maladie, dut reprendre la route de Vivi. Nous retrouverons au cours de cet ouvrage le vaillant officier, récidiviste africain en dépit des dangers qu'il avait courus à son premier voyage, activement mêlé aux événements du Congo.

Le 18 février, la flottille d'expédition conduite par Stanley et Paul

Nève s'arrêta dans une baie bordée de sables et creusée dans le roc, à quelques brasses d'une splendide cataracte, la *Sanngalla* de Tuckey.

Sur la gauche s'élevait à pic l'extrémité éperonnée d'une chaîne dont le plus haut sommet peut avoir neuf cents pieds d'altitude. A droite s'étendait une banquette nue et rocheuse, précédée par une terrasse gazonnée, au-dessus de laquelle se dressaient les flancs escarpés d'un plateau la dominant de douze cents pieds. La banquette rocheuse était à demi couverte par les eaux qu'avaient grossies les pluies du moment.

La cataracte de Sanngalla ou d'Issanghila présente plusieurs chutes. L'une a la forme d'un croissant le long duquel surgissent sept protubé-

PREMIÈRE CHUTE D'ISSANGHILA.

rances rocheuses, couleur de rouille, et séparées les unes des autres. Celle qui est au milieu du courant a environ cent yards de longueur et mérite le nom d'îlot. Près de la rive droite se trouve une chute de dix pieds, et au-dessous, à peu de distance, une autre de huit. A gauche le fleuve se heurtant contre la falaise est rejeté brusquement, il tourne et tombe en vagues tumultueuses dont la série bondissante se prolonge, rencontre une île escarpée qui la divise, et le courant va tourbillonner dans une crique sablonneuse formée au sud de la cataracte.

Des traces de lave abondent dans le voisinage de cette cataracte, et de chaque côté les falaises ont l'aspect de roches qui ont subi l'action d'un feu violent.

Le 21 février 1880, Stanley et Paul Nève fondaient la station d'Issanghila située en face de cette cataracte, par 5° 12' de latitude sud et 14° 12' de longitude est, à quatre-vingt-cinq kilomètres de l'établissement de Vivi.

Les bâtiments qui la composent dominent le sommet d'une hauteur d'où l'on découvre une vue agréable, contribuant à rendre assez plaisant le séjour de la station. Celle-ci présente cependant le désavantage d'être éloignée de tout village ou marché indigène. Les centres populeux sont rares dans ces parages, le long du fleuve; on les rencontre seulement dans l'intérieur des terres, en suivant de sinueux sentiers tracés par les nègres du pays.

DEUXIÈME CHUTE D'ISSANGHILA.

Les principales localités sont Mouato-Zinnghé et Mouato-Vouanndou, habitées par une population misérable, vivant de bananes, de manioc amer, d'arachides, et possédant quelques chèvres amaigries qui se repaissent le plus souvent d'illusions sur les blancs dénudés des collines.

Un chef de la rive gauche, en amont de la cataracte d'Issanghila, est père d'un petit garçon, un pur albinos, aux yeux bleus, aux cheveux bouclés, à la peau rouge. Cet enfant est très fier de sa couleur, et s'imagine qu'il est, lui aussi, un petit *mundelé* (chef blanc).

Depuis son arrivée au Congo en qualité d'agent supérieur du Comité d'études, Stanley, secondé dans les derniers mois par les pionniers belges de la première expédition, avait ouvert à la navigation et aux investigations de la civilisation, sur un parcours de deux cent soixante-dix kilomètres, des territoires riverains du fleuve Congo.

Les distances se décomposent ainsi :

    1° De Banana à Boma . . . . . . 100 kilomètres.
    2° De Boma à Vivi . . . . 85 id.
    3° De Vivi à Issanghila . . . . . . 85 id.

En aval d'Issanghila, le fleuve roule ses eaux encore pleines de dangers, semées d'îlots rocheux, de passages très périlleux, de tourbillons, de rapides, mais il n'arrêtera pas la navigation de la flottille expéditionnaire du Comité.

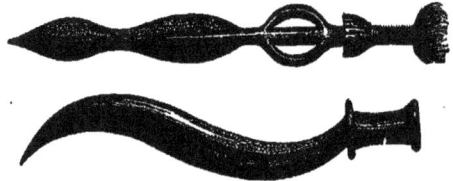

CHAPITRE VII

Le *Royal* au départ d'Issanghila. — Entre Kilolo et Nsouki-Kintommba. — Harou chasse aux buffles. — Paul Nève au camp de Kuvoko. — Les Bassoundi. — Près des rapides d'Itounzima. — Danses des sauvages de Ndunga. — Heures de fièvre. — Harou et Stanley à Manyanga-Nord.

ès l'après-midi du 26 février 1881 une brise rafraîchissante succédait aux ardeurs du jour, lorsque les bateaux-vapeurs de la flottille du Congo, le *Royal*, l'*En avant*, lançant vers l'opale du ciel leurs noirs nuages de fumée, appareillaient dans la crique d'Issanghila.

A bord du *Royal*, l'ingénieur Paul Nève, surmontant par la force suprême de sa volonté, par l'indomptable désir d'accomplir son devoir, les tortures martyrisantes de la fièvre qui le minait, tenant à la main ses outils de travail aux poignées enveloppées de linge mouillé, frappait deçà et delà, se faisait ouvrier, serrait un écrou, courait à la machine, secondait le mécanicien, dictait des ordres au chauffeur, se montrait partout où sa présence était utile, où son action devenait nécessaire.

Mais bientôt, accablé de fatigue, brisé par la douleur, Nève s'affaissait à l'avant du coquet navire qui portait autrefois, sur les vagues mourant à la plage d'Ostende, S. M. Léopold II, et qui traçait alors sur les eaux irritées du fleuve à cataractes un sillage éphémère assez durable néanmoins pour guider les petits steamers et les bateaux à rames qui le suivaient de près. L'ingénieur grelottait de froid ; son sang appauvri par un mal incurable bleuissait ses ongles décharnés, son visage délicat s'était couvert d'une pâleur blafarde, ses yeux seuls reflétaient une âme bien vivante, assez puissante pour dompter une plainte, pour étouffer un gémissement.

Harou s'approcha du malade, le releva, le couvrit de chauds vêtements. Nève, appuyé sur son compatriote et ranimé par la bienfaisante haleine de la brise du soir, put un instant oublier ses souffrances, en contemplant de ce regard avide, particulier à ceux dont le cœur, empli de souvenirs chéris, s'ouvre en entier à l'espérance, aux illusions, aux désirs de jouir d'une vie qui s'échappe, le splendide panorama du fleuve et de ses rives fantastiquement éclairé par les lueurs rougeâtres du soleil couchant.

« Voyez, lieutenant, disait-il, au fond de cette baie, là-bas sur notre gauche, ce ruisseau paresseux qui filtre lentement ses eaux claires et paisibles dans le fleuve impétueux ; quel étrange contraste il forme avec les gerbes d'embrun lancées dans l'air puis retombant avec un bruit terrible, au bas de la grande cataracte d'Issanghila dont le rugissement retentit encore jusqu'à nous d'une manière si effrayante ! Et là, à droite, le contrefort à pic, l'épaulement de cette chaîne de montagnes dont le faîte, à mesure que nous nous éloignons, semble affecter la forme d'un croissant ! Quel magnifique paysage aurait pu dessiner Valcke, si la fièvre ne l'eût obligé à retourner à Vivi. Ces hautes falaises dont la couleur brune tranche sur l'horizon de pourpre, ces récifs schisteux et dentelés, ces îlots rocheux qui dressent leurs cimes bizarres, dénudées sur les eaux grisâtres du fleuve, constituent un ensemble sauvage et pittoresque à la fois. N'est-il pas malheureux que tout voyageur auquel il est donné d'entrevoir ces sites africains ait maille à partir avec un climat délétère?

— Bah ! les uns y succombent, d'autres en réchappent ; et vous serez de ces derniers, répondit l'officier.

— Je l'espère bien, je le souhaite à plus d'un titre, interrompit Stanley d'une voix impérieuse mitigée cependant par un accent de douceur ; mais, allez reposer, les brouillards de la nuit sont dangereux dans ces parages. Soignez vous bien surtout ! Votre zèle que rien ne peut ralentir, votre esprit ingénieux qui me seconde dans mes plus grandes combinaisons, sont des auxiliaires si précieux pour le succès de notre expédition, que je suis capable de vous ordonner, mon cher ingénieur, d'aller vous reposer sur la couchette moelleuse de la cabine de l'arrière où, si mes vœux sont exaucés, vous passerez une excellente nuit. »

LE LIEUTENANT HAROU.

L'ingénieur obéit à l'injonction bénévole du chef de l'expédition.

A la clarté du jour succédèrent rapides les feux étincelants de millions de phares célestes dont un seul, l'astre géant des nuits, la lune aux rayons d'argent suffisait à éclairer la route dangereuse des vaillants explorateurs.

Le courant, obstrué par des rochers, était coupé par des pointes rocheuses et parfois accéléré par des rapides qui occupaient toute sa largeur d'environ 1,300 mètres. Sur chaque rive se dessinaient les contours de petites baies paisibles formées par des saillies de roche schisteuse, où les *baphias* massaient leur large feuillage et saturaient du parfum délicieux de leurs fleurs les brumeuses vapeurs de la nuit.

Au bruit inusité des steamers qui projetaient parfois de vifs éclats de charbon enflammé, les martins-pêcheurs géants *(Ceryle maxima)*, hôtes

BAPHIA NITIDA.

ailés et nombreux de ces bords, s'enfuyaient, filaient d'un vol précipité, jetant des cris perçants qui réveillaient des hérons endormis dans les roseaux et les graminées de la rive, la tête repliée sous l'aile, le corps perché sur une seule patte, et quelques balbusards dont les noires silhouettes se détachait au sommet des grands arbres, sur les rameaux dépouillés et blanchis.

Plus loin, dans la gorge étroite d'une chaîne de montagnes qui courait le long du fleuve, on distinguait, sur la rive gauche, des feux de nuit protégeant les huttes du village de Mdinnki.

A l'aube, la flottille nageait entre Kilolo (rive gauche) et Nsouki-Kinntommba (rive droite). La navigation devenait très périlleuse en cet endroit du fleuve.

Autour de Kilolo, district assez populeux, une longue langue de terre rocheuse s'avançait dans le courant ; sur la rive nord quelques îlots s'enchaînaient les uns aux autres par une série de récifs dont on voyait çà et là les cimes aiguës et menaçantes au-dessus des vagues irritées du Congo.

Entre les petites îles, l'eau s'échappait en furieuses cascades et créait, en tourbillonnant dans le haut du fleuve, un véritable gouffre que les steamers durent cependant affronter.

Le *Royal*, traçant toujours la route, bondit sur les eaux écumantes du tourbillon, fut saisi un instant, enveloppé, courbé par les lames envahissantes ; mais, habilement piloté par Stanley lui-même, il atteignit sans avaries une jolie petite anse dominée par une falaise crayeuse : au milieu de cette anse s'élevait un îlot boisé.

Nève et Harou avaient assisté, témoins anxieux mais impuissants, à cette lutte du brave steamer avec les éléments ligués contre lui. Mais dès que le *Royal* eut abordé, les voyageurs débarqués procédèrent à l'installation d'un bivouac de repos.

Dans la foule des nègres accourus sur les rives pour examiner curieusement les bateaux et leur équipage, les Européens remarquèrent avec un étonnement bientôt transformé en allégresse véritable deux visages pâles, deux hommes habillés des pieds à la tête en gens civilisés, deux types fort corrects de missionnaires anglais. C'étaient en effet deux explorateurs civilisateurs, appartenant à une mission anglaise établie près d'Issanghila ; ils se nommaient Crudgington et Bentley.

Ces hardis philanthropes, sur une simple pirogue indigène dérivant de chute en rapide et de rapide en chute, avaient visité les rives du Congo depuis le Stanley-Pool, et, récemment échoués à Nsouki-Kintommba, ils étaient devenus une proie très facile et franchement soumise pour les naturels peu bienveillants de ce district.

Les indigènes de Nsouki, aigris sans doute par la stérilité de leurs terres et très souvent victimes des razzias de tribus intérieures, regardaient d'un fort mauvais œil les étrangers isolés qui traversaient leur territoire. Armés de vieux mousquets à pierre, de lances, de gourdins, de couteaux passés à leurs ceintures, ils paraissaient disposés à faire un mauvais parti aux évangélisateurs, voire même aux derniers arrivants.

Ces sauvages parlaient avec arrogance et force gestes menaçants ; ils exigeaient des blancs une rançon, un tribut d'abord pour avoir foulé leurs terres.

Le lieutenant Harou, conseillé par Stanley, tandis que Nève procédait avec quelques Zanzibarites au débarquement du matériel nécessaire à établir le camp, distribua des armes aux noirs les plus dévoués de l'escorte expéditionnaire. Puis s'avançant au-devant d'un des chefs indigènes, reconnaissable à sa coiffure de plumes multicolores, il lui fit traduire l'ordre exprès de laisser libres les Anglais, de cesser toutes menaces contre les étrangers blancs et noirs, qui ne venaient nullement sur ses terres pour piller, saccager ou razzier, et qui du reste étaient préparés à défendre leurs vies à l'aide d'engins formidables, avec un courage que le nombre des ennemis ne pourrait ébranler.

La fermeté de l'officier, la résolution qui perçait dans son regard, les fusils nombreux dont les canons brillaient aux mains des Zanzibarites et des Krouboys décidés à obéir aux blancs, calmèrent le chef indigène, qui consentit à relâcher les missionnaires et traita amicalement avec les membres de l'expédition pour l'achat de quelques vivres : manioc amer, arachides et poules misérables, chétives, ne rappelant que par la forme les volatiles de nos basses-cours.

MM. Crudgington et Bentley furent escortés, par les soins de Stanley, jusqu'à Issanghila, station où les explorateurs du Comité d'études envoyèrent à diverses reprises des noirs de leur escorte à la recherche de renforts, de matériel et d'outillage.

Le point précis où le camp de Stanley fut alors situé s'appelait Kuvoko, dans le district de Nsouki. Non loin de là, un cours d'eau, le Luazaza, se jetait dans le Congo, après avoir arrosé une gracieuse vallée dont les grandes herbes et les jungles étaient froissées par les fréquents passages de troupeaux de buffles rouges.

Un matin, accompagné de quelques nègres de la colonne exploratrice, Harou armé d'un excellent snider rendit visite au domicile de ces effrayants animaux.

Ils étaient à peine entrés dans les jungles de la vallée, qu'un buffle énorme se levait à vingt pas devant eux, s'arrêtait, regardait les chasseurs avec des yeux indécis et lançait dans l'espace un ronflement sonore.

Bientôt la bête, comme font ses semblables dans leurs attaques, s'avança par bonds irréguliers dans la direction de ses ennemis. Une première décharge de balles arrêta le féroce animal la moitié d'une seconde ; il était manqué, et s'élança de nouveau avec plus de fureur. Harou, tirant à bout portant, frappa le buffle à la tête; mais ce dernier prit une course folle, disparut à travers les jungles, et tomba loin des chasseurs, une fois épuisé par la perte de son sang. Les nègres coururent joyeux sur la piste de l'animal. Arrivés près du corps encore vivant de la bête, qui se roulait en hurlant et frottait sa tête déchirée par la balle contre le sol, les noirs prudents visèrent le buffle. Une balle nouvelle brisa ses vertèbres, et causa une mort instantanée en coupant la moelle épinière. Ce gibier volumineux fut transporté au camp sur une civière de bambous, ou mieux de tiges cannelées du *Phœnix spinosa*, plante abondant sur les rives du Congo. Les habitants nomades de Kuvoko se partagèrent le filet et les côtelettes de l'animal; ce mets plus résistant que les bananes ou le manioc, arrosé de malafou (vin de palme), fut généralement apprécié par eux.

Les premiers jours de mars virent l'expédition réunie presque en entier au camp de Kuvoko; le capitaine Braconnier y avait aussi rejoint Stanley.

Nève luttait chaque jour contre les attaques plus violentes de la fièvre bilieuse; la mauvaise saison n'était pas finie et contribuait à empêcher le rétablissement de l'ingénieur.

De fréquents tornados, tempêtes horribles, furieuses, comme en réservent seuls les climats équatoriaux, passaient sur le camp de Kuvoko. Souvent le tonnerre roulait sur tous les points de l'horizon, et la rage des éléments semblait converger à la hauteur occupée par le campement.

Les nuits d'orage, les éclairs se suivaient toutes les trois ou cinq secondes et le roulement du tonnerre était continuel. Cependant l'air restait parfaitement libre, et il tombait à peine quelques larges gouttes d'eau, jusqu'au moment où un ouragan, un vent d'une violence excessive, enlevant les tentes du camp, précédait un véritable déluge. La pluie éteignait les feux de bivouac, ; le vent emportait au loin les abris fragiles des explorateurs, et les zigzags des éclairs éblouissants ne servaient qu'à rendre les ténèbres plus profondes après leur splendeur passagère.

Parfois un fracas étrange répondait à celui du tonnerre, des îlots boisés du fleuve; c'était un arbre plusieurs fois séculaire qui, frappé par la foudre, tombait, froissait dans sa chute les dômes verdoyants de ses voisins plus jeunes et les dépouillait de leurs rameaux.

Ah ! ces nuits là, ces émouvants spectacles, empreints toutefois d'une grandeur sublime, étaient loin d'améliorer la santé débile de l'ingénieur.

Ces orages et les fortes chaleurs qui les remplaçaient, bouleversaient le malade; Nève conservant son intelligence, sa tête dégagée, souffrait plus que jamais, mais refusait de désespérer, se rattachait à la vie, s'évertuait à se rendre indispensable aux voyageurs, en s'ingéniant à construire avec des ressources très limitées des abris assez forts pour résister aux tornados, et cherchait par tous les moyens à introduire au camp provisoire de Kuvoko tout le bien-être matériel possible.

Le fleuve, grossi par les pluies, se précipitait comme un torrent, charriant des troncs d'arbres déracinés qui s'arrêtaient au bord des récifs, et constituaient des barrages éphémères que les vagues écumeuses, devenues plus grosses et plus menaçantes, réussissaient à chasser sur les rives, au pied des falaises.

Ces troncs d'arbres fournissaient à l'ingénieur autant de matériaux de construction utilisés aussitôt.

Ces végétaux charriés par le fleuve n'étaient pas les seules matières dont l'ingénieur pouvait tirer parti pour établir un camp provisoire ou construire des engins de transport nécessaires à la marche en avant.

Dans les environs de Kuvoko, assez loin dans l'intérieur des terres, une forêt adorablement primitive dessinait sa verte lisière, devant la plaine nue aride et désolée, sur le versant des collines opposé au gigantesque cours d'eau. Les arbres, véritables colosses végétaux, dont les cimes touffues jetaient leur ombre sur un sous-bois épais et emmêlé d'arbrisseaux, de fougères arborescentes, de massifs d'orchidées où se détachaient parfois la tige gracieuse du *Lissochilus giganteus* ornée de bouquets de suaves fleurs mauves, offraient un véritable chantier de menuiserie aux nègres de l'expédition commandés par Paul Nève.

Stanley, devant s'assurer les moyens d'emmener par la voie fluviale tout son personnel et tout son matériel, avait décidé l'ingénieur à devenir constructeur de navires.

Nève et les charpentiers krouboys de l'escorte allèrent explorer la forêt. A l'aide de haches et de couteaux ils s'ouvrirent un passage dans l'épais réseau tissé de lianes qui courait des troncs rugueux des tamariniers aux rameaux verts des balsamodendrons, aux feuillages argentés des hêtres d'Afrique et des oliviers sauvages, et ils finirent par s'arrêter devant un *Zygia* ou mkoundi magnifique qui mesurait 10 mètres de tour.

Cet arbre, au bois léger, facile à travailler, fut choisi par l'ingénieur d'accord avec ses ouvriers pour être transformé en pirogue. A cet effet, les Krouboys commencèrent à entamer le tronc avec des hachettes, puis, les marteaux frappant régulièrement, les cognées renvoyèrent leurs notes monotones et retentissantes aux échos profonds de la forêt. Au bout de plusieurs heures, le zygia craquait avec un bruit effroyable, sa cime penchée mutilait les dômes fourchus des végétaux voisins; les Krouboys, tirant avec force sur des cordes enroulées autour du tronc coupé, le couchèrent sur le sol en dépit des obstacles et procédèrent à son dépouillement.

LISSOCHILUS GIGANTEUS.

Nève, se fiant à l'enthousiasme momentané des charpentiers noirs heureux de manier la hache en ouvriers habiles, passionnés pour leur état, s'éloigna, désireux de sonder les secrets que gardait la forêt vierge. Des spécimens nombreux de la faune africaine se découvrirent au voyageur : les bassias ou arbres à beurre, à l'écorce rude et épaisse qui exsudait une matière visqueuse d'un blanc jaunâtre appelée par les nègres du lait; des ficus, des protées, des brantacées, des bétels sauvages, des anacardiers, des médiciniers ou *Jatropha curcas*, des variétés infinies de végétaux de toutes grandeurs, dont les noms étaient autant d'énigmes pour l'ingénieur, mais dont la vue lui inspirait des réflexions pleines de conviction sur la prodigieuse fécondité des nombreux points du centre africain.

Mais tandis que Nève emporté par ses pensées pénétrait de plus en plus sous bois, un oiseau singulier le *Cuculus albirostris* (?) selon Temminck) persistait à voleter à ses côtés de branche en branche, en s'efforçant d'attirer l'attention par sa note monotone. L'ingénieur finit par observer cet habitant de l'air. L'oiseau s'éleva d'un vol assez lourd et alla se percher à quelque distance du voyageur; puis, remarquant qu'il n'était pas suivi, le cuculus revint encore près de Nève, en voletant, en piaillant comme auparavant, et invitant fort clairement l'ingénieur à le poursuivre. Nève surpris finit par obéir à l'insistance du curieux coucou (nommé *indicateur* par les indigènes) qui l'amena vers un fourré où les plantes à fleur croissaient en abondance, offrant leurs corolles parfumées à des essaims d'abeilles (1).

Les laborieux insectes à l'aiguillon redoutable firent reculer le promeneur. Abandonnant son étrange cicerone, Nève rebroussa chemin pour rejoindre ses travailleurs, dont les coups de hache et les chants semi-lugubres parvenaient distinctement jusqu'à lui.

L'aventureux touriste fatigué de son excursion, en proie à une nouvelle attaque de fièvre, établit un lit auprès de ses ouvriers, parmi des touffes de grandes herbes d'où s'échappaient d'élégantes euphorbes à tête de Méduse.

D'innombrables oiseaux gazouillaient sur les branches; les tourterelles jouaient dans les broussailles voisines, et de temps à autre s'élevaient des profondeurs du bois les beuglements sonores des buffles et les grognements des porcs-épics errant çà et là sur les bords des espaces marécageux.

C'était la beauté sauvage dans toute son expression. Devant ce spectacle, l'ingénieur tourmenté par la maladie conservait toutefois le don précieux de la pensée, la faculté du rêve; il essayait de comparer l'aspect du site pittoresque qui s'étendait devant lui à l'un des paysages connus de sa patrie

---

(1) Ceux qui connaissent les forêts africaines ne s'étonneront pas de cette rencontre. L'oiseau en question guide invariablement jusqu'à un nid d'abeilles; les indigènes font à travers la forêt la quête de la cire.

KROUBOYS CREUSANT UNE PIROGUE DANS LE TRONC D'UN ZYGIA.

lointaine; puis l'idée de patrie le ramenait à la ville natale, il revoyait les siens. La voix des souvenirs, en parlant à son âme, l'aidait à dominer les cuisantes douleurs de sa maudite fièvre. Il retraçait ensuite chacune des étapes si laborieusement remplies de son voyage au Congo, les gravait dans sa mémoire fidèle, et se réjouissait à l'espoir de les conter un jour aux parents, aux amis réunis en Belgique autour du foyer...

Un bruit singulier, un sifflement sinistre arracha Nève à sa rêverie. Au-dessus de lui, enroulé au bois mort d'une euphorbe, un monstrueux reptile,

SERPENT PYTHON.

la bouche entr'ouverte, baveuse, armée de quatre dents disposées comme les crocs d'un chien, la langue pendante et comme partagée en deux, fixait sur le rêveur des yeux verts et brillants.

Par un mouvement aussi prompt que l'éclair, le terrible serpent déroule ses anneaux et se laisse couler sur le sol; sa tête disparaît un instant dans les grandes herbes qui servent de lit à l'ingénieur.

Nève essaye de se lever; ses jambes flageolent; un saisissement inexprimable, un frisson d'épouvante paralyse ses forces à demi vaincues par la fièvre; il éprouve les affres de la mort; un cri instinctif s'échappe de sa gorge. Le reptile bondissait en sifflant, et sa bave écumeuse jaillissait sur l'ingénieur...

Les Krouboys étaient accourus. L'un d'eux, le plus audacieux de la bande, dirige un adroit coup de hache qui tranche la tête du serpent.

L'être rampant qui avait si malencontreusement troublé les douces pensées de Nève, était un *cobra* venimeux; il avait le dos rouge comme une tuile, le ventre d'une teinte moins foncée. Les Krouboys prétendaient posséder un antidote contre son venin. Empressés autour de leur maître que l'émotion, et plus encore les accès d'une fièvre brûlante avaient affaibli, ils transportèrent Nève plus près de leur chantier de travail, le déposèrent doucement sur un lit de mousse établi à la hâte et couvrirent le malade d'amulettes, de fétiches pieusement détachés de leurs ceintures.

Les nègres ont parfois de ces marques de sollicitude, preuves naïves mais touchantes qu'ils témoignent aux rares blancs qui savent gagner leur affection.

Le soir de ce même jour Nève, transporté au camp de Kuvoko, retrouva le comfort relatif de sa tente, les médicaments précieux, inséparables du voyageur africain prévoyant : quinine, ipéca, pilules de camomille, mille drogues pharmaceutiques, souvent bienfaisantes, jamais souveraines malgré les prospectus; il retrouva surtout les soins affectueux de son compatriote extrêmement affable, le lieutenant Harou.

Entre-temps, Braconnier et Stanley, affrontant les remous et les tourbillons du fleuve, allaient en amont de Kuvoko établir l'emplacement d'une halte nouvelle au pied de la chute de Mbundi-Afunda. Harou, explorant les environs de sa résidence, découvrait Bayneston et visitait une île du Congo en face de ce point, île qui fut nommée Flamini en l'honneur d'un fidèle mécanicien italien de ce nom qui servait à bord du *Royal*.

Le 26 mars tout le personnel et le matériel de cette flottille de découverte étaient concentrés au pied des collines riveraines qui déroulent leur chaîne aux sommets bizarres, tantôt aigus, menaçants, dénudés, tantôt revêtus d'une végétation bariolée encadrant des cabanes d'indigènes, auprès des rapides de Nzambi.

Les noirs habitants de cette contrée sont les Bassoundi, gens d'une race dégradée et misérable; ces nègres sont soupçonneux, querelleurs et susceptibles à l'excès; ils sont en outre d'une telle âpreté au gain, qu'il fut impossible aux membres de l'expédition d'obtenir d'eux à des taux acceptables les arachides ou le manioc cultivés sur leur territoire.

La plus petite affaire, la moindre transaction, donnaient lieu à des discussions dangereuses, à un marchandage écœurant capable de lasser la patience même d'un fils d'Israël.

Les Bassoundi s'adonnent à la pêche d'un poisson minuscule entièrement blanc, qui est peut-être le vairon de nos fleuves d'Europe.

Aussi malins que des patrons de pêche hollandais, arrêtés par le calme plat sur les flots de la mer du Nord, sifflant pour appeler la brise secoura-

LE CAPITAINE BRACONNIER.

ble, les Bassoundi sifflent pour charmer le poisson auquel ils ont tendu leurs filets.

Toute la journée, toute la nuit, sur les rives du fleuve qui limitent leur territoire retentit la musique spéciale de ces créatures humaines, musique de vrais merles noirs.

Ils sont en permanence tapis derrière les quartiers de roche qui s'élèvent près des berges du fleuve et qui forment autant de barres protégeant les criques paisibles des rives du flot qui se précipite en grondant dans le centre du courant. En certains endroits les eaux présentent un phénomène analogue au flux et au reflux des lames de l'Océan.

Certains pêcheurs ont près d'eux leurs énormes filets, et dès que le banc s'approche, ils se précipitent au-devant des eaux, nagent en ligne en tenant leurs filets diagonalement devant eux à l'encontre du poisson. Lorsque la vague s'est retirée, ils regagnent la rive et vident leurs filets sur des rochers plats formant de larges tables, en manifestant l'expression de leur joie grossière, poussant des cris de triomphe, entremêlant leur tapage de grasses plaisanteries et de rires assourdissants.

D'autres Bassoundi, montés sur des pirogues légères, creusées dans les troncs de *grewias* ou mkouma en langue indigène, rasent les eaux plus profondes, le manche du filet sous la cuisse, montant et descendant le fleuve à coups de pagaie silencieux et prolongés. Ils prennent ainsi des quantités énormes de petits poissons qu'ils laissent sécher sur les rocs, pour les apporter sur les marchés peu éloignés de l'intérieur.

Sans se préoccuper outre mesure du passage de la flottille, ces indigènes, habitant Bayneston et la pointe du rivage exploré par les membres de l'expédition, étaient persuadés que tous les étrangers remontaient le fleuve pour aller, avant-coureurs de la traite des noirs, former au loin quelques-unes de ces sombres caravanes d'esclaves, hideux troupeaux humains qui traversaient parfois, sous le fouet à lanières d'hippopotame de leurs iniques conducteurs, les collines et les vallées de leur territoire.

Cependant en longeant de nuit, le 2 avril, la rive nord du fleuve aux chutes d'Itounzima, Braconnier et Harou saisirent distinctement des coups réguliers de mousquet partant du rivage; ils en comptèrent quinze; un silence se fit ensuite; puis des clameurs sauvages, frénétiques, se mêlèrent au fracas des eaux.

« Sommes-nous attaqués? demanda Stanley réveillé en sursaut.

— Attaqués? mais où diable se sont fourrés nos ennemis invisibles, dont les balles du reste ont été entièrement inoffensives? Sans nul doute les indigènes se livraient à l'école du tir, puisque les coups se succédaient avec régularité, et qu'actuellement nous n'entendons plus rien. Peut-être célébraient-ils une cérémonie quelconque.

— Une cérémonie, reprit Stanley, et en effet les indigènes de ces rives sont encore des Bassoundi; une des coutumes étranges de cette tribu est leur manière d'exprimer à coups de mousquet le chagrin que leur cause la perte d'un des leurs. Quinze coups annoncent que le défunt était un homme; pour une femme ils brûlent dix charges, pour un enfant six seulement. Le feu est dirigé contre les bananiers, les hyphœne, les palmiers divers du district du défunt, dans la croyance que le décès provient de mauvaises bananes ou de quelque défaut du vin de palme.

— Quelle superstition !

— Ah! elle est excessive; et puisque nous devons camper dès l'aube auprès de ces tribus, je ne saurais trop vous recommander la prudence. Les dangers et les obstacles sans nombre qui nous attendent encore au cours de notre expédition nous fourniront un champ trop fécond sans nul doute en aventures périlleuses, où tout notre courage, toutes nos forces seront utiles. Ces Bassoundi sont d'humeur batailleuse ; mais nous éviterons toute occasion de bataille. Dans ces contrées, le voyageur peut à chaque instant devenir l'objet de la fureur des indigènes. Qu'une épidémie, choléra ou typhus, éclate dans le village; qu'une balle de nos martiny vienne, égarée, blesser un Bassoundi; qu'un de leurs chefs soit frappé d'apoplexie durant notre séjour auprès de ces sauvages, et tous ces maux seront attribués au mauvais sort apporté par nous.

Ces prudents avertissements n'empêchèrent point la phalange expéditionnaire de camper, dès l'aube, près des rapides d'Itounzina.

Braconnier et Harou établirent militairement un camp sur la défensive; Nève les seconda de toute son intelligence, de toute son habileté à découvrir des ressources, à tirer parti des productions végétales ou des matières premières existant dans la localité.

La tâche la plus difficile pour toute expédition africaine n'est pas de vaincre les oppositions hostiles des indigènes qui bien souvent, surpris à la vue des blancs, hésitent à les attaquer, surtout lorsqu'ils les jugent nombreux et bien armés; les travaux les plus ardus et les plus fatigants sont occasionnés par les obstacles naturels que les explorateurs rencontrent sur leur route, obstacles qui ne peuvent être surmontés ou tournés que par la volonté, l'étude, la réflexion et qu'en mettant à profit les moindres accidents de terrain et les circonstances les plus futiles en apparence.

Les habitudes de bien-être, les souvenirs du confort deviennent un embarras pour l'homme civilisé qui voyage au pays inexploré des sauvages.

L'officier et l'ingénieur, l'ouvrier européen lui-même, réduits à des ressources primitives, sont contraints d'adopter en quelque sorte l'existence matérielle des peuplades qu'ils visitent. La science stratégique de l'un, les connaissances techniques de l'autre, les forces physiques du dernier sont parfois autant de valeurs inutiles, ou du moins inapplicables; l'instinct de la conservation détermine le voyageur dans le choix de ses moyens de protection contre les hommes sauvages et les fauves; l'initiative spontanée, le bon sens pratique, sont les seules qualités auxquelles l'ingénieur et l'ouvrier doivent surtout recourir.

Sous ce rapport, Paul Nève était bien l'homme de l'improvisation. Sur ses indications, un tronc d'arbre se transformait en canot; le moindre lingot, un minéral, un silex, mis soudain en état, remplaçaient les outils absents ou les clous perdus; et dans les opérations dans les combinaisons les plus compliquées qui se présentaient à chaque pas en avant, éboulements de rochers, halage des canots ou des allèges, démontage et remontage des vapeurs, réparations incessantes du matériel naval, installation des camps, routes ébauchées à la mine, à coups de pioche et de hache, l'ingéniosité de Nève suppléait à l'absence de cet outillage puissant et perfectionné dont disposent, pour des travaux souvent moins rudes, les mineurs et les ingénieurs dans les divers pays de l'Europe.

Ajoutez à ces préoccupations constantes, à ces labeurs du vaillant pionnier belge, les douleurs intermittentes de la fièvre bilieuse, ses forces physiques refusant d'obéir à son énergie morale, à son irrésistible volonté de servir l'œuvre du Comité d'études, les alternatives brusques du ciel équatorial, badigeonné un instant d'obscurs nuages noirs fondant en pluies diluviennes, puis reprenant des teintes d'azur, de pourpre ou d'or suivant les capricieux rayons d'un soleil brûlant, auquel succédait une nuit froide, humide, et vous pouvez vous former comme une vague idée, des derniers mois, hélas! de la vie trop courte de l'un des plus glorieux coopérateurs de l'œuvre mémorable du Congo.

Le 3 avril, l'expédition campait sur le rivage d'un île nommée Kunza. Nève datait de cette étape nouvelle, une lettre dont nous donnons l'extrait suivant :

« Nous sommes au moment le plus malsain de l'année, car en même temps que les pluies nous avons à supporter une chaleur torride. Aussi tous les blancs de l'expédition sont-ils tombés successivement malades; nous sommes ici sept Européens, et chacun a eu au moins ses deux jours de forte fièvre, y compris M. Stanley. »

Combien de fois en relatant les étapes multiples des Belges au Congo devrons-nous encore, écrire ce mot *fièvres*, ramenant toujours l'idée de souffrances, de douleurs.

Ces maladies attendent, épient à son arrivée tout voyageur européen.

En général, il est préférable de payer à ce mal pernicieux, un tribut fort désagréable, par petites doses fréquemment renouvelées, que de la régler en une seule fois. Les voyageurs au centre africain, ont fait bien souvent cette singulière remarque.

Leurs carnets d'exploration portent à des dates assez rapprochées :
« Ce matin, je me lève avec la fièvre ; je suis littéralement ramolli, mes ongles bleuissent, ma face et mes yeux deviennent jaunes ; je ne me sens pas d'appétit, pas plus au déjeuner qu'au dîner ; je prends quelques centigrammes de quinine ; je me couche ; mes membres sont brisés ; je souffre de la tête ; j'éprouve comme des élancements de cerveau. Le lendemain je me lève, encore ramolli, mais je me sens mieux ; j'absorbe avec une certaine satisfaction quatre œufs pour déjeuner, en omelette ou sur le plat. »

Les explorateurs sont très étonnés, lorsque plusieurs semaines s'écoulent sans qu'ils aient à consigner des notes de ce genre sur leur journal. Ces maladies, connues sous le nom de fièvres par ceux qui, comme l'auteur de ces lignes, sont incompétents en matière de science médicale, ont des causes diverses, et par suite des effets et des noms différents.

Lors de la saison des pluies, l'inondation laisse après elle, à travers l'étendue des plaines, des forêts et des bois, une grande quantité de marais et d'étangs, lits de végétation aquatique, sources de miasmes délétères, foyers de maladies endémiques qualifiées de *fièvres de marais*. Ces dernières attaquent même les indigènes, forcés de faire dans ces eaux stagnantes leur provision d'eau potable. Les Européens en souffrent également ; mais les plus redoutables pour eux sont les fièvres dites *bilieuses*.

N'eussent été ces fièvres pernicieuses, les parages de l'île de Kundu auraient offert aux voyageurs de fraîches et agréables provisions de bouche. Au marché voisin de Msoma-Mamba, les noirs apportaient en abondance des bananes, patates douces, melons, cassaves, farine de manioc, prunes bleues ayant la forme d'un œuf de pigeon, vin de palme, chèvres, poules, œufs, porcs, etc., autant de richesses alimentaires pour les explorateurs qui possédaient seulement, en fait de comestibles, du riz, des haricots, des pois secs et des lentilles.

Le 8 avril, la flottille continue sa route et rencontre l'île de Kimbanza, en face de laquelle la rivière Elouala entre dans le Congo par la rive sud.

Sur la berge nord, devant l'île, au sommet d'un promontoire, s'élève le village de Kibonda, localité qui rappelait à Stanley un souvenir de l'année 1877.

Le roi de Kibonda s'était à cette époque emparé d'un compagnon noir de l'explorateur, et avait, pour la rançon, demandé un prix si exorbitant, que le prisonnier avait été laissé entre les mains du monarque africain.

La situation de Kibonda présente un ensemble très pittoresque, qui atténue la déplorable humeur des naturels de l'endroit, appartenant encore à une tribu des Bassoundi.

L'île de Kibamnza est boisée et fertile; sa population noire, gouvernée par un roi, s'adonne particulièrement à la pêche du vairon, de même que celle de Kibonda.

Quant à la rivière Elouala, elle mérite une description toute spéciale.

Son lit peu profond, recouvert de sable très fin, repose sur un fond de vase donnant naissance aux merveilles de la flore aquatique.

Mille espèces de joncs et de plantes d'eau prennent racine dans ce lit fertile, d'où s'élèvent leurs tiges et leurs feuilles, secoués perpétuellement par le courant rapide, et déploient sur la surface mouvante les formes élégantes et les couleurs variées de leurs fleurs.

Cette végétation splendide semble barrer l'entrée de la rivière. Une foule de poissons se croisent au milieu de ces présents de la flore des eaux.

Sur les bords, des troupes de canards prennent leurs ébats; des milliers de petits oiseaux gazouillent, voltigent, se posent et se balancent gracieusement sur les tiges les plus frêles des joncs et des roseaux, et des échassiers, après une pêche fructueuse et un repas copieux, reprennent au soleil leurs poses originales, leur exercices d'équilibre prolongé.

De temps à autre, le brillant martin-pêcheur plane immobile dans les airs; puis tout-à-coup tombe dans l'eau comme une flèche, et file en emportant une légère proie dont les écailles étincellent aux brillants rayons du soleil.

Mais les oiseaux ne sont pas les seuls habitants des joncs et des roseaux de l'Elouala. Du milieu des tiges verdoyantes, de lourds crocodiles traînent leurs masses difformes et plongent au fond des eaux; après eux, une éclaboussure causée par un corps tombé dans le courant trahit la présence d'une loutre à riche fourrure, qui s'enfuit rapide, alarmée.

La rivière serpente de la façon la plus capricieuse et va se perdre au pied des collines de Ndunga.

Ces collines projettent, à plusieurs milles en aval de Kibonda, des rocs schisteux, des dykes qui brisent la nappe du fleuve et constituent une séries de rapides, devant lesquels s'arrêtèrent, le 27 avril, les steamers de la flottille.

Les journaux du bord enregistrèrent encore en cet endroit les tristes bulletins de santé des courageux voyageurs belges. Nève était plus sérieusement malade; Braconnier et Harou souffraient par intermittence; le mécanicien Flamini, dont nous avons parlé, était plus mélancolique que jamais.

Il fallait cependant réagir contre la maladie; chacun des pionniers de l'expédition belge opposait à l'affaissement physique une indomptable énergie morale. Le retour à la santé, c'était la victoire, l'heureux accomplissement d'une mission scientifique, les premiers pas pour la réalisation d'une œuvre chère à leur Roi; c'était le succès, d'autant plus méritoire qu'il aurait été obtenu malgré d'innombrables obstacles.

Dans cette pensée commune ils se soutenaient, ils s'encourageaient les uns les autres. Si leur corps ébranlé par la continuité de la fièvre s'abattait parfois, impuissant; l'âme, la partie immatérielle, restait inébranlable, ferme, résolue.

Nève, Braconnier et Harou, préoccupés d'opposer à leur mal un puissant antidote, résolurent, malgré les fatigues inhérentes à une telle entreprise, de se distraire en visitant les naturels, d'un caractère doux et bienveillant, affirmait Stanley, qui peuplaient les parages des rapides de Ndunga.

Les bateaux amarrés dans une crique paisible bordée de falaises rougeâtres avaient attiré la population noire sur les rives du fleuve. Les indigènes étaient descendus en grand nombre de leurs gîtes escarpés, pour offrir aux arrivants les produits divers de leur sol.

Les blancs furent à peine débarqués, qu'ils durent subir des ovations, des démonstrations de tout genre de la part des noirs de ces rives, nègres tribus des *Bacongo*. Les femmes faisaient l'article pour les moandas et les herbes vertes, qu'elles portaient dans leurs paniers; les enfants invitaient les étrangers à acheter des œufs, des patates fraîches; les hommes de l'intérieur présentaient des calebasses de vin de palme, et du menu gibier enfilé dans des tiges de bambou; les pêcheurs ramenaient sur la rive, à l'intention des nouveaux venus, leurs filets d'où mille poissons cherchaient en vain à s'échapper.

MARTIN-PÊCHEUR GÉANT

Les transactions furent des plus amicales. Les indigènes de Ndunga firent, par leur amabilité, oublier les hirsutes Bassoundi. Leur accueil produisait aux malades l'effet d'une rosée bienfaisante qui calmait la douleur et les rappelait à la vie.

Le ciel était clément, pour comble de bonheur, le jour de cette halte. Quelques nuages gris-plombé avaient intercepté les rayons du soleil et tempéré ses ardeurs brûlantes. Vers la nuit tombante, comme le marché finissait, une brise légère chassait peu à peu les voiles gris; le firmament resplendit de tous ses phares étincelants, tandis que mille feux allumés sur la rive et les collines environnantes donnaient un éclat vermeil à l'atmosphère. Les nègres de Ndunga s'apprêtaient en outre à offrir aux voyageurs européens, suivant leurs mœurs hospitalières, le bruyant spectacle d'un bal mêlé de chants.

Des jeunes filles, dont le type, ecrit-on, eût fait pâlir d'envie nos dames européennes, proposèrent aux noirs de l'escorte une partie de cabrioles échevelées. Il y en avait dont les ondulations, en dansant, laissaient entrevoir des formes vraiment belles, des élégances naturelles indiscutables. Par moments, elles faisaient résonner en cadence les anneaux nombreux de leurs bras; les nègres accompagnaient au son des tambours les pas animés du jeune beau sexe.

Les Krouboys et les Zanzibarites pirouettaient avec ardeur, entraînés par l'exemple et la musique barbare des danseurs, et les encourageaient par des chants improvisés sur le rythme monotone qui caractérise les aptitudes musicales des peuplades du centre africain.

Aux jeunes filles succédèrent ensuite les jeunes femmes. Leur danse originale fut le bouquet sauvage de cette soirée. Ces fleurs fanées du beau sexe, dans un costume plus que léger, se tenaient par les mains, formaient un cercle, tournoyaient avec force pirouettes, entrechats et jambes en l'air, agrémentant leur ronde d'un chant très bruyant, mais peu varié.

Au moment le plus animé de leurs exercices chorégraphiques, deux jeunes noirs se détachèrent de la foule des spectateurs et entrèrent dans le cercle formé par les danseuses. Le plus jeune grimpa sur les épaules de son compagnon, puis, sans se soucier de l'embarras causé à son vivant tréteau, il degaina un poignard, le brandit dans tous les sens au-dessus de sa tête, et il entonna d'une voix forte le premier verset d'un hymme guerrier. La foule noire reprit en chœur le chant de guerre. Dans l'atmosphère immobile, les braillements de mille voix humaines montèrent discordants, assourdissants, terribles.

Les dames du corps de ballet doublèrent la rapidité de leurs évolutions vertigineuses; le nègre au couteau-poignard se mit alors à passer sur sa langue le tranchant de son arme à reprises précipitées, jusqu'à ce que le sang s'échappant en gouttes visqueuses eût rougi ses lèvres et ruisselé sur la lame d'acier. Les sauvages témoins de cette mutilation volontaire redoublèrent d'enthousiasme et d'acclamations. L'acrobate recommença de plus belle à se martyriser; le sang sorti de sa bouche inonda sa poitrine nue. Le signal de cesser ce jeu par trop sanglant fut dès lors donné par un chef respecté de la tribu des Ndunga.

Le jeune nègre alla laver sa bave sanguinolente aux eaux du fleuve, puis il revint se mêler aux danseuses qui défilaient devant les étrangers et les noirs du pays, en tendant des crecelles et sollicitant des cadeaux.

HYPHŒNE VENTRICOSA.

Le noir débarbouillé, arrivé devant les blancs, esquissa un mélancolique sourire, ses lèvres outr'ouvertes laissaient encore échapper des caillots écarlates; néanmoins il paraissait radieux de l'effet qu'il avait produit.

Les Belges, témoins écœurés du dramatique ballet précédent, octroyèrent aux quêteurs, quelques bibelots peu coûteux de l'industrie d'Europe.

Le lendemain, le chef de la tribu des Ndunga — nous pourrions écrire le makoko de l'endroit (makoko est le titre que prennent en général tous les chefs des tribus riveraines du Congo ; c'est à tort que certains explorateurs français ont parlé du roi Makoko, ils ont commis un pléonasme) — assistait avec intérêt au départ des steamers de la flottille, devant lesquels se dressaient de périlleux obstacles.

Le *Royal*, l'*En avant*, remorquant les allèges et traçant la route aux canots, aux pirogues pesamment chargées, opposèrent leurs proues légères à une série de vagues bondissantes, roulant entre les terrasses de lave et de roches volcaniques. Les vaillants steamers, ballottés par les lames, montaient avec le flot, retombaient avec lui, se relevaient avec une nouvelle lame ; mais toujours d'aplomb sur leurs quilles, toujours gagnant des distances, ils se jouaient du précipitement des eaux, de la fureur que les éléments opposaient en vain à leur marche.

Bientôt ils doublèrent l'embouchure de la Mata, rivière arrosant les terres d'habitants peu aimables, bourrus, exploiteurs, passionnés aussi pour la pêche du vairon.

Au delà, le fleuve s'élargit, les rapides sont plus fréquents ; les rives sont unies, marquées par de très longs bancs de sable, et çà et là, aux endroits peu élevés, elles sont plantées de manioc. De droite et de gauche se déroulent toujours les chaînes de collines basses, aux versants allongés revêtant une teinte brunâtre sous leur manteau d'herbes séchées chargées de graines.

Les passagers de la flottille saluent les indigènes groupés sur la rive droite, auprès des huttes de Mpanngou. Non loin de ce point, une cataracte apparaît à leurs yeux ; son aspect est formidable ; la totalité de sa crête rocheuse est couverte par les eaux ; sa chute verticale est de dix huit pieds. C'est la cataracte que l'infortuné Tuckey, en 1816, avait décrite et désignée comme se trouvant au point autrefois nommé *Farthest* (point extrême). Les géographes du commencement du dix-neuvième siècle ne connurent pas le cours du Congo, en amont de cette localité. Stanley, en 1877, avait découvert cette grande cataracte qui sur la rive droite s'appelle Ntommbo-Mataka et sur la rive gauche prend le nom de chutes de Ngommbi.

L'ensemble de ce saisissant spectacle était dissimulé aux voyageurs sous une nuée vaporeuse. Incessamment des bordées d'embrun tombaient sur les rochers environnant les chutes ; un tonnerre continuel roulait au fond de l'abîme.

Au pied de la cataracte, le fleuve présentait un effroyable bouillonnement, un gigantesque tourbillon d'où les vagues écumeuses, excitées même par le vent, après une lutte insensée, s'échappaient en sifflant à travers les capricieux zigzags d'îlots bas et rocheux.

Cette prodigieuse merveille de la nature africaine révélait la beauté dans toute son horreur et sa majesté.

Les pionniers de l'expédition ne pouvaient s'en approcher sans éprouver un instinctif mouvement de terreur, sans ressentir aussi de la tristesse. C'était une nouvelle difficulté à vaincre, un nouveau péril à surmonter et par suite une certitude de pénibles labeurs, de fatigues et de dangers.

Arrivés auprès de cet obstacle, les steamers et les embarcations de la flottille durent être halés de terrasse en terrasse; des cordes furent tendues le long des falaises rocheuses de la rive, et l'équipage blanc et noir en tirant par saccades régulières sur l'extrémité de ces câbles, rattachés au bateau qu'il montait, put, après de vigoureux efforts, amener au-dessus de la cataracte, et successivement, le matériel naval de l'expédition.

Fort heureusement les naturels des deux rives du fleuve, vieux amis de Stanley, se montrèrent pour les voyageurs d'une bienveillance extraordinaire, d'une urbanité rare sur les bords du Congo.

Ils se distinguaient de tous les nègres précédemment visités par une certaine noblesse de caractère, digne d'être spécialement notée. Moins rapaces que les Bassoundi, ces nègres, appartenant à une tribu des Babouenndé, consentirent à échanger à des prix convenables les productions de leur territoire.

L'échange entraînait l'accomplissement de quelques formalités bizarres, telles que par exemple plier la lame d'un couteau avant de l'offrir, se livrer à une gesticulation plus ou moins expressive, etc.

Mais ces usages primitifs auxquels s'assouplirent les blancs de l'expédition, leur permirent d'obtenir moyennant trois colliers de petites perles un grand régime de bananes vertes, — un régime qui était une charge véritable; — pour la même quantité de colliers, un énorme régime de bananes jaunes; moyennant un mouchoir rouge, une calebasse de malafou; puis pour quelques articles de camelote européenne, beaucoup de beurre de palme, d'oignons, de pots de terre, de paniers emplis de petits poissons frais, etc., etc.

Les femmes et les hommes ont la déplorable habitude d'obéir à une mode locale consistant à se percer le nez et les oreilles pour y fourrer des morceaux de bois arrondis en forme de pendants.

A part cela, les dames, plus craintives que les habitantes de Ndunga, étaient très convenables. Elles surmontaient leur timidité pour voir les étrangers, et peut-être aussi pour se faire admirer d'eux ; cependant leur toilette plus que décolletée n'indiquait chez elles aucune coquetterie.

Leurs épaules étaient entièrement nues, la plupart disparaissaient sous des hottes tressées de filaments de bois résistant et servant à porter des provisions ; un mouchoir, tissu de couleur douteuse, était enroulé au bras droit et utilisé en général comme porte-pipe ; les seins, libres chez les jeunes filles, se dissimulaient chez les vieilles femmes et les épouses sous un lambeau d'étoffe lié au buste par une corde ; enfin un pagne attaché à la ceinture descendait jusqu'aux genoux, ce dernier vêtement répondait aux lois de la pudeur.

L'occupation principale des naturels consistait à pêcher le vairon. Les pirogues employées à cet exercice étaient munies à l'avant d'un morceau de bois, maintenu en ignition par le courant d'air, et qui servait à allumer la pipe d'iamba que les pêcheurs se passaient à tour de rôle.

Harou et Stanley, laissant Braconnier et Nève occupés à l'établissement d'un bivouac de repos auprès de Ntommbo-Mataka, s'avancèrent vers le nord-nord-est de cette localité, recherchant un site favorable à la création d'une station nouvelle du Comité d'études.

Ils rencontrèrent à cinq milles en amont, sur la rive nord du fleuve, un grand marché nommé Manyanga, très en faveur chez la population noire des alentours.

CHAPITRE VIII

Stanley et Harou à Manyanga — Le drapeau « fétiche ». — Un devin complaisant. — Mort de Paul Nève. — Les Babouennbé. — A Nzabi. — Les termites.

ANYANGA nord !... Triste étape, pleine de cruels souvenirs pour les pionniers belges de la première expédition du Comité d'études du haut Congo.

Ici, plus de paysages qui sourient et qui charment. Le site est d'un aspect mélancolique; une verdure sombre et monotone rampe sur les falaises rougeâtres; quelques groupes de palmiers dressant leurs têtes élégantes au-dessus de l'épais feuillage dont ils sont entourés, font d'impuissants efforts pour rompre la morne tristesse du tableau; Manyanga-nord semble finir comme un vieillard décrépit qui agonise entre les bras de la mort.

Le 1ᵉʳ mai, ses habitants, êtres tout à fait primitifs, ahuris à la vue des hommes aux visages pâles, se sont cachés parmi les roseaux des rives pour regarder en tremblant les appareils d'acier, les immenses pirogues qui se jouent sur les eaux vaincues du fleuve et qui bondissent sans chavirer sur les vagues écumeuses échappées des étroits passages livrés au courant par des terrasses de lave et les sommets aigus de roches volcaniques.

Ils ont assisté, impassibles, au débarquement des passagers et des bagages considérables que transportaient les canots. Mais en voyant quelques heures après flotter un lambeau de soie bleue sur la hauteur qui domine leur territoire, ils ont poussé des clameurs sauvages et se sont rassemblés autour du chimbeck de leur roi.

Le makoko respecté de ces tribus sauvages s'enquit avec empressement des motifs qui troublaient ses fidèles sujets. Dès qu'il fut renseigné, il ordonna aux grands de sa cour et à la foule de l'escorter jusqu'au plateau où les hommes blancs avaient osé planter un emblème fétiche, germe sans doute de mauvais sort.

Stanley et Harou examinaient attentivement si l'étroite plate-forme couronnant la colline à pentes escarpées, élevée d'environ quatre cents pieds au-dessus du lit du fleuve, conviendrait à l'établissement d'une station nouvelle du Comité d'études.

Pour signaler aux nègres, gardiens de leurs embarcations, l'endroit où ils se trouvaient, Harou avait déployé, à l'extrémité d'une longue canne de bambou enfoncée dans le sol, le drapeau du Comité d'études.

Cela fait, il avait, avec son compagnon, exploré le plateau de Manyanga. Sur trois points la position semblait inexpugnable; des versants à pic, profondément ravinés, en défendaient l'ascension; d'un côté seulement, par un col resserré qui reliait le plateau à une chaîne de collines se dirigeant vers l'intérieur, on pouvait atteindre ce sommet. L'une de ses bases, inaccessible, se baignait dans les eaux claires d'une petite rivière hantée par des crocodiles; l'autre projetait son ombre sur une crique formée par le lit sinueux du Congo.

Les avantages stratégiques, la salubrité présumable de ce lieu élevé, déterminaient les deux explorateurs à choisir le plateau de Manyanga comme emplacement d'une future station hospitalière. Ils s'apprêtaient donc à faire auprès des chefs de la contrée les démarches nécessaires pour en obtenir la concession, lorsqu'ils distinguèrent sur le flanc accessible de la colline une multitude d'êtres humains éparpillés comme des chèvres, s'accrochant pour monter aux arbrisseaux de la pente, et se hâtant d'arriver au sommet.

Les blancs qui attendaient bravement l'approche de ces nombreux indigènes, dont un grand nombre étaient armés de mousquets à silex aux canons rongés par la rouille, furent bientôt entourés par les plus agiles, au nombre desquels ils reconnurent avec une vive satisfaction les interprètes de leur escorte. Cette ceinture vivante et grouillante s'écarta respectueusement pour livrer passage au makoko suivi des grands seigneurs

LE CONGO A MANYANGA.

du pays et leur permettre de s'arrêter à quelques mètres des Européens.

Ces chefs étaient magnifiques dans leurs costumes de gala. Le souverain surtout resplendissait. Il portait une veste de hussard, bleu de ciel, à boutons autrefois d'un blanc immaculé; sur sa tête s'élevait, en forme de pain de sucre, un bonnet rouge foncé; une couverture aux couleurs fanées était négligemment jetée sur son épaule, comme l'eût fait de son manteau le plus fier hidalgo castillan; une peau de chat sauvage se confondait avec le pagne, attachée à sa ceinture et descendant jusqu'au genou; ses chevilles étaient ornées de lourds anneaux d'argent; ses bras disparaissaient sous de nombreux bracelets, articles d'orfèvrerie indigène, mélangés de perles bleues et grises, de corail, de graines de plantes, etc.

Détail assez disgracieux: ce splendide souverain avait le visage tatoué par le soulèvement artificiel des chairs; la cloison du nez, percée, servait à accrocher un pendant circulaire de lois sculpté au couteau; les lobes des oreilles étaient démesurément agrandis; il tenait à la main un sceptre bizarre, une longue canne piquée de clou à têtes de cuivre.

Les chefs qui l'entouraient étaient à peu près du même acabit. Leurs costumes sortaient du même magasin de confection que la livrée du monarque; les uns avaient endossé, au lieu d'une veste de hussard, un habit plus modeste d'officier de marine, ou un simple gilet à couleur écarlate qui avait paré jadis quelque palefrenier des écuries du roi de Portugal, ou encore la défroque usée d'un clown de cirque anglais, échouée par les vicissitudes étranges de la fortune sur le dos d'un prince héritier d'une tribu congoise.

Mais des murmures mal étouffés, des grognements sourds partent de cette foule de nègres qui couvrent en entier le plateau de Manyanga.

Les interprètes de Stanley ont de la peine à saisir le sens des réclamations tapageuses et contradictoires qui s'échappent à la fois des gosiers de ces noirs.

Un moment de silence permet au makoko de faire savoir aux blancs les motifs de sa venue.

« De quel droit, leur dit-il, venez-vous planter sur notre domaine un drapeau bleu, un fétiche de mauvais sort; nous ne connaissons pas de contrées voisines qui n'aient eu à souffrir de la présence des hommes blancs. »

A ces paroles du roi, les chefs secouaient gravement la tête en signe d'approbation, la foule des assistants recommençait à grogner de plus belle. Harou, confiant dans la diplomatie de Stanley, observait curieusement les divers types des noirs grimaçant près de lui; les uns montraient dans leur rictus des dents blanches limées en pointe dont l'effet était peu rassurant; d'autres, plus placides, tiraient des bouffées de fumée de leur immense pipe bourrée d'iamba; d'autres encore aspiraient au goulot de petites calebasses des gorgées d'un vin de palme qui achevaient de les abêtir; plus loin, un jeune indigène à cheval sur les épaules d'un solide gaillard, était littéralement absorbé par les émouvantes péripéties d'une chasse aux insectes dans les cheveux crépus de sa monture, chevelure noircie au charbon, attachée en boule par une filasse brillante.

Entre-temps, Stanley faisait traduire au makoko des paroles de paix, d'habiles demandes de concession de terrains, qui furent écoutées et discutées séance tenante.

« Le drapeau, disait-il, n'est ni un signe de soumission pour vous, ni un fétiche malfaisant. Nous sommes venus ici avec l'intention de devenir vos amis, d'échanger contre les produits de vos champs ces belles étoffes que vous portez et qui vous rendent si beaux; nous vous apportons les jolies perles bleues du mpoutou (de la côte), du fil de laiton, des fusils, du tafia, des vêtements multicolores dorés sur toutes les coutures, aussi brillants que la veste de hussard qui fait si bien valoir la beauté de votre peau d'un brun clair. »

Le makoko, touché du compliment, esquissait sur ses lèvres un sourire gracieux, rempli de promesses conciliantes. Stanley continua :

« Si tu le permets, roi puissant de ce territoire, les blancs s'établiront près de toi et te donneront chaque mois deux grandes pièces d'étoffe pour occuper seulement le plateau où nous sommes. Ils organiseront souvent de grandes caravanes, ou plutôt leurs pirogues rapides iront fréquemment chercher à la côte les marchandises appréciées par toi et tes sujets. Les blancs sont courageux et forts; ils ont des fusils qui tuent à de grandes distances, beaucoup de poudre, ils te défendront des attaques des tribus hostiles de l'intérieur. Tes sujets, tes charmantes femmes, tes esclaves ne seront plus, grâce au voisinage et à la protection des blancs, emmenés à la chaîne, vers les régions lointaines, par de farouches étrangers. »

L'offre séduisante de Stanley alléchait le makoko. Autour de lui, les chefs chuchotaient, grognaient encore; leurs doléances, traduites par les interprètes, avaient rapport aux conditions à imposer aux blancs pour leur accorder le droit de séjour.

Deux pièces d'étoffe par mois ne suffisaient pas. Il fallait exiger des fusils, du tafia, de la poudre. Des débats criards s'engagèrent; ils durèrent de longues heures. Le pacte d'amitié fut cependant conclu aux conditions présentées par Stanley. Le terrain de la station de Manyanga fut concédé aux blancs, moyennant un tribut mensuel de deux pièces d'étoffe.

Harou et Stanley ouvrant la marche, toute la masse humaine qui couvrait le plateau, s'éparpilla de nouveau rapidement sur la pente périlleuse de la colline, offrant un spectacle fantastique aux regards des Zanzibarites et des Krouboys restés dans les embarcations.

Sur les bords de la crique, où les gracieux steamers subissaient mollement les caprices d'une eau légèrement ridée par la brise, une cérémonie d'un nouveau genre fut imposée aux vaillants pionniers brisés par l'émotion et la fatigue, mais obligés d'en appeler à toute leur énergie pour se prêter patiemment à une coutume locale.

Les gens de Manyanga, peu ou point confiants dans les promesses de Stanley et dans les arrêts du makoko et des grands, voulaient consulter le devin sur les conséquences futures de l'installation des hommes blancs auprès d'eux.

La croyance au sortilège était profondément enracinée chez ces indigènes. Il était pour eux indispensable de consulter, de battre le fétiche — selon l'expression consacrée pour invoquer les dieux — pour savoir si le voisinage des étrangers n'amènerait pas des épidémies sur le bétail, des défaites dans les combats futurs, des fléaux sur les cultures de manioc ; en un mot, si les blancs n'étaient pas des génies malveillants.

Un sorcier de l'endroit, un féticheur improvisé pour la circonstance, s'avance au centre du cercle formé par la populace accroupie sur les rives du fleuve. Le bruit de ses clochettes retentissantes, attachées en collier autour de son cou et fixées à ses genoux, trouble seul les débuts de la cérémonie. La foule muette attend religieusement les résultats de l'invocation.

Le devin portait autour de sa ceinture, splendide morceau d'étoffe bleue soyeuse, une calebasse et un panier tissé en forme de carquois. La calebasse contenait de grossières verroteries et du maïs sec ; le panier regorgeait des objets les plus divers : ossements humains, légumes desséchés, pierres, morceaux de bâton, noyaux de fruits, os d'oiseau, arêtes de poisson.

Les interprètes de Stanley s'approchent du sorcier et glissent dans les lobes élargis de ses oreilles des instructions toutes particulières.

Ce dernier, qui ne manque pas de malice commence l'opération. Il saisit sa calebasse et la secoue d'une façon frénétique, en prenant une pose inspirée.

Sa face grimaçante levée vers le ciel laisse onduler sur ses larges épaules les noirs anneaux déroulés d'une chevelure longue et épaisse.

Il chante en gigotant, au son de ses clochettes. Bientôt il parle aux esprits, il remue son panier, et dans les objets divers qui viennent au-dessus il lit ce que l'assistance désirait apprendre du passé, du présent et de l'avenir.

Les renseignements les plus rassurants sur le compte des blancs découlent de la signification des objets. Les noyaux de fruit remontés à la surface indiquent d'une façon péremptoire que la présence des hommes nouveaux sera pour la contrée la source de nombreux bienfaits. Stanley et Harou sont les meilleurs des hommes, passés, présents et futurs, leur installation aura l'issue la plus triomphante et le bonheur est réservé à tous ceux qui la faciliteront.

L'effet de cette prophétie fut indescriptible. La population de Manyanga se livra tout entière aux plus folâtres ébats, aux plus copieuses libations. Dans son enthousiasme, elle n'aperçut pas le sorcier occupé à serrer les cadeaux que Stanley et son compagnon lui remettaient, en affectant d'accorder à son savoir une entière confiance et en lui témoignant beaucoup de respect et d'admiration.

Si étranges que puissent sembler aux lecteurs les récits de telles cérémonies, elles se renouvellent fréquemment, et à tout propos, chez les peuplades du centre africain. Il y a deux siècles à peine, les rois de nos contrées d'Europe possédaient leurs sorciers attitrés, les populations de leurs royaumes avaient une confiance aveugle dans les prédictions les plus burlesques des astrologues et des charlatans. De nos jours encore, malgré nos prétentions de peuples civilisés, d'hommes blasés et incrédules, ne lisons-nous pas chaque jour, à la quatrième page des journaux, les annonces mensongères des cartomanciennes, des liseuses d'avenir dans le marc de café, etc., etc., et ne rencontrons-nous pas des personnes même instruites disposées à accorder une foi inébranlable aux élucubrations les plus étonnantes et les plus merveilleuses dictées à des hâbleurs par des tables tournantes ou des esprits évoqués? Ces choses-là doivent nous rendre indulgents pour les nègres ignorants de l'Afrique centrale : au contact de leurs grossiers errements, nous pouvons trouver des leçons.

A peine débarrassés des cérémonieux détails de la prise de possession du territoire de Manyanga réservé à l'établissement de la station, les agents du Comité d'études procédèrent aux travaux les plus urgents d'installation.

Le lieutenant Harou fut désigné pour occuper le poste de chef de station de Manyanga. Le personnel resté au camp de Ndunga rejoignit bientôt cette localité, emmenant non sans de très grandes difficultés le matériel considérable de maisons en bois et en fer, destinées à être placées sur le plateau concédé.

Les premiers jours du mois de mai 1881 furent pour les blancs habitants de Manyanga remplis d'épreuves sans nombre, d'heures terribles de fièvre bilieuse, contre lesquelles la quinine, le calomel, et toutes les drogues pharmaceutiques dont ils disposaient, ne parvenaient pas à réagir.

Stanley lui même, l'intrépide récidiviste africain, l'homme rompu aux intempéries les plus rudes des climats multiples, fut terrassé par les crises implacables de ce mal. Durant vingt jours, en proie au délire parfois, et toujours le jouet des souffrances et de la douleur, l'explorateur traversa des moments terribles de doute, de désespoir, des instants où l'anéantissement de ses forces physiques occasionnait un complet abattement moral, des minutes de prostration complète, où la mort effleurait de sa faux fatale la chaîne heureusement solide qui relie au corps fragile de l'explorateur l'âme fortement trempée d'un héros.

Braconnier, le soldat à qui jusqu'à ce jour les fonctions de garde-malade avaient été inconnues, s'installa au chevet de l'agent supérieur du Comité d'études. L'officier belge prodigua à l'illustre malade les soins les plus dévoués ; l'humanité, le succès de l'expédition, lui faisaient un devoir d'arracher l'homme, le guide expérimenté, aux redoutables étreintes de la maladie. La constante sollicitude du capitaine remplaça la science d'un docteur. Dès les premiers jours de juin, Stanley convalescent organisait avec son ex-garde-malade les préparatifs que nécessitait la marche vers Stanley-Pool.

Le mois de juin fut consacré par les explorateurs tant à établir la station de Manyanga qu'à préparer une expédition nouvelle.

Stanley était à peine hors de danger, que la fièvre bilieuse frappait un autre Européen sur le plateau maudit de Manyanga-nord.

Paul Nève, peu effrayé d'abord par les attaques intermittentes du mal et ne pouvant se décider à l'inaction, avait repoussé les injonctions affectueuses de ses compagnons de route qui lui conseillaient le repos. Il voulait parcourir chaque étape, et marquer chacune d'elles par une création de son intelligence, par un témoignage de son ingénieuse activité.

Dans les derniers jours de mai, l'ingénieur plantait sa tente à côté de celle de Stanley.

Bientôt après, dès le commencement de juin, une escouade de renfort, trente-quatre Zanzibarites, arrivait à Manyanga sous le commandement d'un jeune Allemand nommé Lindner.

Le 11, les steamers *En avant* et le *Royal* quittaient leur dernier ancrage et ramenaient, en remorquant deux allèges, ce même Lindner vers Issanghila.

A cette même date, l'état de Nève empira de telle sorte qu'il fut obligé de s'avouer impuissant. Ses forces physiques l'abandonnaient; l'infortuné se raidissait contre le faix des souffrances, il étouffait dans sa poitrine les râles de l'agonie, mais son corps épuisé n'obéissait plus à son âme. L'âpre désir de guérir, de vivre encore, d'accomplir la durée de son engagement au service de l'œuvre africaine, les instances de ses compatriotes le déterminèrent à reprendre la route de Vivi, où des soins plus attentifs pourraient lui être procurés.

Il s'embarqua et descendit le fleuve.

Arrivé le 22 juin près d'Issanghila, le malade, vaincu par la fièvre qu'activaient les mouvements incessants du bateau, dut s'arrêter et débarquer, avec l'aide des fidèles Krouboys qui l'accompagnaient, au pied de la colline où devaient s'élever bientôt les bâtiments d'une station.

Le lieutenant Valcke, malade lui-même, accourut au-devant de son com-

HUTTE OÙ PAUL NÈVE EST MORT (D'APRÈS UN CROQUIS DU LIEUTENANT VALCKE).

patriote, qu'il trouva défaillant, invoquant la mort, ordonnant aux Krouboys de lui épargner les horribles souffrances d'un transport en hamac jusqu'à la station.

L'officier ne pouvait se résoudre à laisser l'infortuné voyageur exposé sur la grève à l'humidité, au froid de la nuit qui approchait. Sur ses instructions, les Krouboys couchèrent l'ingénieur dans un hamac confectionné à la hâte avec des branches d'arbre, et le transportèrent jusqu'au chimbeck le plus proche, hutte isolée, construite à l'abri de rares sycomores grandis parmi les fougères arborescentes et les herbes d'une vallée.

Le 23 juin, Paul Nève sommeillait encore, lorsque les premiers rayons du soleil, glissant discrètement à travers le store de roseaux qui masquait l'unique fenêtre de la cabane, éclairèrent l'intérieur de la triste demeure dans laquelle il devait mourir. A son chevet, auprès de sa dure couchette, obtenue en reliant ensemble par des lianes résistantes les baguettes cannelées d'un *phœnix spinosa*, Valcke, après une nuit de veille, oubliant sa lassitude, lui préparait une potion calmante. Le brave lieutenant comprenait néanmoins que la science était impuissante à sauver les jours désormais comptés de son ami.

Celui-ci s'éveilla. Son regard, où brillait encore une étincelle de vie, erra çà et là sur le pauvre mobilier de la hutte, puis il s'arrêta avec une douce expression de reconnaissance sur le visage attristé du lieutenant.

« Déjà près de moi, cher garde-malade; merci de vos bons soins. Je me sens mieux; ce matin, ma fièvre a disparu. Ah! le voyage en bateau m'a fait cruellement souffrir. J'éprouve une faiblesse extrême; par instants, d'atroces douleurs, d'horribles tiraillements déchirent mes entrailles. Je sens que je vais mourir bientôt. Mieux que personne j'ai conscience de mon état. Je vous en prie, Valcke, procurez-moi tout ce qu'il faut pour écrire... Je ne reverrai plus notre chère Belgique. Je veux transmettre aux miens de suprêmes adieux... Je le puis aujourd'hui; demain, peut-être, il serait trop tard ! »

Le lieutenant s'empressa d'accéder au vœu du malade.

De son lit de douleur, Nève écrivit à sa famille une lettre touchante, contenant les pensées dernières d'un fils qui s'éteint loin des siens, pensées involontairement empreintes d'amertume, reflet inconscient des regrets d'un homme d'action et de dévouement, arraché trop tôt à l'accomplissement d'une mission glorieuse.

Le 26 juin, à 7 heures du matin, Nève se sentit perdu. Par un suprême effort de volonté, il se souleva sur sa couche, saisit le bras de Valcke, essaya de lui parler encore... Ses lèvres décolorées s'entr'ouvrirent dans un souffle inintelligible, faible et dernier soupir d'une grande âme qui s'envolait.

Les délires cruels de l'agonie lui avaient été épargnés. Nève expirait entre les bras de son compatriote, à qui il eût voulu sans doute exprimer dans une suprême étreinte les remerciements, la reconnaissance qu'il devait à l'ami, au garde-malade, dont l'affection inaltérable et la sollicitude incessante avaient adouci ses derniers instants.

Valcke, épuisé par la fatigue, brisé par l'émotion, étendit sur la dure couchette le corps inanimé du pauvre ingénieur.

Des larmes coulaient silencieusement sur ses joues amaigries; la douleur l'étreignait, il restait atterré, sans mouvement, sans voix, devant le corps de son ami.

Il revit un moment les jours évanouis où son valeureux compagnon de voyage, passager du *Biafra*, plein d'espérance et de vigueur, débarquait sur la terre africaine, jaloux de vouer à l'œuvre de son Roi sa rare intelligence et son activité.

Hélas ! le destin inexorable avait exigé la vie; Nève succomba sans fiel, sans courroux, sans proférer une plainte, comme savent mourir pour les plus nobles causes les plus héroïques martyrs !

Le lendemain, Valcke achetait du roi nègre d'Issanghila la concession d'un terrain voisin de la cabane où gisait le défunt, situé au pied d'une colline, où croissaient en abondance mille sortes de graminées, de fougères et d'arbrisseaux.

La fosse fut creusée au milieu de ces plantes.

A l'heure de l'inhumation, tout le personnel de la station d'Issanghila, qui se composait d'une vingtaine de Zanzibarites arrivés le 25 juin de Vivi, sous le commandement d'un jeune officier belge, le sous lieutenant Janssen, escorta l'ingénieur belge à sa demeure dernière.

Les blancs, les Zanzibarites réclamèrent à tour de rôle le droit de porter la civière où le cercueil du défunt, fabriqué avec les planches du bateau qui l'avait amené, disparaissait sous des monceaux de fleurs.

Sur les bords de la fosse, les noirs se rangèrent en cercle; puis chacun d'eux jeta dans ce vide sa pelletée de sable.

La fosse ainsi comblée, on la couvrit d'un amas de pierres.

Sur cette tombe, un religieux accouru d'une mission voisine, récita la prière des morts.

Deux jours après, Janssen obéissant au vœu religieux que Paul Nève avait souvent exprimé à Valcke avant de mourir, planta sur ce mausolée une simple croix noire, sur laquelle étaient gravées les initiales · P... N...

L'escorte regagna silencieuse et triste la station d'Issanghila.

Les jours suivants, Valcke, avant de partir pour l'Europe, revint bien des fois visiter le tombeau de son ami.

Le lieutenant, malade, assombri par la perte irréparable d'un compatriote qu'il avait en vain essayé d'arracher au trépas, voulait apporter aux parents, aux amis du défunt, un consolant témoignage de délicate et affectueuse condoléance.

Sous son crayon habile, l'officier fit revivre les lointains paysages témoins des étapes les plus douloureuses de l'infortuné voyageur. Nous devons à l'obligeance de personnes qui furent chères à Paul Nève la faveur de pouvoir reproduire dans ce livre les dessins du lieutenant Valcke : la hutte où Nève expira, l'enclos où il dort du sommeil éternel.

Au cours destructeur des années, la cabane où le pionnier belge a rendu le dernier soupir peut s'effondrer sous la tempête, les pierres disjointes de son tombeau peuvent disparaître sous le tissu des lianes sauvages et des ronces épineuses ; il appartient au patriotisme d'élever un monument plus durable à la mémoire d'un concitoyen tombé prématurément loin de sa famille, de sa patrie, au service d'une noble cause, dont le succès honore aujourd'hui le Roi et la nation belge et profite à l'humanité.

A l'auréole du travailleur actif et valeureux, du coopérateur méritant de l'œuvre africaine, Paul Nève a joint la palme du martyr ; son nom restera attaché à l'une des plus hardies et des plus grandioses tentatives de notre époque ; sa page brillante, hélas ! trop courte, sera enregistrée au chapitre immortel des Annales de l'État du Congo ; les pierres de son tombeau sont le marche pied de sa gloire.

La gloire ! Elle veut des héros amis du sacrifice, des hommes qui, devant l'exil et les dangers, ne sachent pas trembler, des cœurs que rien n'arrête, des âmes prêtes à tous les dévouements ! Comme une étoile d'or scintillant au front des nuits, elle brille et dirige vers les régions lointaines et périlleuses du centre africain deux champions jeunes, aventureux, que le glas funèbre de la mort de Paul Nève, retentissant à leur arrivée, attriste, mais n'arrête pas.

Ces deux braves, qui viennent au Congo trouver la tombe avant la renommée, sont deux officiers de l'armée belge : Janssen (Eugène), sous-lieutenant au 6me de ligne, Orban, sous-lieutenant au 6me d'artillerie.

Ce dernier occupa à Vivi le poste de chef de station, et fut attaché au service des transports. Autour de lui se groupait à l'époque de son arrivée (juin 1881) une petite colonie belge. La station de Vivi comptait en effet deux mécaniciens belges : Gérard (Lambert), Marit. Germain ; en outre un jeune élève de l'Institut commercial d'Anvers, Callewaert (Charles), des fonctions d'agent magasinier.

Nous laisserons Orban remplir à Vivi la haute mission que lui a confiée le Comité d'études, et son compagnon Janssen s'apprêter à construire les bâtiments de la station d'Issanghila.

La fin de juillet 1881 nous ramène, comme événements saillants, à Manyanga, où sont encore Stanley, Braconnier et Harou.

Nous avons dit que Manyanga-nord est un marché très en faveur chez les tribus indigènes environnantes. Les gens des pays d'amont, Ngogo, Kakongo, Ntommbo-Matako, Ngommbi, Hemmba, Kinngonna, Souki, etc., y

TOMBE DE PAUL NÈVE (D'APRÈS UN CROQUIS DU LIEUTENANT VALCKE).

rencontrent chaque semaine les habitants de Ndunga, ceux de Mbou, les Bakongo et les Bacessé.

Le 25 juin, un jour de grand marché, un noir de l'expédition amena, contrairement à la coutume locale, une chèvre et deux porcs pour essayer de les vendre. Ce fait bien simple en apparence fut considéré par les indigènes comme un outrage, un attentat aux usages reçus ; l'indignation publique soulevée se vengea sur les animaux, en maugréant contre les étrangers. La chèvre et les porcs furent coupés en morceaux, et leurs débris jetés au loin. Il fallut distribuer de nombreuses bouteilles de gin au public courroucé, pour le distraire de sa rage contre les habitants de la station nouvelle. Échauffés par le gin, les nègres de l'endroit cherchèrent au fond des gourdes de malafou une ivresse telle qu'ils en oublièrent leur grief.

Les travaux de la station avançaient promptement sous les ordres du lieutenant Harou; mais des objets indispensables étaient impatiemment attendus par lui, au retour des steamers partis sous le commandement du jeune Allemand Lindner.

Chaque jour, les habitants blancs du plateau de Manyanga, grimpés au sommet du versant dominant le fleuve, interrogeaient anxieusement les eaux fougueuses du courant et les sinueux replis des rives, dans l'espoir de voir apparaître les messies attendus, le *Royal*, l'*En Avant*, les allèges, aux flancs bondés de matériel, et porteurs de nouvelles d'Europe, de la patrie, et des compagnons de voyage échelonnés au long des escales déjà parcourues.

Le 10 juillet, dès l'aube, la population laborieuse de Manyanga-nord s'éveillait; les charpentiers Krouboys munis de leurs outils escaladaient les échafaudages des bâtiments en construction; les Zanzibarites et les Kroomen, la pioche sur le dos, la hache sous le bras, se rendaient, en chantant leur refrain monotone, aux champs voisins, terrains fertiles qu'ils devaient transformer en luxuriantes bananeraies, lorsque des coups de feu bruyants partirent du pied de la colline.

Braconnier et Harou se réveillent en sursaut. Les mêmes détonations se font encore entendre.

Est-ce une attaque?

Les officiers se lèvent précipitamment, arrivent au bord de la crête, et reconnaissent avec un bonheur indicible les gracieuses embarcations de la flottille mollement caressées par les eaux murmurantes dans la crique de Manyanga.

C'est le courrier si longtemps désiré; c'est le travail assuré, ce sont les lettres promises... Braconnier et Harou courent prévenir Stanley, et tous trois descendent, bondissent sur la pente escarpée de la colline, empressés qu'ils sont d'arriver sur les bords de la baie.

« Capitaine Anderson, eh bien, quoi de nouveau?... Combien nous vous sommes reconnaissants que vous soyez enfin arrivé... Mais, comment qu'est-il advenu? D'où vient la tristesse inusitée qui se lit sur votre visage?

— Hélas, messieurs, votre joie va se changer en deuil. Je suis un messager de mauvaise nouvelle. Tenez, monsieur Stanley, lisez cette lettre de Lindner; elle vient d'Issanghila. »

Stanley saisit avec une ardeur fébrile la missive qui lui est si funèbrement annoncée. Braconnier et Harou attachent leurs regards sur l'Anglais.

Soudain son visage, d'ordinaire impassible, pâlit, se contracte. Un frisson, un tressaillement, traversent le cœur de cet homme d'airain. Stanley interrompt sa lecture, et d'une voix palpitante d'émotion douloureuse

« Paul Nève est mort, messieurs ! nous perdons un brave et loyal camarade, une force intelligente et active... »

Puis Stanley s'arrête... Il avait vu briller comme des larmes dans les yeux des deux officiers.

Le 15, Braconnier partait en éclaireur, commandant une assez forte troupe d'indigènes, sur la route hérissée d'obstacles, par laquelle devaient être amenés quatre jours plus tard, avec l'aide de toutes les forces humaines dont disposait à Manyanga la colonne expéditionnaire, et l'assistance de deux cent-dix indigènes engagés à cet effet, le steamer l'*En Avant* et les allèges, au delà de la cataracte de Manyanga.

Stanley, confiant la direction des embarcations à l'Allemand Lindner, rejoignit Braconnier le 20 juillet, à la halte de Mungala, sur la rive nord du fleuve.

Pour arriver à ce campement, on avait eu à parcourir un territoire peu populeux, un sol entrecoupé de ravins, de lits de torrents desséchés, et à passer quatre rivières assez considérables, tributaires du Congo, affluents au nombre desquels il convient de citer celui nommé Mbéka.

Le 21, après une marche pénible à travers une contrée montueuse, dont les ondulations créaient une foule de vallées boisées arrosées par des cours d'eau, les explorateurs arrivaient à Mpakambendi.

En amont de ce point commence la gorge étroite et profonde à travers laquelle le Congo roule ses eaux entravées par des amas de blocs erratiques, des projections rocheuses, entre des rives composées de gneiss, stratifié horizontalement, de grès surmontés de masses granitiques, et çà et là d'une saillie de trapp de couleur très sombre. Au-dessous, le fleuve ne rencontre plus que des banquettes d'un schiste verdâtre, battues et broyées par les eaux au point que les rapides n'occasionnent plus de tourbillons ou de ressauts de lames. La surface liquide est toujours houleuse; tantôt elle est ridée par de petites vagues, ailleurs elle présente de larges bandes d'écume.

Continuant à longer, par voie de terre, la rive nord du fleuve, Braconnier et Stanley traversèrent le district de Zinga habité par les Babouenndé. En face, sur la rive gauche, les indigènes se nomment Bacessé.

Les naturels des deux rives vivent presque exclusivement des produits de la pêche.

Chaque jour, à sept heures du matin, les riverains se dirigent vers la cataracte de Zinga, les deux bords de la chute ayant chacun leurs rocs séparés, entre lesquels s'élancent des bandes étroites d'eau écumeuse où sont placées les pêcheries.

Du côté de Zinga, une trentaine de filets sont constamment tendus aux habitants des eaux. Mais nul pêcheur n'en peut lever un seul avant que l'un des makokos, ou l'un des princes héritiers ne soit arrivé.

Lorsque le chef attendu est présent, les filets sont ramenés; ils enserrent presque toujours des brochets, des poissons-chats *(Pimelodus* de Cuvier), silure dont la chair grasse est estimée et qui a la tête pourvue de longues barbes, des serpents d'eau, des anguilles, des *Polypterus*, et mille sortes de poissons communs aux lacs et aux rivières de l'Afrique, véritables puits pour la science ichtyologique.

Si la pêche est abondante, les gens de Zinga l'annoncent aux Bacessé de l'autre rive en poussant des cris de joie éclatants; de leur côté, les Bacessé font connaître par la même ligne aérienne, avec des voix formidables, les résultats heureux de leurs coups de filet.

Ces populations n'inquiétèrent nullement les voyageurs. Plusieurs indigènes se rappelaient le récent séjour que Stanley avait fait dans leur contrée; ils demandaient à l'explorateur des nouvelles du *Lady-Alice* et des nombreuses pirogues qui avaient autrefois descendu le fleuve sous la conduite de l'homme blanc.

Ces gens étaient assez aimables, mais il était difficile de se procurer chez eux des aliments, des vivres de résistance.

Bien que les Babouenndé aient l'habitude de porter constamment sur leurs épaules un havresac, sorte de carnier fait avec des fibres du palmier crucifère *(Hyphœne thebaica)*, leur pays est très pauvre en gros gibier. Cependant Braconnier, désireux de modifier un peu le menu habituel des repas, généralement composé de conserves, riz, haricots, lentilles, moandas et chicoandas, résolut de profiter d'une halte faite au milieu d'une population hospitalière, pour se livrer à l'exercice à la fois utile et agréable de la chasse.

Bien que fatigué, il s'éloigna du camp pour parcourir un petit bois assez touffu.

Il errait déjà depuis plus d'une heure sans y rien trouver, lorsque, retournant vers le bivouac, il aperçut deux petites antilopes qui paissaient dans une clairière.

Il se rapprocha sans bruit; à plus de cent mètres, sa présence fut découverte. Le mâle sauta sur un rocher d'où il pouvait scruter attentivement les profondeurs du bois; la femelle, l'oreille en alerte, flaira le sol autour d'elle. La distance était grande, le capitaine Braconnier ne pouvait toutefois hésiter. Il visa l'animal grimpé sur le rocher, et eut la satisfaction de le voir tomber en bas. L'autre, au bruit de la poudre, s'élança vers le bois;

CHUTE DE LA RIVIÈRE D'EDWIN ARDOLD.

Braconnier visa de nouveau; le coup partit; l'animal d'un seul bond disparut sous les arbres.

Un jeune nègre, qui avait accompagné le chasseur, — nous pourrions dire le braconnier, — courut chercher l'antilope tuée. Puis, au lieu de s'arrêter au rocher où le premier animal était tombé, il continua sa course et s'enfonça dans le bois.

Braconnier arriva à son tour et au bas de la roche il découvrit, baigné de sang, un gracieux petit animal, une antilope variété de *bushbok*

Le nègre sortit à son tour du bois, pliant sous une lourde charge. C'était la seconde antilope. Braconnier allait heureusement ravitailler de chair excellente la colonne expéditionnaire.

Il retourna au camp, portant sur son dos l'une de ses victimes, et suivi du nègre et de son fardeau. Inutile de décrire l'enthousiasme avec lequel furent accueillis les porteurs de gibier.

Stanley invita les makokos du district à partager le copieux festin du soir. Ces chefs refusèrent. Les indigènes, par coutume, ne mangent jamais d'un gibier qu'ils n'ont pas tué et saigné eux-mêmes.

De Zinga, les pionniers réconfortés s'avancèrent vers le nord-nord-ouest, suivant les capricieuses sinuosités du fleuve.

Ils entrevrirent Mowa, entouré de palmiers aux gerbes élégantes, et s'arrêtèrent un instant pour contempler une merveille de la nature africaine : la belle cascade de l'Edwin-Arnold.

L'Edwin-Arnold est une rivière assez importante qui roule en cascades ses eaux blanchies d'écume dans un lit encaissé par des collines rougeâtres, çà et là couvertes de bois, et qui se précipite dans le Congo du haut d'une falaise verticale, élevée de trois cents pieds. La force du courant est telle, que la rivière tombe sur les rochers du fleuve à plus de trente pieds de la berge.

La chute de l'Edwin-Arnold n'a pas le caractère imposant des grandes cataractes du fleuve. Les masses de verdure se mêlent aux roches de la falaise et aux jets d'eau de telle façon qu'il en résulte un ensemble harmonieux, comme si le pinceau d'un grand artiste avait achevé ce tableau parfait.

Les marcheurs franchirent difficilement le lit de la rivière, puis ils continuèrent à gravir les escarpements boisés, les falaises colossales au bas desquelles le fleuve rugissait avec violence, roulant ses vagues brunes, à crête blanche, sur les quartiers de roches entassés au bord des rives, roches énormes, inondées sans cesse d'une pluie d'écume, d'une brume de vapeurs.

Le pays rappelait à Stanley le triste souvenir de la mort de Frank Pocock, l'infortuné compagnon de son premier voyage au continent mystérieux. Et dans la nuit silencieuse et calme que l'on dut passer au-dessus de la gorge étroite de Mowa, l'explorateur anglais, incapable de trouver le sommeil, vint promener ses mornes pensées sur les crêtes hardies de falaises où montait comme un tonnerre le vacarme saisissant des chutes de Massassa.

La lune, toute grande au-dessus de la paroi méridionale du gouffre, jetait sa clarté funéraire sur une scène furieuse.

Le fleuve se tordait en sifflant, roulait sur lui-même, et se précipitait avec un bruit terrible dans un chaos de vagues irritées.

CHUTES DE NASSAUE.

Le 22, aux premiers feux du jour, les explorateurs s'arrêtaient près du village de Nzabi (rive droite).

C'était jour de marché.

Sur la plage animée de la baie de Nzabi, les noirs babouenndé, bacessé, batéké, grands gars au teint foncé, aux figures rébarbatives, se distinguaient des nègres bacongo, bazommbo, à la couleur d'un brun roux, aux traits du visage composant un ensemble agréable.

Les uns et les autres échangeaient, avec force cris et gestes, les articles les plus divers empruntés à l'industrie européenne, à la culture et à la fabrication locales.

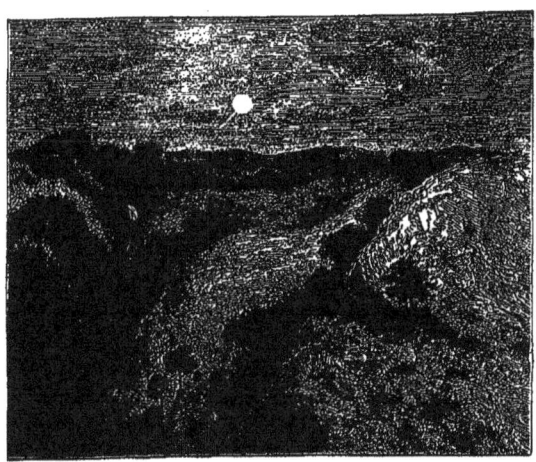

VUE PRISE DU PLATEAU DE MOWA.

Entre leurs mains on voyait des produits de Delft, des poteries anglaises: assiettes, pots, cuvettes, cuillers de fer galvanisé, coutellerie de Birmingham; d'autres offraient du sel, de la poudre, des étoffes, de la verrerie, de la quincaillerie, en échange de l'huile et du vin de palme, des arachides, maïs, pains de cassave, racines de manioc, ignames, cannes à sucre, haricots, poterie indigène, oignons, citrons, bananes, goyaves, limons doux, ananas, cochons noirs, chèvres, volailles, œufs, ivoire, et en outre, spectale hideux, quelques esclaves, créatures sans forces, amenées à la chaîne des districts les plus lointains des Bassoundi du nord et des Batéké.

Les explorateurs dressèrent leurs tentes auprès de ce marché, sur la lisière d'une forêt d'arbres gigantesques, magnifiques spécimens de la végétation tropicale.

Bientôt après, Braconnier et Stanley, dirigeant leurs noirs marmitons, procédaient à la préparation délicate d'un mets tout à fait inconnu aux princes de l'art culinaire en Europe.

Les cuisiniers commencèrent par rincer dans l'eau fraîche et limpide d'un ruisseau voisin quelques cimes choisies de manioc, et les broyèrent ensuite au moyen d'un mortier dans un pilon rempli également avec l'eau du ruisseau. Ces feuilles, une fois réduites en une bouillie verte, les blancs y firent ajouter cinquante arachides, trois petites ignames de l'espèce ailée (*Dioscorea alata*) bouillies et coupées en tranches après refroidissement; une cuillerée d'huile d'arachide, une autre de vin de palme, un peu de sel, et une quantité suffisante de piment en poudre.

Le tout fut pilé, longuement tourné, et l'admirable mélange ainsi obtenu composa une excellente friture, grâce à l'action ardente d'un feu de broussailles desséchées.

Le mets confié à un plat de Delft fut déposé, sous la tente de Braconnier, sur la boîte à médicaments servant de table à manger.

Cette ingénieuse macédoine fut savourée, à grand renfort de tranches grillées de pain de cassave et de verres de malafou, par les explorateurs satisfaits d'avoir pu varier leur ordinaire.

D'autre part, les Zanzibarites, les Krouboys, les Kroomen, tous les noirs compagnons des vaillants pionniers, se délectaient de plats confectionnés à la sempiternelle huile de palme. Quelques-uns, plus gourmets, avaient voulu s'offrir sans bourse délier, ou mieux sans donner en échange la moindre perle bleue, le plus petit bout d'étoffe, un des nombreux poulets qui picoraient dans un champ de maïs peu éloigné du camp.

Surpris en flagrant délit de torsion de cou du volatile par des indigènes de Nzabi, ces noirs de l'escorte furent à leur tour saisis par les épaules et traînés captifs devant le makoko de l'endroit.

Ce puissant chef qui ressemblait — raconte un voyageur — à l'un des grands hommes d'État de la vieille Angleterre (dans ce cas là l'honneur était tout entier pour le makoko), se hâta de réclamer aux blancs une rançon d'environ mille francs payable en fusils ou étoffes, pour rentrer en possession des prisonniers.

Stanley et Braconnier, troublés dans leur digestion par le tapage et par la demande intempestive du souverain, conduisirent avec une telle diplomatie les pourparlers nécessaires au rachat des coupables, qu'ils obtinrent leur liberté moyennant une quantité d'étoffe valant environ cinquante francs. C'était bien assez cher pour le maigre poulet que les noirs n'avaient même pas eu le loisir d'apprêter.

Cet incident amiablement terminé, les voyageurs quittèrent le district de Nzabi, en route vers Stanley-Pool.

Alors, en parcourant le plateau qui domine la gorge des cataractes d'Inkissi, les marcheurs se heurtèrent à des difficultés innombrables et furent en butte aux plus désagréables inconvénients des contrées tropicales.

A chaque instant il fallut se servir des pioches et des haches pour s'ouvrir un passage dans des angles de forêts séculaires. Des arbres géants, des taillis épais d'arbrisseaux, des broussailles menaçantes, s'écartèrent sous les coups vigoureux des outils, ou les éclats tout-puissants de la poudre de mine, et livrèrent, à travers les méandres sinueux de leurs lianes tombées à terre, une route accessible au personnel et aux chariots de l'expédition.

Mais si, au prix de fatigues excessives, les obstacles végétaux s'inclinaient devant la force et l'intelligence humaines, des nuées d'êtres presque invisibles, des insectes de mille espèces différentes vengeaient cruellement sur les membres des travailleurs, les ravages occasionnés à leurs demeures verdoyantes. Des djiggas du Brésil (puces pénétrantes), des filaires, des entozoaires, des insectes multiples se disputèrent le corps des hommes blancs et noirs de la cohorte exploratrice. Toute cette vermine labourait d'écorchures, ou couvrait de tumeurs, les mains, les pieds, les bras, les jambes des marcheurs.

Les plaies douloureuses, les érosions de la peau, provenant des piqûres pénétrantes de ces dangereux ennemis, eussent dégénéré rapidement en ulcères, si les hommes qui en étaient les victimes ne se fussent hâtés de les cautériser aussitôt.

Malgré cette première opération, ces blessures tenaces lavées, brûlées, pansées deux fois par jour, mettaient des semaines entières à se guérir.

En certains point le sol était couvert, ou plutôt recouvrait tout un monde de fourmis blanches (termites).

Les voyageurs apercevaient à quelque distance comme des demeures de nègres, une sorte de hameau extraordinaire. Lorsqu'ils étaient plus près, ils reconnaissaient des constructions de termites assemblées en groupe considérable, ayant des sommets coniques faits d'argile blanchâtre pris par les insectes dans le sous-sol.

Les habitations de ces êtres industrieux, faites avec des matières très résistantes, sont si solides, que bien que l'intérieur en soit divisé en cellules comme un rayon de miel, c'est à peine si la balle d'un martiny y peut pénétrer à une profondeur de cinq ou six centimètres.

Des Kroomen de l'expédition mangèrent à pleines mains de ces termites crus; ce fut pour eux un vrai régal.

Ils choisissaient de préférence ceux de ces insectes occupés dans les bois à leur besogne quotidienne; les termites montant sur les arbres ou en descendant, marchant dans tous les sens, n'essayaient en aucune façon de se dérober à l'appétit des nègres.

Quant aux blancs, une nourriture de ce genre leur paraissait trop indigeste, trop répugnante; aussi se hâtaient-ils de franchir les amas de nids de termites et d'arriver à des habitations occupées par des bipèdes plus intéressants pour eux que les fourmis.

Le 24, ils recevaient des populations du district de Ngoma un accueil dont le charme était doublé par le délicieux paysage qu'offrait la luxuriante végétation du sol dans cette contrée.

CHAPITRE IX

Ngoma. — Passage à gué du Lubamba. — Les Batekés. — Le fusil fétiche. — Sur la colline de Kinduta. — Le clown de Bwabwa-Njali. — Récolte du vin de palme. — Chez Gamankono.

ES huttes de Ngoma sont éparses sur les falaises escarpées de la rive droite, à l'endroit où commencent les chutes « terrifiantes » qui portent le nom d'*Inkissi* (le charme). On dirait autant de nids de pirates adossés aux troncs de majestueux bombax et de magnifiques arbres appartenant à la puissante flore du centre africain.

La gorge que ces falaises commandent, d'une largeur d'environ cinq cents yards, sert de lit au fleuve courroucé.

Les eaux n'y sautent plus de hauteurs déterminées; leur cours présente un pêle-mêle de vagues tournoyantes qui se heurtent, se dressent, se confondent au milieu du courant et produisent un chaos de lames se poursuivant et s'écroulant avec un fracas inouï, sur un parcours de plusieurs milles.

Au pied des falaises de Ngoma se trouve une île longue qui semble avoir fait partie du plateau supérieur et être tombée à plat dans le fleuve, sous la violence de quelque tempête. Les monceaux de ruines, les plaques épaisses, les blocs de trapp accumulés sur les rives, semblent témoigner que la gorge est due à un affaissement subit des montagnes qui l'enserrent.

Le territoire est merveilleusement riche, bien que peu cultivé. Les pentes sont couvertes de bois, de terres fertiles où croissent en abondance les végétaux à fruits délicieux des contrées tropicales, qui prodiguent une ample nourriture aux indigènes, à des troupeaux de chèvres, de cochons noirs et à des milliers de volatiles.

Les voyageurs, peu soucieux de séjourner dans ce district, songèrent à s'en éloigner après quelques heures de halte.

Devant eux la route devenait impraticable. Une large montagne de deux cents pieds était le premier obstacle; plus loin, les berges montueuses du fleuve étaient encombrées de sites boisés, d'espaces hérissés de quartiers de rochers, de cols à pic livrant passage à des ruisseaux.

Marcher en avant avec les lourds wagons de voyage charriant les bagages innombrables de l'expédition paraissait une irréalisable utopie à l'escorte noire de Stanley et Braconnier.

Les Européens eux-mêmes avaient pâli devant la difficulté de poursuivre leur route. Un sentiment de doute indescriptible se peignait sur leurs visages. Allaient-ils échouer contre des obstacles matériels? Devraient-ils reculer devant des falaises à escalader, des forêts vierges à traverser, des lits de rivières à franchir? Céderaient-ils au mauvais vouloir, à la terreur de leurs serviteurs rebutés, semblant croire à la fin du monde et fixant sur leurs chefs des regards effrayés?

Ils se consultèrent un instant.

« En route! en route! commandèrent à la fois Stanley et Braconnier à leurs interprètes, de cette voix brève et impérieuse devant laquelle s'effacent les hésitations et cessent les murmures, faites atteler les wagons par les Zanzibarites, donnez les pioches aux Kroomen, les haches aux Kabindas. Nous hisserons, s'il le faut, les chariots jusqu'au sommet de la montagne; les quartiers de roches sauteront à la mine, les arbres tomberont sous le tranchant des outils.

Les ordres furent traduits. Les indigènes de Ngoma les avaient entendus

Ils s'enfuirent aussitôt pour mettre en sûreté leurs cochons noirs, leurs volailles, leurs chèvres, répandant partout le bruit que les hommes blancs voulaient faire voler les chariots par-dessus la montagne.

Sur la rive gauche, des centaines de Bacessés, accourus aux cris de leurs voisins sur les falaises dominant les chutes, assistèrent en curieux tapageurs au départ de la caravane exploratrice.

Les wagons de voyage qui s'apprêtaient selon les naturels à voler par-dessus les monts, étaient chacun une lourde construction de fer et de poutrelles, longue de 6 à 7 mètres, large de 1^{m}8 à 2 mètres, portée sur quatre grosses roues de bois et traînée par vingt-quatre ou trente mules soumises à des traits vigoureux, attelées à un long cordage fixé au bout des timons du chariot.

Ces véritables maisons roulantes contenaient les bagages, les marchandises, les objets destinés au campement des voyageurs, et les matériaux, pièces de bois, de fer, propres à élever les premiers bâtiments indispensables d'une station future.

Avec une admirable habileté, Stanley, grâce à son expérience des voyages, avait dirigé la construction de ces merveilles offrant aux pionniers de l'exploration des aises relatives pour transporter les plus volumineuses cargaisons.

Après une halte, le départ est toujours une grosse affaire. Il y a tant de choses à mettre en ordre, à réparer; c'est toujours au dernier moment qu'on s'aperçoit de la rupture d'un trait; les fouets manquent de cordelette ou de mèche; les moyeux des roues ont besoin d'être raccommodés; les mules sont mal attelées; enfin des misères sans nombre viennent toujours retarder l'instant fixé pour le départ.

Néanmoins, toutes précautions prises, la caravane s'ébranle. Braconnier ouvre la marche, escalade les premiers escarpements de la montagne, dirige les Kabindas qui abattent par-ci par-là les broussailles gênantes, et fait rattacher par des cordages les roues épaisses des chariots aux troncs volumineux des arbres, aux pointes des rochers isolés sur la pente à gravir.

De loin en loin, les Kroomen minent des bancs de roches qui volent en éclats avec un bruit terrible.

Stanley marche près des wagons, excite les Zanzibarites de la voix et du geste; il s'accroche parfois avec eux aux roues d'un pesant chariot pour aider aux passages les plus abrupts les fortes mules au corps tendu sur le collier, accrochant leurs sabots aux grès, aux fourrés de broussailles de la route, s'échauffant, s'animant et gagnant du terrain malgré tous les obstacles.

Quelques heures plus tard, le sommet de l'escarpement était atteint.

L'exploit s'était accompli sans causer rien d'inquiétant pour les gens de Ngoma. Les cochons ne s'étaient pas effrayés, les poules n'avaient pas émis de gloussement inusité, les chèvres n'avaient pas disparu. Les chefs de Ngoma et plusieurs Bacessés de la rive gauche s'empressèrent de venir féliciter les étrangers qui avaient pris d'assaut le plateau élevé ; les blancs avaient ordonné une halte nouvelle pour laisser souffler les animaux rendus et reposer les hommes éreintés.

Profitant des dispositions favorables des indigènes, Stanley négocia avec eux un achat considérable de rotangs destinés à remplacer les câbles usés.

Les tiges de cette plante, très flexibles et résistantes, font, tressées ensemble, des cordages excellents.

La lutte contre les difficultés du chemin fut reprise et menée victorieusement, grâce à l'énergie indomptable des vaillants pionniers du Comité d'études.

Les marcheurs purent apercevoir sur la rive opposée un village important des Bacessés, Nsanngou, dont les palmiers et les champs couronnaient une terrasse projetée par une chaîne de montagnes, chaîne dont ils distinguaient les pentes richement boisées et les sommets rocailleux.

Les habitants de ce village envoyèrent à la caravane en marche une députation chargée de remettre du vin de palme, des racines de manioc, et surtout d'espionner, de savoir où allaient ces hommes étranges guidant sur les crêtes montueuses, à travers les bois, sur les rochers, d'immenses huttes à roues traînées par tant de quadrupèdes.

Plus loin, l'expédition traversa sans danger, mais non sans fatigues, le district de Msoumbou, dernier village du territoire des Babouenndé, et elle obtint enfin un passage plus facile dans le voisinage de la rivière Lubamba, nommée Nkenké à son confluent avec le Congo.

Comme il eût été impossible de franchir à son embouchure cet enfer aqueux, plein de rugissements et d'abîmes, la caravane s'arrêta près du bois qui masquait le torrent s'écroulant en bruyantes cascades dans les eaux du Congo.

Braconnier et quelques Kabindas suivirent le bord de la rivière pour l'examiner attentivement et essayer d'y trouver un gué où les wagons pourraient passer.

Après de longues recherches, au sortir du bois, ils découvrirent une clairière où fourmillaient des nègres porteurs d'arachides et des matouts pliant sous des fardeaux d'ivoire.

Ces gens, groupés sur les rives du Lubamba, suivaient les sinuosités décrites sur les eaux de la rivière par un bac indigène, un radeau fait de larges planches de teck solidement attachées par des cordages en rotang, et transportant d'un bord à l'autre de noirs passagers. Accroupis dans les poses les plus diverses, les uns causant avec animation, les autres chantant des refrains monotones, ou bien battant le fétiche, invoquant les idoles détachées de leurs ceintures, tous ces individus attendaient leur tour de transbordement.

L'EMBOUCHURE DU NKENKÉ.

A la vue de Braconnier et de son escorte, la curiosité la plus vive se lut dans les yeux de chacun.

Bon nombre d'entre eux cependant, connaissant les blancs des factoreries de la côte, calmèrent les appréhensions de la foule et s'avancèrent même au devant de l'officier.

Les *m'boté*, salutations d'usage, furent échangés aussitôt. Braconnier put facilement obtenir de tous ces indigènes la promesse de leur concours pour aider les convois de l'expédition à passer le Lubamba.

Les wagons furent amenés dans la clairière et déchargés sur la rive.

Les noirs de l'escorte et les nègres de bonne volonté, plaçant sur leur tête chacun un ballot des marchandises ou des bagages de l'expédition, entrèrent dans la rivière. L'eau recouvrait leur ceinture, mais ils purent s'acquitter de leur besogne avec une aisance due à leur force herculéenne et à l'adresse née de leur habitude à surmonter les obstacles.

Au bout de quelques heures, tout le contenu des wagons était transporté sur la rive opposée.

Les blancs à leur tour, Stanley et Braconnier, se hissèrent sur les épaules de robustes Zanzibarites, heureux de transporter eux-mêmes leurs maîtres dévoués.

Les wagons vides suivaient, traînés par les mules qui s'étaient décidées, après bien des coups de fouet et les injonctions furieuses de leurs conducteurs, à affronter à la nage les eaux rapides du Nkenké.

Le spectacle des animaux nageant et tirant les chariots avait soulevé l'enthousiasme des nombreux témoins indigènes, étrangers à l'expédition. Ils promenaient leurs regards étonnés sur les lourdes voitures parvenues saines et sauves à terre et toutes couvertes de limon et de plantes aquatiques brusquement arrachées au lit fertile du torrent.

Malheureusement ce nouvel exploit de la cohorte d'exploration donnait lieu à un triste épisode, à un déplorable accident.

Dans la confusion et le désordre inévitablement amenés par la précipitation des indigènes qui se disputaient la première place pour emporter les colis, un jeune Zanzibarite, enfant de quatorze à quinze ans, tomba à la renverse dans le fleuve et fut entraîné, saisi par le courant, avant que son vieux père, fidèle serviteur de Stanley, eût pu se rendre compte des conséquences irréparables de la chute.

Le corps du malheureux fut ramené sur la berge; ses funérailles eurent lieu aussitôt, suivant la coutume des Zanzibarites.

Braconnier et Stanley assistèrent à cette triste cérémonie. Debout, la tête découverte, à côté de la fosse creusée à la hâte, ils se sentaient émus en regardant le père de la victime pleurer comme un enfant devant la terre qui tombait sur le cadavre glacé du noyé.

En s'éloignant de cette rive du Lubamba, Braconnier pensait involontairement à la mort de l'infortuné Nève, compagnon de ses premières étapes, son ami, son compatriote. Il se demandait si la science avait le droit d'exiger de pareils sacrifices; si l'homme civilisé, pour satisfaire son vaniteux désir d'ajouter encore un atome de connaissances à celles qu'il a déjà acquises, est justifié de disposer ainsi de sa propre vie, de celle de ses semblables, de s'immoler ou de sacrifier sans plus de souci des créatures humaines à une idole aussi vaine que les autres.

L'officier belge cherchait en vain une réponse satisfaisante à la question précédente. Ce doute, un instant évoqué, passa rapide sur le front de l'explorateur, sans altérer son énergique résolution de se dévouer corps et âme à l'accomplissement de la mission qui lui était confié.

Il songeait ainsi, porté par une mule vigoureuse détachée de l'attelage d'un chariot, avançant toujours en éclaireur.

Le sol au delà du Nkenké présentait peu d'obstacles sur une assez longue étendue, le long des berges du Congo. Mais le fleuve en amont du vaste bassin formé à l'embouchure du Nkenké était bordé de piles rocailleuses contre lesquelles se brisaient en grondant et en sifflant les eaux furieuses du courant échappées des tourbillons, des remous, des abîmes aqueux formés par les rapides baptisés par Stanley en 1877 du nom de son célèbre canot : « rapides *Lady-Alice* ».

La voix des éléments, augmentée du vacarme de la cascade énorme du Nkenké qui tombait dans le fleuve d'une hauteur de trois cents mètres, formait un étrange concert, bien fait pour arracher le capitaine à ses pensées.

Le bruit de la cascade était pareil au grondement d'un tonnerre lointain. Le roulement des rapides *Lady-Alice*, sur leur dernière ligne de brisants, produisait l'effet du clapotage des vagues poussées par l'ouragan contre les récifs d'une plage océanique; en aval, une cataracte ajoutait son mugissement étouffé à cet infernal orchestre d'eaux furieuses ou tombantes.

Arrêté un instant près du gouffre d'où montait l'étourdissant fracas. Braconnier attendit l'arrivée du personnel et des bagages en contemplant la scène imposante qui se déroulait devant lui.

Le fleuve, accéléré par une chute en amont des rapides *Lady-Alice*, rencontrait une île étroite, formée par une crête rocheuse; puis, obstrué par cette chaîne qui le divise, il se ruait de chaque côté en vagues horizontales se heurtant au centre du courant, montant les unes sur les autres, formant une véritable muraille d'eau écumante.

La berge opposée présentait une terrasse placée à trois cents pieds au-dessus de l'eau, reposant sur des blocs gigantesques de rochers; derrière cette terrasse, à peu de distance, s'élevaient des montagnes abruptes, surmontées par les ondulations d'un vaste plateau.

A sa droite, tout près de lui, la rive nord du fleuve dressait une série de hautes falaises ; la première était couronnée par une épaisse forêt.

Rejoint par le gros de l'expédition, Braconnier, sur les conseils de Stanley, descendit de sa monture et conduisit une valeureuse équipe de charpentiers noirs percer une route dans la forêt.

Cet énorme labeur une fois terminé, la caravane franchit l'obstacle boisé aussi triomphalement qu'elle avait gravi la montagne de Ngoma, et sans laisser comme aux bords du Nkenké une tombe fermée sur une malheureuse victime humaine.

Les marcheurs étaient parvenus à Gamba, sur le territoire des Batekés, nègres doux et inoffensifs, se distinguant par huit cicatrices longitudinales sur la figure, quatre sur chaque joue, tatouages obtenus en soulevant la chair au moyen de couteaux. Ces indigènes emploient une partie de leur temps à placer des pièges de toute espèce pour prendre le menu gibier ; ils extraient du figuier sycomore une sève gluante dont ils font usage pour s'emparer des oiseaux.

Ils accoururent pour vendre à un prix modique, les produits de leur sol et de leurs chasses aux nouveaux arrivants, et leur conseillèrent d'abandonner la route riveraine du fleuve pour suivre par la vallée du Mukoss une route qui les conduirait plus vite et moins péniblement jusqu'au Stanley-Pool.

Ce renseignement désintéressé fut apprécié et suivi par les agents du Comité d'études.

Le 26 juillet, à l'aube d'une journée pluvieuse, Stanley et Braconnier quittaient les bords de la petite rivière de Mukoss et atteignaient, après une marche de plusieurs milles, le village de Kinduta.

Ce hameau, comprenant un petit groupe de huttes construites en joncs et couvertes d'une toiture de *loango*, est situé au milieu d'un territoire plantureux, abondant en sites boisés, en paysages gracieux et pittoresques. Ses habitants — encore des Batekés — sont de fervents émules de Nemrod.

Tandis que les noirs de l'escorte établissaient auprès du village un bivouac de repos, le capitaine Braconnier allait flâner, le fusil sur l'épaule, aux alentours d'un bois voisin.

Des naturels curieux suivirent de près l'officier.

Il était tard ; le soleil, qui avait succédé à l'orage matinal, plongeait son disque incandescent dans les dômes épais des grands arbres vers lesquels s'avançait Braconnier.

Un vol immense de gros oiseaux, pareils à des perroquets, passa au-dessus du chasseur. Épauler aussitôt, viser, tirer, recharger son arme, épauler

LES RAPIDES DU LADY ALICE.

de nouveau, viser et tirer encore, recommencer plusieurs fois ce rapide manège en chasseur exercé, fut pour Braconnier l'affaire de quelques minutes. A chaque balle, un oiseau tombait.

Les Batekés ouvraient de grands yeux étonnés ; puis, incapables de maîtriser leur frayeur, ils s'enfuirent à toutes jambes, regagnèrent le hameau et racontèrent aux vieillards et aux femmes de l'endroit qu'un homme blanc, avec de grands yeux de feu, une longue chevelure, une barbe phénoménale, à l'aide d'un fusil qui tirait sans s'arrêter, tuait tous les oiseaux du ciel.

« Il n'en restera plus un seul pour nos pièges, disait un jeune indigène. Le blanc a un fusil fétiche ; quand il ne tue pas l'oiseau, il le fait fuir bien loin, si loin, que l'animal ne sait plus revenir ».

Cette tirade, que n'eût pas en partie désavouée le fameux La Palice, souleva des murmures, des grognements d'indignation contre les blancs. Transmise au chef de la localité, avec toutes les amplifications nécessaires pour faire sortir ce personnage de son apathie habituelle, elle le détermina à députer auprès de Stanley et de Braconnier les plus gros bonnets de Kinduta.

Ces deux mots, « gros bonnets », désignent exactement les singuliers ambassadeurs qui vinrent solliciter les blancs.

Leurs têtes disparaissaient sous une enveloppe d'étoffe rouge en forme de pain de sucre, aux bords largement évasés ; le reste de leur costume rappelait assez celui du père Adam dans le Paradis terrestre. Chacun d'eux était armé d'un mousquet à silex ou d'un volumineux bambou. Le plus grand de tous, qui joignait à cette qualité physique une laideur plus grotesque que repoussante, avait négligemment jeté sur ses épaules une splendide peau de léopard. C'était le prince héritier du district.

Ils arrivèrent au camp au moment même où Braconnier, de retour de la chasse, faisait préparer les tas de broussailles destinées à être brûlées dans la nuit pour éloigner les fauves.

Le capitaine, appuyé sur son martiny, suivait du regard les travailleurs.

La visite inattendue des chefs de Kinduta surprit l'officier qui, saisissant son arme, la rejeta sur son épaule. Ce mouvement provoqua chez les arrivants un instant de stupeur ; ils redoutaient le fusil fétiche.

Le silence, le visage parfaitement calme du blanc, enhardirent les plaignants qui, tous ensemble hurlant, montrant le ciel, faisant avec leurs mousquets le geste de viser un oiseau dans les airs, essayèrent de faire comprendre à Braconnier les motifs de leur mécontentement.

Stanley et ses interprètes s'approchèrent, attirés par le bruit et les grimaces significatives des naturels.

Une palabra eut lieu. Dans notre vieille Europe, on usa souvent des conférences diplomatiques à l'époque de la fameuse question d'Orient, nœud gordien du siècle rendu plus inextricable, plus indénouable pendant longtemps, grâce à chacun des conférenciers qui tirait dessus ; au pays du Congo, on abuse de ces sortes de conférences appelées *palabras*, où le diplomate Stanley a toujours, avec son sang-froid imperturbable, son esprit de conciliation, délié l'écheveau de ruses, de cupidité, de menaces que lui tendaient ses noirs adversaires.

En cette circonstance, les chefs de Kinduta exigeaient en dédommagement des oiseaux qui avaient, disaient-ils, quitté leur territoire, le fusil fétiche de Braconnier. Tenaces dans leur désir, ils menaçaient de prolonger durant des heures entières une discussion inintelligible au cours de laquelle ils étaient à peu près les seuls à pérorer.

Les blancs, soucieux de goûter sous la tente une nuit de repos, mirent hâtivement le holà.

« Vous n'aurez pas le fusil fétiche, dit Stanley lassé des récriminations insolentes et irritées des nègres. Comme vous êtes de braves gens, aimables, nous vous abandonnerons tous les oiseaux qu'il a tués. Ces oiseaux sont gros et grands ; ils ont de belles plumes qui orneront vos coiffures ; leur chair est excellente pour vos palais ; vous en composerez des mets délicieux.

« Les fusils des hommes blancs ne seront jamais tournés contre vous. Ils servent seulement pour assurer à leurs possesseurs une défense contre les chats-tigres, les panthères, les léopards et, à l'occasion, une ample provision d'aliments sauveurs de la famine.

« Acceptez donc mes offres, et laissez-nous dormir cette nuit ; nous partirons demain ; les oiseaux du ciel reviendront. »

Sur ces paroles prononcées du ton bref du commandement, de cette voix tranchante qui semble avoir sur l'homme beaucoup de cette force d'impulsion que la poudre exerce sur la balle, les ambassadeurs de Kinduta cessèrent leurs doléances, acceptèrent les victimes du fusil fétiche et regagnèrent leurs pénates.

Le lendemain, au petit jour, Stanley ordonnait le départ. La caravane escaladait péniblement la pente d'une colline rocheuse au sommet de laquelle Braconnier, toujours en avant-garde, ne tarda pas à parvenir.

Un plateau rectangulaire couronnait cette hauteur. Du côté exposé au nord-est, la vue s'étendait sur une vaste plaine et se perdait dans une brume vaporeuse enveloppant comme un immense lac.

L'officier fixait attentivement l'horizon. Les vapeurs se dégageant peu à peu sous l'influence des rayons du soleil, l'explorateur distingua une vaste étendue mouvante, une nappe d'eau qui lui faisait l'effet d'un miroir recouvert d'une gaze blanchâtre, encadré par le feuillage obscur de forêts ténébreuses. Sans nul doute, c'était un lac.

Fier de sa découverte, Braconnier rebroussa chemin et, au rapide trot de sa mule docile, il rejoignit Stanley, chef de l'arrière-garde, stimulant de l'éclat de sa voix retentissante comme un clairon les Kroomen et les Zanzibarites de son escorte, porteurs de ballots enlevés des wagons pour soulager les vaillants attelages gravissant la pente escarpée.

« Un lac! croyez-vous, capitaine? Nous l'appellerons *Braconnier* répondit gaiement Stanley aux premiers mots de l'officier.

Puis, se hâtant de gravir la colline, les blancs coururent examiner la découverte, le prétendu lac.

Le soleil, plus haut sous le ciel, avait dissipé les vapeurs grises du matin. Dans l'horizon bleu clair, limité par l'esquisse azurée d'une lointaine chaîne de montagnes, se dessinait, à droite des explorateurs, le lit sinueux du Congo s'élargissant peu à peu et prenant soudain une ampleur immense, véritable expansion lacustre, entourée de mamelons verdoyants.

« Tous mes regrets, mon cher compagnon; je fus, il y a quatre ans, parrain de votre lac. Je lui ai donné mon nom... C'est le Stanley-Pool. Consolez-vous, capitaine; nous serons bientôt sur ces bords; le nom de Braconnier y marquera la fondation d'une ville future qui s'appellera « Léopold », du nom impérissable de votre auguste Souverain, le plus grand bienfaiteur des contrées que nous parcourons. Mais que sont devenus nos noirs et nos wagons? »

A cette question, Braconnier se retourna. Le plateau de la colline était désert.

L'officier piqua des deux, gagna le versant de la colline où s'échelonnaient tous les noirs de l'expédition, paresseusement couchés auprès des touffes de broussailles, non loin des wagons immobiles, les roues calées par des blocs de rochers.

Les porteurs avaient déposé leurs ballots et s'étiraient mollement sur des pelouses gazonnées; les Zanzibarites eux-mêmes, accroupis devant leurs attelages, regardaient vaguement la route parcourue, luttant contre la somnolence invincible qui s'emparait d'eux.

Ces braves gens étaient exténués. Depuis de longs jours et de longues nuits ils marchaient, ils allaient en avant, stimulés par les Européens énergiques à qui la lassitude semblait inconnue. Livrés à eux-mêmes un seul instant, ils s'étaient hâtés d'obéir au besoin qu'ils éprouvaient de se reposer. Plusieurs parmi eux, plus lassés, plus découragés que les autres, murmuraient même des plaintes très vives, essayant d'entraîner à la désertion la plupart de leurs camarades.

Braconnier arriva près d'eux. Ils ne bougèrent point.

« Debout, tout le monde, cria-t-il de toute la force de ses poumons ; du sommet de cette colline on distingue le Stanley-Pool ! »

L'effet de cet ordre fut prodigieux. Les hommes se réveillèrent comme des soldats à l'appel du clairon. Une heure après la caravane était massée sur le plateau. Les noirs, oubliant le découragement, les fatigues et les souffrances, contemplaient à leur tour la scène grandiose qui s'étalait devant eux.

La plume de Xénophon, l'auteur de la *Retraite des Dix mille*, a rendu dans des pages ineffaçables, que nulle éloquence ne peut dépasser, l'effet tout-puissant, le pouvoir électrique — écrirons-nous dans notre siècle — qu'exerça sur des marcheurs épuisés, sur des malheureux égarés à la recherche de leur patrie, la vue d'une mer déferlant ses vagues au pied des collines de l'Hellespont.

Bien que les causes ne fussent point identiques, les résultats furent les mêmes pour chacun des membres de la courageuse phalange arrivée au sommet de la colline de Kinduta.

Au premier signal de départ, les porteurs de ballots dégringolèrent le versant nord-est de la colline avec un élan indescriptible, un enthousiasme prudent toutefois, car il fallait éviter dans la descente assez raide les chutes parfois dangereuses et souvent grotesques. Les mules des wagons, entraînées elles-mêmes par l'agilité nouvelle de leurs conducteurs ragaillardis, donnaient à ces derniers tout le mal possible, par leur allure trop précipitée.

Cette vitesse déployée par tous les êtres vivants de l'expédition, les amena sans halte, à travers une plaine spongieuse, encore détrempée par des pluies antérieures, jusqu'au district de Bwabwa-Njali, dont la capitale, petit village du même nom, groupait pittoresquement ses huttes peu élevées à l'ombre de bosquets ravissants sur les bords d'une large rivière, le Gordon-Bennett.

Le makoko du district attendait les étrangers.

Entouré d'une foule sans cesse grossissante depuis l'apparition de l'étrange caravane, le chef de Bwabwa-Njali, dans l'attitude d'un gros personnage qui désire être pris au sérieux, reçut Braconnier et Stanley.

Assis à la mode orientale sur une peau de lion, une vraie peau de lion, il montrait sa face joufflue d'un noir à reflets rougeauds surplombant des épaules massives entièrement nues, grasses et reluisantes, face et épaules coquettement, artistement préparées, peinturlurées pour la circonstance. A l'aide d'une branche enlevée aux tiges de graminées grandies auprès des murs de sa cabane, le makoko avait minutieusement procédé à sa toilette de gala. Ses cheveux fortement contrariés avaient fini par conserver sur le front la position verticale, tandis qu'auprès des tempes et autour de la tête ils ondulaient en mèches crépues irrégulièrement frisées. Ses joues étaient mouchetées de taches jaunâtres, son œil droit encadré d'un filet jaune d'ocre, le gauche agrandi par un cadre de couleur blanche; son long nez noirci par du charbon de bois tranchait sur la teinte chocolat râpé de l'ensemble du visage.

Le clown du Cirque royal le plus épris de son métier n'a jamais égalé dans l'art de se grimer le makoko de Bwabwa-Njali; nul acteur en renom sur nos premières scènes d'Europe ne saurait, aussi bien que ce souverain nègre, jouer l'hypocrite comédie de la voix et du geste contraires à la pensée, au sentiment intime.

Cette Majesté si ridicule au physique se découvrit aux Européens hideuse et dépravée quant au moral.

Le chef de Bwabwa-Njali, poli jusqu'à l'obséquiosité avec ses hôtes, cherchait, en leur adressant des compliments et des sourires qu'il essayait en vain de rendre gracieux, à dépouiller littéralement les nouveaux venus.

La liste civile de ce souverain s'augmentait des droits importants perçus chaque jour sur les nègres qui passaient le Gordon-Bennett, au moyen d'un radeau amarré en permanence dans la rivière; le bac appartenait au makoko.

Les riches chimboucks d'ivoire abandonnaient chaque fois, de gré ou de force, pour prix de ce passage, un nombre considérable de dents d'éléphants; les porteurs d'arachides laissaient aussi aux mains de ce passeur rapace des charges volumineuses de denrées.

L'idéal du makoko, caressé de même par tous les seigneurs de sa cour, était d'amener par la douceur ou la crainte les voyageurs européens aux physionomies bienveillantes à payer un impôt formidable en fusils, étoffes et gin, comme récompense des services que leur rendraient le bac et les sujets de Sa Majesté noire.

Mais Stanley, peu disposé du reste à utiliser les offres du makoko, l'était encore moins à donner des fusils ou des marchandises précieuses. Néanmoins, pour avoir la paix et satisfaire en partie la cupidité de ces indigènes, il fit distribuer à l'assistance quelques bouteilles d'un gin distillé en Belgique.

L'argument fut irrésistible: rêves, désirs cupides, et règles établies pour la palabra, car c'était encore une palabra, s'envolèrent jetés par-dessus les moulins.

En un moment, roi et seigneurs, oubliant toute dignité, se mêlaient à une danse grotesque au milieu de leurs inférieurs qui, enthousiasmés par un tel honneur, accomplirent des contorsions si disloquées, qu'on les eût tous crus en proie à des attaques d'épilepsie ou à des accès de démence.

Trois heures après, la caravane d'exploration, parvenue sur la rive opposée du Gordon-Bennett, y rencontrait des tentes européennes abritées sous le pavillon tricolore de la nation française. Des nègres sénégalais, sous la conduite d'un sous-officier de tirailleurs, gardes laissés sur ces bords par l'explorateur Savorgnan de Brazza, présentèrent militairement les armes à la cohorte pacifique guidée vers le centre africain par deux hommes au visage pâle.

Le sergent Malamin, qui commandait cette escouade, avait pour consigne de montrer aux Européens, prêts à traverser le territoire africain entre la rivière Gordon-Bennett et la rive nord du Stanley-Pool, une copie d'un traité reconnaissant à la France la propriété de cette région.

Sénégalais de race noire, le sergent Malamin parlait bien le français et répondait au type du soldat brave, loyal et intelligent. L'armée française compte au Sénégal et en Algérie de nombreux indigènes qui ne diffèrent de leurs camarades européens que par la couleur de la peau.

Dévoué à son gouvernement, ou mieux à de Brazza qui représentait pour lui la France et l'autorité, ce sous-officier amplifiait l'importance de la conquête également civilisatrice réalisée par l'explorateur français. Sur l'invitation de Stanley, il ne fit aucune difficulté de se joindre avec ses hommes à la caravane du Comité d'études, pour descendre le Gordon-Bennett, en suivant la rive gauche, jusqu'au confluent de la rivière avec le fleuve Congo.

Le 28 juillet 1881, les explorateurs parvenaient avec leur escorte renforcée à Mfwa, simple bourgade dont les huttes rappelaient les termitières habitées par des Batekés durant les mois où ils s'occupent à charrier vers les factoreries de la côte les défenses d'ivoire.

Au moment de l'arrivée des blancs, une grande animation régnait dans cette localité. Une chimbouck composée de Bayanzi, de Babangi, nègres du haut Congo, campait sur la place découverte, située au front des cabanes de Mfwa, demeures aux parois construites en joncs, aux toitures de chaume.

Un certain Ingya, chef de l'endroit, se tenait devant sa hutte, distinguée des autres par un trophée rustique composé de crânes, de cornes d'animaux et d'arêtes de poissons; autour de lui piaillaient, criaillaient, gesticulaient, vociféraient les acheteurs et les vendeurs d'ivoire: les Bateké et les nègres du haut Congo.

Les acheteurs étaient harcelés par les vendeurs, qui leur offraient, disait chacun d'eux, la meilleure marchandise aux conditions les plus avantageuses. A leur tour les vendeurs étaient injuriés par les acheteurs qui, habiles appréciateurs de la matière offerte, refusaient énergiquement de se laisser voler.

A l'approche de la caravane nouveau genre, les négociants d'ivoire suspendirent leurs transactions, pour se grouper curieusement autour des blancs, des wagons et surtout des Sénégaliens qui, vêtus de vestes bleu de ciel et de larges pantalons blancs et portant sur la tête des képis rouges aux filets bleus, paraissaient, pour les indigènes, devoir être les chefs de l'expédition.

L'accueil fait aux marcheurs fut affable, mais peu généreux. Les gens de Mfwa, formant une population d'environ cent cinquante habitants, n'étaient pas cultivateurs, et dépendaient des districts voisins pour les provisions alimentaires.

Cependant Ingya promit aux voyageurs de leur procurer du malafou.

A quelques mètres du village, de nombreux palmiers groupés en oasis inclinaient gracieusement leurs têtes empanachées au souffle de la brise; des habitants de Mfwa, obéissant à leur chef, coururent y chercher les calebasses remplies de vin.

La récolte du vin et les caves aériennes des pays tropicaux méritent une mention spéciale. Point n'est besoin, comme dans les contrées vinicoles de l'Europe, d'aligner pendant des semaines entières entre les souches serrées des vignes des vendangeuses aux reins pliés, courbées sans cesse pour la cueillette; point n'est besoin d'amener sur de lourds chariots, à travers des routes laborieusement entretenues, des comportes emplies de vendange, jusqu'à d'immenses constructions souterraines établies à grands frais et renfermant les cuves gigantesques où s'opère la fermentation du raisin, qui doit ensuite passer sous le pressoir et s'échapper en liquide rougeâtre transvasé aussitôt dans d'énormes tonneaux.

Vendanges, cuves, pressoirs, tonneaux sont choses inconnues sous le ciel de l'Afrique centrale. Les indigènes de Mfwa, comme leurs voisins du bas

Congo, se servent de trois outils seulement pour récolter leur vin, jus fermenté du *raphia vinifera* : un cercle de forme allongée, tissé avec les fibres d'un bois très résistant, une hache et un pot de grès ou une calebasse.

L'indigène noue sous les bras un des cercles précités, de façon à être enveloppé par un arc de ce cercle, en conservant toutefois les jambes et les bras entièrement libres; l'autre cercle entoure la tige massive de l'arbre.

Tout en grimpant à l'aide d'une gymnastique assez vive, le noir déplace le cercle au fur et à mesure de la montée, et il arrive ainsi au point d'où s'échappe la gerbe élégante qui couronne le tronc dénudé du palmier. Là, il creuse un trou dans l'arbre au moyen de la hache, et y suspend la calebasse, qu'il retire remplie de jus après 24 heures.

Le spectacle des vignerons de Mfwa montant à l'assaut des caves aériennes ne manquait pas d'un certain attrait pour les blancs qui les avaient accompagnés.

Ces derniers acceptèrent les calebasses pleines de boisson en échange de menus cadeaux, et, quittant les gracieux hôtes de Mfwa, ils parvinrent en quelques heures, sur le conseil de l'un d'entre eux, au village de Malima.

Le chef de cette localité plus importante que la précédente se nommait Gamankono. Stanley l'avait rencontré et connu sous le nom de Mannkoneh lors de son premier voyage au continent mystérieux.

Chef blanc et chef noir se reconnurent. De cordiales poignées de main furent échangées, en même temps que des m'boté interminables.

La population sauvage et dégradée de Malima ne voulut point cependant ternir l'accueil empressé que son chef avait réservé aux étrangers. Elle se livra à une véritable orgie de danses et de chants barbares, si bruyants que les êtres vivant aux alentours du village, les oiseaux et les fauves, troublés dans leurs solitudes boisées, s'enfuirent à tout jamais de ces parages si tumultueux.

Ce jour-là (29 juillet 1881), Malima, outre ses habitants au nombre d'environ quatre cents, comptait une chimbouck considérable de Bayanzi, en outre les centaines de noirs de l'escorte des explorateurs, sans oublier encore les Sénégalais.

L'animation tapageuse commencée dès l'entrevue des blancs avec Gamankono, se prolongea bien avant dans la soirée. Indigènes, Bayanzi, Zanzibarites, Kabindas, Kroomen, Sénégalais, hurlèrent, pirouettèrent, gigotèrent à qui mieux mieux, chefs et muleks, hommes, femmes, filles, enfants, devant les seuls témoins paisibles de l'endroit : Stanley, Braconnier et le sergent Malamin.

Ces trois derniers fouillaient en vain dans les replis les plus profonds de leur mémoire pour se rappeler s'ils avaient jamais été initiés ou présents à un vacarme de voix humaines plus infernal, à des exercices chorégraphiques plus acrobatiques, plus disloqués, plus insensés, plus échevelés que ceux auxquels ils assistaient. Les saturnales de l'antiquité, les démences carnava-

RÉCOLTE DU VIN DE PALME.

lesques des temps modernes, les foules soulevées hurlant la faim sur les boulevards de nos grandes cités, vociférant contre un homme d'État, ou faisant éclater leur vivats enthousiastes sur le passage d'un souverain aimé, d'une illustration nationale, d'une gloire des deux mondes, n'offrirent jamais un spectacle aussi incohérent, aussi sauvage, aussi grotesque à la fois que celui de ce millier de nègres foulant les pelouses gazonnées de Malima, et poussant leurs accents frénétiques et discordants sous le ciel bleu foncé des tropiques.

Mais de même que le combat finit faute de combattants, les danses et les chants cessèrent faute de jambes pouvant se mouvoir, faute de larynx non épuisé.

Du dédale des acrobates calmés et des récents hurleurs enfin silencieux, Gamankono se traîna sur ses membres lassés jusqu'aux témoins impassibles de la scène.

« Bon mundelé, dit-il à Stanley, vous revenez cette fois du mpoutou (de la côte), vos huttes qui marchent sont pleines de beaux fusils, d'étoffes aux couleurs brillantes, de bouteilles à malafou doré, de perles resplendissantes ; que nous donnerez-vous pour notre hospitalité, en échange des produits de nos bananeraies, de nos champs de maïs, de cassave, de manioc, de nos chèvres, de nos poulets ? »

Stanley se disposait à répondre. Des nègres s'interposèrent, ils amenèrent sous sa tente le chef Gamankono, en le tirant par les bras d'une façon fort irrespectueuse.

« Qu'ont donc ces gens-là ? demanda Braconnier.

— Oh ! ils vont ramener sous peu leur souverain. Encore une palabra, capitaine. Les indigènes veulent seulement la préparer avec tout le cérémonial d'usage. »

L'explorateur avait raison. Les nègres avaient rappelé à l'ordre le roi Gamankono qui, grisé par les chants et la danse, avait perdu la tête et menaçait de compromettre sa dignité en engageant sans l'apprêt cérémonieux indispensable chez ces peuplades des pourparlers avec des chefs blancs.

Bientôt les gros bonnets rouges de l'endroit, devant lesquels s'écartait la foule respectueuse, vinrent prier les étrangers de les accompagner au chimbeck de leur roi.

Ce palais ressemblait aux huttes des naturels rencontrés sur les rives du fleuve.

A ce propos, nous transcrirons ici, tardivement il est vrai, mais avec exactitude, la description des chimbecks, habitations des indigènes du bas Congo.

Les cabanes des naturels, construites très proprement, sont en général élevées de deux mètres, largeur et longueur proportionnées, avec une toiture dépassant amplement la construction. Elles possèdent toujours à côté une sorte de halle ouverte sur le mur du fond, muraille antérieure du chimbeck ; cette halle est le lieu consacré aux fétiches et aux pénates. C'est aussi là que se tiennent les réunions habituelles, que brûle le foyer, que l'on fait la cuisine et que se prennent les repas ; l'appartement aéré cumule tous les emplois.

L'entrée du chimbeck est formée par une porte-fenêtre pouvant s'ouvrir et se fermer, entourée religieusement d'amulettes plus ou moins bizarres.

L'intérieur contient un mobilier fort restreint : pour le propriétaire une couche assez dure, obtenue en reliant ensemble par des lianes résistantes des baguettes cannelées du *phœnix spinosa*, plante connue par les Portugais sous le nom de *bordao* et confondue vulgairement sous la dénomination de bambou par le plus grand nombre des blancs résidant au Congo ; en outre, quelques vases, poteries communes, et ustensiles de provenance européenne, fort peu d'outils indigènes comme les couteaux ou les arcs, mais un fusil à silex, un couteau de table ordinaire ou un couteau à découper, avec ou sans gaine, reposent dans un coin du chimbeck, auprès de la ceinture du maître de l'endroit.

C'est sous la vaste halle de son chimbeck que Gamankono reçoit les Européens.

Il est assis sur un coussin de velours fané, défroque d'une cabine de navire, et ses jambes nues s'allongent sur une peau de léopard.

Sa pose est d'ailleurs fort correcte et digne d'être photographiée.

Mais un caricaturiste eût tiré profit de la forme singulière de son bonnet violet, indigo, bleu, vert, jaune, orangé, rouge, de son collier de paillettes de cuivre et de la coupe bizarre de son pagne, chef-d'œuvre de couture réunissant dans un ensemble très criard un morceau de velours rouge ajusté à un pan de veste bleu de ciel, dépouille d'un hussard, rattaché à un lambeau de tapis oriental et continué par une écharpe soyeuse arrachée à la hampe d'un drapeau d'une factorerie portugaise de la côte.

En somme, cet accoutrement était un arc-en-ciel véritable, se détachant sur un fond noir, sur un corps de nègre replet dont voici la portraiture : tête très grosse ; chevelure abondante qu'une bonne ménagère de nos contrées eût utilisée comme crin à matelas ; face large, nez disparaissant sous des narines évasées et des joues graisseuses ; yeux en boules de loto bistrés artificiellement ; lèvres épaisses laissant entrevoir dans le rictus deux rangées de dents aiguisées en pointe ; menton couenneux doué du privilège de se tripler suivant les mouvements de son propriétaire.

Auprès de cette personnalité toute-puissante chez les Batéké de Malima se groupaient, dans les attitudes les plus diverses, les grands seigneurs de l'endroit revêtus de costumes disparates en tant que couleurs, mais identiques sous le rapport de la forme.

Lorsque les blancs se furent installés commodément en face de leur hôte, celui-ci commença un récit détaillé des événements survenus dans son district depuis l'époque où Stanley l'avait vu pour la première fois, en 1877. La mémoire très fidèle de Gamankono lui permit même de répéter presque mot pour mot les conversations précédemment échangées entre lui et son visiteur d'autrefois, et d'énumérer les conditions auxquelles le mundelé avait acquis alors des vivres : poisson et cassave.

N'omettant rien, le chef des Bateké rappelait en outre que les gens de sa tribu avaient voulu échanger une poule contre un fusil, et que Stanley avait refusé ce marché.

« Tu étais pauvre alors, dit-il à l'explorateur, tu venais de bien loin, sur la rivière du côté des grands lacs ; aujourd'hui tu arrives du mpoutou, tu es riche ; tu nous donneras beaucoup de belles choses en échange de notre cassave, de notre manioc, de nos chèvres et poules. »

Sans s'arrêter à cette invitation qu'il est difficile de qualifier de désintéressée, Gamankono continuant sa narration parla de la visite que lui avait faite récemment un homme blanc (Savorgnan de Brazza), arrivé près de son territoire avec une escorte de trois canots.

« Ce mundelé a acquis tes domaines, lui dit Stanley ; puisque le chef noir Malamin, qui est avec moi, possède un traité déclarant que Makoko, chef suprême de cette contrée, a vendu son royaume à l'homme blanc. »

A ces mots, Gamankono frémit d'indignation ; il se leva, prit une attitude que lui eût enviée un bedeau ou un suisse de cathédrale, et lança ces paroles superbes acquises désormais à l'histoire :

« Makoko n'est pas le roi suprême. Nous sommes tous rois,... homme blanc ! Makoko est chef de Mbé ; moi, je suis roi de Malima, comme Ingya est roi de Mfwa, comme Ganchu est roi du territoire nord, Gambiele, roi de Kimpoko, et Nchuvila, grand chef de Kinchassa. Le makoko de Mbé est vieux et très riche ; il a beaucoup d'hommes et de fusils, mais il n'a pas d'ordres à me donner, il n'a pas le droit de vendre mes domaines. Je suis le chef puissant de Malima, souverain indépendant de ce district, comme chacun des chefs dont j'ai cité les noms est seigneur de son propre village. »

Cette longue tirade prononcée par Gamankono l'avait essoufflé ; il retomba sur son coussin, s'allongea sur sa peau de léopard, en roulant des yeux terribles où perçait la fureur. Les gens de sa cour s'empressèrent autour de lui pour le calmer et lui tendirent leurs calebasses . quelques gorgées de gin réussirent à le consoler.

Le chef de Malima avait l'ivresse douce, il bégaya des plaisanteries presque « gauloises » à l'adresse du fameux makoko, aspira deux bouffées à la pipe bourrée d'Iamba de son plus proche voisin et s'endormit délicieusement, rêvant sans doute à son indépendance.

Stanley et Braconnier profitèrent du sommeil impromptu du président de la palabra pour se retirer dans leur camp.

Vers la nuit tombante, Gamankono remis de son émotion, ayant cuvé son gin, se présenta accompagné de ses deux fils au chef de l'expédition.

Stanley put traiter cette fois avec ses visiteurs fort raisonnables. Il obtint d'eux, au nom du Comité d'études, la permission de résider, de construire, de planter, de faire des semences sur le territoire de Malima.

Ces arrangements conclus, Stanley, se fiant à l'initiative de Braconnier en ce qui concernait la sûreté du camp, s'apprêta à goûter sous sa tente un sommeil réparateur.

Bientôt le bivouac silencieux jeta dans la demi-clarté de cette nuit d'Afrique les flammes protectrices de ses feux de broussailles; Stanley, Braconnier et leurs noirs serviteurs s'étaient endormis. Mais les tirailleurs sénégalais, tous enfants du continent africain, plus disposés à rire, à jaser chanter, danser et boire qu'à dormir par une belle nuit, avaient rejoint sur la place du village les indigènes de Malima.

Là, ils racontaient les épisodes guerriers, les exploits amoureux, les aventures merveilleuses qui avaient, au cours de l'expédition de Brazza, soit impressionné leur mémoire, soit échauffé leur imagination fantasque, sorte de microscope grossissant. Puis ils critiquaient, ils blâmaient les gens de Malima d'autoriser de nouveaux blancs à résider auprès d'eux. « Ces étrangers sont méchants, sanguinaires, disaient-ils; ils brûlent les villages, pillent les caravanes, tuent les hommes et les femmes et jettent le mauvais sort partout où ils s'arrêtent. »

Ces odieux mensonges produisirent immédiatement leur effet.

Malamin les ignorait; vers trois heures du matin, il rassembla ses hommes et quitta avec eux le district de Malima.

A peine le détachement de tirailleurs avait-il disparu sur la route de Mfwa, que les premières lueurs du jour réveillaient les laborieux et vaillants pionniers de l'expédition Stanley-Braconnier.

Dès la première heure (30 juillet 1881), quelques Zanzibarites de l'escorte sortirent du campement pour aller au village et y acheter des provisions.

Toute acquisition fut impossible. Gamankono, instruit des perfides insinuations des Sénégalais, avait interdit à ses sujets d'acheter, de vendre et de parler même aux étrangers.

Les Zanzibarites durent s'en retourner prestement au bivouac, suivis de loin par les naturels de Malima, armés de larges couteaux dignes de figurer à l'étal d'une boucherie.

Aux abords du camp ils rencontrèrent une négresse qui sans doute ignorant la consigne consentit à céder un poisson aux nouveaux venus. Cette malheureuse femme, prise en flagrant délit de désobéissance aux ordres de Gamankono, fut cruellement battue par d'effrontés sauvages qui eurent ensuite l'audace de venir près des tentes des Européens en hurlant et en brandissant leurs larges coutelas.

Stanley et Braconnier, tirés brusquement de leur sommeil, saisirent leurs armes et bondirent hors de leurs tentes. Les Malimois reculèrent de quelques pas et permirent aux blancs de se consulter.

« Que s'est-il donc passé? demanda Braconnier.

— Maître, le roi Gamankono a défendu à ses gens de parler avec nous, dit un Zanzibarite qui s'était approché de ses chefs.

— Capitaine, s'écria Stanley, faites armer nos hommes ! Je vais aller recueillir moi-même auprès de Gamankono des explications au sujet du changement survenu dans l'esprit de cette population. Soyez prudent, ne prenez pas l'offensive. Du reste, je me fie à vous pour la défense de nos richesses que doivent surtout viser ces coquins. »

Choisissant alors ses plus fidèles Zanzibarites, Stanley les guida au milieu des sauvages armés, mais reculant devant le sang-froid et l'allure décidée de l'homme blanc, jusqu'à la hutte de Gamankono.

Le roi, prévoyant cette visite, attendait entouré des principaux sujets de Malima, au nombre desquels se trouvait un hideux sauvage nommé Ntaba.

Ce dernier, porte-voix des récriminations, des frayeurs des indigènes, fut le plus acharné partisan de la guerre dans la nouvelle palabra qui eut lieu aussitôt, Stanley présent.

En vain l'Européen, mis au courant des motifs qui avaient transformé chez ses auditeurs en intentions malveillantes, en haine féroce, les bons sentiments, l'accueil bienveillant de la veille, essaya-t-il de détruire dans leurs cerveaux fêlés l'impression des terrifiants récits des tirailleurs, Gamankono se laissa presque persuader, mais Ntaba fut inexorable, intraitable.

Ntaba avait frémi de terreur en écoutant la nuit précédente les horreurs imputées aux membres de l'expédition de Stanley. Brûleurs de villages, esprits malveillants, pilleurs de caravanes, tueurs de nègres, telles étaient pour ce noir têtu les épithètes applicables aux nouveaux hôtes de Malima;

ses stupides paroles soufflaient la colère, la rage, au cœur des sauvages indigènes entourant le chimbeck de Gamankono

Cependant les Bayanzi, les matouts présents à la scène, protestèrent en faveur des étrangers. Leurs protestations furent impuissantes. Ntaba, brute inintelligente, mais exerçant une grande influence sur la volonté de Gamankono, lui dicta la réponse à adresser à Stanley.

« Mon peuple est nombreux, animé contre vous de sentiments hostiles, effrayé par des bruits sanguinaires répandus sur votre compte. Retirez vous de notre territoire, tranquillement; partez bien vite, avant qu'il ne vous soit fait aucun mal. »

Stanley, pressentant le dénouement tragique qu'aurait entraîné sa persistance à camper près de Malima, retourna au camp et ordonna le départ.

Braconnier prit le commandement des porteurs, à qui des fusils et des munitions avaient été distribuées, et la caravane expéditionnaire se dirigea vers le village de Mfwa précédemment visité.

Les indigènes de Malima hurlèrent de loin après les partants, mais selon le proverbe arabe : « Les chiens aboient, la caravane passe », l'expédition passa.

Gamankono, du seuil de son chimbeck, adressa comme un adieu contrit et résigné aux blancs. Ce makoko était moins sauvage que les sauvages de sa contrée.

Arrivés à quelques centaines de mètres des huttes de Mfwa (Brazza-ville), les marcheurs remarquèrent aux abords du village de récents changements. Les sentiers aboutissant au groupe des cabanes avaient été barricadés, et derrière les barricades la populace indigène armée, de mousquets, vomissait, des injures et des menaces à l'adresse des arrivants.

Braconnier arrêta ses hommes; les ballots furent déposés, les armes apprêtées.

Un conflit paraissait imminent. Les indigènes de Mfwa mettaient en joue les convoyeurs; et ceux-ci, exaspérés, se disposaient à tirer les premiers, lorsque soudain des coups de fusil retentirent sur la gauche du village.

Derrière un nuage de poussière et de fumée, les gens près de combattre, virent accourir une foule de nègres, criant à tue-tête : « Tanley! Tanley. Tanley! »

En un instant cette masse pacificatrice se jetait entre les habitants belliqueux de Mfwa et les hommes excités de l'escorte. De part et d'autre les fusils s'abaissèrent. La curiosité fit place au courroux.

Le chef de l'étrange cohorte noire qui dansait et chantait entre deux camps ennemis, était le prince Pauchu, neveu de Ngaliema, roi de Ntamo.

village important du Stanley-Pool, le Gibraltar de ce lac formé par le Congo.

Pauchu était envoyé par son oncle à la recherche de Stanley, qu'il voulait emmener dans son pays. En route des courriers lui avaient annoncé les dangers qu'allait courir auprès de Mfwa le chef de la caravane étrangère.

Pauchu et ses fusiliers, doublant les étapes, arrivaient pour jouer le magnifique rôle de conciliateurs.

« Les gens de Ntamo sont les amis des hommes blancs. Ils ont des chèvres, de l'ivoire, des poules, des bananes, du manioc et une quantité d'autres choses, qu'ils seront bien aises de vendre. Si Tanley veut guider au pays de Ntamo sa riche caravane, le roi Ngaliema lui accordera les plus grandes faveurs. Ne restez pas auprès des nègres méchants de Mfwa. Suivez nous; entre ce village et la rivière (Gordon-Bennett) est un emplacement délicieux et propice à l'établissement d'un camp; nous vous y conduirons, et sous peu Ngaliema en personne viendra vous y rendre visite. »

CHAPITRE X

Brave Pauchu ! — Le *Père*, la *Mère*, l'*Enfant*. — Ngaliema. — Un tam-tam près du Gordon-Bennett. — Sur la route de Gammpa. — Sommes-nous au *bois de la Cambre?* — « Palaver » des rois nègres.

RAVE Pauchu !... Le Comité d'études, devenu fondateur d'État, doit à ce prince noir une récompense pour les services qu'il a rendus aux pionniers de la première expédition dans la journée du 30 juillet 1881.

Dès le matin, l'ambassadeur de Ngaliema transforme en explosion de rires une détonation d'armes à feu près de faire couler des flots de sang; dans l'après-midi, ce fils du pays des Bateké mène la caravane étrangère dans un endroit favorable à l'installation d'un camp; à la nuit tombante, le neveu du roi de Ntamo conduit chez son oncle un détachement de Zanzibarites en quête de vivres pour le corps expéditionnaire.

Trois bonnes actions en douze heures, que de titres pour un seul nègre à l'obtention d'une médaille de sauvetage, d'une mention honorable dans les palmarès des sociétés de bienfaisance !

Empêcher la légion noire de Stanley et Braconnier de remporter, à l'aide de winchesters, une victoire certaine sur les gens révoltés de Mfwa, préserver ces derniers d'un massacre, était œuvre philanthropique d'un nègre philanthrope sans le savoir.

Indiquer aux blancs l'emplacement d'un camp auprès du Gordon-Bennett, dans une contrée sablonneuse, dépourvue de forêts vierges, ressemblant assez aux grands plateaux de l'Algérie et situé en face du territoire fertile de Ntamo, était ruse de diplomate, manœuvre de commerçant habile des rives du Stanley-Pool.

Pauchu avait escompté sans doute le manque de rations et l'impossibilité où se trouvaient les explorateurs de se ravitailler en pays ennemi.

Les gens de Malima et de Mfwa toujours hostiles, persistant à attribuer aux étrangers une influence néfaste, refusaient opiniâtrément de leur céder, à n'importe quel prix, les produits de leur sol.

Le mince poisson obtenu le matin d'une négresse de Malima ne s'était pas, hélas ! multiplié, et Stanley, intendant de la troupe d'exploration, était fort embarrassé pour satisfaire les exigences stomacales de ses hommes dans la soirée du 30 juillet.

Les tentes étaient dressées dans une contrée pouvant offrir à la rigueur quelques charmes à des touristes repus et prémunis contre la famine. Çà et là s'élevaient des bouquets de bois de teinture ou d'ébène, entre lesquels serpentaient des ruisseaux dont les bords verdoyants produisaient en abondance des essences variées et de la liane à caoutchouc. Mais les végétaux à fruits savoureux, les plantes alimentaires, le gibier, apparaissaient si rares, qu'il eût fallu se résigner à mourir de faim avant d'avoir réussi à en approvisionner suffisamment le personnel nombreux de l'expédition.

A l'aide du télescope, Stanley et Braconnier apercevaient les villages des rives du Stanley-Pool, petits groupes disséminés de quatre ou cinq cabanes, entourés de palmiers dont les indigènes avaient enlevé l'écorce et les feuilles pour construire leurs habitations et divers objets d'industrie, tels que corbeilles, pagnes, hottes, etc., etc.

Devant eux, à quatre milles, sur la rive sud du fleuve très large, la « ville » de Ntamo offrait son aspect habituel. Des nègres paresseux dormaient ou fumaient à l'ombre, en surveillant le travail des femmes

AU MARCHÉ DE SOMA

et des esclaves. On tissait, on broyait le manioc, on préparait l'huile de palme et le malafou. Des enfants s'exerçaient à lancer la zagaie.

Dans les criques vastes et paisibles se balançaient de nombreuses pirogues; les unes, venues des rives équatoriales, débarquaient les charges d'ivoire et les fruits exotiques; les autres, vides, attendaient les chargements à transborder sur la rive opposée.

Ah ! l'instrument d'optique permettait aux explorateurs de subir un supplice égal à celui de Tantale. La millième partie des monceaux de bananes, de citrons, de goyaves, d'ananas, de légumes, de volatiles, de denrées, dont les noirs trafiquaient sur la rive opposée, eût amplement suffi à calmer les tortures cruelles que la faim exerçait sur les deux pionniers et sur l'escorte abattue qu'ils menaient à la découverte.

Dévorer des yeux les richesses alimentaires entrevues à distance, lorsqu'on a forcément jeûné pendant douze heures, est une satisfaction relative, trop souvent offerte à l'explorateur africain.

Fréquemment, sur les trottoirs des grandes villes de l'Europe, devant l'étalage d'un marchand de primeurs ou à la vitrine d'un restaurant en vogue, des badauds affamés se rassemblent pour savourer en imagination les fruits ou le

NÈGRE DU BAS CONGO.

menu, hameçon alléchant tendu aux heureux de notre monde, dont la bourse est remplie, car moyennant finance ces végétaux veloutés, ce menu séduisant plein de promesses succulentes, pourront être absorbés par le premier venu.

Il n'en est pas ainsi sur le sol africain; chez les tribus sauvages, la monnaie fiduciaire locale n'autorise pas toujours le riche voyageur à dîner, à manger selon son appétit; il faut que les détenteurs des aliments enviés consentent encore à s'en dessaisir en faveur des étrangers.

Parfois le féroce marchand, heureux de réduire par la famine le visiteur à visage pâle dont il subit inconsciemment l'ascendant spontané, refuse au taux le plus élevé de lui livrer les ressources indispensables à la vie matérielle.

Tel avait été le procédé des indigènes de Malima et de Mwfa qui, non contents de refuser de vendre aux explorateurs, s'étaient hâtés d'expédier des courriers dans toutes les contrées voisines pour fomenter une révolte sourde et haineuse contre les blancs et leur escorte noire.

Il fut donc impossible à Stanley de refuser l'offre de Pauchu qui promettait un ravitaillement facile sur les terres de son oncle. Le chef de l'expédition confia à ce nègre une escouade de Zanzibarites qui devaient se rendre en toute hâte à Ntamo et rapporter au camp les provisions impatiemment attendues.

Le lendemain 31 juillet, nul convoi de vivres ne pénétra dans le camp Trois chèvres, maigres et chétives, purent néanmoins être distribuées aux hommes de l'expédition; Stanley et Braconnier s'en réservèrent quelques côtelettes.

Que de fois, au cours de cette journée, les blancs explorèrent-ils au télescope les eaux du Stanley-Pool, pour voir si les canots libérateurs du jeûne ne retournaient pas vers leur bord !...

Pauchu avait menti, sans doute; mille pirogues indigènes pagayaient en tous sens sur les eaux de l'étang fluvial; mais les canots attendus, on les distinguait vaguement, amarrés dans la baie de Ntamo, au milieu d'embarcations de tous genres; les canots étaient vides, et personne ne s'occupait de leur chargement.

Franchir la large expansion du fleuve était une opération difficile pour laquelle Stanley attendait un matériel naval indispensable.

De toute nécessité il fallait rester où l'on campait et emprunter aux ressources locales les moyens d'échapper à la hideuse faim.

En explorant les environs du camp, au confluent de la rivière Gordon-Bennett et du fleuve Congo, on entendait le grondement de la première cataracte des chutes Livingstone. En cet endroit, le *pool* se rétrécissait, la pointe de Ntamo, projection d'une chaîne en forme de croissant, située en aval, s'apercevait à une distance de deux milles.

De nombreux indigènes, disséminés sur les dunes sableuses, surveillaient, à l'abri des ardents rayons du soleil sous de grandes nattes, leurs immenses filets et leurs pièges à poisson. Ces pêcheurs, effrayés d'abord à la vue des blancs, consentirent ensuite à échanger contre de belles étoffes le produit abondant de leur pêche. Ils ignoraient la grève entreprise par leurs compatriotes contre les étrangers, et se montrèrent relativement affables, causeurs et généreux.

Par une pantomime fort amusante, ils essayaient d'expliquer aux blancs combien était effroyable la descente du fleuve, en raison des cataractes voisines.

A partir de ce point, le Congo court vers l'Atlantique, dans la profonde et large déchirure dont nous avons esquissé certaines sinuosités « terrifiantes ».

Les chutes Livingstone sont formées par trois cataractes : le *Père*, la *Mère* et l'*Enfant*. Nous reproduisons ici les descriptions de ces parages données par Stanley en 1877.

L'*Enfant* est une eau brisée d'une longueur de deux cents yards (plus d'un kilomètre).

La *Mère*, que l'on trouve ensuite, consiste en un demi-mille de rapides dangereux que l'on franchit presque en face du bras supérieur du Gordon-Bennett, cours d'eau impétueux de soixante-quinze yards de large, qui a lui-même de grandes cataractes en amont.

Le *Père* est la portion de fleuve la plus sauvage que l'on puisse voir. On peut comparer cette cataracte à un bras de mer de quatre milles de long sur un demi-mille de large, secoué par un ouragan et roulant des vagues irritées et monstrueuses.

Quelques-uns des entre-deux des lames ont jusqu'à cent yards de longueur et, de l'un à l'autre, le fleuve se précipite avec frénésie. D'un premier élan, il tombe au fond d'un creux immense; puis, par la force acquise, l'énorme volume d'eau se relève à pic, rassemble ses flots en chaîne continue et s'élance d'un jet à vingt ou trente pieds de hauteur avant de s'écrouler dans une nouvelle auge. Partout, en amont et en aval, des vagues énormes, des croupes, des collines bondissantes, se résolvent en écume et en embrun, des montagnes liquides se heurtent avec rage, tandis qu'un ressac furieux enveloppe la base des deux rives, formée d'une ligne de quartiers de roches empilés les uns sur les autres. Un fracas étourdissant, comparable au tonnerre d'un train express passant sous un tunnel, oblige les personnes arrêtées près de cette infernale merveille, et désireuses de se transmettre de vive voix leurs impressions, à hurler réciproquement à l'oreille ce qu'elles ont à se dire.

Le plus puissant des steamers maritimes, lancé à toute vapeur sur cette portion du fleuve, se trouverait dans une situation aussi désespérée que le moindre des batelets.

Cependant le courage et l'énergie de Stanley, son ingéniosité, lui avaient permis de franchir en 1877 ces terribles parages, et, par une étrange coïncidance, l'illustre explorateur se retrouvait en 1881 dans le voisinage des chutes Livingstone, avec des hommes nouveaux, appelés à y connaître, comme ses compagnons de jadis, les défaillances nées du manque de nourriture.

Le Mannkonek d'alors, Gamankono d'aujourd'hui, chef des Bateké de

Malima, sur les insinuantes théories de Ntaba, avait suscité ces épreuves aux valeureux agents d'une société humanitaire et civilisatrice. Nul doute que si la société n'eût pas désiré mériter ces deux épithètes dans toute leur acception, ses agents auraient invoqué leurs fusils fétiches pour se procurer les ressources que des créatures barbares leur refusaient.

Stanley et Braconnier, se contentant pour eux et leurs hommes d'une friture de poissons loyalement acquis, alors qu'ils pouvaient, sans aléa, obtenir par droit de conquête un repas plus copieux dans la journée du 31 juillet, n'ont pas failli aux instructions philantropiques données par le Comité d'études.

Ils ont fait preuve en cette circonstance d'une résignation admirable, dont on retrouverait peu d'exemples dans les relations vraies des multiples explorations de notre époque, toujours entreprises au profit de l'humanité de la civilisation, mais donnant lieu parfois à de déplorables abus, inhumains et barbares, où la rage puissamment secondée des civilisateurs pille, massacre, martyrise les gens à civiliser, faibles et mal protégés par des armes inférieures à celles de leurs prétendus régénérateurs.

Le 1ᵉʳ août. Stanley s'éveillant avec le souvenir du chef de Bwabwa-Njali envoya quelques-uns de ses hommes chargés de présents en échange des denrées qu'ils obtiendraient sans nul doute de ce makoko obséquieux, mais rapace et surtout grand amateur de gin.

L'après-midi, les envoyés revenaient, les mains à peu près vides ; le chef de Bwabwa-Njali les accompagnait.

L'hypocrite nègre venait, racontait-il, pour offrir ses services aux braves étrangers ; ils savait l'aversion qui avaient pour eux les gens du voisinage : il déplorait les procédés déloyaux d'Ingya (chef de Mfwa) et de Gamankono ; il désapprouvait ses noirs collegues avec une violence de langage telle, que Stanley se laissa prendre aux pièges de ce comédien promettant de subvenir aux besoins de la caravane moyennant une quantité de mouchoirs rouges, de perles, d'articles de camelote, etc., etc.

Braconnier, trop heureux de s'attacher un pareil allié, se décida même à lui avancer dix brasses d'étoffe, d'une valeur locale d'environ cinquante francs, comme acompte sur le prix des innombrables marchandises que le Bwabwa se déclarait prêt à envoyer.

Après le départ de ce makoko, dont la coquinerie s'était cachée sous le masque d'un bonhomme avenant, empressé à rendre service et à encaisser d'avance une récompense contre des promesses, le brave Pauchu, le long Pauchu, car le neveu de Ngaliema était un grand diable de noir, sec et nerveux, arriva porteur d'un message déclarant que les blancs n'étaient

BRANCHE DROITE DE LA PREMIÈRE CATARACTE DE LIVINGSTONE.

pas oubliés et annonçant la visite probable pour le lendemain de son gracieux souverain.

Les choses allaient à merveille ; Stanley et Braconnier échangèrent dans une causerie exempte de tristesse l'excellente impression que leur avaient laissée les visites des deux princes noirs.

Tous deux se félicitaient de n'avoir pas brusqué les événements dans les rudes journées qu'ils venaient de traverser ; ils s'endormirent persuadés que l'aurore du lendemain mettrait fin à la situation critique et misérable où ils se trouvaient.

A l'aube du 2 août, ils expédièrent à Bwabwa-Njali plusieurs Kabindas et Kroomen, avec ordre de rappeler au chef de ce district ses promesses de la veille.

Quelques heures après ces noirs rentraient au camp avec des mines effarées, rapportant l'impression de l'accueil rébarbatif que leur avaient réservé le chef de ce district et son peuple surexcité. Bwabwa-Njali les avait grossièrement reçus, insultés, et les indigènes, encore plus féroces que leur roi félon, avaient intimé l'ordre aux serviteurs des blancs de quitter au plus tôt le territoire, s'ils ne voulaient pas être tués comme des chiens.

« En outre, déclaraient les Kabindas, les naturels de Bwabwa nous ont suivis, armés de mousquets, jusqu'aux limites de leurs terres : ces méchants nègres s'apprêtent à fondre sur la caravane et se disent préparés à nous massacrer tous, blancs et noirs.

— Nous les attendrons, » répliqua Stanley peu effrayé du récit de cette fanfaronnade des indigènes de Njali.

Quant à Braconnier, furieux des pratiques déshonnêtes du makoko de ce village, il aurait été franchement très heureux de le voir arriver aux abords du camp à la tête d'une troupe offensive. Cette satisfaction ne fut pas accordée au capitaine. Les Bwabwa-Njali avaient aboyé de loin, en chassant devant eux une petite escouade d'étrangers, mais ils n'osèrent pas venir affronter la juste colère des blancs à qui ils avaient fait transmettre leurs menaces fanfaronnes.

Trop souvent on rencontre dans nos pays civilisés des gens de bas étage, agissant envers certains hommes de cœur comme les Bwabwa-Njali envers les envoyés du Comité d'études.

Les ignobles procédés des chefs de tribus nègres avaient fortement ébranlé la confiance de Braconnier ; refait par l'un, il doutait maintenant de Pauchu et manifestait à Stanley ses craintes anxieuses. L'explorateur africain, toujours calme, peu impressionnable, ramena le capitaine à des pensers plus tranquilles, à l'espérance, a la paix.

Leur conversation les avait amenés sur la rive nord du fleuve, à quelque distance du camp.

Avec la lunette ils pouvaient voir facilement tout ce qui se passait sur l'autre rive où régnait une grande animation. Des coups de feu qu'ils perçurent distinctement, après avoir un instant obscurci l'horizon d'un nuage épais de fumée blanchâtre, annoncèrent aux explorateurs la présence de Ngaliema au milieu de la foule enthousiaste qui s'agitait sur les bords opposés.

Bientôt de grands canots sont démarrés dans la crique de Ntamo. Ils sont envahis, pris d'assaut par des hommes, des femmes, des enfants, dont on distingue les pantomimes, les mouvements rapides ; beaucoup semblent se battre pour occuper une place dans les embarcations.

Salués par les clameurs bruyantes, par les gestes grotesques d'adieu auxquels se livrent svr la rive gauche les noirs restés à terre, les pirogues remontent un instant le courant en longeant la rive. Puis à un mille au-dessus de l'embarcadère, ils traversent le fleuve avec une extrême rapidité.

Les explorateurs attentifs assistent alors à un émouvant spectacle : la marche rapide de ces canots vigoureusement pagayés par des nègres debout, manœuvrant en cadence, tandis que leurs voix pleines s'élèvent en chœur, soutenues par les fermes batteries d'énormes tambours et les sons d'instruments criards.

Arrivés près de la rive droite, sans s'inquiéter du dangereux voisinage de la première cataracte des chutes Livingstone, les hardis mariniers de Ntamo fondent vers le camp des étrangers avec une vitesse de plus de six nœuds.

Le canot de Ngaliema précède cette sauvage flottille. Au centre de cette magnifique embarcation, le roi de Ntamo est assis ayant à ses côtés plusieurs anciens à tête grise ; son équipage se compose de soixante pagayeurs et de quatre timoniers ; les passagers inactifs, serrés les uns contre les autres, sont au nombre de vingt-deux. C'est donc un total de quatre-vingt-huit personnes que transborde le tronc d'un géant des forêts creusé en pirogue de guerre.

Dans son sillage nagent les pirogues d'escorte contenant une vraie foule noire, houleuse, trépignante, hurlante, impatiente de débarquer chez des amis. Car cette fois Pauchu n'a pas menti ; les indigènes de Ntamo n'ont dans leurs gestes et dans leurs chants ni provocations, ni paroles haineuses contre les mundelés.

La superbe pirogue royale a touché terre, auprès des voyageurs européens.

Ngaliema débarque et serre avec effusion les mains de Stanley, de son frère de sang. Ngaliema, c'était l'*Itsi* de 1877, le jeune homme d'alors, au visage parsemé de taches rondes, formées d'un mélange de suie et d'huile, drapé dans son manteau d'étoffe quadrillé, portant en bandoulière une large ceinture de cuir où sont fixées mille petites gourdes, renfermant du tabac à priser et différentes poudres à saveur saline, divers charmes, autant de talismans que Ngaliema nomme ses *inkissi*. Ce personnage est gracieux, bienveillant, magnifique.

C'est bien l'Itsi d'autrefois, un peu épaissi par le temps ; il parait avoir trente-quatre ans. Ses féticheurs, ses sorciers, en la prescience de qui il a une foi inébranlable, lui ont certifié les avantages innombrables, la série indéterminée de succès, de triomphes, qu'amènerait pour lui et son peuple la présence des blancs à Ntamo.

Déjà, depuis sa première entrevue avec Stanley, quatre ans se sont écoulés, amenant des épisodes sans nombre, dont Ngaliema raconte à son frère de sang les détails les plus minutieux, avec des accents emphatiques. Itsi est devenu très riche et très puissant ; son commerce d'ivoire avec les Bacongo lui a procuré quantité de fusils et de poudre ; il est plus grand roi nègre que le vieux chef Ngako, du district de Mbari. Il aspire à grandir encore Ngaliema laisse percer son ambition dans un déluge de paroles : il veut être le souverain de toute la contrée riveraine de l'étang du grand fleuve. Les Wambundu, peuplade de l'intérieur, au sud de Ntamo, reconnaissent déjà son influence et lui payent d'abondants tributs pour se concilier sa haute protection.

Enfin l'énumération des exploits, des hauts faits qui ont marqué la prospérité croissante, la grandeur du règne de Ngaliema pendant les quatre années écoulées, retient durant des heures les interlocuteurs sur la rive nord du Stanley-Pool.

Les Zanzibarites, inspirés par Pauchu, ont profité de ce laps de temps pour couper, étendre l'herbe, et la recouvrir de belles nattes, sur le chemin que doit parcourir le royal visiteur en se rendant au camp de Stanley.

Le cortège s'ébranle ; dans les rangs des marcheurs un mot d'ordre circule, passe de bouche en bouche. On dansera, on chantera, en arrivant près des tentes des étrangers.

La distance est promptement franchie. Le soleil tropical envoie sur la terre des rayons attiédis par la brise du soir. Tandis que les gros personnages boivent le malafou, cimentent à nouveau leur amitié, le grand tam-tam convenu se prépare.

Dans les groupes disséminés çà et là, autour des tentes, des êtres vivants, hommes, femmes, enfants, s'agitent, se consultent, s'excitent à hâter les préparatifs de la fête.

C'est qu'il faut du temps, au beau sexe surtout, pour réparer les chefs-d'œuvre de coiffure et de toilette, compromis par le voyage, pour astiquer les pendants d'oreilles et les bracelets de cuivre, dont les dames aisées de Ntamo ont orné à profusion leurs bras et leurs jambes.

Malgré leur profond mépris pour les diamants et les objets d'or et d'argent, ces nymphes du Pool n'en sont pas moins coquettes.

Elles portent au cou des perles en porcelaine, des morceaux de feuilles de cuivre enroulées autour d'un fil de laiton entrelacent leurs cheveux crépus et leurs faux cheveux. Oui, leurs faux cheveux, nos lectrices ignorent-elles qu'il se fait dans le pays un commerce important de chignons et de tresses? On peut même dire que sous ce rapport les femmes noires ont devancé les femmes blanches.

Elles ont en outre tracé un cercle blanc autour de leurs yeux noirs pour en agrandir l'orbite et les rendre plus expressifs, plus langoureux. Nous connaissons bien des dames dans nos contrées civilisées qui mettent du noir, pour donner à leurs yeux une expression factice, trompeuse... Bah! les yeux sont, dit-on, le miroir de l'âme. Et lorsque chez des créatures physiquement angéliques les yeux paraissent « des pervenches qu'Amour cueillit un jour dans les jardins du ciel », leurs propriétaires a l'âme perverse se hâtent d'en ternir la beauté pour ne point faire mentir le dicton.

Passons aux dents des coryphées de Ntamo, perles blanches, limées en pointe, car on aime là-bas le sourire incisif.

Le costume:... un pagne bien simple, morceau d'étoffe carré, remplaçant l'antique feuille de vigne.

Le reste du corps, étalage artistique, reproduit un peu partout des arabesques sculptées au couteau sur la chair vive; et, si la nature n'a pas prodigué ses faveurs à quelques femmes de l'endroit, si certaines exubérances manquent de formes gracieuses, de contours accusés, les disgraciées ont eu le soin d'accumuler sur les parties faibles le tatouage le plus marquant, invitant le regard, jouant le même rôle que les mouches artificielles, cet autre tatouage des coquettes de nos jours, qui commettent un regrettable anachronisme. Le maquillage était de mode au temps des Pompadours.

Chez les négresses de Ntamo, le fond de couleur du maquillage est obtenu en enduisant généreusement le corps d'huile de palme teintée d'essence de bois rouge.

Mais le principal objectif de leur toilette était et sera longtemps encore la coiffure. Sur ce point, la mode locale impose ses lois inexorables. Une Ntamoise, soucieuse de sa dignité personnelle, et ne voulant pas être pour ses compagnes un objet de risée, ne peut déroger à des règles formellement établies.

Dans l'art de disposer ses cheveux réside sa puissance à captiver les hommes distingués de l'endroit. Un monument chevelu, volumineux, remarquable, est élevé à cet effet sur la tête de chaque négresse. L'ensemble est poudré d'une couche de cendre tamisée, convenablement choisie pour rendre moins foncée la couleur naturelle.

L'architecture des constructions capillaires n'est pas toutefois uniforme. Une négresse a les cheveux relevés de chaque côté de la tête comme deux ailes déployées. Une autre est coiffée de bandeaux épais, aux mille tresses fortement rembourrées en dessous, enchevêtrées de perles et d'ornements.

Toutes cherchent à se donner des airs gracieusement coquets et attendent avec une joie fébrile, mais contenue, le moment tant désiré de l'ouverture du bal.

Le sexe fort et fort laid de Ntamo est représenté par des hommes vêtus de leurs plus beaux ornements : bracelets de cuivre et d'ivoire aux jambes et aux bras, colliers de dents de crocodile ou de lion. Les élégants ont enfilé dans leurs narines quelques poils d'éléphants. Ceux qui visent à une élégance plus grande encore ont tracé sur leurs corps des lignes blanches imitant les dessins qu'un estampilleur anglais a imaginés sur des coffres spécialement destinés au commerce de l'échange sur le continent noir. Quelques-uns, les premiers arrivés au camp, ont eu la chance sans égale de retrouver dans les grandes herbes des feuillets déchirés du journal le *Graphic*; ils en ont prestement découpé les gravures pour les coller sur leurs poitrines; leur joie est intraduisible; ces païens croient posséder les fétiches les plus favorables, les porte-bonheur les plus infaillibles.

N'oublions pas les petites filles, venues avec les grands parents. Celles qui ont plus de neuf ans prendront part au tam-tam, selon l'usage. Leur toilette ne peut se décrire; elles copieront seulement vers l'âge de quatorze ou quinze ans la mode de leurs aînées.

Tout ce monde ainsi attifé, réparé à la hâte, se réunit, se presse, se bouscule dans l'espace demeuré libre entre les tentes de l'expédition.

Stanley et Braconnier sortent de leurs demeures, en causant amicalement avec Ngaliema et les grands de Ntamo.

La foule s'émeut, s'agite. Quelques nègres poussent des acclamations ; les femmes se tiennent à l'écart, craintives, derrière les groupes, mais elles se dressent sur la pointe des pieds pour jeter par instant de timides regards sur les mundelés ; les enfants se faufilent dans les jambes des assistants, ils grimpent sur les arbrisseaux, les arbustes, les fourrés de broussailles, ils veulent voir aussi les grands blancs, les bons blancs.

Soudain un morceau d'orchestre, un prélude musical, une invitation à la danse (rien de l'*Invitation à la valse*), remplit les airs d'une étrange harmonie et domine le tapage des voix humaines.

Les musiciens sont au nombre de trente ou quarante, rangés autour de leur chef, le joueur de tam-tam. Son instrument se compose d'un tronc d'arbre creux, d'environ 1 mètre 40 de hauteur, ayant à sa partie supérieure une peau de mouton fortement tendue.

Le chef d'orchestre se tient debout et frappe sur son tambour avec la paume de la main et avec les doigts. Autour de lui se groupent des musiciens soufflant dans des gourdes de grosseur et de forme différentes, percées d'un, de deux et même de trois trous, et des harpistes arrachant des vibrations sonores à des espèces d'instruments à cordes ayant la forme d'un arc de bois creux.

Le plus remarquable de ces engins primitifs se compose d'un grand chevalet disposé comme une flèche, échancré en crémaillère, qui supporte quatre cordes parallèles pouvant donner huit sons différents et allant aboutir aux deux branches de l'arc pour lui transmettre les sons. Afin d'augmenter la caisse de résonance, sur la partie convexe, et au milieu de l'arc, on a percé un trou qui communique directement avec le trou d'une calebasse hémisphérique. Les deux extrémités de l'arc et celle du chevalet sont munies de fils de fer recourbés sur lesquels on a enfilé des anneaux en métal qui s'entrechoquent à chaque vibration des cordes de l'instrument.

Aux premières notes de l'orchestre, les danseurs des deux sexes se sont formés en deux lignes circulaires. Chacun tient à la main une gourde en bois ou en terre remplie de cailloux ou de graines dures qu'ils agiteront bientôt en cadence comme des castagnettes.

La danse, ou plutôt le balancement en avant, en arrière, à droite et à gauche, d'abord très lent, puis de plus en plus accéléré, devient tout à fait vertigineux. Alors l'air est empli d'une envolée de notes et de cris assourdissants, et, au milieu de la poussière chargée d'âcres senteurs, les pagnes voltigent, tournoient, les seins bondissent éperdus, les corps luisants et bariolés de blanc tourbillonnent, s'entrecroisent, tombent, se relèvent, et forment un effet fantastique qui ne serait pas déplacé dans un chef-d'œuvre chorégraphique digne d'être représenté sur la première scène de la Belgique, au théâtre de la Monnaie.

GROUPE DE ZANZIBARITES ATTACHÉS A L'EXPÉDITION.

Les danseurs s'arrêtent sur l'invitation de l'un d'eux. Le joueur de tam-tam fait un signe, la musique se tait.

Un trouvère de Ntamo sort de la foule, s'avance vers les blancs, et improvise les couplets suivants :

« Boula-Matari (casseur de pierres, surnom donné à Stanley par les indigènes de Ntamo), Boula-Matari parmi nous ; noirs, amis des blancs, blancs, amis des noirs. »

Les assistants clament en chœur
« Grands blancs ! grands blancs ! »

Le trouvère reprend sur le même rythme monotone
« Blancs donner bonne marchandise pour manioc, bananes, caoutchouc, dents d'éléphant. »

« Donner bon *alouyou* (eau-de-vie), pour bien jouer tam-tam ;... donner sel et tabac.

« Blancs pas manger sauterelles, crapauds, termites ; blancs pas connaître fétiche ; mais noirs aimer blancs, jolis blancs, bons blancs ! etc., etc. »

A chaque strophe, le chœur redit avec force :
« Grands blancs ! grands blancs ! »

Après cet intermède, le chef d'orchestre frappe sur son tambour, les musiciens soufflent dans leurs gourdes, pincent les cordes de leurs harpes étranges ; la danse reprend de plus belle.

Cette fois, c'est le cotillon final, une figure très animée, très originale, celle où le danseur doit chercher à enlever une plume de coq, ornement de la chevelure d'une rosière de l'endroit.

La susdite rosière n'étant ni moins agile ni moins souple que son poursuivant, lui échappe le plus souvent ; l'homme évincé n'en est que plus charmé.

Parfois cependant l'heureux danseur décroche la plume de coq ; ce succès est unanimement applaudi par des rires et des cris frénétiques. Du reste, défaite ou victoire, tous les danseurs excitent l'hilarité générale, et les danseuses poursuivies suscitent, suivant les péripéties de leurs courses, parmi les noirs assistants, des tressaillements de cœur, des frissons d'enthousiasme.

Mais voici qu'à la fin une jeune danseuse, almée vraiment séduisante, aux mouvements de couleuvre, après avoir échappé, à quatre reprises diverses, aux attaques des danseurs, vient toute frissonnante d'émotion, les yeux baissés, déposer sa plume de coq aux pieds de Braconnier...

Stupéfaction générale !... Doutes, hésitations dans la foule !... Mais le blanc a souri, il a donné des perles bleues à la hardie rosière... Des vivats enthousiastes, des accents joyeux, couvrent les sons criards de l'orchestre. Le brouhaha est inimaginable. Le capitaine belge et sa gracieuse provocatrice font naître des improvisations différentes, hurlées sur des rythmes divers, mais à l'unisson, par les troubadours de l'endroit.

Bientôt les voix s'affaiblissent; la clarté du jour se colore des dernières teintes rougeâtres du soleil les indigènes de Ntamo s'échelonnent lentement sur la route qui va du camp à la rive du Stanley-Pool; mais Ngaliema et ses vieux conseillers ne les ont point suivis et restent encore auprès des blancs pour causer avec eux des affaires et des destinées du Comité d'études du Congo.

Ngaliema partage avec son entourage noir les principes de fraternité universelle que lui fait traduire Stanley; le roi nègre promet formellement d'assurer aux voyageurs les provisions nécessaires à leur existence, et donnant à ses promesses un commencement d'exécution, il fait apporter de son grand canot de guerre un choix abondant et varié de produits de Ntamo, qu'il conjure les blancs d'accepter.

Ces présents, qualifiés de cadeaux par Ngaliema, furent reçus comme on doit recevoir chez les nègres les dons provenant d'une libéralité spontanée, mais sujette à réflexions ultérieures; c'est-à-dire que Stanley et Braconnier se hâtèrent d'offrir au roi de Ntamo, en échange de sa prodigalité, les marchandises européennes qu'ils possédaient encore.

Sans se faire prier, Ngaliema accepta tout le stock disponible; même, après s'être assuré que les ânes ne sont pas des animaux dangereux, qu'ils ne dévorent pas les femmes et les enfants, il manifesta son violent désir d'emmener avec lui deux de ces quadrupèdes, utiles auxiliaires des voyageurs.

Posséder des animaux si énormes, les mastodontes, aux yeux de ce makoko, de tous les animaux domestiques, était une tentation irrésistible qui se transforma en joie délirante, lorsque Stanley eut accédé à sa demande.

Pour manifester son contentement, Ngaliema supplia Stanley d'accepter le sceptre royal de Ntamo.

Cet emblème d'un potentat des bords du Stanley-Pool consistait en un long bâton piqué de clous à tête de cuivre, et décoré de fils de laiton enroulé en spirales.

L'agent supérieur du Comité prit en main ce symbole devant lequel s'inclinaient les seigneurs du roi de Ntamo, et le rendit ensuite a son propriétaire ravi.

Ces cérémonies, ces échanges de cadeaux, ces complaisances réciproques avaient resserré les liens de fraternité du sang qui existait depuis des années entre l'explorateur et son visiteur.

La nuit s'avançait, la séparation s'imposait. Avant de partir, Ngaliema requit une nouvelle faveur : il voulut être accompagné par le noir Dualla, le serviteur le plus dévoué de Stanley.

Après un moment d'hésitation, Stanley consentit encore a cette exigence capricieuse.

Comme les blancs escortaient jusqu'à l'embarcadère leurs nouveaux amis, des pirogues glissant sur les eaux du fleuve amenaient auprès d'eux le chef Ingya, de Mfwa.

Cet insurgé de la veille, ayant appris par quelque courrier la présence au camp des étrangers de son puissant collègue de Ntamo, et les fêtes, les preuves sans nombre d'amitié qui avaient marqué les débuts de cette visite, avait décidé de se rendre chez les blancs pour solliciter la paix et le titre d'ami.

La journée du 2 août avait donc vu s'accomplir des événements favorables aux agents de la première expédition; le 3 et le 4 de ce même mois furent encore au nombre des jours heureux. Gammpa, le jeune chef d'un district baigné par le Gordon-Bennett, sur le bord occidental de cette rivière, le bienveillant Gammpa, par opposition à la conduite qu'avait tenue envers les blancs son rival, le chef de Bwabwa-Njali, noua des relations amicales et commerciales avec les membres de l'expédition.

Il leur envoya, de son propre mouvement, des charges de bois, des pains de cassave, de l'huile de palme, des bananes, etc., etc.

Ces bons procédés méritaient une récompense.

Le matin du 5 août, la journée s'annonçait splendide, une brise rafraîchissante s'était levée sous un ciel voilé de légers nuages gris tempérant les ardeurs du soleil. Braconnier et Stanley résolurent de rendre visite au roi Gammpa, dans son village.

A cet effet, nos voyageurs quittèrent le bivouac et longèrent le Gordon-Bennett pour trouver un endroit guéable. Leurs compagnons noirs, robustes Zanzibarites, purent facilement les transporter à dos sur la rive occidentale.

Les marcheurs s'engagèrent alors dans un sous-bois épais, où serpentait un sentier tracé par les nègres. Au bruit de leurs pas, des milliers de *gareolæ*, jolis petits oiseaux aux formes gracieuses, s'envolaient dans les grandes herbes en poussant des cris effrayés, des *plotus* au vol rapide s'enfuyaient vers les cataractes Livingstone dont le fracas perpétuel leur était familier. Ces derniers oiseaux affectionnent les pièces d'eau, bruyantes ou tranquilles, formant des cascades, des lacs courants, ou des marais silencieux. Devant eux aussi, un palmipède étrange, sorte de *podica*, au plumage noir bigarré de brun, à reflets verdâtres, tandis que sa gorge et son ventre sont d'un blanc douteux, s'enfuit et courut se plonger au loin dans les eaux du Gordon-Bennett.

Chaque rencontre d'hôtes ailés défrayait la conversation des blancs. Armés tous deux d'excellents fusils, ils ne songeaient nullement à déclarer la guerre à ces diverses créatures. La poudre est précieuse pour les explorateurs; une charge dépensée sans nécessité absolue peut, à un moment donné, être amèrement regrettée.

Soudain les sons retentissants d'un vrai cor de chasse résonnèrent sous les dômes touffus des arbres.

« Sommes-nous au bois de la Cambre? dit en plaisantant Braconnier. Je ne me trompe pas, on sonne la *Chasse du jeune Henri*. Quel est donc le veneur européen qui hante ces parages ? »

— Assurément, reprit Stanley non moins surpris que son compagnon, un Européen seul est capable de jouer de cet instrument. Serait-ce un compagnon de l'explorateur de Brazza,... un nouveau Malamin de race blanche ? »

Les marcheurs doublèrent le pas et, guidés par les vibrations cuivrées et éclatantes, ils abandonnèrent le sentier, se percèrent un chemin vers le sud-est, regagnèrent le bord du Gordon-Bennett, puis, parvenus à la lisière du bois, ils aperçurent non le soldat français prévu, mais un de ces vaillants missionnaires catholiques, homme encore jeune, entouré d'une trentaine de noirs correctement vêtus et écoutant de toutes leurs oreilles les brillantes sonneries que le père arrachait à son instrument.

Stanley et Braconnier fondirent au pas gymnastique au milieu de l'auditoire ahuri, avant que le missionnaire eût terminé sa fanfare...

« Bravo! bravo! monsieur, lui dit le capitaine. Vous faites de la civilisation par la musique... Vos accords sont vraiment civilisés et civilisateurs. »

Puis les Européens se présentèrent les uns aux autres.

Le père Augouard, missionnaire français, expliqua qu'il était venu sur les bords du Gordon-Bennett pour établir une mission catholique sur ce territoire annexé tout récemment à la France par de Brazza.

Les néophytes qui l'accompagnaient étaient des jeunes nègres de Landana parfaitement éduqués et disposés à évangéliser les indigènes riverains du Gordon-Bennett.

Stanley fit remarquer au religieux que sa mission ne serait pas couronnée de succès, vu que l'esprit du mal s'était répandu sur le territoire oriental de la rivière, dans une contrée naguère paisible. Il raconta les épisodes de Malima et de Mfwa.

La culpabilité des tirailleurs sénégalais fut admise sans discussion par le missionnaire français, qui regretta les actes déloyaux commis à l'abri du pavillon tricolore par des soldats ignorants et inconscients.

Les Européens se séparèrent, les uns pour continuer leur route sur Gammpa, l'autre pour suivre sa route vers le Stanley-Pool.

Le lendemain, ils se retrouvaient au campement de l'expédition, où la plus large hospitalité fut accordée au missionnaire et à ses adeptes.

Durant deux jours, le père Augouard parcourut la contrée, sans obtenir des divers chefs nègres le droit d'établir sur leurs territoires un établissement religieux; il prit congé des ses hôtes civilisés et se retira vers la côte, attendant une période plus propice pour recommencer ses tentatives d'évangélisation.

Le 6, Ngaliema reparut au camp avec son escorte habituelle et ramenant le serviteur Dualla élevé au rang de seigneur de sa cour.

Le roi de Ntamo apportait des provisions aux blancs selon ses promesses, mais il parut oublier qu'il avait déjà reçu le prix de ces denrées et demanda encore des valeurs en échange. Une petite boîte en étain, qui servait à enfermer un savon de toilette, gisait sur une caisse à bagages dans la tente de Stanley. Cette boîte fascinait le regard du makoko, l'explorateur, généreux à propos s'empressa de l'offrir à son rapace visiteur.

La question d'établir une station sur le domaine de Ngaliema fit cette fois les frais de la conversation. Le makoko jura par tous ses fétiches qu'il déciderait les chefs de la rive gauche à accueillir favorablement Stanley; puis il se retira, emportant encore de nombreux présents.

A cette même date, le sergent Malamin atteignait Kinchassa, localité située sur la rive gauche du Pool, à l'est de Ntamo.

Nchuvila, chef de ce district, autorisait le délégué de de Brazza à établir une station dans son domaine, à condition toutefois que cet établissement serait créé en association avec les blancs arrêtés auprès du Gordon-Bennett.

La proposition de ce roi nègre était typique.

Pour lui les États désunis d'Europe n'existaient pas, la diversité des drapeaux, des pavillons nationaux, était chose insignifiante. Ces écharpes soyeuses, étoffes aux brillantes couleurs, n'intéressaient Nchuvila qu'au point de vue de sa toilette; il eût été heureux de posséder à la fois, près de sa capitale, un stock de drapeaux tricolores français et de pavillons bleus du Comité d'études.

Malamin eut toutes les peines du monde à expliquer a ce vieux chef que les blancs dans leur continent étaient aussi jaloux les uns des autres que les Bacongo, les Bazombo, les Babouenndé, les Bassoundi, les Bateké, les Bayanzi, des rives du Congo.

Incapable de comprendre les motifs réels de telles dissensions entre des civilisateurs, Nchuvila se rendit chez son collègue de Ntamo pour essayer d'éclaircir ces mystères.

Ngaliema avait précisément convié à un « palaver » — selon un mot anglais qui signifie au choix conférence, blague ou flagornerie — tous les chefs indépendants, mais moins puissants que lui, qui régnaient sur les districts de la rive sud du Stanley-Pool.

Ce palaver dura une semaine entière. Les caves aériennes de Ntamo furent largement mises à contribution, et sous l'influence du malafou les questions les plus complexes relatives à la présence des Européens parmi les Bateké apparurent réduites à leur plus simple expression pour tous ces noirs rapaces, et se fondirent en une seule :

« Quel est, de Malimin ou de Stanley, celui qui apporte le plus de marchandises belles et bonnes parmi nous? »

La réponse était indiscutable. Stanley avait la caravane la plus considérable en hommes, fusils, wagons et ballots; c'est à lui qu'on accorderait la concession d'un territoire sur la rive gauche du Pool.

Le 11 août, Ngaliema, escorté de cinq grands chefs, vint annoncer aux agents du Comité le résultat favorable du compromis de makokos.

« Donne-nous, dit à Stanley le roi Ngaliema, dix hommes de ton escorte noire; ils viendront avec nous, de l'autre côté du fleuve, et diront à nos populations les avantages nombreux qu'elles retireront de l'arrivée prochaine des blancs.

« Toi, bon mundelé, tu iras au mpoutou chercher tes frères blancs et tu les ramèneras parmi nous avec des cargaisons d'étoffes, de fusils, de poudre et d'objets fabriqués dans ton pays que nous serons heureux d'échanger contre nos richesses. Tu construiras ensuite une maison pour habiter près de nous. »

Cette décision, transmise par le chef de Ntamo au nom de ses augustes collègues, était irrévocable. Stanley le comprit; il désigna aussitôt Susi (Zanzibarite, ancien compagnon de l'explorateur à travers le continent mystérieux) pour commander un détachement de Zanzibarites qui suivit Ngaliema. Ces hommes emportèrent quinze charges de provisions et d'outils et reçurent l'ordre d'attendre à Ntamo l'arrivée des Européens avec les voitures, les canots et l'approvisionnement de l'expédition.

En dehors de la promesse de concession de territoire, Ngaliema avait remis aux blancs de nombreux cadeaux : une défense d'éléphant pesant plus de dix kilos; cinquante pains de cassave; deux porcs, une chèvre, six gourdes de vin de palme, six choux-palmistes et un sceptre, bâton de commandement, comme gage certain que les arrangements proposés ne seraient pas violés de sa part.

Stanley et Braconnier levèrent le 12 août le camp du Gordon-Bennett où s'étaient accomplis les événements que nous venons de raconter, et ils reprirent la route précédemment parcourue avec l'espoir de rencontrer en amont de Manyanga l'Allemand Lindner à qui l'ordre avait été laissé de conduire à Mpakambendi le steamer l'*En Avant* et quelques allèges.

Cet agent dévoué du Comité international reçut le 21 août 1881, à l'endroit désigné, les deux explorateurs de retour des rives du Pool. Par ses soins, les bateaux de la flottille, aptes à tous les genres de locomotion, avaient été amenés au sommet des murs rocheux de trois à six cents pieds de hauteur, arcs-boutés par une ligne étroite de blocs erratiques et des éclats de roc formant d'énormes plaques, qui constituent à Mpakambendi un plateau assez vaste.

Des bateaux à vapeur stoppés sur une montagne, quelle singulière escale! Si Jules Verne eût raconté une telle aventure, pas un de ses lecteurs, même le moins sceptique, n'eût ajouté foi au récit.

Il en était ainsi cependant au Congo. Les steamers, incapables de naviguer sur le fleuve, en amont de Manyanga, à cause des chutes successives et des tourbillons, avaient été traînés sur les falaises et les hauteurs de la rive droite par les équipages qu'ils auraient dû porter.

Nullement avariés par leur voyage aérien, mais, au contraire, parés, remis à neuf, peints de tous bords, sur tous les flancs, l'*En avant* et deux allèges rentraient le 22 août dans leur élément, au bas du plateau de Mpakambendi.

De ce point à l'épaulement en forme de mamelon sur lequel est situé Nsennga, s'étend sur une longueur d'un mille et demi une eau calme, partie du fleuve profonde et majestueuse. A droite, une bande de terre, longeant la rive, fournit d'excellentes places pour l'installation d'un camp ou d'une station de pêche. (Stanley. *A travers le Continent mystérieux.*)

Les bateaux une fois lancés dans cette eau calme, l'Allemand Lindner, sur l'ordre de Stanley, gagna la rive gauche et débarqua pour se rendre par terre à Manyanga-sud et obtenir à bail dans cette localité le terrain nécessaire à l'établissement d'une station, tandis que Stanley et Braconnier se disposaient à remonter le Congo jusqu'au Stanley-Pool, en explorant les berges méridionales du fleuve.

La distance de Mpakambendi à Ntamo, par le fleuve, est de quatre-vingt-quinze milles géographiques, soit 176 kilomètres; nous parcourrons dans un prochain chapitre cette rude étape après laquelle Braconnier fonda sur le Pool la station de Léopoldville.

D'autres enfants de la Belgique, champions infatigables, chevilles ouvrières de l'œuvre entreprise par le Comité d'études, ont déjà implanté sur les rives conquises du fleuve africain, en aval de Mpakambendi, les merveilles et les bienfaits de la civilisation moderne; le récit de leur existence au continent noir, marquée par des actes et des événements dignes d'intérêt, réclame par ordre chronologique une place immédiate dans notre ouvrage.

CHAPITRE XI

Orban et Janssen séjournent à Vivi. — Janssen, chef d'Issanghila. — Confection d'un drapeau belge. — Une traversée de l'*Espérance*. — Mayanga-Nord-Station. — La « question des porcs ». — Une chasse à l'hippopotame. — Le drapeau du Comité d'études à Ngoyo. — Manyanga-Sud.

N relatant les derniers moments de Paul Nève, nous avons signalé la présence au Congo des sous-lieutenants Eugène Janssen et Frédéric Orban.

Ces jeunes officiers, camarades de promotion à l'école de la Cambre, désireux d'imiter les courageux compatriotes qui les avaient devancés, s'étaient volontairement enrôlés sous le drapeau du Comité d'études.

Le 17 février 1881, ils avaient quitté Bruxelles et s'étaient rendus par

Ostende-Douvres au port de Liverpool. Là, ils s'étaient embarqués le 19 du même mois sur le steamer *Benguela*, qui les avait conduits le 6 avril suivant dans la crique de Banana.

Pendant la traversée, Orban avait payé à l'Océan le tribut désagréable qu'il impose le plus souvent aux passagers novices; Janssen, contribuable récalcitrant du royaume des eaux, avait littéralement refusé de donner à la mer, malgré ses furies soudaines et ses heures de rage écumante, le moindre acompte sur l'impôt habituel.

Débarqués à Banana, les voyageurs reçurent à la factorerie hollandaise l'hospitalité réservée aux agents du Comité.

Orban, non encore remis des secousses de la navigation océanique, subissait le jour de son arrivée et le lendemain, deux accès de fièvre... Triste accueil du climat africain.

Janssen opposa aux intempéries du ciel de Banana l'opiniâtre résistance qu'il avait montrée aux flots irrités de l'Océan. Sa halte forcée à Banana lui permit de se lier d'amitié avec des compagnons de traversée, rencontrés à bord du *Benguela*, le docteur Lucan, le missionnaire Hogois, tous deux français et résidant à Landana.

En outre, l'Allemand Lindner, agent du Comité international, arrivait en même temps à Banana, ramenant de Zanzibar les soixante-douze hommes destinés à grossir l'escorte de Stanley et Braconnier, comme cela a été dit dans un chapitre précédent.

Le 9 avril, à cinq heures du matin, Janssen, Orban, le docteur Lucan, le père Hogois et l'Allemand Lindner prenaient passage à bord de *la Belgique*, steamer remorquant des allèges où était le détachement des Zanzibarites.

A six heures du soir, ces nombreux voyageurs stoppaient devant Boma; les deux passagers étrangers à la Société internationale prenaient congé de leurs nouveaux amis; les pionniers divers du Comité d'études passaient tant bien que mal la nuit dans les embarcations et repartaient le lendemain de fort bonne heure, pour s'arrêter vers trois heures de relevée en vue de Vivi.

La *Belgique* accosta au pied de la colline de Vivi, au fond d'une petite crique appelée *Belgique Creek*; là, les passagers mirent pied à terre et s'engagèrent à travers des broussailles chétives, sur un sol montant et raboteux, composé d'une marne rouge mélangée à des cailloux roulants.

A mesure qu'ils gravissaient la hauteur, ils rencontraient des groupes de huttes habitées par des Kabindas et des Krouboys. Au détour d'un fourré, à la lisière d'une clairière circulaire autour de laquelle étaient disséminécs des cases, les marcheurs purent se croire devant une foire africaine.

Un grand nombre de naturels, mêlés aux Krouboys et aux Kabindas, fêtaient l'arrivée des Zanzibarites. Le spectacle était bruyant et animé; le vin de malafou coulait à pleins bords.

Mais le soleil brûlant, transformant en supplice tous les agréments entrevus au cours de l'ascension, n'engageait pas les Européens à s'attarder sur les flancs de la colline.

LE LIEUTENANT JANSSEN.

Au sommet, les constructions blanches de la station, hardiment campées sur l'escarpement qui paraissait inaccessible, donnaient l'idée d'un castel des bords du Rhin, blanchi à la chaux par un caprice de propriétaire, castel équivoque comme le serait le repaire de quelque pirate guettant une proie.

Enfin on atteignit ce prétendu nid de pirates, qui fut un Éden véritable pour les voyageurs harassés.

Janssen et Orban y rencontrèrent Valcke, un compatriote, un soldat déjà familiarisé aux dangers du climat, aux fatigues et aux aventures de découverte en Afrique centrale.

Le chef de la station était encore M. Sparhawk.

Les nouveaux venus devaient séjourner quelque temps dans le premier établissement hospitalier créé par le Comité. Ce séjour constituait la période d'acclimatement. Janssen et Orban la subirent; le premier, à part les inévitables accès de fièvre du début, jouissait d'une santé parfaite et se montrait impatient d'agir, de se rendre utile a l'œuvre africaine; le second, en proie à la maladie, s'obstinait, malgre les conseils de quelques-uns l'engageant à retourner en Europe, a rester, attendant avec le retour de la santé et des forces l'heure de se dévouer à l'accomplissement de sa mission.

Le plateau de Vivi n'est cependant pas insalubre. Élevé de trois cent soixante-dix pieds au-dessus du niveau de la mer, et de deux cent soixante-cinq au-dessus du Congo, il est situé au fond d'une courbe du fleuve qui enveloppe la Mission baptiste d'Underhill et la station commerciale d'Angu. Il est entouré de tous les côtés par de hautes collines qui forment comme un immense amphithéâtre, et a l'air d'être au milieu d'un lac.

La vue s'étend de là sur le large bassin du fleuve, qui reflète dans ses eaux claires des escarpements d'ocre rouge cru et quelques massifs d'arbres gigantesques projetant une ombre foncée. Le paysage rachète sa sévérité par une grandeur étrange, par un charme sauvage dont l'esprit reste frappé.

Sur le versant occidental de la colline, un ruisseau, qui fournit une eau cristalline pour les besoins de la colonie, descend en cascades limpides du haut d'un morne couvert de végétation luxuriante.

Les bâtiments de la station sont entourés de jardins plantés de bananiers et de toutes sortes d'arbres fruitiers. Au-dessus, se perdant à l'horizon, s'élèvent en gradins les énormes blocs de rochers bleus que nous avons comparés à des ruines druidiques.

La construction principale, dite « maison de Stanley », sert d'habitation aux agents supérieurs du Comité. Le rez-de-chaussée est occupé par un vaste salon entouré de rayons chargés de livres, d'albums et de liasses de papiers et journaux; puis viennent une pharmacie, un appartement destiné au futur docteur de l'expédition, une pièce où sont réunies toutes sortes d'armes et d'instruments, et qui est à la fois un laboratoire et un arsenal. Au-dessus, sont les chambres à coucher.

La vie dans cette habitation construite à claire-voie, selon les nécessités des pays tropicaux, n'est pas aussi primitive qu'on pourrait le croire.

La chère, si elle n'est pas aussi raffinée qu'en Europe, est abondante et confortable.

Dès le matin, Janssen, toujours doué d'un excellent appétit, était discrètement éveillé par un serviteur zanzibarite porteur d'un plateau sur lequel étaient du café, du lait, des sardines, du jambon, ou quelque aliment analogue, sans oublier le pain, le beurre de conserve et... la marmelade de banane.

Cette collation absorbée, Janssen rendait visite à ses compatriotes, et, suivant leur santé, on allait faire une excursion, dessiner ou chasser dans les parages de la station.

A midi, toute la colonie des blancs se réunissait pour le déjeuner.

La table était servie dans la vaste salle à manger ouverte de trois côtés, à peu près en plein air par conséquent.

Le repas se composait habituellement d'une soupe, de poisson conservé, de poulets, viandes rôties, légumes et dessert. Ce n'était pas trop mal, à soixante lieues dans l'intérieur de l'Afrique et à treize cents lieues du pays natal, écrivait à ce sujet le sous-lieutenant Janssen. Nos lecteurs seront de cet avis, surtout lorsqu'ils sauront que le menu était arrosé de vin de Lisbonne ou de Bordeaux.

Une sieste, indispensable sous ces latitudes, durait ensuite jusque vers quatre heures; alors les travaux reprenaient pour la colonie. C'était le moment de la plus grande activité. Jusqu'à la nuit close on entendait les marteaux des charpentiers, les chants gutturaux des Krouboys déchargeant des bateaux et transportant des marchandises, les cris des naturels colportant leurs produits et les échangeant contre des vêtements, des verroteries, de la quincaillerie, tout le bruissement qui s'élève des foules affairées, jusqu'au signal de la fin des travaux, donné à sons de cloche sur l'ordre du chef.

Alors les feux s'allumaient, deçà et delà, sur le plateau, sur les versants de la colline. Zanzibarites, Krouboys, Kroomen, Kabindas, naturels, cuisaient leurs aliments sur des foyers improvisés, à la lueur desquels se mêlaient les éclats fuligineux des lampes ou des torches de résine.

Chacun soupait les blancs dans la salle à manger, les noirs sous la voûte céleste constellée d'étoiles.

Pour les Européens, le repas du soir est l'occasion de douces causeries, de souvenirs de la patrie lointaine. La politique, les journaux, les théâtres, les relations du monde, les réminiscences communes, les amis absents, les perspectives d'avenir, fournissent des thèmes inépuisables aux conversations graves ou légères qui laissent les heures s'envoler rapidement.

Janssen et Orban entourent Valcke; ils exigent de lui la narration des péripéties multiples qui ont marqué ses étapes vers le centre africain. Des discussions relatives à l'exploration de l'Afrique, à l'intérêt qui s'y rattache au point de vue de la colonisation européenne, se prolongent bien avant dans la nuit. On parle de Stanley : où est-il ? que fait-il ? quelles missions conflera-t-il aux nouveaux pionniers ?

Enfin, mille et mille questions, des propos sans fin, des entretiens à bâtons rompus sur des sujets infinis, jusqu'à ce que le sommeil vienne surprendre les causeurs et les oblige à se retirer. Alors, Vivi s'endort ; la Croix du sud étale ses diamants dans le plus beau ciel du monde; le silence n'est interrompu que par le chant monotone de quelque oiseau de nuit, ou par le glapissement des coyottes qui chassent à courre sur le versant des collines, dans la profondeur des vallées.

Cette existence a ses attraits, sans doute; mais Orban et Janssen avaient hâte de signaler par de réels services leur présence sur les bords du Congo. L'inaction leur devenait insupportable; ils invoquèrent la distraction laborieuse de la chasse. Un chien de race, amené par Janssen et baptisé en Belgique du nom prédestiné de « Congo », s'évertuait à traîner aux pieds de son jeune maître les aigles altiers ou les tourterelles paisibles, victimes de l'habileté des tireurs.

Le jour de Pâques arriva (17 avril), amenant un extra au menu habituel du déjeuner des blancs : un petit cochon de lait rôti, qui souleva l'indignation des serviteurs zanzibarites, sectaires de Mahomet, indignation vite apaisée.

Après le dîner, sur les eaux du fleuve, les habitants de Vivi, inoccupés ce jour-là, distinguèrent au loin un point noir d'abord, puis ce point, grossissant insensiblement, dessina un petit navire.

Les noirs poussèrent des hourras et dégringolèrent la colline pour attendre le steamer. Les blancs saisirent les télescopes, pour suivre du regard les ondulations du bateau.

L'œil exercé de Sparhawk reconnut « l'*Espérance* »...

Janssen et Orban tressaillent; ils vont recevoir leurs premières lettres. C'est le courrier de Banana.

Ils gravissent l'escarpement regardant le fleuve, et attendent impatiemment les porteurs.

L'*Espérance* a stoppé dans Belgique Creek; sur l'arrière du gracieux steamer les pavillons belge et du Comité d'études marient harmonieusement leurs couleurs éclatantes.

Un Krouboy agile a saisi le paquet des postes; il monte à pas comptés la colline, augmentant ainsi l'anxiété des deux officiers.

Enfin il arrive sur le plateau. Le chef de station ouvre le paquet. Des lettres diverses sont remises à Janssen et à Orban. Le premier décachette vivement une d'entre elles; elle est timbrée d'Anvers; sa suscription est écrite de la main du père du sous-lieutenant.

Une heure après, en réponse aux nouvelles reçues, Eugène Janssen écrivait à son père :

LE LIEUTENANT ORBAN.

« Vous jugez mon bonheur de recevoir vos lettres; je n'ai pu résister, après les avoir lues et relues, à vous écrire, pour que le bonheur dure plus longtemps encore.

« D'après les ordres de Bruxelles, Orban et moi nous devrions accompagner M. Lindner qui va rejoindre M. Stanley ; mais d'un autre côté M. Sparhawk croit bien faire en nous gardant ici (ce qui est très ennuyeux).

Il dit qu'il n'a pas d'ordres de M. Stanley à notre égard, et qu'il en attendra pour nous envoyer.

« Je suis donc *condamné* (sic) à rester à Vivi quatre ou cinq mois à ne rien faire ; je préférerais de beaucoup partir vers l'intérieur. »

Cette même lettre annonçait le départ de Lindner et celui de Valcke pour Issanghila.

L'impatience fébrile d'un homme brûlant du désir d'agir perçait entre les lignes de cette lettre. L'inaction pesait à Janssen ; l'oisiveté aigrissait ce jeune officier que caractérisent, ces deux seuls mots : *extrêmement sympathique*, dits par tous ceux qui l'ont connu.

Enfin le 8 juin, Stanley donne signe de vie ; ses instructions parviennent à Vivi ; Janssen est désigné pour conduire à Issanghila un convoi de vingt et un Zanzibarites, portant chacun trente kilogrammes de chaux destinée aux constructions à effectuer dans cette station. Aller à Issanghila et retourner à Vivi, neuf jours de voyage, sans évènements saillants, étape que le sous-lieutenant accomplit à dos de mulet. N'eussent été les légions d'insectes, les coups de reins et les cabrioles facétieuses de sa monture, la rareté des vivres, l'inconvénient de ne pas rencontrer d'hôtels meublés sur la route et de devoir coucher à la belle étoile, Janssen eût pu se croire en pays aussi civilisé que la Calabre, avec les brigands en moins.

Le 20 juin, Janssen partait définitivement de Vivi pour Issanghila, ne regrettant pas le bien-être relatif de ce séjour, mais triste d'y laisser Orban non encore délivré de ses accès de fièvre.

Cette fois, Janssen était nommé chef de la station d'Issanghila ; en même temps que sa nomination, il recevait les plans des bâtiments à construire dans cette localité.

Obligé de franchir à pied la distance qui sépare les deux stations, il arriva au poste qu'il allait commander, le 25 au soir, la veille du jour où l'infortuné Nève rendait le dernier soupir.

De cruelles circonstances présidèrent, en conséquence, à ses occupations premières de chef d'Issanghila.

Deux charpentiers venus avec lui durent d'abord fabriquer un cercueil avec les planches de l'embarcation qui avait amené l'ingénieur, puis eurent lieu les funérailles.

Le soir du 26 juin, au retour de cette cérémonie funèbre, Janssen, retiré sous sa tente, écrivit sur une table improvisée à la hâte, quatre piquets de de bois surmontés d'un couvercle de caisse, les détails de la mort de son compatriote tels que nous avons pu les reproduire dans notre ouvrage.

L'aquilon soufflait avec furie ; à chaque instant la tente menaçait d'être enlevée; la table à écrire tremblait à l'unisson des parois fragiles de la demeure; Congo, tapi sous le pseudo-bureau, aux pieds de son maître, grognait contre la tempête, puis, chavirant la planche qui l'abritait, il s'élança pour courir, en poussant des aboiements sonores, après des nègres frileux regagnant en toute hâte leurs chimbecks.

Impossible dans une telle occurrence de continuer à écrire. Janssen sortit de sa tente pour errer au milieu des huttes fraîchement construites par les Zanzibarites.

Le camp avait été établi, non pas sur la hauteur même où devaient s'élever les bâtiments de la station d'Issanghila, mais à l'entrée d'un village : Zarakabanzi, situé au bas de la montagne.

Les Zanzibarites procédaient à leur repas du soir; ils mangeaient groupés par cinq ou six autour d'un grand plat de riz. Leur pantomime était fort originale · ils plongeaient leur main droite, soigneusement lavée auparavant, dans le plat, en retiraient une poignée de riz, la pétrissaient en forme de boule et l'enfonçaient ensuite dans leur bouche. Leur part de nourriture (une livre et demie de riz par homme) disparaissait ainsi rapidement.

Ils songeaient aussitôt à s'installer pour dormir. Emportant chacun une hotte pleine d'herbes, ils allaient se grouper autour de la hutte du chef noir; ils préparaient et allumaient les feux, ensuite ils se couchaient, se blottissaient si près des flammes, que l'incendie était à redouter pour eux.

Cette nuit-là, le vent eut beau souffler, il activa les flammes du bivouac, mais ne réveilla pas l'escorte noire de Janssen. Lui-même, las de promenade, rentra sous sa tente, s'étendit sur son lit de camp, imposa silence à Congo et finit par trouver le sommeil en pensant à la journée lugubre qui venait de s'écouler.

Le lendemain, de grand matin, les natifs du village entouraient la tente du nouveau mundelé à qui ils apportaient les uns des poules, les autres des bananes, d'autres encore du vin de palme, bref tous les produits du pays.

Nécessairement, Janssen leur distribuait en échange des objets européens; les vendeurs satisfaits refusaient de s'éloigner et, en fieffés désœuvrés, ils suivaient pas à pas le blanc, s'extasiant devant ses armes ou son habillement lorsqu'il sortait, ou bien, entourant sa demeure, quelques-uns risquaient par l'ouverture de la tente un œil curieux et détaillaient avec gestes à l'appui les mouvements que faisait l'officier soit en écrivant, soit en mangeant sur la table primitive qui constituait avec le lit de camp et quelques caisses à bagages le mobilier momentané de Janssen.

Dans l'après-midi, un naturel vint annoncer que des missionnaires anglais s'établissaient aux environs du plateau d'Issanghila, à dix minutes de marche environ de la future station.

Le 28 juin, Janssen et ses hommes campaient sur l'emplacement choisi par Stanley et Nève quatre mois auparavant; il devait, avec l'aide de deux charpentiers krouboys, y construire une maison d'habitation pour le chef et le personnel blanc, et un magasin pour le matériel, les provisions et les marchandises.

Le site choisi dominait les cataractes d'Issanghila d'une hauteur de plus de cent cinquante pieds. Du nord-nord-est au sud-sud-ouest une pente douce, favorable pour l'exploitation, reliait l'assiette de la station au terrain à niveau du fleuve.

Janssen se mit à l'ouvrage avec ses charpentiers indigènes et sa faible escouade de serviteurs zanzibarites. Après six semaines de travaux incessants, la maison d'habitation fut construite. Elle comprenait un simple rez-de-chaussée composé de trois pièces : une véranda, cumulant les emplois d'antichambre, salon, cabinet de lecture, salle de correspondance, salle à manger; puis une chambre à coucher, séparée par une cloison à claire-voie d'un vaste magasin servant à la fois d'entrepôt de vivres et de marchandises, et d'arsenal. Le tout recouvert d'une toiture de bango.

Le jeune chef de station, pour agrémenter son séjour, conçut l'idée de créer un jardin autour de sa demeure.

La terre ne se prêtait pas à la culture maraîchère; il fallut emprunter au sol des vallées voisines d'innombrables hottes de terreau pour réussir à faire croître sur le plateau les divers légumes cultivés en Europe, à l'abri de quelques bananiers.

Ces travaux remplissaient les journées de Janssen.

Dès les premiers jours de juillet, il s'était trouvé seul, c'est-à-dire seul blanc, au milieu de ces travailleurs noirs. Le voisinage des missionnaires anglais lui procurait cependant une distraction agréable, et les excellents évangélisateurs, en invitant parfois le sous-lieutenant à apprécier leurs talents culinaires, commettaient une action méritoire.

Janssen s'émerveillait devant la profusion de mets exquis dont se composait leur menu... « Jusqu'à du plum-pudding en conserve ! » écrivait-il.

Ah ! c'est que d'habitude, depuis son arrivée à Issanghila, le pionnier africain avait connu le manque de provisions et les fadeurs d'une nourriture peu variée.

On sait que la station d'Issanghila est établie environ à cinq jours de marche de Vivi, soit à vingt-cinq lieues environ à l'est de la première cataracte du Congo, qui devient dès lors innavigable entre les deux établissements du Comité.

D'autre part, bien que la navigation soit difficile mais possible entre Issanghila et Manyanga, Janssen n'avait à attendre du côté de Manyanga que les correspondances, les instructions de Stanley et les nouvelles des explorateurs avancés. Le steamer *Royal* faisait le service entre ces deux points.

Lorsque la caravane expédiée de Vivi tous les quinze jours tardait à apporter à Issanghila les approvisionnements alimentaires, on devait écorner les rations et se contenter de riz au lait, nourriture saine à la rigueur, mais peu appétissante. Les indigènes offraient souvent du maïs, du sorgho, des bananes et des poissons excellents, quelques-uns ressemblant à des brochets avec de grandes moustaches, d'autres armés d'une véritable trombe. Ces offres étaient la plupart du temps inacceptables, en raison des prix élevés qui les accompagnaient.

OULÉDI ET UN DE SES COMPATRIOTES.

Les naturels d'Issanghila, comme ceux des rives du Congo, abusaient étrangement de l'expression « faire un présent ». Chaque fois qu'ils rendaient le plus léger service, ou qu'ils parvenaient à faire accepter au chef blanc soit une calebasse de vin de palme, soit un poisson, soit un régime de bananes, etc., etc., ils tentaient par persuasion à le dévaliser.

Malgré cela, Janssen, qui se perfectionnait chaque jour dans l'emploi de l'idiome indigène, s'était créé les plus aimables relations avec le roitelet de l'endroit. Trop souvent, au gré de l'officier, cette majesté locale, peu digne de figurer dans l'Almanach Gotha, rendait visite au chef de station, à qui il remettait de la main droite un présent quelconque, en tendant la gauche au morceau d'étoffe envié en retour du fallacieux cadeau.

Parmi les visiteurs d'Issanghila, Oulédi, le Zanzibarite Oulédi, l'homme de prédilection de Stanley lors de son voyage au Continent mystérieux, venait à chaque traversée du *Royal*, apporte les correspondances de Stanley, Braconnier et Harou. Ce noir de Zanzibar, dévoué corps et âme à l'agent supérieur du Comité d'études, désirait surtout *to go London*, aller à Londres..., il ne voulait pas mourir sans l'avoir vu ; c'était son rêve de tous les instants.

La description imaginaire de la métropole britannique, qu'Oulédi débitait à ses compatriotes, approchait de la féerie, elle plongeait dans la stupéfaction, dans l'ahurissement le plus complet, l'auditoire noir et naïf du Zanzibarite ; périodiquement, à chaque voyage du *Royal*, elle arrachait à Janssen de francs éclats de rire. D'ailleurs cet Oulédi, gaillard très amusant, se plaçait au rang des meilleurs travailleurs de l'équipage du steamer.

Les marchandises venues de Vivi, de Banana, et par suite d'Europe, en destination pour Manyanga, commandé par Harou, et à l'adresse de Stanley et de Braconnier, passaient en transit à Issanghila.

Comme on peut le penser, les jours de courrier, toujours impatiemment attendus, amenaient un surcroît de besogne à la petite colonie, besogne compensée par la présence de camarades, d'amis, par les récits de nouvelles intéressantes, de triomphes nouveaux de l'expédition, d'aventures vraies ou vraisemblables ; ils occasionnaient en somme une animation extraordinaire, du travail et de la gaieté.

Mais lorsque le *Royal*, disparu derrière les replis sinueux des falaises, n'était plus visible des hauteurs d'Issanghila, lorsque sur le sentier qui conduit à Vivi nulle caravane ne dessinait sa noire silhouette, Janssen éprouvait une mélancolie indicible : les ennuis dus à l'isolement, à la solitude d'un homme civilisé, entouré cependant d'êtres humains, dégénéraient parfois en maladie. Aux heures de souffrances morales succédait fatalement la fièvre physique.

Les préoccupations d'un chef obligé de surveiller sans cesse des ouvriers inexperts aux travaux exigés d'eux sont, dans le jour, autant de préservatifs contre l'envahissement de cette torpeur qui menace tout Européen isolé, perdu en un point sauvage d'une contrée inculte ; avec la nuit, cette préservation n'existe plus.

Alors, la pensée reporte le voyageur vers la patrie absente et les êtres regrettés ; les souvenirs gais ou tristes du passé, empreints d'une force plus vive, reviennent en foule ; la monotonie du présent paraît accablante ; les illusions inconscientes du départ s'effacent devant la réalité. L'Éden rêvé, entrevu comme un mirage brillant dans les contrées africaines, n'est plus qu'un enfer véritable, privé de tout bien-être même relatif.

Les sombres moments de découragement, de doutes, de déceptions, sont plus fréquents qu'on ne l'écrit d'habitude, en retraçant la vie des explorateurs africains. Il faut une âme solidement trempée pour résister parfois à la nostalgie qu'ils entraînent, au spleen fatal qu'ils peuvent amener.

Janssen appartenait au nombre restreint de ces âmes d'élite, pour lesquelles les perspectives riantes de l'avenir assuré par l'accomplissement du devoir neutralisent, annihilent les tortures morales du présent.

La patrie... C'était pour elle, pour ajouter à sa gloire, à sa richesse, à sa vitalité, que le roi des Belges avait agréé les offres de services chevaleresques et spontanées des officiers de son armée. C'était pour l'humanité qu'il fallait subir des privations de tout genre, connaître la faim, souffrir les intempéries d'un ciel tropical, et rester exposé sans cesse au milieu de populations sauvages à des haines imprévues, à des surexcitations dangereuses de créatures portées à attribuer le moindre événement néfaste à la malveillance, au mauvais œil de l'étranger.

La patrie revivait au cœur de Janssen ; il voulut, comme pour se la rappeler davantage, planter sur sa maison d'Issanghila le drapeau belge aux trois couleurs.

A cet effet, le sous-lieutenant résolut un jour de confectionner un pavillon rouge, jaune et noir. Il déchira dans une de ses chemises raccourcies un morceau de flanelle rouge ; ensuite il tailla une bande d'étoffe blanche, qu'il laissa tremper dans une dissolution d'eau et de terre colorée de l'endroit, pour obtenir une teinte jaunâtre. Puis... le noir lui manqua.

Le jeune officier était très perplexe. Il fouillait les coins et recoins de son magasin, de sa garde-robe, cherchait de tous côtés un lambeau d'étoffe noire, une boîte de cirage, ou des matières premières locales pouvant fournir la troisième couleur. Rien. Sur le plateau d'Issanghila, pas d'autre noir que les nègres... Ceux-là ne déteignent pas. Où donc trouver du noir ?

A cet instant précis, les travailleurs de la station quittaient leurs chantiers ; avec le soleil, la clarté du jour s'enfuyait.

Une sonnerie de cors de chasse, la même qui devait retentir plus tard sur les bords du Gordon-Bennett, annonça l'approche d'un étranger. Le père Augouard et sa légion de néophytes, partis de Landana pour accomplir le trajet que nous connaissons, venaient solliciter l'hospitalité de l'agent du Comité d'études commandant le poste d'Issanghila.

Janssen accueillit chaleureusement ses visiteurs. Après les mille questions, les propos divers suscités par l'impromptu de la rencontre de deux Européens parlant la même langue, circonstance qui motive en Afrique centrale une sympathie spontanée, qui établit un lien immédiat entre deux personnes inconnues l'une à l'autre cinq minutes auparavant, l'officier, avec sa franchise habituelle, conta au religieux l'embarras où le mettait le manque d'étoffe noire pour fabriquer un drapeau belge.

« C'est fort heureux, dit le missionnaire ; je pourrai donc vous être utile, aussitôt arrivé chez vous. Tenez, voici votre affaire. »

Tout en parlant, le père Augouard retirait d'un ballot porté par son escorte un sac de toile noire, noué et rempli d'objets. Méthodiquement, il en retirait le contenu, le linge sale ; puis séparant en deux cet étrange sac de voyage, il en remit une part au sous-lieutenant transporté de joie. Le drapeau belge fut terminé séance tenante, et hissé sur la maison du chef d'Issanghila.

« Vous dormirez cette nuit à l'abri du pavillon de ma patrie, dit Janssen au père Augouard.

— C'est-à-dire, interrompt le missionnaire français, que je trouverai dans cette demeure l'hospitalité la plus généreuse, la plus cordiale, la plus loyale. »

La journée du lendemain parut délicieuse aux habitants civilisés d'Issanghila. Les heures s'envolèrent trop vite ; le soldat et le missionnaire trouvèrent des accents élevés pour parler de la cause sublime de civilisation à laquelle ils s'étaient consacrés tous deux.

Janssen enviait le religieux qui s'apprêtait à marcher vers l'intérieur ; il eût désiré le suivre, explorer des contrées nouvelles, aller à l'encontre de tribus entièrement sauvages, étudier la flore et la faune, — Janssen était un bon naturaliste, — découvrir quelque chose, être utile en un mot à l'œuvre africaine.

« Mais vous êtes très utile à Issanghila, cher monsieur. Témoin l'hospitalité que j'ai pu y goûter, grâce à l'établissement construit par vous. Songez à l'incomparable service que rendra aux voyageurs futurs, attirés au Congo par les richesses exploitables du pays, ou par les merveilleuses beautés de la nature, chacune des stations ainsi échelonnées sur les rives du fleuve. Auprès des établissements du Comité viennent déjà se grouper des maisons religieuses ; bientôt s'implanteront des maisons de commerce, des factoreries ; les colons, agriculteurs, commerçants suivent toujours de près les missions scientifiques et humanitaires. Après le soldat de la découverte vient l'apôtre de la civilisation, tous deux préparent la route aux pionniers de la colonisation. »

Le soir de ce même jour, le père Augouard prit congé de son hôte aimable d'Issanghila. Nous savons l'insuccès réservé à la mission du religieux auprès des tribus révoltées des rives du Gordon Bennett.

Le 20 août suivant, le missionnaire et ses néophytes reparaissaient auprès de la montagne d'Issanghila. Reconnue de loin par Janssen, la caravane des évangélisateurs fut saluée par le drapeau belge.

Quelques heures après on se retouvait avec joie: la conversation allait

PREMIÈRE MAISON CONSTRUITE A ISSANGHILA PAR LE LIEUTENANT JANSSEN.

grand train entre les deux amis d'un jour. Un Zanzibarite vint prévenir le chef qu'on apercevait le bateau venant de Manyanga.

Le *Royal* en effet, apparaissait comme une coque de noix secouée par les lames, au détour des falaises abruptes. Des saluts de pavillons furent échangés encore.

D'un autre côté, une caravane traçait sur le sentier de Vivi sa file d'ombres noires courbées sous des ballots, et guidée par un marcheur intrépide dont on distinguait seulement le costume annonçant un Européen. Arrivée au bas de la colline, cette caravane s'arrêta ; le blanc tira plusieurs coups de fusil. Janssen reconnut son camarade Orban.

Bientôt tous les visiteurs envahissaient la véranda de la maison du chef. Un chassé-croisé de questions, de réponses, une envolée de gais propos résonnèrent sous les voûtes habituellement paisibles de la demeure de Janssen. Six blancs, six hommes civilisés — ce fait était considérable, inusité depuis longtemps à Issanghila — se retrouvèrent à midi devant un somptueux déjeuner, organisé par les soins d'un hôte qui avait mis à contribution toutes les ressources dont il disposait.

La basse cour d'Issanghila — il y avait depuis plusieurs jours une basse-cour — composée de trente-quatre poules qui gloussaient çà et là sur les pentes de la colline, à travers des plantations ébauchées de maïs, de sorgho, de graminées diverses, paya son tribut au menu du jour.

Les chèvres, propriété de l'établissement, qui broutaient de préférence au bord des ravins, des passages les plus périlleux des versants, les bourgeons les plus tendres des arbrisseaux multiples poussés entre les rochers, avaient été réunies, rassemblées dès le matin ; la plus grasse d'entre elles, la moins maigre, devrions-nous écrire, composa, sous des noms hétérogènes, les services variés du banquet.

Orban, circonstance fortuite, avait eu l'excellente idée d'apporter à son ami des bouteilles d'un vin généreux acquis à Banana. Orban revenait de cette localité. Il s'y était rendu pour consulter un médecin. L'homme de science avait conseillé au sous-lieutenant, réellement malade lors de cette visite, de quitter l'Afrique. Orban s'était hâté de reprendre passage à bord de l'*Espérance* pour rentrer à Vivi.

Sa traversée avait donné lieu à une série de péripéties émouvantes.

Au départ de Banana, le steamer manquait de mécanicien : l'officier d'artillerie accepta pour la circonstance l'emploi vacant.

L'*Espérance* quitta la crique paisible où se reflètent les constructions de la factorerie hollandaise, et doubla bientôt l'île de Bulabemba.

Les eaux du fleuve bénignes d'habitude, furent à l'époque de cette traversée agitées, grondantes, houleuses, de forts coups de vent précipitaient le courant et rendaient la navigation périlleuse.

L'apprentissage du mécanicien, s'ajoutant à la furie des éléments, amena des catastrophes sans nombre.

Huit fois le steamer, courant mal des bordées, échoua contre les îles semées au hasard du cours d'eau ou sur les bancs de sable trompeurs ; huit fois il fallut renflouer le navire. Les engins manquaient ; la main-d'œuvre était limitée ; les travaux superflus remplissaient de longues heures. Le voyage se prolongeait au delà de toutes prévisions possibles ; les provisions de vivres restreintes s'épuisèrent ; les passagers de l'*Espérance* perdirent par instants l'espoir de toucher à Vivi.

Ils débarquaient sur les rives pour obtenir, quand ils le pouvaient, des aliments auprès des naturels du pays. Les transactions n'étaient pas toujours faciles ; d'autre part ils durent à diverses reprises s'arrêter, coucher à la belle étoile et travailler pendant le jour aux réparations indispensables à faire au steamer désemparé par les chocs fréquents.

Après vingt-deux jours — vingt-deux jours pour franchir cent quatre-vingt-cinq kilomètres, — Orban renversa la vapeur et l'*Espérance* s'arrêta dans Belgique Creek, au pied de Vivi-Hill.

Tel était, en résumé, le récit de la traversée épique qu'avait accomplie Orban au cours du mois précédent. Le jeune officier, par un singulier contraste, avait, grâce a ce voyage, reconquis la santé. Débarqué à Vivi, il s'était décidé à guider la caravane arrivée ce même jour à Issanghila. Cinq jours de marches, sans événements particuliers, n'avaient eu pour résultat que de doubler l'appétit du jeune homme, qui fit au déjeuner de Janssen une large trouée.

Les autres convives venus de Manyanga apportaient des nouvelles coïncidant avec celles du père Augouard.

Les rives nord du Stanley-Pool étaient, disaient-ils, occupées par des émissaires du comte de Brazza ; Stanley et Braconnier se disposaient cependant à gagner la rive gauche de l'étang fluvial. Les nouvelles concernant Harou, et apportées par le capitaine du *Royal*, étaient des plus satisfaisantes.

Le lendemain, la station d'Issanghila reprenait son aspect accoutumé ; le père Augouard et son escorte avaient disparu sur la route de Landana ; la plus grande partie des hôtes de la veille retournait sur le *Royal* à Manyanga.

Orban, sur les instances de son ami Janssen, prolongea son séjour.

Tous deux, à l'aide de combinaisons ingénieuses, réussirent à installer une scierie de planches pour activer les travaux de construction d'un hangar ; en outre, utilisant la terre rougeâtre des berges du Congo, ils fabriquèrent des briques, au grand étonnement des indigènes de l'endroit.

En somme, dès la fin d'août 1881, Janssen qui, en arrivant à Issanghila, n'y rencontrait qu'une hampe de drapeau bleu étoilé d'or et des bornes limitant le territoire acquis par Stanley, avait rapidement élevé une demeure que n'eût pas désavouée le plus habile architecte des contrées tropicales.

Le premier chef de la station recevait dans son palais gouvernemental les hommages et les visites intéressées des roitelets voisins, et nouait avec eux les rapports les plus amicaux.

Les chefs indigènes affirmaient que la présence des blancs leur était non seulement utile, mais encore agréable. Jamais, en effet, ces sauvages n'avaient pu se procurer aussi aisément, les étoffes, les perles. les couteaux les poignards, les pots à eau, les cuvettes, les verres, les bouteilles vides et pleines, les mille objets exerçant une invincible fascination sur la rétine des nègres, que depuis l'installation du sympathique officier. Mais, condition *sine qua non* à l'obtention de ces merveilles, les naturels, désireux d'acquérir les produits européens, le pouvaient seulement par le travail.

Cependant tous les efforts diplomatiques de Janssen pour amener les populations des villages voisins à prêter leur concours actif au développement plus rapide de la station, au double point de vue agricole et mobilier, n'aboutissaient pas.

Le sol très généreux des versants de la colline, indéfrichable par le personnel restreint dont disposait Janssen, offrait des perspectives de culture productive.

Pour les défrichements et l'ensemencement il s'agissait d'engager les natifs qui dans leur indolence, préféraient fumer l'iamba, boire du malafou, manger quelques bananes, et courir presque nus, plutôt que de travailler pour le blanc; ils consentaient seulement à échanger contre les belles marchandises venues du mpoutou les produits naturels de leur contrée.

En vain Janssen essayait-il de secouer leur nonchalance invétérée, de stimuler leur ambition, leur désirs, leurs besoins; il se heurtait contre l'habitude, l'insouciance, la stupidité.

Nous serions à bon droit taxé d'exagération, si nous écrivions que les vaillants pionniers du Comité d'études ont introduit chez les peuplades riveraines du grand fleuve africain le goût du travail, qui serait le gage le plus positif, le plus sûr du succès durable de l'œuvre africaine.

Bien des mois, des années, s'écouleront avant que les peuplades du district d'Issanghila renoncent à leur déplorable genre de vie.

Les chefs noirs viendront souvent offrir au chef blanc les calebasses de vin de palme en échange de bibelots; mais ces personnages, dont la charge est une sinécure réelle en tant qu'influence morale sur leurs sujets, mais non au point de vue de leur intérêt personnel, n'exciteront jamais par leurs paroles, et encore moins par leur exemples, les indigènes à demander le moindre bien-être au travail.

Il est à remarquer, au Congo comme dans bon nombre de contrées barbares, que les chefs, seigneurs des cours, princes et makokos sont généralement plus vicieux, plus pervers, plus rapaces, plus sauvages en un mot que les sauvages qu'ils sont censés gouverner. Dans le royaume des aveugles les borgnes sont rois, dit-on ; chez les nègres, les plus rebelles, à la civilisation justifient, sans le connaître, le dicton que nous venons de rappeler.

Nous avons vu les revirements subits d'opinion, les promesses mensongères, les actes déloyaux commis par les chefs de Bwabwa-Njali, de Malima, de Mfwa, etc., etc. Ces façons de procéder sont la caractéristique des rois nègres ou africains, sans en excepter ceux qui depuis des années reconnaissent les droits d'occupation ou de protectorat des nations civilisées de l'Europe. La *foi punique* n'a point quitté ces contrées... Peut-être est-ce l'effet du soleil.

Janssen ne tarda pas s'apercevoir qu'il devait se tenir constamment en garde contre la mauvaise foi des chefs de son voisinage. Leurs assiduités à apporter des cadeaux, leurs cajoleries, n'avaient d'autre but que de dévaliser les magasins de la station en trompant la confiance du commandant.

Les chefs du district essuyèrent un échec complet sous ce rapport. Janssen, mis de bonne heure en éveil contre la cupidité de ses prétendus amis, sut toujours, sans se les rendre hostiles, résister aux manœuvres hypocrites à l'aide desquelles ils cherchaient à s'approprier les marchandises du Comité d'études.

A tous égards, les intérêts de la Société internationale furent bien défendus à Issanghila par le sous-lieutenant Janssen, jusqu'en mars 1882.

Lorsque notre récit nous ramènera à cette date, nous reprendrons l'histoire des événements, des découvertes, des travaux, auxquels ce jeune chef a désormais attaché son nom.

Sans prendre passage à bord du *Royal*, qui marche cependant avec une vitesse habituelle de douze nœuds, et dessert la section périlleuse et tourmentée qui s'étend entre Issanghila et Manyanga, nous franchirons d'emblée la distance de cent quarante kilomètres qui sépare ces deux stations.

Avec quelle merveilleuse rapidité les auteurs peuvent se porter d'un lieu dans un autre ; la plume, presque aussi prompte que la pensée, leur permet de parcourir, sans souci des obstacles ou des dangers de la route, les étapes les plus longues, réalisées par des pionniers courageux après des journées, des semaines de marches, de fatigues et de souffrances.

Les lecteurs seuls sont plus favorisés ; ils n'ont en effet qu'à tourner les feuillets de livres qui ont valu bien des nuits d'insomnie à ceux qui les ont rédigés.

Ceci dit, auteur et lecteurs retrouvent en août 1881 le lieutenant Harou à Manyanga-nord.

De nombreuses constructions couronnent le plateau où flottait seule naguère au grand émoi des naturels, l'écharpe bleue attachée par l'explorateur au sommet d'un bambou.

Un véritable village s'est élevé sur cette hauteur dénudée, dont nous avons décrit les horreurs.

L'ensemble des constructions représente un immense fer à cheval, qui a la concavité tournée vers le nord-est.

Le bâtiment le plus important occupe le centre de la courbe ; sa façade regarde le versant de la montagne qui à sa base à quelques mètres du fleuve ; il comprend une large véranda, formant marquise et donnant accès dans une salle à manger que meublent une armoire, deux « fauteuils », une chaise, deux bancs, une table ; à droite de cette pièce, une office où sont serrées dans des caisses les provisions de vivres, d'eau et de médicaments ; puis vient la chambre à coucher du lieutenant ; à gauche du réfectoire s'étendent deux appartements destinés aux visiteurs blancs du logis.

Les arcs de cercle partant du corps principal sont limites des deux côtés soit par des petites constructions en torchis recouvertes de chaume et servant d'habitation au capitaine et au mécanicien du *Royal*, soit par des magasins en fer, des hangars où doivent s'abriter un jour les wagons transportant le matériel naval et les ballots sans nomenclature possible que Stanley et Braconnier traînent à grand renfort de nègres vers une nouvelle station.

Harou a accompli ces prodigieux travaux avec le concours des Kabindas, des Zanzibarites, des Kroomen, laissés en cet endroit lors de la découverte. Ses journées ont été bien remplies.

Il s'est maintenu sur ce plateau, luttant énergiquement contre tous les inconvénients de la vie des tropiques et les dangers d'un voisinage de nègres sujets à oublier leurs promesses. Depuis le mois de février, il a subi les caprices dangereux des saisons amenant invariablement des heures de fièvres tous les quinze jours, et, suivant l'époque, des pluies torrentielles, ou la sécheresse avec son cortège de scorpions, de mille pieds, de centipèdes, de puces pénétrantes, de grillons, de serpents, tous êtres fort incom-

VUE DE LA STATION D'ISSARGHILA (D'APRÈS UN CROQUIS DU LIEUTENANT VALCKE).

modes imposant leur compagnie de jour et de nuit aux hôtes de l'endroit.

A certains de ces fléaux le lieutenant a opposé des armes vivantes: des pourceaux noirs élevés dans la station mangent les serpents précités, des poules et des coqs fendent d'un coup de bec les insectes qui rampent partout; quant aux chèvres, autres produits de l'élevage à Manyanga-nord, elles donnent parfois du lait, mais leur rage de dévastation, unie à la voracité des pourceaux, joue par moments de vilains tours aux résidants blancs de la station.

Nous n'en citerons qu'un.

Un jour ces animaux, ne se contentant point de la nourriture qu'ils trouvaient sur le territoire concédé, allèrent chercher leur pâture sur les terres des Babouenndé.

Le flair guida les quadrupèdes au milieu de superbes plantations de manioc. Là, tandis que les chèvres broutaient les tendres tiges, les pourceaux s'acharnaient après les racines, fouillant la terre de leur groin. Ces ravageurs de cultures sans souci des lois de la propriété, tondaient littéralement les champs par extraordinaire fertilisés par les natifs.

MLONGO-MLAKO.

Leurs méfaits furent découverts. Une révolution surgit dans la contrée.

Ah ! ils l'avaient deviné, tous ces chefs indigènes, que la présence des blancs leur porterait malheur ! Quel malencontreux sorcier avait dit le contraire? Chassons les étrangers ! Réclamons d'eux des indemnités, des dommages-intérêts énormes en raison du préjudice inappréciable causé à nos récoltes ! Rassemblons-nous, courons sus au chef blanc !

Agrémentée de ces commentaires, de chaque centre populeux, de chaque hutte du district de Manyanga et des districts voisins la nouvelle lamentable du désastre occasionné par les porcs et les chèvres volait, se répandait comme une traînée de poudre prête à éclater à la moindre étincelle.

Mlongo-Mlako, roi de Dandanga, terrible ivrogne, adepte fanatique du fétichisme et de la sorcellerie, frémit d'indignation; sa terreur fut sans bornes à la pensée des sortilèges qu'exerceraient encore les animaux domestiques du blanc.

Autour de lui, ses sujets irrités attendaient le signal de l'attaque. De l'œil noir du soudard jaillit un feu qui alluma le courage engourdi des hurleurs ; Mlongo-Mlako jeta son cri de guerre ; ce défi courut de bouche en bouche, répercuté par tous les échos des monts et des vallées.

Le lendemain, une nuée de noirs bipèdes gravit la pente accessible de Manyanga-nord.

Harou déjeunait. Son chien Stop rongeait sous la table un fragment d'os d'hippopotame, lorsque soudain, délaissant sa proie, il se jeta vers la porte avec des aboiements féroces.

« Mundelé, dit en se précipitant dans la salle à manger et en laissant échapper de ses mains une assiette de confitures de bananes le petit boy, serviteur de Harou, mundelé, les gens de la plaine, des îles, ceux de Manyanga, de Dandanga, de Ngoyo, sont tous là, armés ; ils battent, ils tuent les chèvres, les cochons de la station ; ils crient, ils menacent de tout massacrer. »

Le petit noir s'arrêta, faute de respiration ; c'était un fils de roi, un prince héritier d'un district quelconque, donné en cadeau par son père au grand blanc d'Issanghila. De tels présents ne sont pas rares au Congo.

Harou, sans être partisan de la traite, avait accepté le boy en échange d'un vieux pistolet d'arçon, convaincu que par ce marché, il rendait service à l'enfant et se faisait un ami du père, très honoré, tout fier de savoir son fils auprès d'un demi-dieu ; car si les dieux s'en vont dans certaines contrées civilisées, ils pullulent au pays des nègres : autant de blancs, autant d'êtres d'essence divine, surnaturelle.

Cette croyance sauva la vie du lieutenant dans cette journée mémorable où les Babouenndés des environs de Manyanga firent surgir la « question des porcs ».

Les nègres révoltés, qui avaient envahi le domaine du Comité d'études et qui étouffaient par leurs cris féroces les grognements des cochons qu'ils égorgeaient, se calmèrent à la vue de Harou s'avançant calme et désarmé vers les chefs reconnaissables à leurs grands bonnets rouges, à leur accoutrement multicolore.

On improvisa une palabra, la traditionelle palabra. Elle fut très orageuse ; les chefs indigènes, ramenés un instant à des sentiments pacifiques, grâce aux théories du lieutenant, hésitaient à convenir de la paix, en raison des murmures, des doléances, des récriminations de la vile populace.

« Les chèvres et les porcs doivent être tous massacrés, vociféraient les natifs peu respectueux du pouvoir de leurs rois et refusant de laisser s'engager les pourparlers amicaux ; hier, ils ont ravagé nos champs de manioc ; demain, ils détruiront nos plantations de maïs. Les animaux des blancs sont des fétiches de mauvais sort ; il faut les brûler et disperser leurs cendres aux quatre vents. »

Ces énergumènes n'admettaient pas d'autre mode d'exorcisme.

Les quadrupèdes, sauvés du massacre par l'intervention de la petite garnison noire de Manyanga-nord, avaient été renfermés dans un des magasins aux parois de fer que les Zanzibarites, les Krouboys, les Kroomen, armés précipitamment de leurs winchesters, s'apprêtaient à défendre avec énergie.

Ces noirs, outre qu'ils désiraient conserver leurs richesses alimentaires, étaient dévoués au lieutenant. Un simple signal de Harou eût suffi pour provoquer un combat formidable. On lisait la décision, le désir même de commencer le feu contre les fâcheux assaillants, dans leur regard respirant une haine farouche.

L'attitude de ses serviteurs augmenta l'audace du lieutenant.

« Finissons-en, dit-il aux chefs noirs, dont le plus influent était Mlongo-Mlako. Le peuple demande le massacre général des animaux coupables. Mais déjà les bêtes ont été châtiées, plusieurs même ont été tuées. Faites venir vos sorciers ; qu'ils interrogent les fétiches. Si nos porcs et nos chèvres doivent porter malheur à la contrée, nous les brûlerons nous mêmes. Dans le cas contraire, il nous sera permis d'en posséder, et nous payerons en belles étoffes les dégâts matériels qu'ils ont occasionnés. »

La proposition persuada les chefs ; transmise peu à peu dans la foule, elle fit cesser les irritations.

Place fut faite aux féticheurs. D'accord avec l'interprète de Harou, ces bonshommes, tout-puissants sur l'esprit des populations noires, démontrèrent par une série de jongleries, d'invocations, de tours de passe-passe, que l'élevage des cochons et des chèvres à la station de Manyanga-nord ne causerait aucun préjudice futur aux récoltes des gens du district.

Sur la foi des oracles, les sentiments belliqueux de la multitude s'évanouirent. Les danses et les chants succédèrent instantanément aux menaces et aux cris de guerre. Des lances furent fichées en terre comme signe de paix.

Au coucher du soleil, la station reprenait son aspect accoutumé. A l'exception de Harou que les événements de la journée rendaient rêveur, personne ne semblait se rappeler qu'une bataille à propos de porcs avait failli ensanglanter et semer de cadavres le plateau de Manyanga-nord.

Le lendemain, Harou rendait visite à ses voisins civilisés, missionnaires anglais établis récemment sur la crête d'une colline, à quelques minutes au sud-ouest de la station.

Les sujets britanniques étaient pour la plupart des laïques engagés pour trois ans, à raison de 2,500 francs par année, pour évangéliser les nègres du Congo; leur établissement était une succursale de la mission baptiste d'Issanghila.

Le fait de la veille défraya la conversation. On félicita l'officier de son habileté à détourner le courroux des indigènes.

Après cette visite, Harou résolut d'aller voir le makoko de Manyanga, qu'il trouva plus aimable que jamais.

Décidément ces nègres sont bien surprenants; prompts à s'irriter, par suite de la peur, de la frayeur qu'ils éprouvent en apprenant des faits insolites, ils retombent dans une confiance qui se traduit par des gracieusetés de langage et des promesses à foison envers les blancs, dès qu'ils sont rassurés par l'intervention des esprits supérieurs invoqués.

La contrée était paisible. Harou n'en commençait pas moins des travaux véritables de fortification, appelés à rendre Manyanga une forteresse, une citadelle qui, bien armée, donnerait du fil à retordre à des troupes européennes essayant de s'en emparer.

Parfois le lieutenant employait ses loisirs à chasser. Près de la station, un bois rempli de singes ne tentait pas le chasseur à cause des dangereux serpents qui s'y glissaient sous les lianes. Mais au mois d'août, les criques, aux eaux plus basses du fleuve, fourmillaient d'hippopotames. La saison sèche favorise toute expédition contre ces redoutables amphibies.

A l'époque des pluies, les criques étant très profondes, l'hippopotame ne se montre guère; à peine, lorsqu'il respire, entrevoit-on sa large tête, semblable à celle d'un cheval, émergeant de l'eau, reniflant brusquement à la surface, et aussitôt disparaissant; il est alors très difficile de tirer l'animal au seul endroit vulnérable, à la tempe; partout ailleurs la balle s'aplatit sur la peau, qui est dure à l'égal d'une plaque de blindage de torpilleur. La saison des pluies offre en outre l'inconvénient de chasser en pure perte ce volumineux gibier; eût-on atteint et tué l'animal, il roule dans la profondeur des eaux, puis, entraîné par le courant, il reparaît à la surface vingt-quatre heures après, gonflé comme un tonneau; il échoue à plusieurs lieues de distance, sur quelque îlot du fleuve, ou sur un banc de sable, et sert aux indigènes qui s'en régalent.

Par un bel après-midi, Harou enrôla quelques indigènes qui avec ses Krouboys devaient faire l'office de pagayeurs, et, monté sur une pirogue, il se hasarda sur les lames secouées par une forte brise dans la direction de l'île de Dandanga. Au départ, le lieutenant avait prudemment muni de fusils ses serviteurs krouboys. L'un d'eux, debout à l'arrière, sur le rebord formé par la poupe, remplissait l'office de timonier; il gouvernait avec une longue pagaie manœuvrée de droite ou de gauche suivant la direction à suivre. Harou occupait le milieu de l'embarcation; à ses côtés, à demi assis sur les parois du léger esquif, les pagayeurs fendaient l'eau de leurs courtes rames pointues et s'excitaient à la manœuvre par des chants sauvages. Stop, bien qu'inutile en cette circonstance, s'était blotti aux pieds de son maître, et mêlait ses jappements craintifs au vacarme des noirs.

On vogua ainsi plusieurs heures, en longeant les criques de la rive droite. Hippopotames et alligators, vautrés sans doute dans les profondeurs des eaux, persistaient à ne pas se montrer aux chasseurs.

L'aspect du pays distrayait l'officier. Les flancs des berges portaient des bois rabougris où il n'y avait guère de grands arbres; les fonds étaient couverts de légumineuses ou tapissés de champs de graminées diverses arrosées par les sinuosités de paisibles ruisseaux. Le sol continuait d'être granitique avec des affleurements de roches colorées.

Certaines petites baies étaient pleines de gros joncs et de roseaux que nourrissait un fond vaseux et où il était malaisé de se frayer un passage.

Décidément, la chasse menaçait de se transformer en pure excursion. Les pagayeurs indigènes montrant, la hauteur et la direction du soleil, rappelèrent à l'officier que l'heure s'avançait.

La pirogue vira de bord; on regagnait Manyanga.

Heureusement, au coucher du soleil, l'hippopotame gagne les herbes de la berge, où il se repaît, et se replonge dans son élément le matin, au lever du jour.

Avant d'arriver à la crique où il devait débarquer, Harou put entrevoir, aux abords d'un banc de sable, une longue procession d'ombres massives émergeant des eaux. Sur sa droite, à portée de fusil, les herbes de la rive s'écartèrent avec un bruissement; un amas de terre s'éboula en faisant clapoter la vague; un hippopotame regagnait son gîte de nuit.

L'amphibie se retourna, au bruit des aboiements précipités que poussait Stop bondissant dans l'embarcation. Troublé dans ses projets, le volumineux animal s'apprêtait à redescendre. La pirogue lancée dans sa direction, portée par le courant, filait trop vite au gré des passagers, qui éprouvèrent un sentiment de terreur. Toute hésitation était impossible. Harou fit feu; ses deux balles atteignirent à la tête la bête gigantesque qui dégringola obliquement, roula dans l'eau et alla s'échouer dans une crique aux rives rocheuses où des canots indigènes étaient amarrés.

Des clameurs enthousiastes s'élevèrent de la pirogue; les pagayeurs imprimèrent à l'embarcation une vitesse vertigineuse. La pirogue heurta l'amphibie immobile.

Force fut au lieutenant de débarquer, de gagner le bord sur les épaules d'un Krouboy et de laisser son équipage noir procéder au dépeçage du monstre.

A l'aide de lianes, de joncs, de rotangs, les experts indigènes tressèrent des câbles assez forts pour ramener sur les eaux et traîner sur la rive, en un point abordable, le corps devenu pour eux de la viande de boucherie.

La lune éclaira un fantastique spectacle. Belzébuth en personne conduisit le hallali. Babouenndé, Krouboys, qui avaient pris part à la chasse, indigènes les plus rapprochés du point où gisait l'hippopotame, s'acharnaient avec des haches et des couteaux à couper les jarrets, à trancher les bons morceaux.

A l'éclat de leurs regards, à leurs mouvements fiévreux, Harou comprit qu'il était inutile d'essayer de réclamer sa part. Cependant les Krouboys lui reservèrent les défenses, et quelques parties succulentes, disaient-ils, qu'ils portèrent dans la pirogue.

Le lieutenant dut rejoindre la crique de Manyanga avec ses seuls serviteurs habituels, les Babouenndé ayant refusé d'abandonner l'animal avant qu'il n'eût été réduit par eux à l'état complet de squelette.

Aux premières lueurs du jour, on atteignit la station. Le panorama sauvage que contempla l'officier satisfait de son triomphe de la veille lui parut digne d'être noté.

Tandis que bien loin, sur la rive gauche, le mont Biri s'élançait audacieux vers le ciel, les capricieux festons d'une chaîne de collines basses fuyaient vers l'est dans un nimbe argenté. Suspendues aux flancs des hauteurs, des roches fantastiques, dépourvues de végétation, s'échappaient d'une pâle verdure, distribuées d'une façon si bizarre, superposées si étrangement, qu'à de certains endroits elles imitaient les ruines d'un fier castel, nid d'aigles et de vautours perché entre le ciel et l'eau.

Dans cette région, le sol montueux est jonché de quartz et recouvert d'arbrisseaux et d'herbes qui colorent le sol d'une teinte rouge et jaune d'or; çà et là, sur les terrains plats, les bananiers aux larges feuilles mesurant jusqu'à cinq ou six mètres de longueur, les palmiers aux jets de verdure retombant en gerbes gracieuses, les *Dracœnas sapochinowki* ou arbres-dragons, aux tiges détachant des bouquets d'un feuillage armé d'épines d'où retombent en grappes des fleurs aux couleurs pâles rejoignant les tiges épanouies des tristes *Yuccas*, s'efforcent, mais en vain, de relever l'âpreté du paysage.

Mais Harou, fatigué, s'apprête à reposer, tandis que la nature s'éveille à Manyanga.

Ce réveil cause peu d'animation.

L'indigène de la contrée (Babouenndé, rive droite, Bacessé, rive gauche) est triste jusqu'à la rudesse; la mélancolie a chez lui quelque chose de dur, comme si elle était fermée à l'espérance; son œil reflète l'éclat d'une sinistre atonie.

Subit-il inconsciemment la sensation de son infériorité morale, de son abjection? Éprouve-t-il comme un regret indicible de son manque total d'instruction, d'éducation, d'esprit d'initiative ? A-t-il conscience de son inertie? Tout est empreint chez lui d'un je ne sais quoi de douloureux, de sombre : son chant se déroule sur des ritournelles monotones et plaintives; ses danses populaires, ses rapsodies guerrières aux mélopées languissantes, au son du tam-tam rageur ou du fifre criard, rappellent comme gaieté le rictus factice du saltimbanque ou du clown paradant sur les tréteaux d'une baraque foraine.

Le travail, invariable comme celui de la fourmi et de l'abeille dans leurs mystérieux laboratoires, lui est imposé par l'instinct de la conservation.

DRACŒNA SAPOCHINOWKI.

Il pêche, tend ses filets au menu fretin, de même que l'araignée oppose sa toile aux insectes. Il met à profit les fibres des plantes, les lianes, les grandes herbes, pour bâtir ses huttes, comme l'oiseau ou les termites savent employer les productions végétales pour construire leurs nids.

Sa barbarie ne rappelle en rien celle des peuplades de l'Asie et de l'Afrique septentrionale. Il n'a jamais possédé, comme les Chaldéens, la science des astres et du temps, comme les Égyptiens, l'art de la construction et le secret de l'écriture... Rien ne signale sur son territoire l'esprit d'entreprise, l'essai, l'application d'une de ces inventions primitives qui ont, aux époques les plus reculées, distingué l'homme de la brute.

La dignité humaine est un vain mot pour lui. Il a vu sans révolte défiler au long des sentiers en zigzag qui constituent ses routes — sentiers moins audacieux que des sentiers de chèvres, car ils dévient toujours à côté du moindre obstacle naturel — des troupeaux d'hommes enchaînés conduits par quelques traitants, sans s'opposer d'une façon efficace au passage de ces caravanes hideuses. Loin de le faire, roi, seigneur ou serf, il s'est hâté de vendre ses enfants pour un mauvais fusil, un mouchoir de couleur, un bibelot futile, un litre d'eau-de-vie.

Une seule faculté dénote chez lui l'existence d'une âme : c'est l'imagination. Les Babouenndé, les Bacessé, à l'instar de tous les non-civilisés, ont de l'imagination à revendre.

Tout ce qui la frappe est personnifié, et parmi ces personnifications imaginaires, tout ce qui paraît de nature à exercer une influence sur la destinée de l'individu est l'objet du culte, de l'adoration. Les rochers, les montagnes, les eaux courantes, les arbres, les animaux, particulièrement les bêtes féroces, les serpents venimeux, les phénomènes atmosphériques, vent, pluie, orage, les corps célestes, surtout la lune, sont autant de sujets de vénération.

A Manyanga particulièrement, le copal est un fétiche de mauvais sort qu'il faut se garder de toucher.

L'homme de son vivant ; n'est l'objet d'un culte que par exception une fois mort, il est craint et vénéré.

Ces nègres s'imaginent que les âmes des morts hantent les abords des tombeaux; ils redoutent de les rencontrer, et, pour se les rendre favorables, ils placent sur les tombes des poteries, de la vaisselle, des articles de cuisine qu'ils ont soin à l'avance de casser, de mettre hors d'usage pour ne point tenter la cupidité et le vol.

Ce fait implique leur croyance à une vie ultérieure; les théories matérialistes n'ont pas pénétré jusque chez eux.

Les âmes des morts ne sont pas les seules auxquelles ils attribuent des pouvoirs exceptionnels. Les âmes des animaux ont, selon les Babouenndé, la faculté de quitter le corps pour errer dans l'espace ou se loger dans un objet quelconque.

Cette multitude d'esprits volants, errants ou domiciliés, prête aux caprices religieux de chacun. Le nègre, qui voit dans chaque objet les esprits qu'il veut, en choisit un au hasard, se l'attache autour du cou, autour des reins ou dans les cheveux, et ne s'en sépare qu'après avoir échoué dans une entreprise placée sous l'invocation de cet esprit.

Du fétichisme à l'idôlatrie, le pas est vite franchi. Cailloux, coquillages,

SORCIER

pruneaux, morceaux de bois, revêtent, sous le couteau, des formes humaines auxquelles le nègre babouenndé ou bacessé attribue des sentiments et des mobiles humains.

D'innombrables idoles abondent ainsi dans ces parages. Partout, aux portes des huttes, sur les places publiques, attachés au corps des nègres et des négresses, pullulent les *m'kissi* (idoles).

Depuis les pieux dont l'extrémité est taillée en forme de tête d'homme, jusqu'à la cuiller en bois sculpté essayant de représenter une créature mâle ou femelle; depuis la simple tête à clous, jusqu'à la statuette compliquée, spécialement adorée par les jeunes mères et figurant une négresse tenant son rejeton sous le bras; de la tabatière au couvercle découpé, à la pipe au fourneau sculpté, ces idoles passent par toutes les tailles et sont propres à tous les usages : manger, fumer, boire, tirer à la cible, etc., etc. (Leur simple nomenclature exigerait un catalogue spécial dont le numérotage atteindrait un nombre voisin de l'*infini positif*).

Ces païens-là n'ont pas de temple. Leurs pratiques religieuses publiques consistent, comme nous l'avons vu, à assister en spectateurs convaincus aux jongleries diverses des sorciers.

L'institution des sorciers est toute-puissante dans le district de Manyanga. Le pouvoir des makokos s'efface devant l'immense crédit, la domination, la tyrannie que peuvent exercer les sorciers : fonctionnaires cumulards, à la fois exorcistes, devins, médecins, juges.

Un nègre casse-t-il sa pipe d'iamba dans des circonstances particulières, les poules refusent-elles de couver à la saison, les sauterelles dévorent-elles la récolte, la dyssenterie sévit-elle dans la contrée, un homme libre, jeune ou septuagénaire, vient-il à mourir, un étranger de couleur rare sous ces latitudes traverse-t-il le district, en un mot des accidents, des calamités de toute nature, des événements qui passeraient inaperçus dans tout pays civilisé, la maladie, la mort, rompent-ils la monotonie habituelle de l'existence de ces tribus : Babouenndé et Bacessé estiment que tout cela est dû soit à la colère des esprits, provoquée par un acte imprudent, soit aux maléfices d'un ennemi qui a abusé ainsi de son pouvoir sur lesdits esprits. La parole est au sorcier; ce dernier joue un double rôle : il consulte, invoque et calme les esprits; il recherche et dénonce à la vindicte publique l'auteur ou les auteurs des maléfices.

Inutile d'ajouter que l'exorciste, trop fourbe pour compromettre sa réputation, trouve toujours un innocent, un être quelconque à accuser de tel ou tel méfait.

L'accusé est alors soumis à des épreuves grotesques, qui rappellent le *jugement de Dieu* du moyen âge. Chez les Babouenndé, on l'oblige à avaler une décoction de poison préparée par le sorcier; s'il la rejette, fait très rare, il est déclaré innocent; dans le cas contraire, il est empalé prestement par les témoins de la scène; son cadavre est ensuite brûlé.

Chez les Bacessé, on oblige l'accusé à prendre un anneau jeté par le sorcier dans de l'huile bouillante; si sa main porte des traces de brûlure après cette opération, on le flambe immédiatement sur un bûcher improvisé.

Des deux côtés du fleuve, les procédés se valent. Nègres puissants ou esclaves vulgaires sont soumis, au gré de la foule, à subir, le cas échéant, ces mêmes ordalies.

On les applique aussi à la découverte des voleurs, des criminels de toutes catégories. C'est là une apparence de justice; mais il ne faut pas oublier que la balance de Thémis est aux mains d'un juge, d'un sorcier avec qui il est des accommodements.

Néanmoins ce juge n'est pas inviolable, et s'il n'a pas satisfait son public, s'il est lui-même accusé, soit d'impuissance, soit d'ensorcellement, on le maltraite dans le premier cas, on le massacre dans le second, après l'avoir soumis aux épreuves qu'il appliquait si généreusement aux autres.

En général, il existe dans le district de Manyanga un sorcier officiel par village. Mais, au besoin, tous les individus prédisposés à l'extase ou à l'hystérie sont aptes à servir de doublures au sorcier attitré. D'autres, par goût, par tempérament et par cupidité, s'improvisent sorciers ambulants et colportent de hutte en hutte, de village en village, des fétiches, des amulettes et des ballots de drogues enchantées.

Nous rapporterons dans un prochain chapitre une anecdote relative au sorcier-médecin de Manyanga, afin de mettre nos lecteurs à même de se une opinion sur les agissements de ce praticien.

La présente digression ethnographique nous a éloignés de Harou qui, après sa victoire sur les hippopotames, avait repris la direction des travaux de défense de la station.

Ces fortifications étaient nécessaires, eu égard aux convictions fétichistes des indigènes doublées d'un tempérament batailleur.

Fréquemment, de village à village, la guerre est déclarée pour le moindre motif; elle dure souvent de longs mois. Les ennemis armés de fusils à pierre, dont la garde est protégée par un morceau de peau de singe, tirent à des distances telles que le nombre des morts ne dépasse jamais la paire.

Dans les derniers jours d'août, Harou fut appelé à remplir le rôle de médiateur entre deux camps formés par la population d'un même village. L'objet de la querelle était des plus futiles, comme toujours.

C'était l'époque où les indigènes mettent le feu aux herbes séchées sur leurs racines, sous le prétexte, fondé d'ailleurs, de fertiliser les terres et d'obtenir plus tard des gazons plus épais.

Une négresse de Ngoyo, qui se trouvait dans un état intéressant, rêvait un soir aux abords du village. Jeune esclave achetée récemment par un indigène de la localité, elle avait escorté son bon maître sur la route de Manyanga. Puis au retour, lassée de la course, elle s'était assise au bord du sentier, pour suivre du regard la silhouette du partant, qui allait s'amoindrissant à l'horizon, et songer à l'avenir.

La future mère était presque belle; sa chevelure longue et ondée, soignée et peignée avec une évidente recherche, ses yeux de braise ardente, teintés de blanc aux bords des paupières, ce qui leur donnait un certain regard velouté, profond, voluptueux, ses mains soigneusement entretenues, dénotaient une origine lointaine des bords du Congo... Peut-être était-ce une moresque, échappée d'un harem de la côte orientale et amenée d'étape en étape, sous le fouet des traitants, jusqu'au village de Ngoyo.

Au rebours des négresses indigènes, la jeune femme étrangère, chez qui l'art de plaire était chose connue, avait su s'attirer des sympathies nombreuses parmi les noirs camarades de son maître, fort respectueux envers le sexe faible.

Son seigneur s'en allait pour rejoindre une caravane en destination du mpoutou. Il avait été bienveillant pour son esclave; maintenant, il l'abandonnait... Que deviendrait-elle? A qui vouerait-elle ses soins, son attachement, son travail désormais? A Ngoyo, bien des marchands d'arachides voudraient probablement l'acheter... qui sait?...

Elle rêvait ainsi, la pauvre délaissée, sans s'inquiéter de l'heure qui s'envolait, sans voir que l'horizon de pourpre entraînait avec lui les derniers rayons de clarté...

Soudain, autour d'elle, des flammes s'élancent, comme autant de serpents, ondulant à travers les fougères, les graminées, les herbes desséchées... Affolée, l'esclave se lève en jetant des cris d'effroi... Le pays est en feu; au gré des caprices de la brise, et des sinuosités des massifs herbacés, les flammes s'avancent, se tordent, gagnent les crêtes des collines, serpentent à travers les vallées, dégageant des nuages épais d'une fumée âcre et blanchâtre.

Ce spectacle avait terrifié l'étrangère. A ses cris, des noirs de Ngoyo sont accourus. Ils l'ont interrogée, l'ont calmée, en la reconduisant au village.

L'un d'eux, personnage influent, qui avait déjà cinq épouses, l'a hébergée dans son chimbeck.

Toute la nuit l'esclave fut en proie à des douleurs aiguës. Le lendemain matin, elle était avant, le terme, délivrée de son embonpoint.

Quel tapage ce simple événement occasionne à Ngoyo !

L'hôte impromptu de la malade attribue aux noirs villageois qui avaient mis le feu aux herbes le dénouement douloureux du mal de l'étrangère. Les alliés nombreux du polygame, ses amis les marchands d'arachides, s'ameutent, injurient et frappent les nègres cultivateurs qui avaient causé un soi-disant maléfice.

Les cultivateurs s'irritent, prennent les armes, et font parler la poudre... Les marchands d'arachides répondent de la même façon.

Des courriers portent en toute hâte, au marché de Manyanga, la nouvelle de la déclaration de guerre et du premier combat de Ngoyo, avec le récit agrémenté d'additions fantaisistes des causes qui les ont amenés.

Le makoko du district, partisan de laisser chacun laver son linge sale en famille, refuse de s'immiscer dans la querelle des voisins.

Cependant, au cours d'une visite au chef de la station, le roitelet communique à Harou les renseignements circonstanciés et amplifiés sur la guerre de Ngoyo.

On se massacre, on s'égorge, les huttes sont pillées, détruites, incendiées, raconte en s'animant le makoko. Probablement la population du district ne tardera pas à s'émouvoir, à prendre fait et cause pour l'un ou l'autre camp des belligérants. Un conflit général ensanglantera, ruinera la contrée. Le grand marché de Manyanga sera délaissé..., etc., etc.

Empêcher l'effusion du sang, éviter les horreurs d'une guerre civile, faire cesser les hostilités entreprises pour un motif moins que puéril, — il s'agissait d'un accouchement prématuré, — tel était le devoir d'un homme commandant une des stations civilisatrices fondées par le Comité.

Harou, sans hésiter, comprit et accepta le rôle de pacificateur, de médiateur.

Il rassembla sa garnison noire au son d'un semblant de tocsin, en frappant sur un gong de bronze qui servait d'habitude à régler l'emploi de la journée des travailleurs. Zanzibarites, Krouboys, Kabindas, Kroomen, furent instruits du rôle qu'ils devaient jouer.

On allait leur distribuer des armes et des cartouches, mais ce n'était point pour combattre. Ralliés à l'étendard bleu porté par le lieutenant, ils marcheraient sur Ngoyo, détourneraient par une salve bruyante l'attention des combattants, et se jetteraient entre eux aussitôt en dansant et en chantant des refrains d'allégresse.

Ce programme fut exécuté en partie, non entièrement, en raison de l'espace qui séparait les belligérants de Ngoyo.

Arrivé près du soi-disant champ de carnage, Harou fut stupéfait en voyant debout les huttes du village. Ngoyo était désert et ne paraissait nullement avoir été pillé.

Non loin du groupe des cabanes, une gorge formée par des collines basses aux arbres rabougris portait des traces d'incendie; mais les monceaux, les amas de cendres d'où s'échappaient encore quelques étincelles, étaient les résidus des herbacées brûlées. Des deux flancs opposés qui constituaient la gorge, les natifs de Ngoyo, abrités par des bancs de rochers ou par des fourrés de broussailles, étaient censés se livrer un combat. Par intervalles irréguliers, on voyait de part et d'autre émerger derrière un roc une tête de noir, puis deux bras tenant un fusil, mettant en joue, le coup partait dans le vide.

La distance entre les deux hauteurs était telle que les projectiles, fragments de cuivre ou de fer lancés par les fusils à silex des combattants, allaient se perdre dans les foyers mal éteints sur le sol intermédiaire.

Harou et sa noire cohorte escaladèrent au pas de charge l'une des collines occupées, et s'arrêtèrent devant le rassemblement des marchands d'arachides de Ngoyo.

L'instigateur de la querelle, celui qui avait recueilli la jeune esclave et qui depuis soutenait par ses hâbleries l'animosité, l'ardeur au combat de ses égaux, comptait au premier rang des indigènes ahuris par la brusque intervention de la garnison de Manyanga.

« Êtes-vous des amis venus pour nous aider à combattre les cultivateurs dont les maléfices ont exercé sur ma belle esclave une influence funeste?

— Nous sommes des amis, traduit l'interprète de Harou. Nous désirons connaître vos griefs contre vos frères, et marcher avec vous contre eux s'ils sont réellement coupables. »

Le chef indigène de Ngoyo, qui se trouvait du côté des marchands d'arachides, côté des riches, des gros bonnets, prit alors la parole.

Il rappela qu'il avait assisté à la palabra d'inauguration de la station de Manyanga, il cita les phrases pronostiquées à cette même époque par le sorcier à la ceinture bleue.

« La présence du mundelé parmi nous assurera notre victoire, les cultivateurs maléficieux seront exterminés. »

On n'a pas oublié, en effet, que le sorcier de Manyanga, attacha à l'arrivée des blancs les plus favorables influences, entre autres le don de faire triompher dans la guerre la tribu au milieu de laquelle ils se se trouveraient.

« Il n'en sera pas ainsi, répondit Harou ; si vous persistez à vous battre sans me faire connaître le motif de vos discussions et ce que vous comptez exiger des ennemis, j'invoque contre vous les m'kissi, je vous retire ma protection. »

A cette déclaration, des murmures, des grognements, de sourdes rumeurs se firent entendre... Après de longues minutes d'hésitation, de consultations entre notables, le chef de Ngoyo essaya de donner des explications satisfaisantes au sujet de la querelle pendante.

Elles furent à tour de rôle habilement réfutées par l'officier.

Au cours de cette palabra (le mot est traditionnel), les cultivateurs avaient cessé le feu ; réunis par petits groupes, on les voyait gesticuler en regardant attentivement ce qui se passait chez leurs ennemis. Bientôt ils se réunirent et s'apprêtèrent à rejoindre la colline opposée : ils avaient distingué les faisceaux de lances fichées en terre par les marchands d'arachides, sur l'ordre de leur chef.

La médiation de Harou fut efficace. La palabra improvisée, dès que les belligérants furent en présence, amena la conclusion désirée par le lieutenant: la paix fut scellée selon l'usage.

Cultivateurs et marchands d'arachides regagnèrent Ngoyo, confondus, réunis dans le même cortège que guidait Harou et ses hommes.

Au village, le malafou, les chants, les danses, les improvisations rythmées à la louange du chef blanc, firent les frais d'une réconciliation tapageuse.

Le soir, la garnison de Manyanga déposait les armes dans l'arsenal de la station.

Harou, satisfait, fier de l'emploi de sa journée, amenait au sommet de la hampe le drapeau bleu du Comité d'études, symbole irrécusable désormais d'une œuvre réellement salutaire pour les indigènes des rives du Congo.

Quelques jours plus tard, sur la berge opposée, le lieutenant pouvait distinguer, à l'aide d'une longue-vue, un étendard semblable à celui qu'il avait si noblement servi.

L'Allemand Lindner, parti de Mpakambendi, était parvenu sur la rive gauche à acquérir, au nom de la Société internationale, l'emplacement d'une station nouvelle appelée Manyanga-sud.

CHAPITRE XII

Brûler le *taratara* ! — Descente de la colline de Zinga. — Récit de Susi. — Le mont Iyumbi. — Makoko, roi des Wambundu.

ès le premier septembre 1881, la colonne expéditionnaire guidée par Stanley et Braconnier vers le Stanley-Pool campait aux abords du village de Zinga.

Le camp construit au sommet d'une falaise boisée était solidement fortifié. A l'est, sur la ligne de faîte des collines de la rive nord, s'échelonnaient à l'ombre de quelques manguiers séculaires les villages de Zinga, Mowa et Massassa ; à l'ouest, ceux de Mbelo, Bukala, Suki, Kilanga, Kinzoré.

Tous ces districts comptent une population très dense. Stanley estime à 2,350 le nombre des habitants du seul district de Zinga, que six chefs, Mvula, Monanga, Nzabu, Makanga, Kiubi et Nsaka sont censés gouverner.

Mvula et Monanga, deux frères, les doyens d'âge, les têtes couronnées de l'endroit, sont octogénaires; le nombre des vieillards est notable dans la contrée.

Mais, jeunes et vieux, ces indigènes sont des êtres essentiellement superstitieux, et le moindre incident suffit pour éveiller leur humeur batailleuse.

Comme les Bédouins de l'Afrique septentrionale grandissent et meurent entre des armes et un cheval, de même les Babouenndé passent leur vie un fusil à la main.

Leur mousquet à silex est toujours prêt à lancer sur toute créature vivante des fragments de cuivre et de fer; la poudre parle à l'occasion d'un bal macabre, pour une fête, pour une naissance ou pour une mort.

Néanmoins quelques-uns d'entre eux sont allés à la côte occidentale et à Boma; ils connaissent les hommes blancs. Aussi arrivent-ils au camp de Stanley et Braconnier avec des petits cadeaux de pain de cassave et de vin de palme. Leur façon de se présenter est peu séduisante, peu rassurante; dès qu'ils sont assis près du blanc, avant de causer, ils se mettent tout à coup à grincer des dents comme s'ils entraient en fureur. C'est chez eux un tic, une singulière habitude qui tout d'abord inquiéta Braconnier.

Le capitaine avait, sur les conseils expérimentés de Stanley, exécuté autour du camp provisoire de Zinga de véritables travaux de défense. On ne sait jamais ce que l'on a à redouter des sectateurs du fétichisme et de la sorcellerie.

Le second jour de la halte à Zinga, Braconnier, tout en surveillant les Krouboys et les Zanzibarites de l'escorte occupés à construire des palissades, des barricades de branchages autour du camp, notait sur son carnet ses impressions de voyage.

Comme d'habitude, des naturels s'étaient groupés aux abords du campement et prenaient du regard une vive part aux occupations des étrangers. A la vue de Braconnier se livrant à son travail d'écriture, une émotion étrange envahit les indigènes; ils s'approchèrent et examinèrent attentivement les signes hiéroglyphiques pour eux que traçait l'officier, puis ils s'enfuirent à toutes jambes vers les huttes de Zinga. Bientôt des chants de guerre retentirent, roulant sur le plateau comme des cris aigus d'oiseaux de proie.

Quelques heures plus tard, une longue file de guerriers entourait le camp.

Les travaux de défense avaient ainsi leur emploi immédiat. L'escorte noire des explorateurs, délaissant les instrument de fortification, sauta sur les fusils.

Stanley et Braconnier défendirent encore à leurs vaillants compagnons noirs de prendre l'offensive, de tirer les premiers. Les deux blancs s'avancèrent hardiment au-devant des assaillants.

« Qu'y a-t-il? demanda Stanley. Pourquoi venez-vous le fusil à la main, la menace à la bouche, comme si vous vouliez nous combattre? Ne sommes-nous pas vos amis ?.

— Mundelé, répondit un nègre de grande taille, coiffé d'une haute toison artistement disposée, mundelé, nos gens ont vu le blanc qui est avec vous, faire des marques sur du *taratara* (du papier). C'est très mal d'invoquer ainsi contre nous les esprits! Notre pays sera dévasté, nos chèvres mourront, nos bananes pourriront, nos femmes n'auront plus de lait. Pourquoi le mundelé est il méchant? Nous sommes prêts à vous combattre si vous ne brûlez pas devant nous le taratara; si vous le brûlez, nous resterons vos amis. »

Braconnier, en toute autre circonstance eût ri aux éclats de cette étrange déclaration de guerre; mais les Babouenndé étaient exigeants; leurs revendications leur paraissaient fondées. Il fallut par un subterfuge habile calmer leur folie superstitieuse.

Tandis que Stanley continuait avec les chefs et les principaux personnages des assaillants les pourparlers diplomatiques, Braconnier allait chercher une liasse de papiers insignifiants. Il revint aussitôt, disposé à sacrifier au caprice des sauvages ces feuilles noircies d'encre.

« Est-ce bien le taratara que vous voulez brûler? demanda Braconnier aux Babouenndé.

— Oui, répondirent-ils, c'est bien celui-là. Ils n'établissaient aucune différence entre le format de ces papiers pliés et le carnet d'éphémerides de l'explorateur.

— En ce cas, prenez-le, continua l'officier; je vous le donne; vous pouvez le brûler ou le garder, à votre choix.

— Non, non, non,... brûlez-le vous-même; le taratara est fétiche; nous ne voulons pas y toucher. »

Les blancs, suivis, talonnés par les Babouendé, s'approchèrent du feu de bivouac le plus voisin. Les papiers furent livrés aux flammes. Une acclamation triomphale couronna cet autodafé.

« Décidément, on ne saurait trop prendre de précautions avec ces gens-là, dit Braconnier à Stanley en retournant au camp.

CHAPITRE DOUZIÈME

— Oh ! il faut se garder d'écrire, de relever la hauteur du soleil, de dessiner, de prendre des notes, en un mot de faire une chose qui pour ces nègres est nouvelle ou leur paraît bizarre. Chacune de nos actions est épiée et nous expose à l'hostilité déclarée des sauvages. L'incident du taratara est heureusement clos, occupons-nous maintenant des préparatifs du départ. »

Sur l'ordre des blancs, les Kroumens, les Krouboys, les Kabindas, les Zanzibarites préparèrent les ballots, casèrent les marchandises dans les wagons, équilibrèrent le steamer *En avant* sur l'immense voiture à roues qui le transportait.

Au cours de cette dernière manœuvre, l'essieu du wagon chargé par le bateau, se rompit. Cette pièce de charronnage avait été fournie l'année précédente par un honnête industriel anglais ; le charron peu scrupuleux s'était servi d'un tronc d'arbre vermoulu pour fabriquer cet essieu ; seulement, dans son désir d'encaisser l'argent, le bon argent du Comité d'études, il avait déguisé sous une couche de peinture vernissée la pourriture de la matière employée.

Au moment de l'accident, les agents du Comité envoyèrent au diable, selon une expression triviale, le charron européen. Remplacer l'énorme pièce de bois n'était pas une petite affaire et entraînait avec un surcroît de besogne, un nouveau retard à la marche en avant.

On trouva fort à propos dans un groupe d'arbres voisins un gaïac africain qui fut transformé, sous les coups de hache des Kabindas, en essieu de wagon de transport.

Le lendemain, les hommes de l'escorte, sous la direction des blancs, exécutèrent une manœuvre de pontonniers.

A la base orientale de la colline sur laquelle les tentes avaient été dressées, une large rivière roulait ses eaux profondes, n'offrant pas un seul endroit guéable.

Une passerelle dut être jetée sur cet obstacle. Les arbres et les lianes d'un bois voisin, mis à contribution, fournirent les matériaux nécessaires à ce travail.

Le 14 septembre au matin, la caravane quitta le plateau de Zinga.

Stanley, malade, accablé par la fièvre, confia, au départ, le commandement de l'expédition au capitaine Braconnier.

Chariots de marchandises, quadrupèdes porteurs de ballots, wagons chargés de matériel naval, de matériaux propres aux constructions d'une station future, s'ébranlèrent aux cris et aux chants des convoyeurs noirs.

La descente de la colline offrait de réels dangers. Une pente raide, où nulle route n'était tracée, coupée çà et là par des bancs de rochers ou des fourrés de broussailles épineuses, séparait l'emplacement du camp du niveau de la rivière à passer.

Les mules et les bourriquets s'engagèrent d'un pas sûr et décidé. Côtoyant allègrement les ravins et les précipices, mettant eux-mêmes un frein à leur élan, reployant leur corps en arrière aux passages à pic, exécutant des diagonales, des changements de pieds, des voltes et des demi-voltes suivant les caprices des talus rocailleux et les méandres sinueux des taillis et des ronces, les animaux arrivèrent sans encombre au pied de la hauteur.

Il n'en fut pas de même pour les lourds véhicules. Les nègres attelés aux timons, ou faisant fonction de freins en tirant sur les cordes attachées aux roues, combinaient toutes leurs forces pour modérer la rapidité que les chargements et la pente imprimaient aux voitures.

Braconnier surveillait et guidait les convoyeurs dans cette tâche périlleuse. Placé à côté des nègres accrochés au timon du wagon à l'essieu de gaïac, véhicule qui traçait aux autres la route à parcourir, le capitaine décrétait à chaque pas les mouvements de droite ou de gauche à imprimer à l'engin de transport.

Les commandements précipités, modifiés à chacun des obstacles du sol, furent fidèlement exécutés par les nègres.

Le steamer *En avant*, cahoté, s'inclinant à bâbord, se relevant, se couchant avec le wagon, s'avançait, descendait la pente de la colline, timoné par de noires créatures, que la nécessité réduisait au métier de bêtes de somme.

La traversée extraordinaire du steamer touchait à sa fin. Le port de salut, le terrain à niveau gisait à quelques mètres ; l'embarcation et son plancher allaient atteindre le ponton jeté sur la rivière.

En ce moment, le wagon à bateau fut engagé entre deux récifs, un bouquet d'arbres et un ravin : Charybde et Scylla. Un commandement de Braconnier, mal interprété par les timoniers, occasionna une catastrophe.

Les nègres du timon, impuissants à retenir la voiture qu'une pente fatale entraînait irrésistiblement vers les grands arbres, la rejetèrent par un brusque mouvement dans le ravin. Le steamer tomba de Charybde en Scylla. Ses roues de droite rencontrant le vide, le véhicule entraînant son chargement dégringola dans l'excavation ravinée, heureusement peu profonde.

Les convoyeurs noirs lâchèrent cordes et brancards ; le timon du chariot abandonné heurta violemment Braconnier qui tomba sans connaissance entre des rochers.

Les noirs s'empressèrent autour de leur maître; deux d'entre eux le soulevèrent et l'emmenèrent jusqu'à la dernière voiture où Stanley, secoué par des cahotements épouvantables, en proie à l'inquiétude, à l'anxiété, préoccupé des périls de la descente, était accablé par un redoublement de fièvre qui lui faisait endurer mille souffrances.

A la vue de Braconnier, pâle, les vêtements en lambeaux, et porté par les Zanzibarites, Stanley ne put retenir un cri d'effroi.

« Qu'est-il arrivé ? Qu'y a-t-il ? demanda le malade, oubliant sa faiblesse et sautant en bas de la voiture.

— Le mundelé est bien mal, » répliqua un Zanzibarite, et rapidement il raconta à l'agent supérieur du Comité les détails de la catastrophe.

Braconnier, couché sur un lit d'herbes sèches rassemblées à la hâte, revint à lui peu à peu. Son corps était violemment contusionné, mais aucun de ses membres n'était fracturé. On le plaça aussi commodément que possible dans la voiture de Stanley.

Les deux chefs de l'expédition durent, pour quelques heures, se confier à la prudence et à l'habileté des nègres, qui surent les conduire sans nouvelles catastrophes jusqu'au bas de la colline de Zinga.

Stanley, faisant appel à toute sa puissance physique, à toute son énergie morale, vainquit la fièvre et reprit le commandement de l'expédition. Mais Braconnier ne put continuer sa route; les contusions qu'il avait reçues, l'accablement, la douleur, l'obligèrent à s'arrêter plusieurs semaines sur le bord de la rivière, près du ponton établi par les pionniers.

On éleva une hutte où le malade fut installé et confié aux soins et à la garde de quelques Krouboys.

Stanley poursuivit sa route vers le Pool. Le 18 septembre, il lança sur le Congo, en aval des chutes terrifiantes d'Inkissi, le steamer *En avant* et les allèges.

Le matériel et le personnel de l'expédition purent être amenés, au prix de nombreux voyages d'aller et retour, jusqu'au delà des détroits de Msampala.

Ces détroits sont constitués par une succession de crêtes rocheuses qui émergent de l'eau, coupent le courant dans sa largeur d'environ quatre cents yards, et laissent entre elles des espaces restreints pour le passage des lames.

La navigation, bien que présentant de grands dangers, d'incessants labeurs, était préférable à la marche par voie de terre.

LA CATASTROPHE DE ZINGA.

Les contrées riveraines du Congo, fortement accidentées, eussent créé à la caravane des difficultés insurmontables. Sur le fleuve, tantôt en longeant les criques paisibles de la rive droite, tantôt en croisant devant les berges de la rive gauche, en halant les embarcations aux passages les plus périlleux, au-dessus des chutes, des rapides et des tourbillons, l'expédition avançait, très péniblement, il est vrai, mais elle était moins exposée aux attaques des indigènes, aux intempéries du ciel et aux fatigues inévitables qu'eût entraînées la construction d'une route viable sur les flancs et les sommets des collines, à travers bois, au-dessus des cours d'eau.

Le 12 octobre, Braconnier et sa garde rejoignaient l'expédition arrêtée sur la rive gauche du fleuve dans le district de Kinsindé, gouverné par le makoko Luemba.

Les rapides Lady-Alice rendant inutile toute tentative de navigation sur le fleuve, les explorateurs se déterminèrent à reprendre la route de terre.

Sur les promontoires de la rive gauche, le passage était praticable ; les hommes de l'escorte ouvrirent un chemin, le couvrirent de broussailles et commencèrent le traînage des wagons.

En face du village de Gammfoué, la rivière Ufuvu obligea les marcheurs à établir un autre pont de bois assez large et assez solide pour permettre le passage.

Trois jours furent employés à la construction de cette passerelle. Stanley et Braconnier présidaient à cette opération, lorsqu'ils furent surpris par deux coups de feu rappelant la détonation des winchesters.

Quelques instants après, au détour d'une pointe rocheuse qui terminait la baie d'Innghila, les explorateurs virent apparaître Susi et les dix Zanzibarites confiés à Ngaliema, poussant devant eux les ânes offerts en présent au souverain de Ntamo.

Cette apparition mécontenta Stanley. Susi, bientôt rejoint, expliqua sa présence en narrant les circonstances qui la motivaient.

Ngaliema avait trahi ses serments, ou mieux il n'avait pu s'opposer aux récriminations, aux ordres de son peuple soulevé par des marchands d'ivoire venus du Zombo et exigeant le renvoi des étrangers.

Selon le récit de Susi, Ngaliema était un hâbleur, un roitelet qui s'était paré des plumes d'un makoko tout-puissant, mais qui en réalité subissait l'influence du grand roi des Wambundu.

Ce roi, spécialement connu sous le nom de Makoko, régnait sur le territoire qui s'étend au sud du Congo, depuis la rivière d'Inkissi jusqu'aux berges méridionales du Stanley-Pool. Le grand village de Ntamo faisait partie de son royaume. Ngaliema, marchand enrichi dans le commerce de l'ivoire, avait en vain essayé, en achetant et en armant un grand nombre d'esclaves, d'échapper à la dépendance de Makoko.

Les Wambundu étaient une peuplade très ancienne et très commerçante; ils n'avaient jamais vu de blancs; mais par ouï-dire, ils attribuaient aux hommes à visage pâle un pouvoir malveillant, une influence néfaste. La réputation de Boula-Matari (Stanley), ses aventures surhumaines, étaient parvenues jusqu'à eux, exagérées, amplifiées par les récits des colporteurs d'ivoire et des féticheurs ambulants.

Ces tribus, qui d'habitude vivaient de bénéfices prélevés sur le passage des chimboucks, ou dus à l'échange de produits de leur territoire contre l'ivoire et les denrées apportés chez eux par les matouts, s'effrayaient à la pensée que des concurrents blancs viendraient s'établir sur les limites de leur contrée. Ce voisinage entraînerait fatalement le marasme commercial le plus complet; toutes sortes de malheurs, croyaient-ils. Par tous les moyens ils cherchaient à l'empêcher.

Une députation de Wambundu escorta Makoko jusqu'au village de Ngaliema, et enjoignit au chef de Ntamo d'expulser Susi et les serviteurs de Stanley.

Ngaliema revendiqua en vain les serments qu'il avait faits à son frère de sang, les cadeaux qu'il avait reçus, les avantages que la présence des gens du mpoutou amènerait sur la contrée; toutes ses raisons furent inutiles. Les Wambundu intraitables, inexorables, menaçaient le chef de Ntamo de représailles, de guerre acharnée, s'il consentait à recevoir chez lui les étrangers.

De telles perspectives décidèrent Ngaliema à renvoyer les Zanzibarites. Un scrupule de conscience chez ce nègre lui dicta la pensée de rendre aussi les cadeaux qu'il avait acceptés.

Susi avait dû partir, emmenant ses hommes et les bourriquets chargés de présents restitués.

Chassé de Ntamo et redoutant les habitants de la rive droite, les makokos de Malima, de Mfwa, de Bwabwa-Njali, Susi avait marché à l'aventure, côtoyant la berge sud du Congo; il bénissait les circonstances qui lui permettaient de retrouver Stanley, et conjurait son maître de ne pas affronter la colère des Wambundu et des nègres rebelles de Ntamo.

Stanley et Braconnier, se sachant désormais en pays hostile, persistèrent à avancer, mais en prenant néanmoins toutes les précautions dictées par la situation.

Une foi infinie dans leur entreprise bannissait les craintes, les angoisses qu'avait laissées dans leur esprit le récit du fidèle Susi.

Par moments la froide raison leur représentait que ces rayons d'espoir si consolants n'avaient en somme aucun fondement; mais l'espérance était tenace, elle fournissait les arguments et les sophismes à l'aide desquels la raison était vaincue.

Ces moments échappent à toute description. Les luttes qui se livrent dans la tête de deux hommes résolus et braves, isolés au milieu de peuplades sauvages, reconnaissant eux-mêmes le pour et le contre de leurs idées, inca-

LE ZANZIBARITE SUSI.

pables de tromper leurs pensées réciproques, mais n'osant pas détruire leurs espérances mutuelles, ne peuvent se raconter.

Les deux explorateurs avaient connu la faim, la maladie, la misère; ces souffrances passées n'étaient rien comparées aux tortures morales qu'ils subissaient.

La raison leur montrait un abîme ouvert sous leurs pas; une bande d'hommes dévoués, décidés à les accompagner aveuglément, disant: « nos maîtres savent ce qu'ils font », et qu'ils conduisent à l'abîme. La formidable responsabilité dont ils s'étaient chargés torturait les agents du Comité d'études.

CHAPITRE DOUZIÈME

La marche devenait difficile et périlleuse. En laissant la rivière Ufuvu, on devait suivre une chaîne de collines dont les pentes et les crêtes boisées présentaient autant d'obstacles que de groupes d'arbres et de talus irréguliers.

Sur les plateaux ou dans les gorges de la chaîne montueuse roulaient des rivières, les unes, comme le Mpalanga aux eaux écumeuses, courant de rocher en rocher, de cascade en cascade, et tombant dans le Congo avec un bruit terrible; d'autres, comme la jolie rivière Lulu, filtrant leurs eaux cristallines, avec des murmures, des bruissements, des clapotements joyeux entre les insterstices de petites roches bleuâtres, entre des bords enfouis sous la verdure nuancée de plantes aquatiques variées à l'infini.

Toutes ces merveilles gracieuses ou sauvages de la nature africaine multipliaient la besogne des marcheurs. On construisait des ponts, on renversait des arbres, on brisait des rochers; chaque mille parcouru avait coûté des heures, chaque étape de la route était marquée par un labeur ingénieux, par des travaux considérables.

Le 4 novembre, l'expédition après avoir franchi la rivière Loa, bivouaqua aux pieds du mont Iyumbi.

En dépit des pronostics de Susi, les Wambundu de l'endroit se monraient d'humeur charmante sur le passage des blancs. La question d'intérêt primait tout autre sentiment chez ces indigènes. Les belles marchandises que leur donnaient les étrangers en échange de bananes, de vin de palme, de manioc, etc., etc., suffirent à détruire les bruits absurdes que les porteurs d'ivoire avaient répandus sur le compte de Boula-Matari.

Stanley leur inculqua diplomatiquement des idées toutes différentes de celles qu'ils avaient eues jusque-là à son sujet. Il leur fit comprendre combien ils retireraient de bénéfices de belles étoffes, de beaux fusils, de délicieuses boissons, d'objets inappréciables, inconnus d'eux encore, tels que miroirs, bibelots de toutes formes et de toutes couleurs, articles de camelote européenne, en vendant au peuple blanc leurs propres richesses et celles qu'ils pouvaient acquérir des matouts.

« Les matouts sont jaloux des blancs, disait Stanley, parce que seuls, ces nègres-là vont jusqu'au mpoutou et en rapportent, pour vous les vendre a des taux très élevés, les produits que désormais les blancs viendront vous offrir eux-mêmes et qu'ils vous céderont à des conditions très avantageuses. »

Les Wambundu paraissaient disposés à accueillir favorablement les étrangers; dans tous les cas, ils étaient ravis d'entendre parler Stanley qui, joignant le plus souvent l'action à la parole, renvoyait les naturels avec de riches présents.

Le 5 novembre, on entreprit l'ascension du mont Iyumbi.

La montée fut pénible; il n'existait point de chemin frayé, et la pente à gravir, presque perpendiculaire, avait plus de mille pieds.

Pour arriver au faîte, il fallut plus d'une fois faire halte, caler les wagons, reprendre haleine.

Mais au sommet, quel spectacle !

Le Congo décrivait sa traînée sinueuse dentelant les plateaux de collines arides ou boisées, marquées par des falaises rougeâtres ou des berges crayeuses, et se perdait à droite et à gauche dans le ciel bleu, dans l'infini.

A six mille au nord-est, le Stanley-Pool dessinait ses rivages; les *Dover Cliffs*, les falaises de Douvres africaines étalaient leurs mamelons gazonnés, leurs futaies verdoyantes tranchant sur le blanc d'argent des collines étincelant aux premiers feux du jour.

Chaque pic, chaque sommet de la chaîne où s'enserrait le fleuve, se détachaient sur une aire de centaines de kilomètres carrés, surplombant les multiples échancrures, les excavations, les vallées arides ou fertiles où roulent les eaux tantôt écumeuses, tantôt cristallines, des tributaires grands et petits du fleuve gigantesque.

Longtemps les voyageurs contemplèrent ce superbe panorama; Mowa, Massassa, Zinga, Bwabwa-Njali, Malima, les districts visités, chaque point de la route parcourue, chaque rivière, chaque groupe d'arbres, rappelant des dangers vaincus, des journées de repos, des heures de fatigue, de défaillance ou d'espoir, s'échelonnaient devant eux, comme autant de vivants souvenirs, de trophées de victoire, déroulant le passé; vers l'est, c'était l'avenir.

A l'orient de la montagne, Ngoma, Sabukas, Ntamo et les villages de la rive gauche du Pool enfouissaient leurs huttes dans l'enchevêtrement des tiges rugueuses des palmiers et des fougères arborescentes écrasées sous le feuillage de sombres manguiers ou de majestueux bombax.

Trois mois auparavant, Stanley et Braconnier avaient entrevu le site qui s'étalait devant eux. Du haut de la colline de Kinduta, ils avaient découvert dans un nimbe argenté l'esquisse du même paysage. Devraient-ils dans ces parages battre encore en retraite devant l'hostilité des indigènes ou la fureur des éléments? Quel accueil leur réserveraient les noirs habitants de ces huttes, les accidents de ce sol tourmenté, esclave d'un ciel inclément?

Le lendemain, Braconnier, conduisant l'avant-garde, traçait une route du plateau de l'Iyumbi au bas de la colline de Ngoma. Quatre jours après toute la caravane exploratrice, personnel et matériel, s'installait à Usansi.

L'emplacement du camp était très pittoresque; les tentes semblaient noyées dans un océan de graminées, d'arbustes, d'arbres, dont la masse, ondulant au souffle de la brise, revêtait toutes les nuances veloutées du vert, du rouge et du jaune.

La végétation y était merveilleuse; on rencontrait ces prunes exquises, toutes dorées, que produit l'héglik; de grands baobabs à fruits énormes, les soi-disant *pains de singe*; des caïls-cédrats; des *bassia Parkii*, arbres à beurre, qui donnent une belle noix brune d'où l'on extrait une graisse excellente pour les roues des wagons et les machines; des *dracænas*, des sounts *(Acacia Nilocita)*; quelques bouquets d'élaïs, précieux palmier qui fournit aux indigènes, outre un vin délicieux, un beurre jaune que l'on peut convertir en bonne huile à brûler, en cosmétique, une huile dans laquelle on fait cuire les bananes, les ignames et les patates, ou qui est servie en guise de sauce avec les légumes, la volaille, le piment, et qui, lorsqu'elle est chaude, fait aux habitants du pays un excellent bouillon dans lequel ils trempent leur pudding de cassave.

Bref, une flore splendide; un coin du paradis terrestre, auquel il manquait les spécimens de la faune africaine. Le gros gibier était rare dans la contrée; les tourterelles et des oiseaux de tous genres y vivaient cependant en grand nombre. La nature avait libéralement pourvu à leurs besoins.

Non loin du camp sourdait une eau limpide qui formait abreuvoir et glissait en murmurant à travers les herbes qu'elle arrosait.

Non loin de cet Éden s'élevait le village d'où Makoko présidait censément aux destinées des peuplades occupant le vaste territoire des Wambundu, et servait d'arbitre respecté dans les questions gordiennes qui s'élèvent entre les chefs des districts limitrophes s'étendant au sud du Stanley-Pool.

Le 7 novembre, ce très haut et puissant seigneur nègre, suivi des princes de la région, d'une myriade de sujets, apparaissait au camp d'Usansi. Des Bacongo, des Bazombo, marchands d'ivoire venus de la côte, sachant que Makoko se rendait auprès de Boula-Matari, avaient grossi l'escorte du royal visiteur.

Voir Stanley et ses compagnons, contempler les héros des merveilleux récits qui couraient à l'état de légendes chez les peuplades riveraines du Congo, était plus qu'une attraction habituelle pour les nègres. Un besoin d'inquisition, une curiosité excessive mêlée de crainte superstitieuse, les avaient guidé, au camp des étrangers.

De leur côté, les blancs éprouvaient une satisfaction réelle de se trouver en présence de Makoko. A en croire Susi, le roi des Wambundu détenait un pouvoir sans bornes et son hostilité était à redouter pour le succès de l'expédition.

Probablement Makoko, mis au courant, depuis bien des semaines, des faits et gestes de Stanley, apportait dans les replis de sa peau de léopard la paix ou la guerre aux agents du Comité d'études. A tous égards, la paix était préférable. Stanley et Braconnier reconnurent unanimement la nécessité d'amadouer ce souverain, de s'en faire un allié, un ami, un frère de sang.

Au premier coup d'œil, ils conçurent de Makoko une impression consolante.

Le petit homme, pas même haut de cinq pieds, qu'ils avaient devant eux, et dont le regard doux et innocent répandait sur toute la physionomie une apparence de bonhomie et de franchise, ne pouvait être un ennemi irréconciliable, mais bien un auxiliaire, un appui.

Makoko s'avança sans hésitation à un mètre des blancs et leur déclara son nom et ses qualités, accompagnant ses paroles d'un sourire bienveillant.

Bien qu'il soit toujours difficile de fixer l'âge d'un nègre, on pouvait largement appliquer soixante ans à Makoko.

Son front élevé et étroit, ses tempes profondément enfoncées, ses yeux qui brillaient comme des escarboucles au fond de deux cavités encadrées de rouge et de blanc, les pommettes saillantes, le nez légèrement épaté, des lèvres laissant voir des dents rares, aiguisées, une longue barbiche tressée dont la pointe descendait à mi-corps : tels sont les traits de Makoko dont l'ensemble constitue une mine doucereuse.

Des sujets empressés de ce noir souverain préparèrent en hâte un siège élevé, en superposant des gerbes d'herbes sèches; Makoko, étendant sur cette espèce de trône végétal une peau de léopard, s'assit dessus, et dit en désignant du doigt la fourrure de l'animal :

« Voilà l'insigne de ma dignité. »

Tous les noirs, prévoyant une palabra, se rangèrent en cercle autour de Makoko et des explorateurs, et attendirent silencieux l'ouverture des pourparlers.

« Le peuple nègre m'appelle Boula-Matari, » dit Stanley; il y a quatre ans, je fus connu sous mon nom véritable; je suis le premier mundelé vu par les naturels de cette région. Je suis l'homme qui descendit autrefois le grand fleuve avec plusieurs compagnons montés sur un grand nombre de pirogues. Bien de mes gens sont morts, noyés dans la rivière; l'un d'eux, un blanc, mon ami, mon frère de race (Franck Pocock), se perdit non loin de votre royaume; je reçus à cette occasion les témoignages de sympathie des nombreux chefs des tribus riveraines, et je promis à ces rois de retourner un jour parmi eux. Depuis j'ai revu ma patrie, la grande terre des hommes blancs; et aujourd'hui, fidèle à ma promesse, je suis retourné vers eux. Les gens de Mfwa, que j'avais connus déjà, m'ont oublié; ceux de Ntamo sont restés fidèles à mon souvenir.

« Lors de mon dernier voyage auprès de Mfwa, j'ai reçu la visite de Ngaliema qui me pria d'aller au mpoutou afin de revoir mes frères et de les décider à venir avec moi, dans les environs de Ntamo, pour y fonder une ville, y cultiver des terres, et échanger contre les produits alimentaires de la contrée ou donner en récompense aux noirs laborieux les beaux objets fabriqués par les peuples qui vivent bien au delà de l'Océan. Ngaliema, comme nantissement de ma promesse et en garantie du bon accueil qu'il devait faire à ceux qui reviendraient avec moi, m'a remis un sceptre, un symbole, les insignes de la royauté.

« Aujourd'hui, je traverse votre domaine; je me rends auprès de Ngaliema, pour y remplir mes engagements. Vous pouvez voir vous-même mes bateaux, mes wagons de transport, mes marchandises, mes armes; je vais construire à Ntamo, pour me disposer ensuite à remonter le grand fleuve, et essayer, si je le puis, de bâtir encore plus loin, bien loin, chez les Bayanzi, les Bangala, et tous les nègres de l'intérieur. Telle est mon histoire, ô grand Makoko; j'écouterai maintenant vos paroles, paroles d'un ami, j'en suis certain. »

Le speech de Stanley fut entendu par les assistants, religieusement, sans murmures, sans interruptions. Makoko et son entourage, suspendus aux lèvres de l'orateur, paraissaient tellement absorbés, qu'on eût cru qu'ils l'écoutaient encore après qu'il avait cessé de parler.

Après cette pause, quelques chuchotements partirent du groupe de seigneurs, de chefs à bonnets rouges entourant Makoko. Celui-ci, d'une voix d'abord basse qui s'éleva par gradations au diapason le plus criard, répondit en ces termes à son interlocuteur :

« Depuis plusieurs lunes, nous avons entendu parler de Boula-Matari et de ses compagnons. Nous sommes effrayés du récit des actions des mundelés qui brisent les rochers, qui font voler leurs pirogues de fer par dessus les montagnes, qui renversent sur leur passage les plus grands arbres de nos forêts, et dont les armes retentissantes tuent à des distances incalculables les animaux de la contrée. Que signifient ces manières, ces procédés de destruction, ces exploits nuisibles, ces provocations aux esprits, importés par les blancs ? Pourquoi veulent-ils nous ruiner, pourquoi s'efforcent-ils d'irriter contre nous les divinités de la terre et du ciel ?

« Quand nous avons appris que Boula-Matari traitait avec Ngaliema pour prendre possession d'une partie de notre royaume, nous nous sommes indignés à juste titre. Ngaliema s'arrogeait un droit, un pouvoir qu'il ne possède pas. Quel est ce Ngaliema? N'est-ce point un transfuge de la contrée des Bateké, à qui nous avons accordé de bâtir et de commercer sur notre territoire ? A-t-il oublié qu'il doit sa fortune et sa propriété à notre bienveillance ?

« Prétendrait-il à la toute puissance, à la suzeraineté des terres baignées par le lac du fleuve?

« Sachez et dites aux hommes de votre race que Makoko est le seul maître de la contrée qui s'étend de Ntamo aux bords de l'Inkissi.

« Depuis que vous la parcourez, nous connaissons journellement vos actes; nous surveillons les hommes blancs. Si leur présence est funeste, s'ils nous méprisent, s'ils sèment la ruine ou les maléfices sur leur route, ce sont des méchants auxquels nous sommes décidés à faire une guerre implacable.

« Ni Ngaliema, ni un Bateké, ni un de ces marchands qui vont acquérir l'ivoire à Ntamo, Kinchassa, Kindolo, ne possèdent un district sur cette rive du fleuve. C'est moi, Makoko, grand roi des Wambundu, qui gouverne cette région. J'ai dit. »

Une approbation enthousiaste, des applaudissements frénétiques suivirent ce langage orgueilleux.

Bientôt la foule se calma; Stanley d'une voix puissante et autoritaire déclama sa réponse à Makoko :

« Vous avez bien parlé, ô grand roi des Wambundu. Quand je traversais la contrée pour la première fois, il y a quelques années, j'ignorais les lois, les coutumes et les droits des gens de votre race. Vous vous ressemblez tous dans ce pays, et je ne puis établir la moindre différence entre un Bateké et un Mbundu. De même qu'il vous serait difficile de dire quelle distinction de nationalité existe entre moi et mon compagnon blanc, de même, lorsque je parlais à Ngaliema, avant de connaître Makoko, je ne pouvais savoir si Ngaliema était le vrai roi des Wambundu ou un vulgaire Bateké. Aujourd'hui je me félicite de parler au grand Makoko ; je le conjure de répondre à la requête que je lui adresse pour obtenir une concession de terrains dans les environs de Ntamo, de m'autoriser à y fonder une ville, et de m'assurer que mes bateaux croisant sur le fleuve devant son territoire et mes wagons parcourant les routes à tracer dans son royaume seront respectés de ses sujets.

— N'est ce que cela ? dit Makoko dans un sourire. Je serai très heureux de voir Boula-Matari et ses enfants vivre en paix sur mes domaines. J'accorde les autorisations qu'il m'a demandées. Qu'un peuple blanc grandisse et prospère au milieu de mes sujets ! Qu'il rende de fréquentes et amicales visites à Makoko, en lui apportant de beaux objets fabriqués au loin ! Je connais, je possède des cadeaux ravissants, des étoffes, des fusils, de la poudre, des balles, des vases, de la poterie, des miroirs, présents que m'ont alloués les matouts retournant de la côte : les objets sont faits par un grand et bon peuple ; ce peuple sera notre ami, qu'il s'établisse près de Ntamo ! Makoko a parlé. »

« Bravo ! Makoko, pensèrent les explorateurs, tes souhaits sont fort agréables à entendre ; il s'agit de savoir si l'avenir nous prouvera que tu as contribué à leur réalisation. »

Stanley et Braconnier adoraient tous les makokos du Congo, comme ils les connaissaient. Ils se fiaient très peu à leurs tirades emphatiques, miroitantes de propositions séduisantes, de promesses trop souvent mensongères.

Néanmoins, selon l'usage, pour terminer cette palabra amicale, le malafou circula dans l'assemblée. Makoko pria les blancs d'accepter des bananes du vin de palme, des chèvres, des poules, etc.; etc., en échange, il rayonna de joie en emportant des présents sans nombre ; des étoffes soyeuses pour ses quatre épouses, des bibelots pour sa progéniture, une tunique hors de service du capitaine Braconnier pour orner sa personne royale.

Plus que partout ailleurs, chez les noirs du Congo les petits cadeaux entretiennent les petits semblants d'amitié.

Alléché par l'attrait des marchandises variées déballées sur l'ordre des voyageurs, Makoko présenta un certain Ngako, frère d'un chef des Wambundu, possesseur d'un territoire voisin de Ntamo.

Ngako discuta le prix auquel la concession demandée par les blancs serait accordée. Après des pourparlers sans fin, des marchandages criards, des hésitations, des murmures, des récriminations tapageuses, Ngako choisit treize pièces de drap, un manteau, une couverture rayée de couleurs multiples, un miroir, beaucoup de couteaux de table à manche blanc, et un tas de bibelots.

Lorsque la pile d'objets fut arrangée, Makoko s'avança et compta les cadeaux, les examina attentivement, avec mille grimaces, des sourires, des yeux où se lisaient le désir et l'envie ; puis, prenant une attitude pleine de majesté, il invita Ngako à lui remettre la moitié des présents : *quia nominor leo*.

L'invitation souriait fort peu à Ngako ; il se résigna cependant à la considérer comme un ordre péremptoire de son suzerain.

Un moment après, Makoko, né malin, amena devant Stanley un nègre à tête grise, homme qu'il présentait comme ayant une influence considérable sur les indigènes riverains du Pool.

« Parfaitement, répondit l'explorateur ; je suis enchanté de faire la connaissance de ce prince. Je ne doute pas que nous vivrons en parfaite intelligence. »

Mais Stanley, déjouant la ruse, le stratagème de Makoko, congédia le noir à tête grise sans lui donner la moindre petite obole.

Le visage de Makoko exprima le dépit, le mécontentement. Ces sentiments se lisaient dans les yeux du roi nègre, car sa face ne changeait jamais de couleur, elle était enduite d'une couche de suie qui répandait une odeur désagréable et sur laquelle les gouttes de sueur perlaient et glissaient en traçant des sillages visqueux.

Vers le soir, Makoko, qui tout l'après-midi fit la navette entre le camp d'Usansi et son village, retournait près de Stanley pour lui offrir un gage de fraternité.

« Ngaliema vous avait remis son prétendu sceptre, dit-il au blanc, je vous donne, moi, mon sabre. Prenez-le ; qu'il soit un trait d'union entre Boula-Matari et Makoko, entre deux frères de sang ! »

« Makoko est décidément un charmant homme, disait Braconnier à Stanley ; mais il abuse du voisinage. Va-t-il nous laisser dormir cette nuit ? »

Sur ces mots, chacun des pionniers regagna son lit.

Le camp d'Usansi s'endormit. Aux pâles rayons de la lune argentée, les noires silhouettes des gardes chargés d'alimenter les feux glissaient comme des ombres chinoises sur les dômes blanchâtres des tentes.

Stanley et Braconnier sommeillaient aussi bien que l'on peut sommeiller en Afrique centrale, quand la préoccupation ou l'imminence d'un danger n'agite pas le sommeil toujours troublé par les moustiques. Depuis longtemps ils avaient perdu l'habitude de quitter leurs vêtements avant de se coucher. Tout au contraire, afin de se garer des piqûres d'insectes, ils se sanglaient et se vêtaient beaucoup plus la nuit que le jour.

Dans de telles conditions, le repos que l'on goûte est plutôt factice ; le corps à force d'être moulu, s'affaisse sur lui-même ; les yeux sont clos, mais l'oreille est aux écoutes, l'esprit veille ; on dort à la façon des gendarmes ou des somnambules. Les revolvers, les fusils, les carabines sont toujours à portée du voyageur prudent qui s'endort sous la tente plantée aux bords du Congo, même au milieu de peuplades qui se disent alliées.

Au milieu de la nuit, Susi, garde du camp, s'émut à la vue d'un nègre, mbundu rampant comme un fauve derrière les broussailles et essayant de franchir l'enceinte barricadée. Le fidèle serviteur des blancs interpelle vivement le visiteur nocturne.

« Je suis envoyé par Makoko, dit-il, pour parler à Boula-Matari.

— Notre maître dort à cette heure, répondit le Zanzibarite. Le mundelé repose. Reviens demain, aux premiers rayons du soleil.

— Non ! non ! Je dois transmettre aux blancs une importante nouvelle; à l'aube il serait trop tard. Je veux voir Boula-Matari de la part de son frère de sang, au nom de Makoko. »

Susi était embarrassé; son interlocuteur continuait à insister bruyamment. Bientôt la discussion dégénéra en querelle très vive; des Zanzibarites, des Krouboys s'éveillèrent; Stanley et Braconnier, troublés par le tumulte, sortirent de leurs tentes, armés chacun comme pour le combat.

« Que se passe-t-il donc ? interrogea Stanley.

— C'est un ambassadeur, un messager de Makoko.

— Encore Makoko ! dirent à l'unisson les deux chefs de l'expédition.

— Mundelé, dit le Mbundu, mon seigneur m'envoie vers vous pour vous annoncer que Ngaliema et tous les chefs de Ntamo, avec environ deux cents hommes armés de fusils, sont arrivés dans son village. Ngaliema a déjà essayé d'engager des Ngambarengi, des Kimpalampala, des gens de tous les districts voisins, pour vous combattre. Il réclame contre vous l'assistance de Makoko et de son peuple. Makoko m'a chargé de vous dire qu'il refusait de s'allier à Ngaliema, et qu'il tenait à votre disposition tous les guerriers wambundu.

— Makoko est un bon frère. Boula-Matari le remercie. Si Ngaliema déclare la guerre, dis à ton roi que les blancs et les Wambundu n'hésiteront pas à l'accepter. »

De telles nouvelles n'étaient pas faites pour ramener le sommeil au camp d'Usansi. Les deux agents du Comité d'études employèrent les dernières heures de la nuit à préparer un plan de défense en cas d'attaque de Ngaliema, ce traître, ce noir félon qui détruisait subitement les espérances de conquêtes, d'acquisitions pacifiques.

CHAPITRE XIII

Les menées de Ngaliema au camp d'Usandi, près de Ntamo. — L'*En avant* sur le Stanley-Pool. — Le blockhaus de Léopoldville. — Les plantations de la cinquième station.

A L'AUBE du 8 novembre, une pluie fine et serrée tomba sur Usandi; vers dix heures du matin, la brise chassa les nuages; le soleil équatorial resplendit dans un ciel bleu foncé.

Sur le versant occidental de la colline au sommet de laquelle se groupent comme autant de cages à poules les huttes du village de Makoko, l'armée de Ngaliema dessina des lignes de noirs bipèdes dont les fusils rouillés jetaient encore, aux rayons de l'astre du jour, de vagues reflets d'acier.

Les blancs purent compter leurs ennemis. Cent quatre-vingt-dix-sept guerriers composaient la troupe du chef de Ntamo. Les assaillants marchaient à grands pas vers le camp d'Usandi ; leurs cris belliqueux roulaient, aux sons du tambour de guerre et des trombes d'ivoire rougi, comme un tonnerre lointain chargé de menaces.

Stanley et Braconnier paraissaient fort peu émus. Assis devant la tente de l'agent supérieur, ils causaient avec autant de calme et d'apparente insouciance qu'ils l'auraient pu faire sur le banc d'une promenade publique.

Leur escorte avait été munie de fusils et de cartouches, dès la première heure ; Susi et trente Zanzibarites, détachés en grand'garde à plusieurs mètres du camp, surveillaient l'approche des ennemis. Susi avait pour consigne de ne pas prendre l'offensive ; de se replier sans coup férir vers le camp si les hommes de Ngaliema tiraient les premiers sur son escouade, et, si les ennemis ne tiraient pas, il devait attendre de pied ferme et décider Ngaliema a rendre visite aux blancs.

Le brave Zanzibarite accomplit ce programme avec un louable sang-froid et une rare habileté. Les hurleurs de Ngaliema, arrêtés par la petite troupe de Susi, entourèrent les hommes de grand'garde et tentèrent en vain de les détourner de leur devoir, en attribuant à Boula-Matari toutes sortes de maléfices. Susi, ferme et inébranlable, leur déclara qu'il était chargé simplement de les amener devant les tentes où les blancs attendaient impatiemment la visite annoncée des naturels de Ntamo.

« Mais nous venons pour combattre ; nous voulons tuer les blancs et tous leurs compagnons ; nous ne sommes pas des amis, disaient les mercenaires de Ngaliema.

— Eh bien, répliquait Susi, vous voyez d'ici nos maisons de toile ; tirez dessus, si vous le voulez ; les blancs et leurs enfants de la côte de Krou, du mpoutou ou de la côte orientale, ne veulent pas commencer les hostilités. Sachez cependant que leurs fusils peuvent tirer et tuer aussi bien et mieux que les vôtres. Mais Stanley refuse de verser le sang de son frère, du chef de Ntamo, du roi qui a juré par son sceptre amitié et dévouement au mundelé. »

Suspendus aux lèvres de Susi, les guerriers de Ngaliema ne virent point s'approcher, glissant entre les grandes herbes, Stanley et Braconnier, seuls, sans arme à la main, les carabines en bandoulière, les revolvers à la ceinture.

Les blancs, bousculant vivement les indigènes qui formaient comme une ceinture humaine autour de Susi et de Ngaliema, se montrèrent soudain aux interlocuteurs.

A leur vue, le cercle s'élargit ; quelques rauques murmures parcoururent l'assistance. Stanley, feignant de ne rien entendre, saisit à deux mains la main de Ngaliema et remercia en termes affables le chef de Ntamo de sa bonne visite.

Ngaliema n'en revenait pas. Si jamais nez de nègre a été épaté; on peut juger d'ici l'épatement complet du nez de l'hypocrite nègre en cette circonstance; son entourage partageait le même effarement.

La situation tournait au burlesque, à la facétie. Ngaliema, Makabi, Mubi, Pauchu (le brave Pauchu lui-même!), Enjeli, un tas de gros bonnets de la rive sud du Pool, tous êtres malicieux, vicieux, dégradés, lâches, ne savaient plus quelle contenance garder, quelle attitude prendre devant la conduite des blancs.

La pseudo-armée, la horde de sauvages qu'avait racolée Ngaliema, attendait ahurie, hébétée, ne comprenant rien à l'entrevue des chefs et des mundelés.

Stanley, ravi de l'effet de sa plaisanterie, continuait sur un ton allègre à féliciter Ngaliema de sa venue.

« Mes tentes sont là, à quelques mètres, disait-il; je ramène du mpoutou des bateaux, des wagons, des maisons prêtes à être montées dans le voisinage de Ntamo. Le peuple blanc viendra les habiter. J'ai tenu mes promesses; je suis digne de porter le sceptre que m'a confié récemment le puissant Ngaliema. »

Entre-temps, des Wambundu, des sujets de Makoko grossissaient l'assistance de leurs masses curieuses. Le nom de Boula-Matari volait de bouche en bouche. On racontait les présents qu'il avait offerts à Makoko, en échange de son amitié.

On disait aussi qu'en cas de guerre Makoko disposait en faveur des blancs d'une armée formidable de Wambundu armés de fusils tout neufs. Ces on-dit n'étaient point sans fondement; auprès des huttes du village de Makoko, on pouvait en effet distinguer depuis quelques instants des centaines de formes humaines, charriant des fusils, débouchant en ordre de bataille par le sentier qui menait au pied du mont Iyumbi.

Cette apparence de forces, alliées prochaines des blancs, modifia l'humeur belliqueuse des nègres de Ntamo. Oubliant entièrement ce qui se passait et la cause pour laquelle ils étaient venus, ils ne songèrent plus qu'à s'étendre deçà et delà sur les talus herbus, à l'ombre des broussailles, en formant des cercles autour des quelques trouvères renommés de la bande et s'apprêtant à oublier les fatigues endurées par les marches antérieures dans les délices du vin de palme, de la chanson et de la pipe d'iamba.

Ngaliema, pris au piège doucereux de Stanley, consentit avec les grands de son escorte à suivre jusqu'au camp d'Usandi les deux explorateurs, Susi et ses trente hommes fermaient la marche. Un véritable cortége, plus joyeux que lugubre, serpenta entre les tentes, les baraquements et les chariots de l'expédition et s'arrêta devant la demeure volante de Stanley.

Là, les agents du Comité s'assirent assez commodément sur une banquette (chaise portative confectionnée par les Batéké); devant eux et en demi-cercle s'installèrent à terre, sur des peaux de léopards, de chats-tigres ou de singes communs, suivant l'importance du personnage, Ngaliema et les chefs de sa bande.

Le meeting fut ouvert par un speech de Ngaliema, discours d'une longueur interminable, retraçant la biographie de l'orateur depuis l'année 1877, où il avait connu Stanley pour la première fois, jusqu'à l'heure de la présente séance.

Dans son exorde, Ngaliema déclara qu'il était disposé à commercer avec les hommes blancs, s'il lui était prouvé que ces derniers s'établissaient près de son village dans l'intention de se livrer seulement au commerce et non d'évoquer contre les Batéké la colère des m'kissis.

Stanley répliqua vertement aux insinuations du soi-disant chef de Ntamo; il affirma son intention formelle de se rendre auprès du Pool pour y fonder un établissement.

« Boula-Matari parle bien, dit en ricanant le sauvage Ngaliema, mais je crois les hommes blancs doués d'intelligence, ils sont prudents et je suis sûr qu'ils n'oseront pas affronter la colère de Ngaliema, de Makabi, de Mubi, des chefs de toutes les tribus qu'ils ont à traverser encore avant d'arriver à Ntamo.

— Oh ! oh ! notre frère menace, reprit Stanley ; Ngaliema fait parade de ses forces, de ses alliés, de ses fusils; Ngaliema renie sa parole; Ngaliema veut nous faire reculer; Ngaliema oublie que nous franchissons les montagnes, que les rochers éclatent, que les obstacles s'effondrent sous nos pas; Ngaliema ignore que les hommes blancs ne savent pas trembler devant les fusils des nègres; Ngaliema nous cherche querelle. Nous acceptons le défi. Ce soir, nos wagons seront près de Ntamo; d'ici là, je veux avoir le temps de préparer le départ; *m'boté*, mon ami, dressez à votre tour vos plans de guerre; essayez de m'empêcher d'avancer ».

Le ton ferme et résolu du chef de l'expédition provoqua dans l'assistance une agitation extraordinaire.

Les nègres se consultèrent; ils parlèrent entre eux à voix basse d'abord, puis leur entretien dégénéra peu à peu en vives criailleries, en brouhaha formidable.

Bientôt Ngaliema, s'approchant de Stanley et de Braconnier, esquissa un sourire presque gracieux et demanda : Quelles belles choses mon frère m'a-t-il rapportées de la terre des hommes blancs? »

Ngaliema, chez qui la cupidité reprenait le dessus, voulait, avant de déclarer la guerre aux étrangers, obtenir d'eux, au prix de promesses fallacieuses, des riches présents venus du mpoutou.

Stanley, s'armant de patience, contenta la curiosité du nègre félon. Il introduisit dans le hangar aux marchandises Ngaliema et son fils Enjeli, Pauchu et les notables de la palabra. Là, ces noirs avides inspectèrent les richesses de la caravane exploratrice. Serges rouges, foulards soyeux, couvertures multicolores, boîtes en étain, miroirs, canifs, caisses remplies de quincailleries, de bibelots, de camelote, furent dévorés... des yeux par les visiteurs.

SIÈGE BATEKÉ.

Ngaliema, sans gêne apparente, choisit parmi ces marchandises des lots représentant une valeur de trois cents francs environ, il en fit un paquet, le noua soigneusement et s'apprêta à l'emporter sans invitation préalable de Stanley, mais en interpellant l'agent du Comité dans les termes suivants :

« J'accepterai tous ces biens, à la condition expresse que vous resterez où vous êtes. Mes alliés ne veulent pas que vous veniez à Ntamo. Si vous agissez contrairement à leur volonté ils vous feront la guerre, et je vous retire mon amitié.

— Dites à vos alliés que j'irai près de Ntamo. Tous les Wambundu le désirent. Vous n'avez aucun droit, aucun ordre à donner dans cette contrée. Vous et les Batéké vous êtes des étrangers. Les Wambundu sont les propriétaires du sol, ils ont autorisé ma présence. Vous n'empêcherez pas les Wambundu de faire de leur district ce que bon leur semble.

— Mais Ntamo est mon village; mon peuple, mes esclaves l'ont construit et l'habitent.

— Que m'importe votre village ? je ne vais pas m'y loger. C'est dans les environs de Ntamo, tout près de la grande rivière que j'édifierai une ville où les hommes blancs viendront s'établir. Mes frères n'ont aucune crainte, ils sont bons, mais ils savent se défendre.

— Assez, assez! interrompit Ngaliema furieux, le visage bouleversé, contracté par la passion, la rage; depuis longtemps je vous répète que nous ne voulons pas un seul blanc sur le territoire de Ntamo. Sortons de cette tente, dit-il aux noirs de son entourage; venez Enjeli, Pauchu, Makabi ; Boula-Matari n'est plus mon frère. »

Après avoir dit ces paroles, Ngaliema, que suivaient les chefs nègres, se disposait à sortir en jetant sur les objets choisis, sur les marchandises européennes, un regard de convoitise et de regret. Soudain il s'arrêta; sur le seuil de la tente, un gong chinois suspendu en travers et supporté par deux bâtons fourchus fixa son attention.

« Qu'est cela? demanda-t-il.

— Un fétiche, » répondit gravement Stanley.

Enjeli, plus malin que son père, émit l'idée que le prétendu fétiche était une sorte de cloche dont le bruit, le retentissement devait être harmonieux.

« Oh! Boula-Matari; faites parler ce fétiche, demanda Ngaliema; laissez-moi l'écouter.

— Impossible, le son de cette cloche est un signal de guerre! Tous mes hommes se lèveraient, apprêteraient leurs armes, si le gong résonnait sous mes doigts.

— Je veux, je veux l'entendre! cria impatiemment le nègre de Ntamo.

— Non, répliqua Stanley, vous ne l'entendrez pas. »

Ngaliema arracha le gong et sortit de la tente en proférant des menaces.

Stanley et Braconnier s'élancèrent sur le noir et lui arrachèrent l'instrument. La lutte souleva les vociférations, les hurlements des assistants. Les fusiliers de Ngaliema, assoupis dans les poses les plus diverses, çà et là, dans les grandes herbes, s'animèrent aux cris de leurs chefs.

Les Zanzibarites, les hommes d'escorte de Stanley et de Braconnier émergèrent de partout, de chaque tente, de chaque abri, de chaque hutte de feuillage, de l'intérieur des wagons, parsemés au hasard sur l'emplacement du camp.

Sur l'ordre de Susi, témoin de la querelle, les noirs de l'expédition se groupèrent, menaçants et terribles, autour des chefs ennemis.

Un seul mot de Stanley eût suffi pour amener le massacre des nègres étrangers à l'expédition.

La supériorité des armes, la confiance en leurs chefs blancs, l'habileté, la hardiesse des gens de Stanley, étaient de sûrs garants de victoire. Les hurleurs, les braillards de Ngaliema, surpris par le dénouement tumultueux d'une palabra qu'ils croyaient amicale, formaient des groupes de chair humaine, cible vivante à portée des fusils des blancs.

Makoko, fidèle à sa promesse, avait envoyé son armée au secours de Stanley. Les Wambundu, couvraient le camp d'Usandi, depuis un instant mêlés aux défenseurs des agents du Comité d'études.

Ngaliema et son entourage ne s'illusionnaient pas sur la gravité du péril qu'ils couraient.

Les Zanzibarites narguaient les chefs indigènes, tournant par moments leurs regards vers Stanley et Braconnier, comme pour quêter l'ordre de commencer le feu.

Les sentiments d'humanité, de respect des faibles, sauvèrent les jours des noirs insulteurs de Stanley, de ces princes félons, visiteurs du camp d'Usandi.

Stanley ordonna à ses hommes de respecter son frère de sang et l'armée qu'il avait amenée.

« Retirez-vous, dit-il à Ngaliema ; je ne puis répondre de la modération de nos braves soldats, et des défenseurs que m'envoie mon véritable ami Makoko. Fuyez, vous avez maltraité le fétiche de guerre, il est courroucé contre vous. Je le bats, continua Stanley en frappant sur le gong, voyez à cet appel mes soldats qui se rangent, les Wambundu qui accourent, et votre armée qui s'effraye. Croyez-moi, fuyez, retournez à Ntamo, emmenez tous vos gens. Les esprits malveillants invoqués contre vous m'assurent une victoire facile et complète. »

Ces paroles jetaient l'émoi et la consternation dans l'entourage de Ngaliema. Pauchu, Enjeli, Makabi, Mubi, tous les féticheurs fanatiques de la suite de Ngaliema tremblaient de tous leurs membres ; ils s'enfuirent bientôt à doubles emjambées, courant comme autant de gazelles effarouchées, montrant à leurs guerriers la façon de battre en retraite au pays du Congo.

Le 9 novembre, une escouade de jeunes Zanzibarites réunis par Susi partit en reconnaissance sous les ordres de Braconnier. Sa mission était de sonder les intentions, les probabilités de l'accueil des indigènes à l'égard de l'expédition, et d'examiner quelle route présentait le moins d'obstacles au passage du matériel roulant des explorateurs.

Dès la nuit tombante, Braconnier retournait au camp d'Usandi et informait Stanley de la tranquillité apparente qui régnait parmi les habitants de la contrée, et des difficultés, des accidents innombrables, rivières, vallées, séries de montagnes, forêts, etc., que présentait le territoire séparant l'expédition des rives du Stanley-Pool.

Des troupes de Ngaliema il n'était plus question ; selon des indigènes interrogés par le capitaine, le chef de Ntamo avait, avec son armée, réintégré ses domaines, en affirmant son amitié, son alliance avec les blancs.

Les pionniers se disposèrent à avancer vers l'est ; des travaux incessants de bûcherons, de mineurs, de pontonniers, d'ingénieurs, les amenèrent dès le 16 novembre au pied de la colline de Mbama, sise à quelques milles du village de Ntamo ; le 19, l'expédition, arrêtée sur les bords de la rivière Lutess, recevait la visite de Ngamberagi, Ngako, Makoko, Nkouana, tous chefs wambundu, amis, alliés des voyageurs, déclarant que le pays tout entier était soumis aux blancs.

Dix jours plus tard, la caravane traversait allégrement la plaine qui s'étend aux alentours de Ntamo et arrivait dans le voisinage des huttes de ce village.

Les naturels, par un étrange revirement d'opinion, acclamèrent la venue des blancs ; Ngaliema, avec un aplomb inqualifiable, félicita, remercia chaleureusement Stanley de son arrivée.

L'agent supérieur du Comité d'études, mettant à profit les dispositions excellentes des indigènes, requit l'aide des Batéké pour traîner vers le fleuve les wagons transportant le matériel naval.

Le 3 décembre 1881, l'*En avant*, pavoisé aux couleurs de la patrie belge, était lancé, premier navire à vapeur, sur les eaux du Stanley-Pool, dans la crique paisible où se mirent les palmiers *calamus*, les bananiers, les mille plantes gracieuses qui abritent sous leur vert feuillage les huttes de Ntamo ou Kintamo (*ki* entraîne l'idée de district).

L'*En avant* avait devant lui une route liquide de près de trois mille kilomètres, route navigable entre la crique de Ntamo et les Stanley-Falls.

A cette même date, l'emplacement de la cinquième station du Comité d'études, la station de Léopoldville, était choisi et acquis définitivement.

Léopoldville, comme la plupart des établissements de la société ; devait s'élever sur un monticule, non pas au sommet de cet exhaussement de terrain, mais à mi-côte, sur le versant tourné vers la vaste expansion lacustre du fleuve Congo.

Cette pente descend doucement jusqu'au Stanley-Pool et y projette, en face du remblai où seront construites bientôt les maisons de la station, une sorte de port naturel, havre commode et sûr pour les embarcations, qui fera de Léopoldville la capitale commerciale de l'Afrique centrale.

De ce port, en effet, selon les calculs de Stanley, 4,520 milles de navigation libre s'ouvrent vers le nord, le sud et l'est au, cœur du continent noir. Il deviendra un jour le *terminus* d'une voie ferrée aboutissant à la côte occidentale, et le lieu d'arrivée des caravanes venant à grandes journées de marche des points les plus éloignés et les plus populeux du centre africain.

L'ivoire, le cuivre, le fer, les épices, les bois de teinture, les plantes aromatiques et médicinales, la cire, la gomme, les produits variés du sol privilégié de ces contrées tropicales, y seront échangés contre les articles de toute espèce manufacturés en Europe.

La situation de Léopoldville est admirablement choisie ; elle commande la sortie du fleuve un peu en amont des rapides Livingstone (*le Père, la Mère, l'Enfant*).

Le paysage est partout d'un pittoresque achevé.

Au nord-est, le Stanley-Pool développe sa large expansion, qui ne mesure pas moins de 1,800 kilomètres carrés, soit approximativement trois fois la superficie du lac de Genève.

Le Congo forme dans ce bassin gigantesque une foule de bancs de sable et d'îles de toutes dimensions

SCHIZORHIS GIGANTEA.

couvertes de palmiers, de borassus, de papyrus, de palétuviers, et d'une végétation aquatique épaisse et luxuriante. La plus considérable de ces îles a plus de trente kilomètres de longueur.

Les buffles et les éléphants fréquentent ces grandes îles boisées ; des troupeaux innombrables d'hippopotames peuplent les eaux du lac, et sur ses rives sablonneuses d'énormes alligators réchauffent au soleil leurs carapaces épaisses. Mille variétés d'oiseaux aquatiques, pélicans, cormorans, hérons, ibis, cigognes, oies, canards, *Schizorhis gigantea*, ont élu domicile dans les massifs de bambous, de joncs et de rotangs.

Sur la rive nord resplendissent les *Dover Cliffs* ; au sud se déroule une chaîne de collines boisées dont la hauteur varie de trois cents à sept cents mètres.

Contrairement aux prévisions des explorateurs, les rives du Pool sont moins peuplées que les berges du fleuve en aval de Ntamo.

Les établissements indigènes y sont très rares. Sur la rive septentrionale, Mfwa et Malima, dont nous avons parlé, sont les seuls centres populeux.

Ntamo, Kinchassa, Kimpoko, Mbangoa et Nkounga sont les villages les plus importants de la rive méridionale.

Les uns et les autres sont des agglomérations de cabanes, entourées de hautes palissades, toujours enfouies sous la verdure des palmiers, bananiers, manguiers, maracujas, sauersops (sorte d'ananas), et parfois adossées à des forêts profondes où règne dans toute sa majesté le baobab gigantesque.

L'établissement de Léopoldville, première station du Comité d'études, chef-lieu des territoires du Moyen-Congo, confié au commandement du capitaine Braconnier, était ébauché dès les premiers jours de l'année 1882.

La fondation de ce centre hospitalier donna naissance à nombre d'incidents, d'épisodes intéressants dont le héros toujours grotesque eut nom Ngaliema.

Nos lecteurs auront jusqu'à présent éprouvé une difficulté réelle pour définir le caractère de ce personnage, pour appliquer à ce Bateké enrichi les épithètes multiples qui lui conviennent.

Comme une girouette placée au sommet d'un édifice quelconque, Ngaliema obéit toujours aux plus forts courants, aux souffles du moment, à l'impulsion que lui inflige la multitude lunatique effrontément appelée « sujets du roi de Ntamo ».

En présence de pareils êtres, l'explorateur se laisse involontairement emporter par des réflexions souvent décourageantes au point de vue du succès de la mission qu'il doit accomplir

Bien des fois Braconnier, se heurtant aux lubies fantasques, dangereuses de son voisin de Ntamo, eût préféré se trouver à la tête d'un peloton de cavalerie chargeant des force supérieures en nombre, mourir ou vaincre en frappant, plutôt que ronger son frein et discuter, jouer de ruse avec le madré coquin Ngaliema.

Le milieu géographique est, avec la race et la religion, le plus grand facteur dans les évolutions des peuples et des civilisations, dans la formation des traits distinctifs qui les caractérisent. Les facultés physiques et intellectuelles de l'homme sont au cours des âges et sous toutes les latitudes influencées par le genre de vie. Que l'être humain, l'animal le plus intelligent du globe, c'est ainsi que l'homme lui-même s'est modestement désigné, parcoure à cheval le steppe ou la savane, cherche sa route à travers le dédale des forêts vierges, vive sur les sommets ou les flancs des montagnes, demeure enfermé dans une île comme dans une prison, habite un pays de fleuves navigables ou une région de rivières obstruées par des cataractes, que son regard soit borné par un horizon étroit ou qu'il embrasse les immenses plaines océaniques, la terre qui le porte, le nourrit, le fait vivre, le tue, façonne toujours son corps et son esprit aux formes variables de son moule merveilleux.

Les changements de décors prodigués par mère nature au Congo moyen; le fleuve vaste comme une mer, déployant la nappe majestueuse de ses

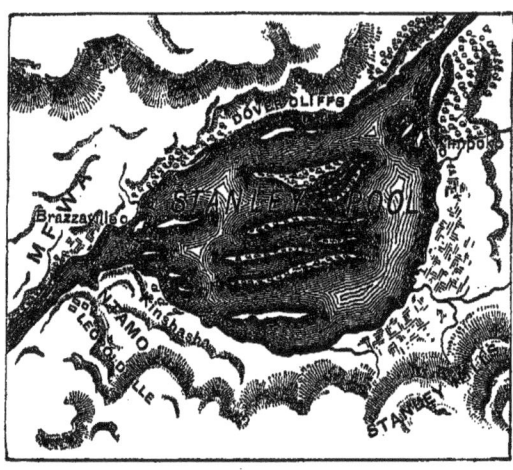

CARTE DU STANLEY POOL.

eaux sur une largeur de centaines de lieues, puis s'encaissant, se resserrant dans une série de défilés, se frayant, torrent véritable, un passage aux cataractes Livingstone, baignant des contrées coupées d'excavations, surplombées de collines, là, désséchées, sous un soleil de feu, ici, esclaves d'un sol fertile, recouvertes d'un végétation luxuriante, semblent avoir infligé aux peuplades incultes de cette région un caractère changeant, passant par toutes les transformations imaginables.

Ngaliema, plus que tout autre personnage nègre, possédait à un haut degré la facilité de modifier en apparence ses sentiments et son attitude vis-à-vis des agents du Comité d'études.

Le 3 décembre, il aidait avec ses esclaves au traînage des embarcations ; le 4, il acceptait de la libéralité de Stanley les plus riches présents en récompense de ses services ; le 5, sans aucune provocation de la part des blancs, sans motif plausible, sous l'influence d'un rêve de la nuit, il décidait le massacre général de l'expédition.

Dès le matin de cette journée, Ngaliema convoquait les notables de Ntamo : Makabi, Mubi, Ngako, Enjeli, et leur soumettait un plan d'attaque du camp de Léopoldville.

A trois heures de l'après-midi, les conspirateurs, noirs suivis de cent hommes armés de mousquets, hurlaient derrière la palissade, ceinture de troncs d'arbres, de ronces, de lianes, qui protégeait le campement de Stanley et Braconnier.

Ces derniers, avertis par les cris belliqueux des assaillants, avaient fait garder les brèches, les issues de l'enceinte du campement par leurs plus courageux hommes d'escorte. « Défense expresse de laisser pénétrer aucun nègre dans le camp, » telle était la consigne de chaque gardien.

L'un d'eux, jeune Zanzibarite, vigoureux, serviteur dévoué et fidèle des blancs, gardait le semblant de porte où vint se heurter Ngaliema. Le chef de Ntamo essaya vainement de décider ce gardien à lui livrer passage, le soldat nègre, esclave de la consigne comme un vétéran des armées d'Europe, refusa énergiquement.

Ngaliema, furieux, asséna sur le visage de ce brave un violent coup de sceptre. De l'œil droit blessé du Zanzibarite jaillirent des flots de sang. Le noir poussa un cri de rage, leva son fusil et tira sans épauler contre l'agresseur. L'arme dévia, la balle siffla dans l'espace. Au langage de la poudre, les faces des nègres, soldats de Braconnier ou gens de Ngaliema, brillèrent d'une ardeur guerrière, de colère, de rage, du désir de donner la mort.

Au bruit de la détonation, Stanley et Braconnier s'étaient approchés de Ngaliema. Eux-mêmes introduisirent dans le camp le chef ennemi et son escorte de notables. Les explications les plus vives terminèrent cet incident.

Une fois de plus, la patience surhumaine, l'expérience diplomatique, la douceur, la générosité des agents du Comité d'études, évitèrent un combat imminent.

Ngaliema, amené à confesser ses intentions malveillantes, se repentit, jura de nouveau amitié et fraternité à ses voisins de Léopoldville.

Sur la demande de Stanley, Ngaliema s'engagea à interdire aux Batekè de pénétrer en armes dans le camp de Léopoldville.

Mais les serments du chef de Ntamo ressemblaient à autant de serments

VUE DE LÉOPOLDVILLE.

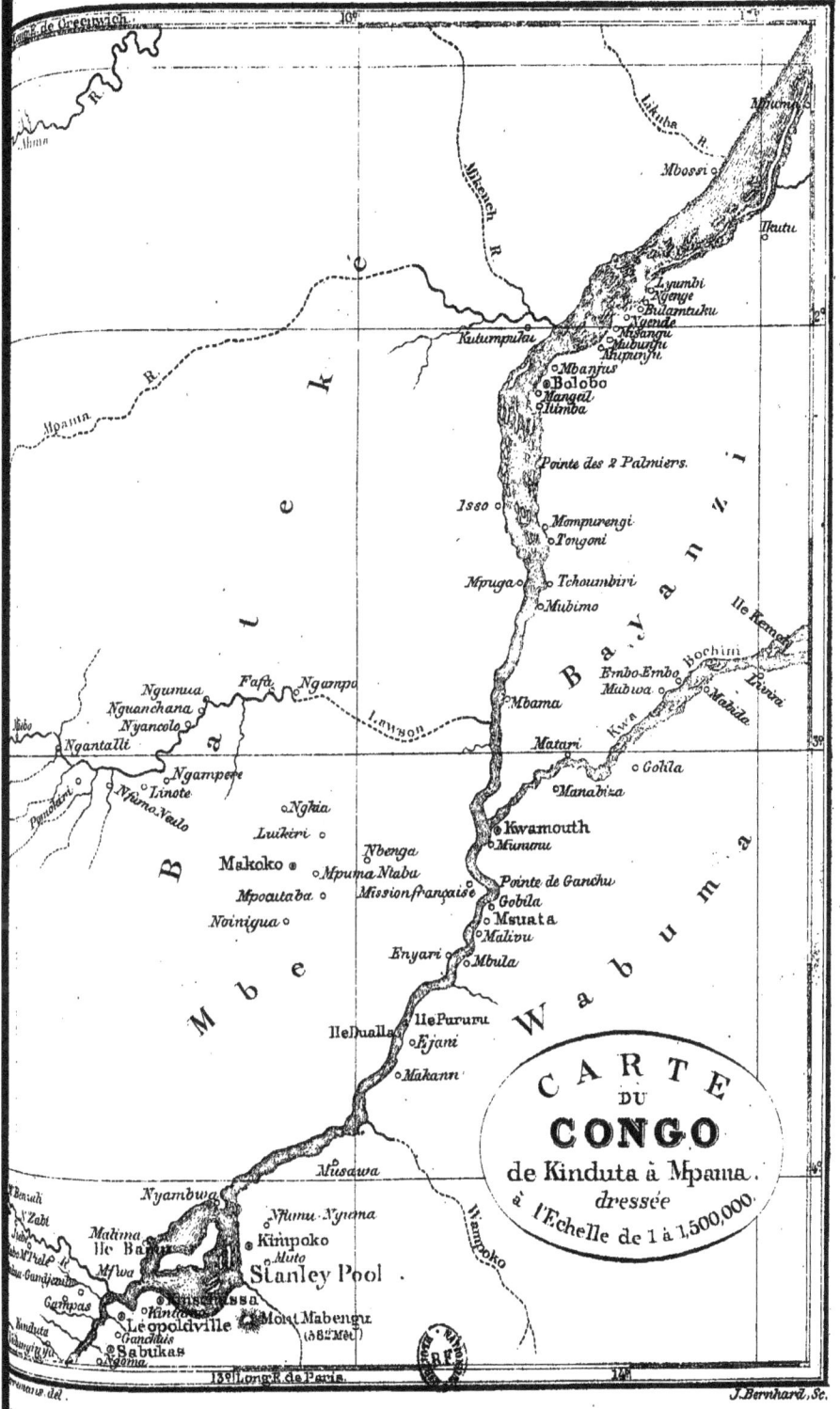

d'ivrogne: sincères peut-être à l'instant même où ils étaient prononcés, ils étaient oubliés le lendemain.

Le 6 décembre, Ngaliema, chef d'une escadrille de pirogues, monté sur son grand canot de guerre, tentait l'abordage du steamer *En avant*.

La petite garnison de Léopoldville, commandée par Braconnier, se porta au secours de l'équipage du navire. Ngaliema, qui avait compté s'emparer des embarcations en raison du petit nombre de leurs défenseurs, changea de tactique devant les forces réunies de l'expédition.

Confiant dans la patience sans égale des blancs, il osa se présenter devant eux.

« Avouez nettement vos intentions, lui dit Stanley. Voulez-vous la paix ou la guerre? Parlez ! Notre patience est lassée. Les Wambundu sont nos amis, nous commerçons avec eux, ils viennent nous voir chaque jour; ils nous vendent les produits de leur sol, ils nous aident dans nos travaux. Vous, Ngaliema, vous revendiquez le titre d'ami, de frère de sang de Boula-Matari, et chaque jour vous manquez aux devoirs de l'amitié; moi et mes compagnons, nous sommes sans cesse en butte à vos tracasseries, à vos menaces, à vos attaques. Je ne veux plus être votre ami, je ne veux plus être votre frère.

HABITATION INDIGÈNE (LÉOPOLDVILLE).

— Par grâce, cria Ngaliema, notre fraternité ne peut être brisée; nous avons fait l'échange du sang; je suis et resterai votre allié, votre ami; désormais je ne troublerai plus votre repos.

En somme, avec un voisin aussi turbulent, d'humeur aussi changeante que Ngaliema, il était difficile de se livrer tranquillement aux travaux de construction et d'aménagement de la station de Léopoldville.

Braconnier, sans cesse sur le qui-vive, procéda néanmoins à l'installation des premiers bâtiments, conformément aux plans et aux projets du Comité d'études.

Le 7 décembre, l'*En Avant* devait s'essayer à nager sur les eaux calmes du Stanley-Pool. C'était le matin, de grands nuages blancs, d'un modelé large et ferme, flottaient indécis, laissant voir des trouées d'un bleu sombre et profond.

Une légère couche de brume s'étalait sur les immenses îles du fleuve élargi, et noyait dans une pénombre grisâtre les bouquets d'arbres d'un vert bronzé qui rompaient çà et là la monotonie des rives.

Dans l'après-midi les nuages se dissipèrent: le soleil resplendit dans toute sa clarté et illumina le fouillis étrange, le remue-ménage fantastique que présentaient les environs de Ntamo.

Les Bateké, natifs de l'endroit, les Bayanzi, porteurs d'ivoire venus du haut congo, les milliers de nègres vivant sur le territoire, révolutionnés depuis plusieurs jours par la présence des blancs, sont tous accourus dès l'aube sur les bords du Stanley-Pool, pour assister aux essais du monstre marin.

Les femmes délaissant leurs travaux de culture, les enfants dédaignant leurs jeux, obéissant à la curiosité générale, talonnent leurs maris, leurs pères; la rive sud est bondée de monde.

Quantité de canots indigènes, de pirogues grossièrement sculptées, sillonnent le fleuve; d'autres, échouées près de la berge ou rattachées par des amarres de rotang aux arbres du rivage, se balancent sur place, encombrées de créatures humaines.

Bientôt un tourbillon de fumée s'échappe avec un sifflement, et plane au-dessus du navire; la proue de l'*En Avant* fend les eaux calmes du Pool; les spectateurs saluent d'un hourra formidable le faux départ du steamer.

Ngaliema a assisté lui aussi, à cette fête nautique. Le lendemain il se lève avec des idées sombres et des prétentions fanfaronnes; il est possédé de nouveau du désir de s'emparer de la monstrueuse pirogue des blancs.

A cet effet, il envoie son fils Enjeli battre la campagne environnante pour racoler des alliés. Les chefs bateké, wambundu, visités à tour de rôle par l'émissaire du chef de Ntamo, refusent de participer à un soulèvement contre les étrangers. Makoko, particulièrement, se déclare l'ami, le frère et le défenseur envers et contre tous de Boula-Matari et de Braconnier.

·Ce dernier, chef d'une station à créer entièrement, dresse son escouade noire aux diverses fonctions de soldat, d'ouvrier et de cultivateur.

Avant d'élever des bâtiments sur le fleuve septentrional de la colline « Léopold », il fallait entreprendre des travaux importants de nivellement, de terrassement, dépouiller le sol des rochers, des amas de végétation vivace qui l'encombraient, préparer en un mot le terrain pour la construction.

Le mois de décembre, consacré en entier à ces occupations, offrait heureusement une période favorable à la santé de chacun des menbres de l'expédition.

Les forces physiques, le courage et l'énergie morale de tous devaient hâter la fondation de Léopoldville, en dépit des alertes, des escarmouches, des semblants de prise d'armes que la jalousie, le fétichisme, les menées, l'hypocrisie, l'insenseisme de Ngaliema suscitaient chaque jour.

Pour se prémunir contre toute éventualité d'attaques sérieuses et dangereuses de la part de son acariâtre voisin, Braconnier établit tout d'abord un blockhaus, au centre même de l'emplacement de la future capitale du Moyen-Congo.

L'édification de cet abri, défense inexpugnable, protection toute-puissante contre une armée de Ngaliema, entraîna de prodigieuses fatigues.

Stanley, dont les loisirs à Léopoldville devaient être remplis, coûte que coûte, par une occupation quelconque, a noté scrupuleusement le nombre et le poids des matériaux enfouis dans cette construction. Grâce aux détails du célèbre explorateur anglais, nous pouvons reproduire ici la nomenclature chiffrée des végétaux employés à la charpente du blockhaus.

Cent vingt-cinq troncs énormes de teck, deux mille cinq cent quatre-vingt-deux petits arbres de variétés différentes, réduits aux dimensions uniformes de quatre mètres cinquante de longueur et un mètre de diamètre ; vingt et un mille cent cinquante-six rameaux planchéiés de deux mètres cinquante de long ; dix-huit mille neuf cents livres de graminées, joncs, lianes, bambous, etc., etc., telles furent les substances végétales empruntées aux forêts voisines, traînées à grand renfort de nègres jusque sur la place concédée, façonnées, rabotées par les charpentiers krouboys et disposées en forteresse d'après les plans des explorateurs.

Dès le 10 janvier 1882, le blockhaus entièrement construit surplombait de deux mètres et demi le sol nivelé de la station.

A l'abri de cette forteresse, les blancs et leurs serviteurs, au nombre de cent cinquante-trois, vaquaient dès lors, en toute sécurité, à l'édification d'un véritable village auprès duquel devaient rapidement grandir de délicieux jardins.

Un agent allemand du Comité d'études, M. Teusch, procédait plus tard à l'établissement d'importantes cultures autour de Léopoldville.

Huit mille bananiers y étaient plantés et bordaient la longue avenue conduisant du blockhaus au port naturel de la station, hâvre paisible formé par les eaux du Congo en amont des cataractes Livingstone ; à droite et à gauche des bananeraies, les jardins de Léopoldville recevaient 52 plants de sauersop, dont le fruit se rapproche beaucoup de l'ananas importé d'Amérique sur nos marchés d'Europe ; 30 *mangos* (pruniers) ; 15 pommiers ;

5 arbres à pain *Atro corpus incisa* 6 poiriers, 22 pommes-cerises, 5 cerisiers, 6 vanilliers, 6 cocotiers, 25 orangers, 1 figuiers et 2 *macaruyas*, arbres dont les fruits donnent un jus assez semblable à la confiture.

Indépendamment de ces plantations importantes, des jardins potagers étaient créés sur le territoire concédé : les choux, les salades, les carottes, s'y développaient, aussitôt semés. Le manioc, le sorgho, la canne à sucre, le caféier, couvraient peu à peu les acres défrichés.

La fertilité extraordinaire de la terre autour du pool garantissait le succès des récoltes à venir.

Chaque semaine amenait un changement, une amélioration dans le bien-être des fondateurs de Léopoldville : des logements confortables, bâtis en torchis, en bois, recouverts de chaume, blanchis à la chaux, succédèrent aux tentes de campement : des hangars, des magasins de fer, se dressèrent peu à peu sur le flanc de la colline ; des services réguliers de caravanes relièrent les habitants de cette nouvelle colonie au monde civilisé, avec escales à Manyanga, Issanghila, Vivi, Boma, Banana ; et les indigènes des alentours, Bateké des deux rives du pool, Wambundu de la rive gauche, conquis par la bonté, l'amabilité, la générosité des explorateurs blancs, cessèrent contre eux toutes tracasseries et menées belliqueuses.

Ngaliema devint un visiteur assidu et amical du chef de la station. Le makoko de Bwabwa-Njali, l'ex-ennemi des voyageurs déroutés sur la rive droite, fit amende honorable aux mundelés de Léopoldville ; il franchit bien des fois sur sa pirogue rapide la largeur du Stanley-Pool pour apporter à ses amis « les blancs » des cargaisons de cadeaux, comestibles, denrées alimentaires, toujours appréciés et largement payés par les étrangers.

Mais ce fut surtout dans la journée du 27 février, journée d'inauguration du magasin de marchandises de Léopoldville, qu'on vit affluer à la station un nombre extraordinaire de visiteurs des deux rives du Congo.

La curiosité avait amené de tous les points de la contrée des nègres dont l'imagination s'embrasait à la vue du brillant étalage d'étoffes de toutes couleurs, soies, satins, rubans, dentelles, galons d'or et d'argent, déguisant mal dans leurs mille replis des centaines d'objets, produits de l'industrie d'Europe à l'usage des bazars à prix fixes et modérés.

L'instinct commercial, le désir de posséder ces prétendues richesses, se lisaient dans les regards avides de ces naïfs admirateurs nègres ; il fallut satisfaire en partie la cupidité excessive des acheteurs.

Les explorateurs, commerçants non patentés cédèrent, à tout venant, moyennant des quotités de valeurs locales, les mètres d'étoffes, fusils, couteaux, boîtes en étain, vases en porcelaine, miroirs, verres, bouteilles vides, douzaines de clous, mouchoirs, foulards, bracelets de cuivre ou de nikel, pipes en terre, canifs, etc., etc.

Stanley estima que la vente de ce jour enlevait aux réserves commerciales de l'expédition une quantité de marchandises d'une valeur de deux mille francs, calculée sur les prix d'achat en Europe.

De telles libéralités conciliaient aux explorateurs le dévouement momentané des naturels du pays.

Batéké, Wambundu, montraient de marché en marché, de villages en village, les dons merveilleux qu'ils tenaient de la faveur des mundelés ; leurs récits exerçaient sur les populations noires un attrait irrésistible, une sorte de fascination.

De tous les points où s'arrêtaient ainsi les bénéficiaires de la mise en vente des marchandises de Léopoldville, partaient des caravanes interminables d'hommes, de femmes, d'enfants, avides de voir, d'acheter les richesses des blancs.

Elles arrivaient à la station, grossies des contingents nombreux des curieux ou des marchands rencontrés sur leur route.

Pendant les premières semaines de mars, l'affluence des visiteurs menaça de ruine complète les magasins de Braconnier.

L'économie imposa le holà aux prodigalités. On dut cependant livrer à Gamankono, le makoko de Malima, jadis hostile aux agents du Comité d'études, un ballot colossal de bibelots choisis par lui, en échange de promesses d'amitié.

Promesses d'amitié ! ce genre de payement satisfaisait les agents d'une société purement civilisatrice et philanthropique. Quel plus puissant argument pourrait-on invoquer pour confondre les pamphlétaires qui reprochaient en termes virulents aux promoteurs de l'Œuvre africaine de tenter une spéculation financière, une grosse affaire d'argent ?

En février 1882 s'élevait à Léopoldville un centre hospitalier fondé à l'instar de ceux de Manyanga, d'Issanghila, de Vivi. Les pionniers de la première expédition du Comité d'étude savaient amené l'œuvre au terme de sa première étape ; quatre colonies naissantes, quatre embryons de villes d'où jaillissaient les premiers rudiments de la civilisation, s'échelonnaient sur un parcours de six cents kilomètres de voie fluviale, reconnue, explorée, déblayée, ouverte à l'industrie et au commerce des peuples par une poignée de cœurs dévoués et vaillants.

Bientôt un nouveau pionnier belge, le sous-lieutenant Joseph Van de

Velde, officier d'artillerie, arrivait à Léopoldville pour diriger des constructions de bateaux, embarcations destinées à porter au centre même du continent noir les hardis explorateurs enrôlés sous la bannière bleue, étoilée d'or, du Comité d'études qui prend le nom d' « Association internationale du Congo ».

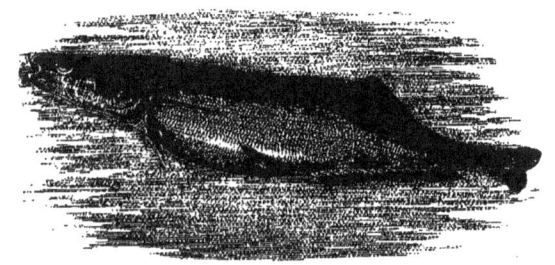

CHAPITRE XIV

Retour de Gillis à Boma. — La première factorerie belge au Congo. — Les productions animales, végétales, minérales du bas Congo. — Les articles de troque. — Les cultures. — Les produits de l'industrie belge au Congo. — M. Delcommune et les chefs de Boma.

ous avons mentionné, au cours des précédents chapitres, l'apparition sur les bords du Congo des missionnaires anglais ou français, protestants ou catholiques, suivant pas à pas les explorateurs du Comité d'études.

Ces courageux civilisateurs établissaient à dessein des missions religieuses dans les parages de chaque station nouvellement fondée, marquant ainsi tout progrès de l'expédition de découvertes par un jalon philanthropique. Le voisinage d'une force arborant un drapeau neutre était pour eux une garantie certaine d'assistance et de secours. Ils y rencontraient à l'occasion soit l'hospitalité la plus large, soit l'appui le plus efficace.

Ces tentatives de civilisation dirigées au Congo par des explorateurs et des missionnaires ne pouvaient manquer d'attirer l'attention des capitalistes du monde entier et d'amener la création de nouveaux comptoirs commerciaux.

On sait que la Hollande, la France, l'Angleterre, le Portugal, étaient depuis de longues années commercialement représentées sur les rives du bas Congo.

M. Adolphe Gillis devait, en février 1882, conquérir au commerce belge une place au soleil africain. Le négociant de Braine-le-Comte, avait emporté de sa première excursion au Congo l'intime conviction que la Belgique était, selon les termes de M. Daumas, négociant français, en situation de tirer grand profit de l'initiative de son souverain. Car « la Belgique est un des pays les mieux placés pour pratiquer avec fruit le commerce d'Afrique : port admirable pour expédier, recevoir et réexpédier, Anvers ; production variée et d'un bas prix remarquable, poudre, armes, cotonnades, spiritueux, cuivrerie, ferronnerie, etc. ; enfin consommation importante des produits africains. »

C'est à Boma, port important du grand fleuve, entrepôt où viennent aboutir les denrées marchandes de l'intérieur, que Gillis retourna pour obtenir du chef nègre Nécorado, des terrains sur lesquels serait bâtie la première factorerie abritée sous le pavillon jaune, rouge et noir de la Belgique.

Une conférence amicale avec le puissant souverain indigène remplit la soirée d'arrivée du négociant belge.

Sous les derniers rayons du soleil couchant, quelques nuages revêtant mille formes fantastiques, passant par les nuances les plus fines et les plus délicates du rose, du vert, du gris et du bleu, roulaient sous le ciel leurs masses houleuses, immenses nappes fouettées comme la surface d'une mer agitée par la brise. Le disque incandescent de l'astre mourant s'enfonçait dans un océan de feuillage formé vers l'occident par les groupes compacts de gigantesques baobabs. Spectacle féerique et grandiose, digne cadre de la scène étrange à laquelle l'Européen allait assister !

Tous les espaces libres entre les huttes de Boma, espaces que nous devons gratifier du nom de rues, regorgeaient d'hommes, de femmes, d'enfants de la race noire, aux physionomies diverses, aux teints empruntant les différentes nuances du noir chocolat. Cette multitude incohérente attendait

UMA SÉANCE DE FEITICEIRO.

anxieuse les résultats de la palabra qui se tenait sous la vaste halle du chimbeck-palais du roi Nécorado.

Ce dernier, adossé au mur de séparation du chimbeck, était accroupi, ayant à sa droite et à sa gauche des arcs de cercle formés par les hauts personnages de sa suite également assis à terre dans la position habituelle des ouvriers tailleurs européens. Tous ces sauvages, vêtus de grandes toges aux multiples couleurs, la mine sévère, tantôt causant à voix basse, tantôt criant avec fureur, discutaient les réclamations, les propositions que M. Gillis, commodément assis sur une chaise en face du souverain, faisait traduire à l'assemblée par ses interprètes.

Il s'agissait pour l'Européen d'obtenir aux conditions les plus avantageuses l'achat des terrains qu'il convoitait et d'établir le taux de l'indemnité annuelle qu'il devrait payer au souverain de cette contrée pour l'installation de sa factorerie.

Le tumulte qui s'élevait par moments au sein de cette assemblée, pourtant assez peu nombreuse, était assourdissant.

Nécorado, tout roi qu'il était, ne pouvait lui-même se faire entendre, et il sollicitait en vain l'attention de son entourage pour énumérer les conditions usuraires auxquelles il prétendait accorder à l'Européen le droit de commercer dans son royaume. Enfin, dressant tout à coup sa taille assez élevée, le souverain nègre, légèrement voûté, d'un âge assez avancé, mais à l'apparence encore solide, imposant à son visage encadré d'une barbe et de cheveux grisonnants un certain air indescriptible de noblesse et de dignité, fit, au milieu du silence profond des conférenciers, sa déclaration relative aux droits de résidence du négociant belge. Un nombre limité de dames-jeannes de tafia, de fusils, de brasses d'étoffes, d'articles de verroterie etc., etc., détermina l'importance d'un impôt supportable, qui fut accepté par M. Gillis.

Ce dernier, conformément aux usages, offrit à tous les nègres présents à la palabra des cadeaux abondants déchargés à peine du bateau qui l'avait amené. Le roi et les princes, si sérieux, si graves, si imposants enfin au moment de la déclaration des droits, perdirent tout leur sang-froid devant l'offre gracieuse du blanc. Les uns et les autres sortirent de dessous leurs toges une sorte de vase passé au bras, qu'ils tendirent vers l'Européen en lui exprimant par des gestes expressifs combien ils seraient heureux de posséder du tafia, plein ces réservoirs.

Tous ces hauts personnages offrirent une scène d'un haut comique lorsque, assez avant dans la nuit, sur l'ordre de M. Gillis, une ample distribution d'eau-de-vie leur fut octroyée.

Ils criaient, ils se disputaient, ils se bousculaient, pour être servis les premiers, renversant dans ce tohu-bohu inexprimable quelques bouteilles du liquide qui s'échappait, emplissant d'une vague odeur d'alcool la halle du chimbeck, qu'éclairait la lueur incertaine d'une mauvaise lampe.

Au dehors, les noirs, auxquels l'Européen avait également fait distribuer des barils de tafia, festoyaient bruyamment à la clarté blafarde de la lune, en attendant l'arrivée des féticheiros, convoqués en hâte pour battre le fétiche en faveur du blanc.

Bientôt Nécorado, suivi de toute sa cour, franchit la porte de son chimbeck et s'avance, vêtu de ses ornements distinctifs, parmi ses sujets bruyants.

Le roi est vraiment magnifique ; sa tête disparaît sous une barrette rouge ornée de griffes de panthère et bordée de dents de requin ; son cou et ses bras sont couverts de colliers et de bracelets ; sur la couleur foncée de ses pieds tranche la blancheur de larges anneaux d'argent. Un grand manteau écarlate flotte, attaché à ses épaules ; un pagne de soie jaune lui ceint les reins et retombe presque sur ses chevilles ; à sa ceinture pendent une peau de chat-tigre, et une infinité de grelots qui tintent quand il marche.

Les hommes qui suivent le roi, artistement déshabillés dans leurs costumes de gala, sont en outre armés de fusils à pierre, et ont puisé dans les vases de tafia des voix rauques, des sons étranges dont ils emplissent l'espace obscurci.

Parvenus à travers la foule sur une place où d'habitude se tient le matin un marché indigène, le roi et son escorte s'arrêtèrent auprès des féticheiros qui, à peine arrivés et instruits du rôle qu'ils devaient jouer, avaient allumé un grand feu de menu bois. A la lueur de ce foyer, tandis que l'un des féticheiros écrasait sur une pierre des herbes soigneusement triées et choisies à l'avance, un de ses acolytes réchauffait sur le feu une marmite remplie d'huile d'arachide.

Les noirs rangés en cercle autour des sorciers gardaient en cet instant un religieux silence.

L'huile bouillante souleva par saccades le couvercle de sa prison ; l'un des féticheiros armé d'une baguette, tout en se parlant à voix basse, en levant les yeux vers les étoiles, en prenant des attitudes inspirées, intraduisibles, traça autour du fourneau des cercles suivis d'autres cercles ; et, ce manège fini, il fit signe à l'un des noirs de l'assistance d'approcher.

Le roi Nécorado s'avança bravement ; il entendait par sa conduite marquer à l'Européen, témoin de la cérémonie, le bienveillant intérêt que Sa Majesté noire prenait à l'avenir du blanc. Dès que le roi fut tout près du foyer, le féticheiro lança dans l'huile bouillante un anneau en fer. Nécorado

PLAN DE LA FACTORERIE BELGE DE BOMA.

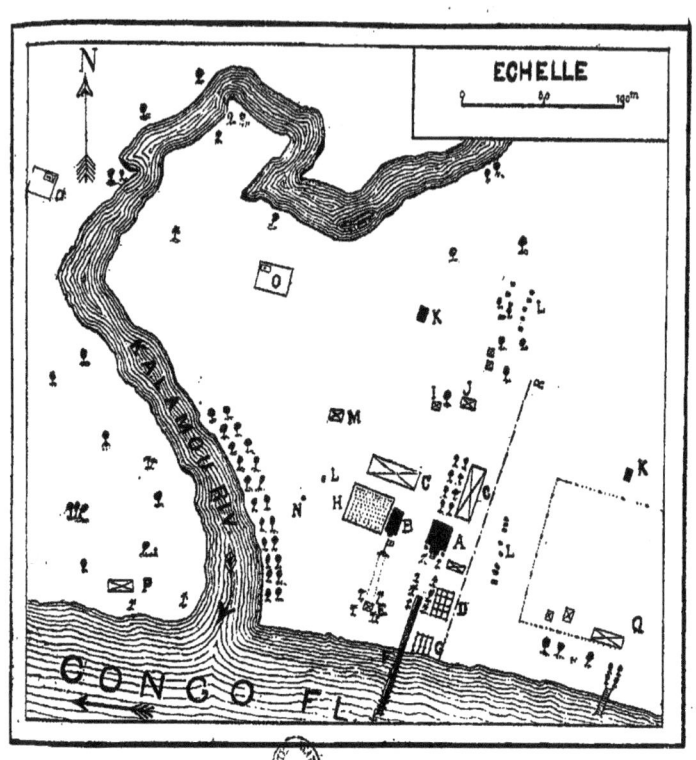

A Maison principale
B Maison d'habitation
C Magasins
D Salle à manger et bureaux
E Établissement de bains
F Pont en fer
G Remise
H Jardin potager
I Cuisine
J Chantier et raffinerie d'huile
K Magasin de poudre
L Chimbeks des ouvriers indigènes
M Étable de moutons
N Colombier
O Écurie de bœufs
P Factorerie Portugaise
Q Factorerie Hollandaise
R Ligne de démarcation

après s'être frotté les mains avec les herbes pilées, plongea vivement la droite dans le liquide, en retira l'anneau qu'il retint quelque temps entre ses doigts, puis le laissa tomber à terre. Alors, heureux et fier d'avoir, sans se brûler, accompli ce prodige, il fit expliquer à M. Gillis que cette première épreuve lui était favorable.

La pratique de l'anneau rappelle quelque peu les tours que les saltimbanques exécutent sur les places publiques de nos villages d'Europe; même ceux-ci, plus forts que les nègres, plongent non seulement la main dans l'huile en ébullition, mais encore la tête dans l'étain en fusion. Cette pratique est d'ordinaire infligée comme épreuve aux naturels accusés de méfaits.

Mais les dieux de Boma devaient encore être invoqués. Le féticheiro, grand chef des sortilèges locaux, venait d'apporter à l'endroit de la cérémonie une grosse idole, tête en bois, sur laquelle on pouvait reconnaître, avec beaucoup d'imagination, tous les détails d'une face humaine hérissée de milliers de clous.

Chacune de ces pointes ayant été enlevée facilement par plusieurs des nègres présents, le sorcier déclara que les dieux n'offraient aucune entrave à l'établissement d'un Européen sous leur ciel.

Ces nouvelles propices, rapidement propagées de bouche en bouche, firent éclater dans la foule un tonnerre de cris enthousiastes. Peu à peu cependant le calme se rétablit, les nègres dispersés regagnèrent leurs cases, et si la source de revenus relatifs, nouvellement découverts à leur convoitise par la création prochaine d'un comptoir, ne les eût fait rêver la nuit, ou obligé à se souvenir, ils auraient oublié dès le soleil levant les singulières cérémonies dans lesquelles ils avaient si bruyamment manifesté leur présence.

En règle avec les lois et le roi du pays, Gillis procéda à l'installation de ses comptoirs commerciaux.

Le plus important des deux établissements fondés par M. Gillis dans le bas Congo est situé en territoire de Boma, dans l'angle compris entre la rive gauche du fleuve — qui atteint devant ce point environ 4,000 mètres de largeur, divisés en deux larges bras par une grande île — et le cours inférieur de la petite rivière Kalamou ou du Crocodile, — qui mesure au-dessus de son confluent une trentaine de mètres entre ses deux rives.

Il comporte différents bâtiments, parsemés sur une vaste étendue de terrains limitrophes d'une factorerie hollandaise.

Les mêmes dispositions prises en général pour créer les comptoirs similaires sur les rives du fleuve ont présidé à l'établissement de la factorerie belge; toutefois; chacun des bâtiments a deux étages, au lieu du simple rez-de-chaussée qui caractérise le genre de constructions des blancs.

Pour faciliter les opérations d'embarquement et de débarquement des marchandises, un pier (pont de fer) s'avance sur le fleuve et assure aux navires un abordage commode, très appréciable surtout aux époques fréquentes où le Congo roule avec furie ses eaux impétueuses.

A droite de ce débarcadère, unique dans son genre sur le fleuve équatorial, se trouvent la forge et l'atelier de réparation; à gauche, une hampe au sommet de laquelle le drapeau belge étale ses couleurs; plus loin, les deux maisons principales construites sur piliers et servant d'habitation aux gérants et aux employés de la factorerie, et aux équipages desservant les bateaux de la flottille passant régulièrement devant Boma.

Entre ces habitations et le coude formé par la rivière du Crocodile se groupent deux magasins, un chantier, une petite raffinerie d'huile, un magasin à poudre, une cuisine, une étable pour les moutons et les chèvres, une écurie très ample et très bien aménagée, sur un sol où grandissent çà et là quelques puissants végétaux.

En face du pont de fer jeté sur le fleuve, et plongé assez loin au delà de la rive, sur les côtés d'une avenue ombragée conduisant à la maison maîtresse, s'élèvent, à droite, un bâtiment renfermant des bureaux et une grande salle à manger, à gauche, un établissement de bains, muni d'appareils a douche et de tout le comfort *ad hoc*.

Çà et là surgissent au milieu des herbes, dans l'enceinte même de la factorerie, les chimbecks servant de logement aux ouvriers indigènes

Dernier venu sur les bords du Congo, l'établissement fondé par Gillis surpasse par le luxe et les avantages de son installation les installations des factoreries hollandaises, anglaises, françaises et portugaises existant depuis de longues années dans les parages de Boma.

On cherche tout d'abord les raisons qui ont déterminé les Européens à se fixer en ce point.

La chaleur y est excessive; des marécages fétides y gisent entre les constructions des blancs et dégagent non seulement des miasmes délétères et pestilentiels, mais encore des légions de moustiques, des myriades d'insectes assoiffés de sang humain.

Le district de Boma est moins peuplé que ceux situés entre Issanghila et le Stanley-Pool.

Ce fait est attribuable aux chasseurs d'hommes qui durant trois siècles ont décimé la population de ces rives, entravé les cultures, dévasté, razzié, fouillé les criques et les vallées, et transformé en désert une contrée au sol fertile, capable de nourrir des centaines de mille habitants.

Mais devant Boma le fleuve a repris une largeur de quatre mille sept cents mètres coupée en deux bras puissants par trois îles boisées, hantées par des variétés innombrables d'oiseaux aquatiques ; îles nommées Nvouma, Nketé, Mbouca.

Entre la rive gauche de l'île Nketé et la rive droite du fleuve, le Congo forme une rade superbe large d'environ 1,500 mètres et d'une profondeur (de 6 à 20 mètres) permettant aux navires d'un fort tirant d'eau de s'ancrer à quelques mètres des factoreries.

Ce havre naturel et la navigabilité du fleuve en aval ont déterminé le commerce européen à s'implanter à Boma.

En amont de ce point commence la région montagneuse. Les rives prennent un aspect nouveau, le panorama de plaines sans fin entrevu depuis Banana se retrécit, disparaît peu a peu : des montagnes hautes et boisées à droite, sauvages et dénudées à gauche, formidables remparts encaissant le Congo, détachent vers l'intérieur une série indéfinie de chaînes de collines, dont les ondulations passant graduellement par toutes les altitudes atteignent jusqu'à des hauteurs de six et sept cents mètres.

La navigation, bien que possible entre Boma, Nokki et Vivi, est semée de difficultés : la vitesse et la profondeur augmentent, des récifs et quelques rapides commencent à se montrer.

D'autre part, malgré le peu de densité de la population et par suite le développement restreint des terrains cultivés, le district de Boma produit en abondance certaines denrées marchandes, et des sentiers lui amènent de toutes les directions des caravanes chargées des riches productions du centre africain.

Nos lecteurs nous permettront, dans un chapitre traitant exclusivement du voyage au Congo d'un commerçant, d'un négociant belge, de donner ici la nomenclature détaillée des productions principales recherchées au Congo par le commerce européen, et des articles de troque spécialement appréciés par les indigènes.

Le règne animal fournit au commerce l'ivoire, la cire, les peaux, les toisons.

L'ivoire occupe sur le marché africain une place très importante; parmi les productions animales du monde entier, il en est peu qui fassent l'objet de plus grandes transactions et qui soient la source de plus considérables bénéfices. Celui du Congo, moelleux, très recherché, amené, comme nous l'avons dit précédemment, de l'intérieur par les matouts, voit chaque année son prix suivre une progession croissante. Ce prix varie suivant l'état de conservation des défenses. On a vu sur le marché de Londres un seule défense atteindre la somme de quinze cents francs.

L'Angleterre a jusqu'à nos jours centralisé le commerce d'importation de l'ivoire ; pour fournir la masse de cette matière première que reçoivent les Iles Britaniques, il faut tuer tous les ans de 40 à 50 mille éléphants.

Ces grands pachydermes, refoulés par la civilisation dans l'intérieur du continent africain, deviennent de plus en plus rares dans le voisinage des établissements de la côte occidentale du Congo et du bas fleuve. On signale à de lointains intervalles la rencontre d'un de ces mammifères à Boma, comme un événement extraordinaire.

Mais Stanley, qui a traversé le continent africain, affirme que « plusieurs générations passeront avant que l'ivoire ait disparu ».

La côte occidentale d'Afrique exporte en moyenne 150 tonnes de ce précieux produit, sous forme de défenses d'éléphants, dents de morse et d'hippopotame.

Les nègres, encore dans l'enfance de l'art, fabriquent avec l'ivoire une foule d'objets: bracelets, trompes de guerre, pilons à broyer les herbes, ornements divers, instruments à battre l'écorce pour en confectionner des étoffes, etc., etc. En général ces objes sont enduits d'une couleur d'un rouge vif.

Le commerce de pelleteries se pourvoit au Congo de peaux de léopard, de singe, de loutre, de chat tigre. L'industrie européenne peut utuliser aussi les peaux de crocodile, d'antilope, de buffle, de chèvre, les piquants de porc-épic, dont le prix s'élève à soixante-dix francs le mille rendu à Liverpool.

Les articles européens exigés par les nègres en échange des productions animales, ivoire, peaux, cire, sont plus spécialement · les fusils, la poudre, les cotonnades. Pour faire l'appoint, payer les courtages des linguistiers ou offrir des cadeaux aux matouts, aux nègres porteurs de marchandises, l'acheteur doit être muni de bouteilles de tafia, de bonnets rouges, chapeaux, verres, assiettes, cuvettes, pots, vases de toute forme, pipes en bois, fils de laiton, vieux parapluies, etc., etc.

Parmi les productions végétales qui alimentent les marchés du Congo, nous citerons en première ligne : l'arachide, les huiles et les amandes palmistes, le sésame, le ricin, le caoutchouc, les bois de teinture, les gommes, l'orseille, le copra (noix de coco en poudre), le coton, l'écorce de baobab, les fèves de la calabar, les joncs et rotins, etc.

L'arachide, légumineuse dont le fruit, après s'être formé à l'air, se recourbe vers le sol, s'y enterre et achève ainsi enfoui son développement, est une sorte d'amande qui rappelle comme goût la saveur de la pistache. Sa valeur réside dans la quantité d'huile que l'on extrait de son fruit. Au bas Congo, les indigènes exploitent d'importantes plantations d'arachides: ils emploient l'amande dans la confection de différents mets nutritifs, mais ils abandonnent, contre remboursement, aux Européens la plus grande partie de la récolte.

Marseille est le grand port d'importation de ce produit; l'arachide du Congo, très estimée, y est transformée en huile servant à la falsification de l'huile d'olive.

L'huile de palme est, comme on le sait, tirée du palmier *Elaïs guineensis*. Ce palmier, aussi beau qu'utile, croît à profusion, sans soins, sans culture, dans toute l'Afrique centrale; il se propage avec une telle force et une telle facilité qu'il envahit littéralement certaines régions.

Ses fruits suspendus à d'énormes grappes qui rappellent, dit Livingstone, les régimes des palmiers-dattiers, sont écrasés, soumis à l'ébullition, et après refroidissement ils fournissent une huile recueillie par les indigènes dans de grands vases de terre. Cette huile, qui possède la consistance du beurre, est employée par les indigènes à leur cuisine, ou vendue par eux dans les factoreries. Exportée en Europe, elle est utilisée pour la fabrication des savons et des bougies.

La sève de l'élaïs procure aux riverains du Congo une boisson enivrante; le chou de ce palmier est, cru ou cuit, un manger excellent; les fibres textiles de son feuillage permettent aux noirs de confectionner des étoffes, des nattes, des paniers, des chapeaux.

Les graines de sésame, de ricin, donnent aussi de l'huile que les Européens de Boma exportent dans de bonnes conditions.

Le caoutchouc est une des branches principales du trafic des factoreries du bas Congo. Il provient d'une plante, sorte de liane, à l'écorce rugueuse, d'une couleur sombre, brunâtre, qui recouvre toute la région. Les feuilles larges, d'un vert foncé, sont découpées en fer de lance.

Cette plante s'orne à certaines époques de l'année de splendides bouquets de fleurs blanches dégageant un délicieux parfum. Le fruit qui succède à la fleur est comparable à une orange, quant à la grosseur, à la forme et à la couleur; il renferme des noyaux entourés d'une chair savoureuse, rafraîchissante, dont les indigènes se montrent très friands.

La récolte du caoutchouc dans la forêt met en mouvement tous les habitants d'un village, hommes, femmes, enfants. Ces indigènes n'ont pas encore appris à extraire le caoutchouc sans détruire les vignes, les plantes qui le fournissent.

Pour l'obtenir, ils placent de petites jarres au-dessous d'incisions pratiquées dans l'écorce et remplissent peu à peu ces réservoirs d'une substance laiteuse qui exsude de la plante. Ils prennent garde cependant de ne pas entamer trop profondément le bois, car l'intérieur de la vigne contient un suc particulier qui nuit à la bonne qualité du caoutchouc.

Lorsque les jarres sont remplies, le contenu est transvasé dans des cylindres de bois, où il se congèle.

La gomme copal est extraite d'un arbre *(Trachilobium* des savants) qui ne se rencontre pas dans le Congo inférieur. Son tronc est d'un blanc sale tirant sur le jaune. C'est par quantités insignifiantes que s'exporte ce produit. (Nous trouverons dans le haut Congo d'immenses forêts d'arbres à copal; et nous donnerons alors de plus amples détails sur cette production végétale.)

L'orseille, matière employée pour la teinture des laines et des soies, colorant en rouge, en violet, est extraite d'une sorte de lichen qui croît en Afrique et en Amérique. Le port de Marseille accapare jusqu'à présent la plus grande partie des exportations africaines de ce produit.

La flore des bords du Congo offre des variétés de bois durs, les uns rouges ou noirs, les autres bruns ou jaunes, destinés à fournir au commerce d'exportation de cette région des quantités considérables.

Le *tacoula*, arbre à bois de teinture rouge, est déjà l'objet d'un trafic notable.

Un petit arbuste, le *camwood*, au bois finement veiné, et dont l'écorce pulvérisée après ébullition donne une poudre fine d'un cramoisi splendide, est très recherché des indigènes. Les trafiquants de la côte commencent déjà à exporter la poudre de camwood.

L'ébène s'exporte de la côte. Le prix de ce bois précieux varie sur les marchés d'Europe de 150 à 300 francs par tonne.

On doit signaler encore les arbres à coton, les *mavoumbas*, géants des forêts africaines dont le tronc s'élance parfois d'environ trente mètres au-dessus du sol. Les baobabs dont l'écorce est utilisée, comme on le sait, pour la fabrication d'un papier d'une qualité spéciale; le manguier, qui produit un fruit vert rouge, ressemblant à la pêche d'Europe, dont on peut faire de l'eau-de-vie, etc., etc., figurent au nombre des merveilles utiles de la végétation du bas Congo, et fournissent des ressources considérables aux trafiquants.

Dans le domaine de la flore aquatique, le commerce européen recherche au Congo les cannes, les joncs, les rotangs.

En outre les graines dites de Guinée, dont on se sert en Angleterre pour frelater la bière; les fèves de Calabar, employées dans diverses préparations pharmaceutiques, font l'objet de transactions importantes.

Indépendamment de ces productions animales et végétales qui recouvrent le sol de la région africaine conquise à l'activité humaine par les valeureux pionniers du Comité d'études, la terre du Congo recèle dans ses entrailles des richesses abondantes et variées. A Boma, Gillis constatait la présence du minerai de fer.

En maints endroits sur les bords du Congo, abonde une hématite jaune dont on extrait un fer de très-bonne qualité. Les indigènes travaillent ce minéral, et l'on retrouve à chaque instant des preuves de l'ardeur et de la perfection qu'ils apportent dans l'art de l'utiliser.

Couteaux, marteaux, pinces, enclumes, fers de lance, clochettes, houes,

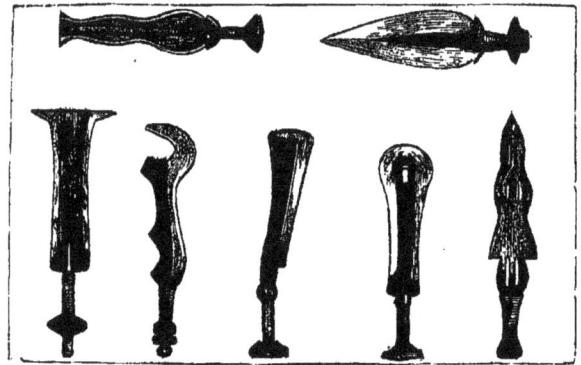

COUTEAUX INDIGÈNES.

hachettes, bracelets, perles, sont autant d'objets façonnés par certaines peuplades riveraines avec une habileté remarquable. Sur le Congo inférieur, à peu de distance de chacune des deux rives, les indigènes exploitent des mines de cuivre.

Il fut donné à Gillis de visiter, en compagnie de Nécorado et de plusieurs chefs de la rive gauche, l'une de ces exploitations indigènes abondantes en minerai de cuivre et de plomb.

Les mineurs, au nombre d'environ trois cents, étaient occupés au travail d'extraction.

A l'approche des visiteurs, les ouvriers cessèrent le travail et saisirent leurs fusils à silex; mais en reconnaissant les rois de la rive gauche, ils s'abstinrent de toute autre manifestation hostile et reprirent leur besogne.

L'excavation résultant d'un travail d'extraction incessant depuis des années mesurait seulement cinquante mètres de longueur sur vingt-cinq de largeur et dix de profondeur. L'outillage primitif des mineurs expliquait ces dimensions.

A part de grands couteaux, les ouvriers ne possédaient pas d'outils. Les trous étaient creusés au moyen de morceaux de bois durcis au feu et appointis à une extrémité. Les déblais étaient enlevés, transportés au dehors de l'excavation, dans des petits paniers que les nègres se passaient de main en main en formant la chaîne sur la pente aboutissant au fond de la mine.

Lorsque le sol trop dur ne pouvait être creusé à l'aide des morceaux de bois, les indigènes le détrempaient en empruntant les eaux d'une rivière voisine. Quand la couche de malachite était mise à nu, les mineurs la brisaient à coups de grosses pierres et en recueillaient les fragments.

Au moyen de fourneaux primitifs, les indigènes fabriquaient le cuivre, dont ils façonnaient des bracelets, ornements chers à leurs épouses.

Assurément il faudra de longues années pour enseigner aux nègres à tirer de plus amples bénéfices des richesses minérales de leur contrée.

Les colons européens que l'appât d'une fortune à réaliser guidera vers les rives du Congo, seront tôt ou tard les maîtres ès arts industriels de ces peuplades. Ils devront surtout s'attacher à instruire les nègres dans l'art bien plus rémunérateur et utile de la culture.

Dans toute nation civilisée, l'agriculture est à juste titre considérée comme première richesse économique : elle est la mère du commerce et de l'industrie.

Le nègre du bas Congo ne semble pas avoir obéi aux traditions déplorables agricoles des habitants de l'Afrique du nord.

L'instinct de dévastation, l'horreur de la verdure des arbres, qui poussent le Bédouin à livrer aux flammes tout être végétal qui n'est pas un palmier, un caroubier ou un olivier, la rage de déboisement, maladie endémique des peuples musulmans, dont les effets ont dévasté la Perse, l'Asie Mineure, la Syrie, l'Égypte, la Tunisie, l'Algérie, l'Espagne, la France méridionale, territoires soumis jadis à la domination des Arabes et encore empreints de leurs ravages d'un jour, n'ont pas cours sur les bords du Congo.

Si, pour s'épargner une fatigue de défrichement, le nègre du Congo a conservé l'habitude d'incendier la savane à de certaines époques de l'année, il a du moins respecté la forêt, le taillis, et permis ainsi à l'agronome euro-

PALMIER CALAMUS ET SON FRUIT.

péen d'étudier sur les divers points de son territoire quelles sont les propriétés du sol et les végétaux dont la culture peut être tentée avec chances de succès.

Des milliers d'hectares de terrains vierges, transformés en champs de productions, couverts de plantations de café, d'arachides, de tabac, d'indigo, de ricin, de cannes à sucre, de riz, de cacao, de coton, de bananiers, de cocotiers, de maïs, de manioc, de sorgho, sont appelés, sous l'impulsion future des colons européens, à centupler la valeur des terres du Congo.

Plus que dans n'importe quelle contrée du monde, on peut espérer sur les bords du fleuve équatorial africain les richesses inhérentes aux exploitations agricoles.

Chacun des précieux végétaux que nous énumérons ci-dessus croît à l'état sauvage dans l'immense région du Congo ; beaucoup d'autres appartenant à la flore tropicale y réussiraient également, si l'on prenait la peine de leur appliquer le genre de culture qui leur convient.

Le caféier sauvage se rencontre fréquemment sur la rive nord du Congo, en aval de Vivi ; il couvre de vastes espaces sur les bords du Congo supérieur. Les indigènes négligent la culture de cet arbrisseau par ignorance du profit qu'ils pourraient en retirer. Il suffirait, sans nul doute, d'indiquer à ces nègres, dont nous connaissons l'instinct commercial, les procédés faciles et les rapports lucratifs de la culture du caféier, pour qu'ils s'adonnent aussitôt à cette exploitation.

Dans l'île de Nketé, devant Boma, les employés de la factorerie hollandaise ont déjà commencé la culture du tabac et obtenu des feuilles lisses et soyeuses, rivalisant avec celles de l'île de Cuba.

Aux abords de tous les villages, les indigènes cultivent ces plantes en quantités considérables.

L'indigotier, qui pousse à l'état sauvage dans une grande partie de l'Afrique, ne se rencontre pas au bas Congo. Livingstone a observé près du lac Nyassa une variété précieuse de cet arbuste ; sans nul doute son introduction sur les bords du grand fleuve donnerait d'excellents résultats.

La canne à sucre cultivée avec un soin extrême par les noirs de l'Ogowé et les indigènes de l'Angola n'est, dans le bas Congo, l'objet d'aucune culture. Elle abonde en général dans certaines parties de la zone maritime et dans le voisinage des rivières.

Le riz, qui est au Congo la base de la nourriture des travailleurs, doit être importé à Banana, à Boma, par des navires anglais et hollandais.

Incontestablement, des rizières établies dans le voisinage des cours d'eau sur le sol des districts fertiles de cette région africaine se développeraient rapidement ; le riz ainsi obtenu deviendrait, outre l'un des aliments favoris des indigènes, une denrée très recherchée par les importateurs européens.

Mais l'énumération de toutes les productions appelées à faire de l'État libre du Congo un des pays les plus prospères des régions tropicales, nécessiterait un volume spécial. Nous devons encore indiquer dans ce chapitre quels sont les articles manufacturés d'Europe qui répondent le plus aux goûts, aux besoins des populations indigènes.

« Goûts, besoins », sont des mots difficiles à appliquer aux races nègres du Congo. Avec la plupart des explorateurs, nous ne pouvons reconnaître chez ces peuples primitifs aucun goût, aucun besoin bien tranché.

Les peuplades du Congo ont des passions et des fantaisies de luxe. L'ivrognerie, la vanité, l'amour de la parade, l'ardeur pour tout ce qui brille, sont les traits instinctifs de la race nègre ; ils expliquent l'empressement et l'âpreté que mettent les commerçants noirs à rechercher certains articles spéciaux, tels que spiritueux, cotonnades multicolores, armes, poudre, verroterie, vieux habits, chapellerie, corail, ferronnerie, cuivrerie, quincaillerie, bijouterie. Le bon marché est surtout apprécié par les acheteurs du continent noir.

Les articles les plus recherchés sont les caisses vertes contenant du gin de Rotterdam et d'Amsterdam ; le tafia, de préparation locale, est un genièvre coloré en jaune d'or, et relevé par une infusion de graines d'anis.

Les cotonnades courantes sont de la qualité ordinaire connue dans le commerce sous le nom de « rouge Andrinople ». Les mouchoirs à couleurs éclatantes, rouges, jaunes, rouges, blancs et noirs, à grands carreaux, à dessins criards, les descentes de lit, les caleçons en tricot, les camisoles, des sortes de robes de chambre cramoisies, sont demandés avec empressement par les populations indigènes du Congo.

Tous les fusils, vieux modèles provenant des arsenaux d'Allemagne, de France, de Belgique, trouveront acheteurs en Afrique centrale ; il faut avoir soin de les transformer en fusils à pierre. Les pistolets d'arçon à pierre, sont avidement recherchés par les chefs de tribus.

La consommation de la poudre est prodigieuse au Congo ; non pas en raison des guerres intérieures que se livrent les indigènes, mais à cause des coutumes tapageuses qu'ils ont contractées. Si dans les pays civilisés on tire des salves d'artillerie à l'occasion des grands événements, des revues, des processions, des funérailles de citoyens illustres, on ne peut blâmer outre mesure les nègres du Congo d'accompagner de décharges de mousqueterie toute cérémonie, joyeuse ou triste, mariage, naissance, danses, enterrements.

La poudre vendue en Afrique est en général du déchet de poudre de guerre.

Les articles de verroterie importés à la côte occidentale d'Afrique proviennent d'Allemagne et de Belgique. Ce sont des perles de toutes couleurs et de toutes formes; la plus recherchée est bleue et de forme octogonale.

Les vieux habits constituent une des plus importantes branches de trafic entre l'Europe et la côte d'Afrique. Les livrées des domestiques, les tuniques rouges des soldats anglais, les redingotes noires, les fracs, voire même les gibus, fussent-ils reteints et réduits à ressembler à des accordéons, les vestons passés, les toilettes de bal démodées, les jupons bigarrés répudiés par nos élégantes, en un mot toutes les défroques bannies de l'armoire des serviteurs de bonne maison, de la charge des soldats, de la garderobe modeste ou luxueuse des dames d'Europe, s'adaptent tôt ou tard, preuves de l'instabilité des choses humaines, aux personnes grêles ou corpulentes de que'ques makokos, de certains grands seigneurs des rives du Congo.

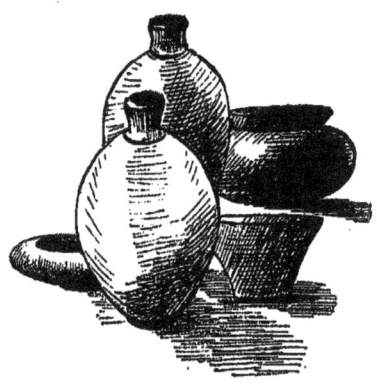

POTERIE INDIGÈNE

Néanmoins, le *complet* n'a pas cours sous ces latitudes ; les noirs enfants de l'Afrique centrale sont ennemis jurés du pantalon européen ; ils revêtent l'habit et le gilet seulement ; ils préfèrent à l'occasion envelopper leurs jambes dans les plis d'une robe de dame.

Les perles de corail véritable atteignent des prix très élevés sur les marchés indigènes.

Les pelles, les marteaux, les vieilles ferrailles, les haches, les lames de couteaux, de coutelas et de sabres, les cadenas, les boîtes de conserve hors d'usage, les boîtes en étain, en fer-blanc peint, les fils de laiton, les fils de cuivre, les sonnettes, les grelots, les miroirs pareils à ceux que l'on vend dans nos bazars pour enfants, les articles de foire, verres-miroirs, carafes, verres, vases de mille formes et de toutes couleurs, les pots à eau, les plats, les assiettes, peinturlurés, surtout ornés de portraits de mundelés (hommes blancs), les couteaux de table à manche d'os, les bagues, les bracelets, les épingles de cravate de qualité inférieure, sont avantageusement échangés contre les productions diverses de la région centrale africaine.

La Belgique doit à Gillis de participer largement et avec succès au mouvement commercial commencé au Congo par de riches puissances européennes.

La factorerie belge de Boma regorgeait de marchandises fabriquées en Belgique. Les tissus des fabriques de Gand, Saint-Nicolas, Courtrai et Termonde s'entassaient auprès des armes de Liége, des spiritueux de Bruxelles et d'Anvers, des faïences de Nimy, des perles de Venise fabriquées à Turnhout, de la poudre de Liége et de Wetteren, des verreries du Val-Saint-Lambert, des vêtements, sortes de robes de chambre confectionnées à Bruxelles et très appréciées des populations nègres.

En outre, les objets d'habillement, d'équipement, de campement, de casernement, utiles aux explorateurs africains et à leurs serviteurs, avaient été importés en quantités notables par Ad. Gillis.

Les transactions commerciales auxquelles se livrait Gillis, le concernaient personnellement; mais un échange de services réciproques exista entre le représentant des négociants belges et les agents de la Société internationale.

Gillis se chargea d'effectuer gratuitement sur le Congo les transports de l'expédition, de pourvoir aux besoins des explorateurs de passage à Boma et d'entretenir le matériel naval de la flottille d'exploration.

En retour, l'Association internationale du Congo lui procura des facilités pour correspondre avec l'Europe.

Méthodiquement, Gillis étendit son champ d'exploitation ; il remonta le fleuve au-dessus de Boma, et s'arrêta à Nokki pour y fonder une seconde factorerie belge.

Plus tard, on acccusa l'Association internationale d'avoir fait du commerce et d'avoir pratiqué par l'intermédiaire de Gillis un système d'engagements forcés qui ressemblait presque à la traite des noirs. Le fait n'est pas prouvé. L'Association recevait des marchandises de troque à échanger contre les vivres qui lui étaient nécessaires, les payements se faisant en nature dans une région où tout objet s'échange contre un ou plusieurs objets, où la monnaie n'existe pas. Ces marchandises passaient en transit dans les factoreries de Gillis; quant aux prétendus engagements de noirs, nous avons indiqué les éléments humains recrutés par les explorateurs soit à Zanzibar, soit à la côte occidentale.

Parfois des incidents regrettables sont à relever dans les rapports des agents de société philantropique ou commerciale et les nègres du Congo. Avec les noirs, la règle de conduite est souvent difficile à trouver; leur mollesse, leur inertie, leurs raisonnements enfantins, leurs préjugés ridicules impatientent; il faut pour les mener une patience plus qu'angélique et parfois même une véritable énergie.

Plusieurs mois après la fondation par Gillis de la factorerie de Nokki, tous les traitants blancs, directeurs ou employés des établissements européens sis dans ces parages, partaient en guerre contre les nègres et étaient mis en déroute complète. L'intervention des équipages des navires de guerre ancrés à Banana sauva les Européens d'un massacre.

En cette circonstance les blancs n'eurent pas le beau rôle; ils avaient été les agresseurs, paraît-il.

Les traitants de Nokki, ayant en vue le commerce et les bénéfices qu'il rapporte, sont loin d'avoir cet idéal de justice qui porte à respecter le droit des faibles; ils s'étaient irrités de la versatilité, de la paresse de leurs serviteurs.

Honni soit cependant qui oserait jeter la pierre à l'Européen obligé fort souvent d'user envers les noirs de rigueurs extrêmes, de duretés, de mauvais traitements!

Le Congo n'est point ce que pensent les boulevardiers de nos grandes villes; on n'y rencontre pas les délices de Capoue. Ce n'est pas la terre promise, avec la vie libre, sans entraves, les émotions de la grande chasse, des aventures, des belles découvertes, de la fortune rapide. Confinés sur les rives d'un fleuve capricieux, parfois dans un poste insalubre, loin de toute civilisation, livrés à eux mêmes, dévorés d'ennui, de fièvre, les pionniers de la conquête ou de la colonisation connaissent ces heures pénibles où ils maudissent l'Afrique, brûlant ce qu'ils avaient adoré, pleins de fiel et de rancune envers les êtres humains dont ils sont entourés : compagnons de misère, concurrents commerciaux, serviteurs.

Il faut, pour aborder l'existence du continent noir, la foi enthousiaste de l'explorateur ou du missionnaire, celle du savant, l'ambition du capitaliste, ou bien l'ardeur du chasseur, le mépris du bien-être du prolétaire. Il faut aussi un tempéramment d'acier, une santé robuste et une sobriété rigoureuse.

Gillis, qui réunissait quelques-unes de ces qualités du voyageur africain, a bien mérité de ses compatriotes en remorquant le premier sur les bords du Congo les produits de l'industrie nationale.

En s'éloignant, pour tenter la fortune, des sentiers battus de notre vieux continent, Gillis n'a pas obéi à de vulgaires calculs égoïstes; ses vaillants et généreux efforts tendant à ouvrir des débouchés au commerce de la Belgique ont été couronnés de succès. Gillis a marqué la place commerciale au soleil africain d'une nation petite par sa population et son territoire, mais grande par sa valeur morale et industrielle.

Retourné en Europe en février 1884, Gillis mourait à Braine-le-Comte, au milieu des siens, le 24 mai suivant.

Un Belge, M. Delcommune, ancien gérant de la factorerie française de Daumas-Béraud, fut appelé à la direction des comptoirs commerciaux fondés par Gillis. M. Delcommune, le plus ancien des résidants belges sur les rives du Congo, sut habilement allier à la profession de commerçant la qualité de conquérant pacifique; il rangea sous le protectorat de l'Association internationale les indigènes du district de Boma; cet exploit fut accompli sans coup férir, sans manœuvres déloyales.

Le roi Nécorado et les chefs ses vassaux, agissant librement, en dehors de toute contrainte, cédèrent par traité au directeur des établissements belges de Boma et de Nokki tous droits sur les territoires soumis à leur autorité.

Dans l'intérêt futur de la civilisation et du commerce international, Delcommune s'empressa d'accepter l'offre des potentats nègres au nom et pour le compte de l'Association.

CHAPITRE XV

Expédition de Hanssens, Nills et Grang. — Visite à Makito. — Le docteur de N'tombo-Mataka. — Les occupations de Nilis à Manyanga-Nord.

EU de mois avant l'arrivée de Gillis à Boma, le lieutenant Van de Velde (Liévin), du 8ᵐᵉ d'infanterie, et Destrain (Edmond), ancien officier de l'armée belge, tentaient, sous les auspices du Comité d'études, une expédition à la côte maritime du Congo, sur le vaste territoire qui s'étend du cours inférieur du grand fleuve jusqu'à l'embouchure du Kouilou. Nous réserverons un chapitre spécial aux tentatives de ces explorateurs et de ceux qui les suivirent dans cette région; nous reprenons ici le récit des tra-

vaux et des découvertes effectués sur les bords du Zaïre par nos vaillants compatriotes.

Le 8 mars 1882, le port de Banana présentait une animation plus facile à concevoir qu'à décrire; le *Roquelle*, puissant steamer, avait débarqué dans cette ville des hommes d'action, jaloux de s'illustrer en marchant sous la bannière bleue de l'Association internationale : les uns devaient accomplir la mission laborieuse de maintenir, de garder, de développer, de rendre plus féconde l'œuvre réalisée par les premiers agents du Comité d'études; les autres allaient accomplir la tâche difficile mais, glorieuse, de continuer cette œuvre, de rattacher par une communication régulière l'embouchure du Congo au lac Tanganika, réservoir initial du fleuve, de découvrir d'immenses territoires, d'inculquer à des millions d'hommes les principes rudimentaires de la civilisation.

Au nombre de ces hommes nouveaux qui vont défendre ou planter sur les rives du fleuve désolé par les raids des chasseurs d'esclaves le drapeau de l'humanité, l'armée belge est représentée par une poignée de braves:

Hanssens (Edmond), capitaine adjoint d'état-major ; officier éminent considéré comme un des hommes sur lesquels l'armée, le pays, pouvaient fonder les meilleures espérances; cœur d'or, intelligence d'élite, grand caractère, esprit droit et éclairé, érudition, sentiment du devoir, dévouement, abnégation, constitution robuste, taille élevée, belle prestance, aspect imposant: telles sont les qualités morales et physiques qui devaient faire de Hanssens le type accompli de l'explorateur civilisateur.

Son passé remarquable annonce son avenir brillant. A dix-huit ans, il sort de l'École militaire, passe quelques années au régiment, et reste ensuite longtemps attaché à la brigade topographique du génie.

Entré à l'École de guerre au début de cette institution, il en sortit l'un des premiers de sa promotion malgré l'obstacle apporté à ses études par une maladie grave, le typhus, dont il fut atteint à cette époque.

Il fut ensuite nommé répétiteur d'art militaire à l'École d'application. C'est le seul officier d'infanterie qui ait jamais été chargé de faire un cours aussi important à de futurs officiers d'armes spéciales ;

Nilis, (Arthur), lieutenant adjoint d'état-major, répétiteur à l'École militaire, alliant aux qualités physiques les dons précieux du cœur et de l'esprit, la franchise et la loyauté du soldat, l'amour du devoir qui sait aller jusqu'au sacrifice absolu et ignoré, la générosité, l'affabilité, la bonté ;

Grang (Nicolas), sous-lieutenant au régiment des carabiniers, caractère résolu, surnommé le « Mongol » à cause de son type, admirateur enthousiaste de l'œuvre africaine, n'hésitant jamais devant l'exécution d'un ordre reçu, dussent les dangers, les périls, les fatigues à encourir exiger le sacrifice de la vie.

Ces nouveaux coopérateurs de l'Association internationale, choisis dans les rangs de l'armée belge, d'une institution d'élite, rencontraient à Banana plusieurs de leurs compatriotes :

Roger, récidiviste incorrigible de l'exploration africaine, dont le nom synonyme de bravoure, d'expérience du voyage, de philanthropie, de science, est déjà inscrit dans les pages de l'Histoire des Belges à la côte orientale. Amelot, ingénieur-mécanicien, ex-employé au ministère des travaux publics, qui joignait aux aptitudes physiques de l'explorateur le talent « civilisateur » de musicien et devait égayer plus tard chacune des stations visitées par les airs les plus variés d'accordéon et d'ocarina ; les deux Van de Velde (Joseph et Liévin), dont nous avons signalé l'arrivée antérieure au Congo.

Un Allemand, M. Peschuel-Lösche, docteur en sciences naturelles, missionné par l'Association rejoignait le 10 mars à Banana le groupe des explorateurs belges.

Bientôt ces hôtes de passage délaissaient les délices relatives de la ville de Banana, remontaient le fleuve et se séparaient suivant les exigences du devoir à remplir.

Le 20 mars, Nilis et Grang s'arrêtaient à Vivi, où Callewaert leur fit une réception cordiale. L'Américain Sparhawk, ex-chef de cette station, était parti depuis plusieurs mois, sans autorisation préalable ni de Stanley ni du colonel Strauch, oubliant même, soulignait-on, de régler ses comptes. Cet « incident » regrettable pour l'Association avait valu à l'Allemand Lindner la nomination de chef de la station de Vivi ; quant à Orban, il était chargé de la mission bien rude de diriger les caravanes de transports entre Vivi et les stations du bas et du moyen Congo.

Les nouveaux venus furent présentés au roi nègre du district, le souriant Massala (ce souverain devait en 1885 figurer à l'exposition d'Anvers), qui leur fit part de certains bruits de guerre probable venus d'Issanghila.

Cette nouvelle décida Nilis à quitter Vivi dès le lendemain. Le lieutenant, à qui se joignirent les deux Van de Velde à peine arrivés, partit à la tête d'une caravane armée pour porter secours à la station menacée, d'après les dires de Massala.

Le départ eut lieu vers deux heures du soir ; en route, la chaleur était suffocante, les marcheurs souffraient d'une transpiration pénible. L'aspect des berges montagneuses était celui de la désolation ; çà et là quelques massifs de graminées verdoyantes, des troncs d'arbres dirigeant vers le ciel des branches dénudées, comme tordues par la souffrance ou le désespoir. Sur cette beauté effrayante planait ce quelque chose d'indéfinissable, de mystérieux, cet *on ne sait quoi* qui caractérise l'Afrique.

Vers six heures, à l'heure traditionnelle du coucher du soleil, ardemment désiré, on dressait le camp près du village où régnait le suzerain de Massala, nommé Vivi Mavoungou. Ce petit homme trapu, affligé d'un pied bot, est aussi un makoko; il apporte aux Européens deux poules et du vin de palme, et reçoit en échange des marcheurs satisfaits du gin et une moanda.

Vivi Mavoungou regarde de travers Nilis et les Van de Velde, d'un air de féroce bravade qui voudrait vainement être un air aimable et obséquieux. Il est affublé d'un uniforme de soldat d'infanterie de marine anglaise; son bonnet phrygien en tricot est aux couleurs françaises, son caleçon de nuance multicolore rappelle le pavillon américain. Ses ministres sont aussi étrangement vêtus; l'un d'eux, aux traits flétris, aux yeux égarés indiquant des habitudes d'ivrognerie, a déguisé son torse sous les plis d'une ample jupe de laine écarlate, et enfoncé sur sa tête grise un vieux chapeau de soie qui depuis longtemps ne connaît plus le coup de fer.

Au résumé, ces gens grotesques sont affables à leur manière; moins désagréables que les moustiques, ils se retirent assez tôt dans la nuit pour laisser les voyageurs à la recherche du sommeil. Les insectes ailés refusèrent à Nilis et à ses compagnons cette douce satisfaction.

Le 22, après quatre heures de marche à travers les hautes herbes massées sur les montagnes à croupes arrondies, on rencontra à Gangila les *tchimba*, secte maçonnique, au corps peinturluré de blanc et entouré d'une crinoline faite d'herbes. Cette association religieuse, au sujet de laquelle il est difficile de préciser nos renseignements, paraît exercer une action justicière sur les profanes du district de Vivi; les affiliés ont leurs initiations, leurs mots de passe, leurs signes de reconnaissance, leurs rites magiques et leur doctrine particulière; leur but ne peut être défini; ils punissent parfois les crimes par l'intermédiaire d'individus masqués, mais leurs pratiques se réduisent à de simples mascarades, leurs convictions sont nulles, leurs croyances tendent à la monolâtrie.

Le 26, Nilis et Joseph Van de Velde, précédant la caravane, saluent les habitants d'Issanghila-Station.

Janssen n'était plus là; appelé par Stanley, le vaillant officier courait au delà du Pool, pour y fonder la station de Msuata.

Le chef actuel est Swinburne; son étonnement, en apprenant les prétendus bruits de guerre contre Issanghila, allonge sa face britannique et rassure les voyageurs.

Orban et Amelot étaient depuis deux jours hébergés à la station ; le 28, ils partaient avec Nilis sur le *Royal*, en destination de Manyanga-Nord.

Cette traversée, effectuée par environ 70 ou 80 degrés de chaleur, indisposa les passagers.

Nilis, débarqué le 6 avril à Manyanga, fut en proie à de douloureux accès de fièvre qui cessèrent après huit jours d'absorption de quinine, de ca-

LE LIEUTENANT NILIS.

ramel, d'ipéca, de camomille ; inutile d'ajouter que Harou, chef de station, avait réservé au malade une réception empressée et qu'il lui témoigna les soins les plus dévoués.

A cette époque, de sinistres rumeurs planaient sur la contrée qui s'étend entre Manyanga et le Stanley-Pool, des deux côtés du fleuve. Une des caravanes établissant les communications entre les stations de Léopoldville et de Manyanga avait été attaquée par des indigènes de la rive gauche censément gouvernés par le roi Luteté.

Les Zanzibarites qui la composaient, voyant quatre de leurs compagnons tomber blessés par les projectiles des assaillants s'étaient cruellement vengés en pillant et brûlant un village et emmenant comme prisonniers des femmes et des enfants.

Le village de Luteté, situé en amont de N'tombo-Mataka, commande la route de l'ivoire entre le Stanley-Pool et les marchés de San Salvador et d'Ambrizette. Son roi, jeune, riche et puissant indigène, est très entreprenant ; forme lui même et accompagne à la côte des chimboucks pour prélever d'énormes bénéfices sur la vente des denrées transportées. Enrichi par le trafic, Luteté ne mérite pas l'épithète de parvenu ; son ostentation est limitée, son plus grand luxe consiste à collectionner des gravures du « Graphic » ou des bouteilles vides de soda-water ; sa favorite, la plus jeune de ses épouses légitimes, est loin d'être belle, mais Luteté a pour elle une immense affection qui croît chaque année avec le nombre de sa famille ; car Luteté, comme un commerçant se réjouit en recevant à des prix très modérés une marchandise d'un écoulement certain et lucratif, se pâme de joie, d'espérances, à la naissance d'un enfant.

Père dénaturé, âme vénale, Luteté abandonne un à un chacun de ses rejetons aux blancs des factoreries de la côte, pour le moindre bibelot qui brille et le fascine.

Tel est le personnage qui venait à Manyanga réclamer, vers le milieu du mois d'avril, des dommages et intérêts pour les dégâts et les razzias effectués sur ses domaines par la caravane zanzibarite.

Harou et Nilis, à qui une enquête minutieuse sur l'incident amenant ce makoko ne laissait aucun doute touchant la culpabilité des sujets de Luteté, refusèrent énergiquement de lui accorder autre chose que la restitution des prisonniers.

Le plaignant remercia les blancs, en esquissant sur ses lèvres un sourire contraint, puis il s'éloigna la rage au cœur, semant sur son passage des paroles de haine et de rébellion.

Mlongo, roi de Dandanga, Makito, l'homme aux six doigts à chaque pied, chef d'une tribu de la rive gauche, Matari et tous les chefs des districts limitrophes de Luteté, dont les noms importent peu à l'histoire, ourdirent des complots, des conjurations contre le repos des mundelés.

Le 20 avril, Harou recevait de Stanley l'ordre formel de retourner en Europe ; le terme de son engagement devait échoir en août, mais les rudes épreuves d'un séjour prolongé à Manyanga-Nord, l'une des stations les plus insalubres du bas Congo, affaiblissaient chaque jour le lieutenant qui refusait de s'en apercevoir.

Harou remit le commandement de la station à Nilis, et quitta Manyanga-Nord au grand regret de ses compagnons blancs dont il s'était concilié la complète amitié, et du personnel noir attaché depuis longtemps à un chef à qui la justice la plus impartiale dictait les récompenses ou les punitions, la douceur ou la sévérité.

Le départ de Harou coïncidait avec le retour de Valcke en Afrique. Le lieutenant du génie, que nous avons vu partir pour l'Europe après la mort de Nève, revenait sur le champ de bataille de l'exploration et de la conquête africaine, avec l'empressement du soldat qui, guéri de ses blessures, se hâte de rejoindre le poste où le danger l'appelle, mais où la gloire lui sourit.

Valcke, nature décidée, caractère énergique, figure mâle possédant au plus haut degré le coup d'œil pour les entreprises en Afrique, était appelé à commander aux côtés de Braconnier la station de Léopolville ; Grang devait être son second, son bras droit : tous deux faisant route vers leur destination touchaient à Manyanga le 21 avril 1882.

Deux routes différentes conduisaient, comme on sait, de Manyanga-Nord à Léopoldville : l'une, longeant la rive nord ; l'autre, la rive sud du Congo.

Depuis plusieurs semaines, les caravanes des explorateurs passaient indifféremment par ces deux voies difficilement praticables, en raison de l'hostilité manifeste des indigènes. Les menées de Luteté, et plus particulièrement les ballots de marchandises transportés par les caravaniers, réveillaient les instincts belliqueux et envieux des nègres.

La patience et la prudence étaient recommandées aux pionniers européens qui marchaient de pair avec les caravanes, composées principalement de Zanzibarites obéissant à ceux de leurs compatriotes tels que Susi, Wadi-Réhami, Oulédi, anciens compagnons de Stanley, rompus aux pratiques de la marche à travers les districts riverains du Congo.

Le 27 avril, Nilis, informé de l'approche d'une armée de trois cents indigènes recrutés par Luteté et Makito, retient à Manyanga une caravane près de partir pour Léopoldville ; il expédie en outre le *Royal* vers Issanghila pour demander du renfort au chef de cette station.

La demande de Nilis fut reçue par Hanssens. Le capitaine, retenu depuis plusieurs jours par la fièvre, entrait à peine en convalescence ; après lecture de l'avis de son compatriote, il rassembla une faible escorte et partit pour Manyanga. Peu soucieux de sa santé chancelante, il doubla les étapes, s'arrêtant peu ou point pour prendre du repos ; éreintant ses porteurs incapables de concevoir le motif des marches forcées. Hanssens croyait voler au secours de Nilis. Son étonnement fut inexprimable devant la tranquillité parfaite qui régnait aux abords de Manyanga.

Luteté et Makito avaient manifesté platoniquement leur mauvaise humeur ; eux et la meute qu'ils menaient s'étaient contentés d'aboyer de loin contre les serviteurs de la station occupés sur les flancs de la colline de Manyanga à des travaux de culture. Ce fut tout.

L'arrivée de Hanssens n'en fut pas moins bien accueillie à Manyanga-Nord. Le capitaine y devait séjourner plusieurs mois pour conquérir les districts avoisinants, au protectorat de l'Association.

En août 1882, la station accorda l'hospitalité à des agents de passage, Peschuel-Lösche, Teusch, qui partirent le 18 du même mois, pour se rendre à Léopoldville.

Le départ d'une caravane était un incident presque journalier de la vie des habitants de Manyanga. Cependant Nilis, Hanssens, Orban, Callewaert, toute la colonie belge s'intéressa vivement à la composition de l'escorte des Allemands et à l'itinéraire qu'ils devaient suivre.

La pacification de la contrée était un mythe. Luteté, Makito sur la rive gauche, n'avaient pas osé affronter les chances d'une attaque contre la garnison coalisée de Manyanga-Nord, mais ces bravaches n'hésiteraient pas à livrer bataille à un faible convoi traversant leurs territoires. La route nord, par Mpakambendi, Mowa, offrait, croyait-on, moins de dangers.

Le docteur Peschuel et son compatriote résolurent donc de suivre cette seconde voie, avec une caravane composée de dix-sept Zanzibarites et de sept Kabindas bien armés. La petite colonie belge accompagna les partants jusqu'au haut du mamelon commandant la route à suivre ; la séparation donna lieu à un échange de vœux et de souhaits.

Le même soir, Nilis envoyait un ambassadeur au village de N'tombo-Mataka pour prévenir les chefs indigènes que les mundélés rendraient le lendemain visite à Makito.

Le 19, à la première heure, Hanssens, Nilis et Callewaert, laissant à leur compatriote Orban la surveillance de la station, se mettaient en chemin avec une escorte de quatre Zanzibarites et quatre Kabindas, porteurs de vivres, trois interprètes et le garçon de Hanssens.

Les trois pionniers belges allaient bravement au-devant d'un ennemi de la veille avec douze hommes, et n'emportant pour toutes armes que des fusils de chasse et des revolvers.

Nilis ouvrait la marche entre deux Zanzibarites, le fusil en bandoulière, dans le costume obligatoire de l'explorateur au centre africain : culotte blanche, chemise de flanelle, ceinture de flanelle rouge,

NILIS PARTANT POUR N'TOMBO-MATAKA (D'APRÈS UNE PHOTOGRAPHIE)

veston de serge bleue, casque de sureau, coiffure anglaise en usage sous les latitudes tropicales.

Les explorateurs passèrent le Congo en pirogue et s'engagèrent sur la rive gauche, dans l'étroit passage libre le long du fleuve au pied des monts.

Peu après, cessant de côtoyer le Congo, ils s'enfoncèrent dans les terres en suivant un vallon raviné coupé par un ruisseau qu'il fallut traverser, et franchirent successivement deux petites montagnes à croupe arrondie.

La chaleur était excessive, une atmosphère de plomb enveloppait la région parcourue. L'aspect du pays était désolant, par suite de la coutume des indigènes d'incendier en août les herbes et les graminées. Qu'on se figure un pays de montagnes noirci par le feu, des blocs de rochers énormes tout calcinés, çà et là, au bord de l'eau, près des huttes habitées, des ceintures d'arbres verts sauvés de l'incendie et des arbustes bien feuillus s'échappant des interstices des rochers.

Du sommet de la seconde montagne, les marcheurs entrevirent N'tombo-Mataka; à gauche de ce village et plus rapproché des marcheurs, un groupe de huttes : Banza-Kimboukou était noyé dans le feuillage enchevêtré des palmiers et des bananiers.

Dans cette localité, un vieux chef est mort la veille; les blancs sont les témoins obligés d'une cérémonie sauvage, conséquence de ce décès. Les habitants du village, à l'exception des esclaves, sont soumis à l'épreuve du poison.

Les sorciers de profession président à ces ordalies; ils ont composé sous les yeux de la foule un breuvage empoisonné que prennent volontairement en quantités égales, d'abord les plus proches parents du défunt, ensuite tous les hommes libres de l'endroit.

Cette boisson produit une folie passagère ; ceux qui en ressentent le plus les accès, qui ne peuvent rendre le poison aussitôt avalé, sont considérés comme coupables de la mort du chef; on les laisse mourir des suites du venin et, si la mort n'est pas assez prompte, les assistants, sur l'ordre des sorciers, se font les bourreaux de ces prétendus coupables.

Cette pratique donne lieu, comme on doit bien le penser, à de terribles vengeances.

Il eût été imprudent de la part de Hanssens et de ses compagnons non seulement de s'opposer d'une façon quelconque à ces hideuses scènes d'empoisonnement, mais encore de ne pas approuver la conduite des sorciers.

Aucune des populations du Congo, on peut même dire de l'Afrique depuis le Sénégal jusqu'à l'Orange, n'admet que la maladie ou la mort puisse avoir des causes naturelles. Si un homme libre tombe malade ou meurt, cela provient soit des âmes de l'autre monde dont l'une est spécialement désignée par la rumeur publique, soit d'êtres vivants qui pour parvenir à leurs fins ont employé des sortilèges. De là ce barbare recours à la divination, cette intervention des sorciers, gens habiles à fabriquer des drogues, des doses de simples toujours empiriques, mêlés d'ingrédients vénéneux ou inoffensifs, administrés suivant l'individualité des suppliciés volontaires.

Durant l'épreuve du poison, le cadavre du chef, attaché à une longue perche, gisait au milieu de l'assistance ; les ordalies terminées, on le déplaça, on le ramena dans la hutte, ex-propriété du défunt, pour pratiquer sur lui des opérations spéciales, au bruit des détonations multiples des fusils à silex.

On soumit tout d'abord le corps à l'action du feu, pour le sécher ; ensuite on l'ensevelit dans des étoffes multicolores, et on l'escorta, avec quantité de momeries et de cris discordants, jusqu'à la tombe creusée dans un champ voisin, où on l'enterra, en entassant par-dessus de la terre, des pierres, du bois, des morceaux de faïence, de la paille, etc.

Les blancs poursuivirent leur route, et arrivèrent en quelques minutes au village de N'tombo.

Des groupes de deux, trois ou quatre huttes, éparpillés au milieu des traditionnels palmiers et bananiers, composent la capitale de Makito.

Les huttes, uniformément construites en tiges de palmier et d'herbes variées, s'élèvent à peine d'un mètre cinquante centimètres au-dessus du sol ; elles sont plus longues que larges, à base rectangulaire, à toiture à double pente. Les portes basses et étroites en sont masquées par une sorte de tambour déroulé tissé de fibres de palmier ; elles sont ornées des m'kissi, dieux lares, de morceaux d'os, d'assiettes, de journaux illustrés ramassés aux abords des stations, de cornes d'antilopes, etc.

Entre les groupes de huttes s'étendaient des espaces de terrain cultivés, où les plantes de tabac mêlaient leurs feuilles vertes et soyeuses aux tiges du manioc, aux arbres à pois plus hauts qu'un homme.

Au centre de l'agglomération, un vaste espace circulaire, ombragé par un seul bombax gigantesque, sert de forum aux indigènes de N'tombo-Mataka.

Adossé au tronc du bombax, Makito, entouré de son peuple et assis sur une natte, reçoit les visiteurs.

Hanssens, Nilis et Callewaert défilent tour à tour devant le royal personnage impassible, pour échanger avec lui des poignées de main.

Les blancs s'assoient ensuite en face de Makito : Nilis sur la canne-chaise de Hanssens, ce dernier sur un pliant, et Callewaert sur une caisse d'emballage.

Sur l'ordre de Hanssens, un Kabinda plante un bambou entre les futurs interlocuteurs; le drapeau bleu à l'étoile d'or est déployé à l'extrémité de cette hampe improvisée. Hanssens s'apprête à entamer la conversation.

En ce moment des coups de feu partent des abords de la place, un Zanzibarite blessé tombe sanglant au côté de Callewaert. Les blancs se lèvent ; Zanzibarites et Kabindas crient vengeance, Makito et son peuple jurent par tous les fétiches qu'ils ne sont pas les instigateurs de cet odieux méfait.

L'émoi est indescriptible, la foule se rue du côté où la détonation avait éclaté. Un ignoble individu, dans un état

FORÊTS SUR LES RIVES DU FLEUVE.

complet d'ivresse, dégouttant de bave et de sueur, tombé dans un champ de manioc voisin de la place, était l'auteur inconscient de l'accident survenu.

A l'effroi momentané des blancs succéda presque immédiatement le sentiment de l'humanité, la pensée de secourir le blessé.

Hanssens et Nilis invoquèrent leurs connaissances chirurgicales pour extraire les projectiles, têtes de clous, fragments de cuivre, qui devaient sans aucun doute avoir pénétré le derme du Zanzibarite. A la grande surprise des chirurgiens improvisés ce furent des grains de plomb qu'ils réussirent à enlever, non sans avoir charcuté le malheureux ; « charcuté » est le mot, car il fallait passablement tailler et entailler pour arriver au derme du patient, vu l'épaisseur extraordinaire de son épiderme.

La vue du sang répugne aux noirs ; aussi les camarades du Zanzibarite, sans songer à consoler le blessé, se mirent-ils à pleurer, à grincer des dents, à gémir, à crier que le pauvre diable allait mourir, etc., tant et si bien que celui-ci, pris d'une peur indicible, refusa catégoriquement de se laisser opérer davantage par les deux officiers.

Les seigneurs de N'tombo, témoins jusque-là attentifs et silencieux de la cure, offrirent spontanément les services du docteur-féticheur du village.

L'homme à médeciné de N'tombo-Mataka jouissait de la réputation d'un chirurgien très habile, opérant sans douleur. Sa science incontestée chez les noirs ; le nombre incommensurable de bien portants qu'il avait par persuasion rendus malades et guéris ensuite ; le chiffre indéfini de clients qu'il avait fait passer de vie à trépas avant l'heure ; des extractions de projectiles pratiquées par lui à l'aide de la succion seule, sans recourir à la moindre incision, avaient depuis longtemps acquis à ce praticien, pour lequel le qualificatif de charlatan ne paraît pas assez fort, un renom sans égal à cent lieues à la ronde, du marché de Manyanga aux centres populeux sis sur les rives du Stanley-Pool.

Accepter avec empressement l'intervention d'un aussi docte personnage fut ruse diplomatique fort bien jouée par Hanssens et Nilis.

Le docteur prévenu procède hâtivement, avant d'oser se montrer aux profanes, à son accoutrement : une coiffure composée de plumes d'aigle, de faucon, de coq de bruyère, de vulgaire poulet ; au cou, des colliers de grosses herbes, de verroterie et de corail ; autour des reins, une ceinture de becs d'oiseaux réunis par une corde, à laquelle sont appendus une centaine de petits sacs fétiches renfermant des pierres, des poudres, des os calcinés.

C'est simple, d'un goût douteux, mais imposant. Outre son attirail de fétiches, le docteur se munit de médicaments : herbes hachées du nom indigène de *mkouo*, et grands fruits ayant la forme de longs artichauts *(mpouvi)*.

Puis, précédé de son élève, ou mieux de son aide-bourreau, personnage d'un abord très froid, ne possédant pour tout vêtement qu'un bonnet à plumes moins volumineux que celui de son maître, le docteur s'avance magistralement au milieu de la foule recueillie jusqu'à la place publique où le blessé l'attend entouré de ses compagnons.

Le docteur est un homme aux cheveux poivre et sel, détail insignifiant si l'on veut, mais phénomène rare dans cette contrée ; son extérieur vénérable et sérieux, son air de componction, conviendraient à tout docteur qui veut réussir dans l'exercice de sa profession.

En apercevant les blancs, l'homme à médecine fait une grimace significative ; ces témoins intelligents semblent lui déplaire, il n'hésite pas cependant à commencer l'opération qui l'amène.

Des marmottages, des momeries, des contorsions et des chants improvisés dont les refrains sont répétés par son aide, sont l'invariable prélude de toute consultation du docteur de N'tombo.

Autour de lui, muets comme autant de carpes, se pressent les indigènes qui n'ont plus de regards pour les mundelés. Ces derniers font tous leurs efforts pour conserver leur sérieux, à la vue des grotesques pratiques du charlatan.

Les invocations, les exercices de chorégraphie et de plain-chant durent peu pour les spectateurs, mais beaucoup pour le patient.

Avec une sage lenteur le docteur procède à la préparation d'un breuvage particulier.

Point n'est besoin pour lui d'interroger le malade. L'homme à médecine est quelque peu sorcier à l'occasion ; du reste ses médicaments, toujours les mêmes, sont censés guérir toutes les blessures, toutes les maladies.

Le *mkouo* haché est arrosé à grande eau ; le docteur en presse le jus dans la paume de sa main ; il boit trois gorgées de ce breuvage et en donne trois à avaler au client.

Puis il détache méthodiquement les feuilles supérieures du *mpouvi*, les place sur un feu de bois mort et les arrose d'eau. Il colle ensuite ce cataplasme sur le dos du blessé, qu'il frotte, à tour de bras.

Pas un dos, autre que celui d'un nègre, ne saurait résister à de pareilles frictions. Pas un de nos docteurs ou de nos infirmiers d'Europe ne possède de muscles assez puissants pour se livrer à de tels exercices : un seul client à soigner ainsi suffirait à les harasser.

Néanmoins, après ce massage formidable, les plombs rentrés dans la peau apparaissent sous l'épiderme. Effet des frictions et non vertu des herbes.

Alors, sollicitant l'attention de la foule, désignant du doigt le projectile qu'il va extraire, le charlatan en proie à des convulsions soudaines, prend un élan terrible, s'élance sur le blessé, le saisit à bras le corps, le presse, l'exprime pour ainsi dire, et lui fait, n'importe où dans le dos, une succion énergique.

O métamorphose ! l'opérateur se redresse et crache un gros morceau de cuivre... La partie de décharge qui avait atteint le blessé se composait de grains de plomb.

Les spectateurs se regardent ahuris; le docteur avait fait erreur! On l'avait prévenu qu'un Zanzibarite était blessé d'un coup de feu, on avait oublié de l'avertir que les projectiles étaient des petits plombs européens.

Un sourire d'incrédulité se dessine sur les lèvres des noirs assistants. Le docteur indigné, apostrophant les blancs, leur dit :

« Si vous m'aviez renseigné plus clairement, j'aurais extrait des grains de plomb. Je n'avais pour cela qu'à prononcer une autre prière. »

Invité gracieusement par Hanssens à recommencer l'opération, le chirurgien s'y refuse obstinément, il réclame ses honoraires : quelques mètres d'étoffe écarlate, et s'éloigne sans honte avec autant de dignité qu'il est venu; sa démarche en impose au public.

Les indigènes ne rient plus; leur confiance en l'homme à médecine se raffermit; leur foi en la science du praticien est plus inébranlable que jamais.

Le récit qui précède extrait d'une lettre d'un explorateur belge digne de foi, donnera aux lecteurs une idée de la valeur en tant que chirurgien de tout personnage appelé au pays des nègres : « l'homme à médecine. »

Chaque district possède un ou plusieurs de ces charlatans, comme celui de N'tombo Mataka, ils n'ont aucune science, il ne font jamais le diagnostic d'une maladie, mais toujours le prognostic; ils emploient les vertus de quelques herbes ou racines d'une façon empirique, et usent le plus souvent de ventouses.

La considération immense dont jouit l'homme à médecine auprès des nègres, donne à ce personnage une influence supérieure même à celle du devin; son avis prime dans la plupart des questions publiques.

Inutile d'ajouter que leur compétence en économie politique est aussi nulle que celle du charlatan de N'tombo dans ses fonctions de chirurgien.

Après son dernier exploit, le docte personnage escorté par la foule avait reçu tour à tour la visite des chefs désireux de le complimenter ou d'avoir des éclaircissements sur le miracle qu'il avait opéré; pendant ce temps-là, les blancs se morfondaient sur la place publique en attendant leurs hôtes.

Nilis, désireux d'utiliser ses loisirs, partit à la découverte dans le village de N'tombo.

Près du forum, sur la droite, un groupe d'arbres verts encadrait une construction ressemblant à une hutte indigène, mais ayant une face à grillages de tiges de palmiers. C'était le tombeau d'un makoko.

Par la face grillée on distinguait le monument élevé à la mémoire du mort; il consistait en deux grosses et larges dalles superposées en escalier. La dalle supérieure supportait trois figurines en terre rouge s'efforçant de représenter : l'une, placée à droite, une femme enceinte ; l'autre, au centre, un robuste mâle ; celle de gauche, une jeune mère allaitant son enfant ; sur la pierre inférieure reposaient des articles de ménage, vases, bouteilles vides, verres, couteaux de table, assiettes ébréchées, placés par des mains pieuses à la disposition de l'âme du décédé.

LE CAPITAINE HANSSENS.

A gauche du mausolée, un crocodile colossal sculpté sur pierre, veillait, gueule béante, et semblant menacer ceux qui venaient troubler le dernier sommeil du makoko.

Plus loin, à la lisière du village, Nilis découvrit un superbe panorama. Des chaînes de montagnes courant parallèlement du nord au sud formaient comme un escalier gigantesque coloré de rouge, de noir et d'or, et se perdant dans le bleu pur du ciel.

Çà et là, sur ces gradins de quartz ou de granit, des touffes d'arbrisseaux, des dômes de verdure, marquaient les emplacements des villages.

Mais dans les rues de N'tombo-Mataka, le tambour bat, les trombes d'ivoire résonnent, le peuple et les chefs se rassemblent de nouveau sur le forum.

Hanssens, Nilis, Callewaert, reprennent leurs sièges respectifs et engagent la conversation avec les gros bonnets du pays. Le roi Makito n'est pas encore présent. Son absence permet à ses vassaux de déblatérer contre lui.

« Makito est trop petit chef, trop pauvre pour être notre roi, dit à Hanssens, un sieur don Gosi, conseiller habituel du souverain de N'tombo, Nous voulons le remplacer; aidez-nous dans cette tâche; nous vous présenterons tour à tour les candidats. »

Hanssens promet son appui; les noirs se retirent à l'écart pour délibérer.

Pendant ce temps, les blancs examinent les divers types indigènes. Il y en a de fort beaux; certaines physionomies rappellent aux Européens des amis de la patrie lointaine, des connaissances, des individus entrevus en Europe, quelque part, et dont on cherche le nom oublié.

Les poses académiques de certains assistants divertissent les étrangers; la mine rébarbative de l'un, la face réjouie d'un autre, l'air hébété d'un troisième, l'accoutrement, les occupations de la plupart des individus soumis à l'examen sont autant de distractions, d'études intéressantes.

L'un d'eux, un vieux à tête grise, assis à la turque non loin des blancs, tresse des herbes et fabrique un espèce de filet; parfois il interrompt son travail pour jeter un regard féroce sur Hanssens et Nilis, il marmotte dans sa barbiche des mots inintelligibles, en ébranlant d'un coup de poing convulsif le monument chevelu rattaché par un large ruban rouge qui orne sa tête d'une coiffure naturelle ressemblant à un bonnet de marmiton mal blanchi.

Enfin Makito revient, et devant l'auguste souverain les noirs n'osent plus affirmer leurs précédentes intentions.

Hanssens prie le roi de N'tombo d'accepter le drapeau de l'Association, de le planter sur son territoire, non pas comme gage de soumission, mais comme signe d'amitié.

Cette prière est tout d'abord rejetée. La suite de l'entrevue est peu ou point cordiale; Makito n'offre pas même à ses visiteurs le traditionnel malafou.

Le soir, à la nuit tombante, les habitants de Manyanga-Station, réunis sous la véranda du bâtiment principal, constataient l'insuccès de leur excursion au village de N'tombo-Mataka. L'interprète William, qui avait épié les conversations des indigènes du village, affirmait aux agents de l'Association que Makito serait bientôt détrôné par les grands de l'endroit, tous favorables au protectorat des mundelés.

Peu après, en effet, un successeur de Makito plaçait sous la protection du drapeau de l'Association le district de N'tombo-Mataka.

Un échange fréquent de visites entre Hanssens, Nilis et les chefs des villages de la rive gauche voisins de Manyanga, amena l'apaisement de la contrée. Les indigènes affluèrent en foule à la station.

Chaque jour y amenait un contingent de visiteurs intéressés ; les hommes, rois ou serfs y remorquaient des moutons, des chèvres, sous le fallacieux prétexte de faire des cadeaux au mundelé ; les femmes, plus craintives, mais plus franches, venaient offrir contre remboursement les divers produits du pays, les *n'sodia*, sorte de fève blanche à noyau, qui, réduite en poudre et préparée à l'huile de palme, sert de condiment à une poule bouillie ; du manioc, des arachides, des artichauts sauvages, des ignames, des petits poissons, etc. Elles acceptaient avec empressement des colliers de perles, des miroirs.

O les miroirs ! que d'instants délicieux la plupart de ces noires filles d'Ève passent devant la surface polie qui reflète leurs plus divins sourires, leur extatique béatitude ! La coquetterie n'est point l'apanage exclusif des Européennes qui se savent jolies ; les explorateurs en Afrique ont toujours constaté que seules les négresses plus jolies que leurs semblables éprouvent une satisfaction inexprimable à se regarder dans un miroir.

Elles se mirent avec crainte tout d'abord, en se couvrant les yeux d'une main et glissant par les interstices habilement menagés entre les doigts quelques furtifs regards sur le verre enchanteur. Puis, c'est toujours le premier pas qui coûte, elles s'enhardissent, découvrent leur visage, le rapprochent de l'appareil magique, le collent sur le verre, l'éloignent, sourient en découvrant une denture aiguisée, redeviennent sérieuses, préoccupées, attentives, adressent des compliments, des prières, des flatteries à ce fétiche nouveau genre, et s'absorbent tellement dans la contemplation béate des reproductions variant selon le jeu de leurs physionomies, qu'elles en oublient et le temps qui s'enfuit, et les témoins indiscrets blancs ou nègres qui épient avec complaisance chacun des mouvements gracieux ou étonnés de ces noires Psychés.

Aujourd'hui, sur les bords du Congo, les jolies négresses peuvent rendre des points à nos coquettes pour la patience complaisante avec laquelle elles savent rester des heures devant un miroir.

Ces visites et les distractions qu'elles amènent rompent la monotonie de l'existence des Européens stationnés à Manyanga ; elles sont toutefois impuissantes à faire oublier aux blancs leur éloignement de la mère patrie, les désagréments multiples de leur résidence.

Manyanga-Nord est une des stations dont le séjour fut et est redouté de tous les agents de l'Association. Hanssens, Nilis et Orban y connurent toutes les douleurs des fièvres intermittentes, et tous les horribles insectes dont les piqûres causent autant de plaies dégénérant en ulcères.

Un matin, c'est un bourdonnement de deux grosses mouches noires, nommées *maniegon* en langage indigène, une sorte de guêpes au dard venimeux qui, réveille Nilis ; après midi, à l'heure de la sieste, Orban trouve son traversin occupé par un ignoble centipède ; dans la nuit, Hanssens est brusquement réveillé au contact visqueux d'un scorpion ; chaque instant de repos est troublé par la présence de l'un ou l'autre de ces êtres malfaisants, mouches, moustiques, scarabées, serpents, etc., fléaux abominables des latitudes tropicales.

Le 26 août, une nouvelle vexatoire parvint aux habitants de Manyanga. Le *Royal*, guetté depuis plusieurs jours par les blancs, fut signalé dès le matin par les travailleurs kabindas, aux cris de *seyloo! seyloo!*

Bientôt le steamer mouillait dans la crique ; le capitaine Anderson escaladait la montagne et annonçait à ses amis qu'en raison du naufrage de la malle anglaise l'*Ethiopia* dans les parages de Banana, un retard s'imposait dans la remise des correspondances.

Pas de lettres ! Tous ceux qui ont voyagé dans les contrées lointaines comprendront ce que ces trois mots contiennent de tristesse et de découragement.

L'absence de nouvelles impatiemment attendues par des exilés était encore un des nombreux châtiments immérités infligés par le destin cruel aux vaillants pionniers qui avaient abandonné, sans pouvoir les oublier, l'Europe et toutes les délices de la vie civilisée, pour errer loin de leur patrie sans autre objet que de se dévouer au grand œuvre de civiliser le continent noir.

On se lamente, on déplore les conséquences du naufrage ; puis on espère, on bâtit des châteaux en Espagne sur l'arrivée du prochain courrier.

Le *Royal* repart pour Issanghila emportant, lui, un chargement considérable de lettres adressées par les blancs à leurs parents, à leurs amis d'Europe ; les colons de Manyanga cherchent ensuite dans l'accomplissement de leur tâche un palliatif au déboire de la veille.

Les occupations de Nilis, chef de Manyanga, nécessitaient, comme celles

CANOTS ET PAGAIES INDIGÈNES.

de tous les commandants de stations, des connaissances variées et multiples et un esprit ingénieux, inventif.

Il devait augmenter sur des plans donnés les biens immeubles de la station, mettre en culture les terrains avoisinants, instruire ses hommes dans le métier des armes, entretenir avec les chefs indigènes des districts limitrophes des relations de bonne amitié, correspondre avec les agents supérieurs de l'Association, tant ceux résidant en Afrique que ceux domiciliés en Europe; être en un mot à la fois architecte, agriculteur, commandant de troupes, administrateur, intendant, etc., etc.

En qualité d'architecte, Nilis faisait élever sur le plateau de Manyanga des maisons de brique, rappelant par la forme et la couleur la brique fabriquée en Europe, mais de dimensions triples.

Ces moellons étaient confectionnés à Manyanga même par les travailleurs noirs sur les indications de Nilis; ils remplaçaient avantageusement les matériaux végétaux indigènes précédemment employés dans les constructions.

Comme agriculteur, le lieutenant avait dirigé les défrichements des terrains cultivables acquis à l'Association; des champs de manioc, de sorgho, de bananiers, succédaient peu à peu sur le plateau et les flancs de la montagne aux espaces jadis couverts d'une végétation maigre et inutile.

Nilis, officier, avait fait autant de soldats de tous les hommes composant son personnel noir. Zanzibarites, Krouboys, Kabindas, manœuvraient en peloton aussi bien que des vétérans d'un régiment d'Europe, et se perfectionnaient chaque jour dans le maniement, l'entretien et le tir des fusils de guerre. Les uns et les autres, faisant à tour de rôle partie des caravanes reliant Manyanga au Stanley-Pool, étaient rompus aux fatigues de la marche, à la vie du camp, aux émotions de l'alerte.

Manyanga-Station, protégé naturellement par sa situation topographique et les quelques travaux de défense militaire ébauchés par Harou et terminés par Nilis, pouvait avec sa garnison défier toutes les attaques, toutes les tentatives d'assaut des hordes indigènes.

De toutes les fonctions dont Nilis s'acquittait à merveille, il en était une surtout qui faisait l'objet de ses plus vives préoccupations.

Nilis intendant, chargé d'assurer le ravitaillement d'un corps de troupes relativement considérable, regretta bien des fois de ne point posséder la vertu des miracles, le don de multiplier les rations expédiées d'Europe aux défenseurs de Manyanga.

L'Association n'hésitait assurément pas devant la dépense d'argent, surtout lorsqu'il s'agissait de nourrir ses agents en Afrique, mais en raison de qui se développent sans frein sous le régime de liberté illimitée dont ils jouissent sur la terre d'Afrique, les nègres amenèrent les graves désordres qui ensanglantèrent les rives du Congo.

Si, dans les siècles écoulés, l'Europe participa directement elle-même aux pratiques belliqueuses qui jetaient les peuplades nègres les unes contre les autres dans le but d'alimenter les marchés d'esclaves ; si quelques fils dénaturés du vieux continent ont été les plus impitoyables des négriers, s'ils ont longtemps excité les mauvaises passions des noirs pour obtenir à bas prix le « bois d'ébène », ce barbare produit de déportation humaine qui avait pour but de défricher et de cultiver les terres du nouveau monde : les vaillants et généreux interprètes de la pensée de S. M. Léopold II, groupés sous la noble bannière de la justice, respectèrent toujours les droits du plus faible.

Lorsque les caravanes qui vont et viennent entre les deux stations précitées passaient à l'aide des bacs indigènes les rivières barrant leur route, tant sur la rive sud que sur la rive nord du Congo, elles étaient soumises à des droits de péage réglementés par un tarif convenu entre Stanley et les makokos intéressés.

Ces derniers, comme tous les nègres du reste, aussi prompts à rompre les engagements qu'à les signer d'une croix, apportaient dans l'application de ces tarifs une insigne mauvaise foi.

Leurs exigences outrepassèrent leurs droits; leur cupidité qu'éveillait fréquemment la qualité des marchandises transportées par les caravanes, leur audace accrue par le petit nombre des caravaniers provoquèrent les graves excès dont les nègres furent forcément les premières victimes.

Nous avons mentionné dans le précédent chapitre le départ pour Léopoldville du docteur Peschuel et de son compatriote, l'agronome Teusch, avec une escorte de dix-sept Zanzibarites et de sept Kabindas.

Cette petite caravane arrivée sans incident notable au village de Zinga, quittait le même jour cette localité et franchissait à gué, vers le soir, une petite rivière qui limitait à l'est le district de Mowa.

Durant la journée, la chaleur avait été accablante, le thermomètre avait marqué plus de 45 degrés; les marcheurs exténués résolurent de bivouaquer pour prendre une nuit de repos.

Le bivouac fut dressé sur le bord oriental de la rivière, au milieu des roseaux et des joncs, dont l'espèce la plus abondante était le roseau des sables *(Calamagrostis arenaria)*, non loin de bouquets d'arbres à fleurs ravissantes.

Peschuel et Teusch, savants botanistes, notèrent les variétés précieuses de la flore, abondantes en cet endroit parmi les buissons et les broussailles. Les fleurs d'or du *Jatropha*, les pétales écarlates ou blancs du *Mussænda grandiflora*, les tiges fleuries de l'*Ansornum* d'un rose pâle, trônaient au-dessus d'un sol gazonné où des myriades de petites fleurs bleues *(Commelynæ)*, purpurines *(Emiliæ)*, mauves et blanches *(Cleomæ)*, montraient timidement leurs corolles.

MUSSÆNDA GRANDIFLORA.

Mais la nuit descendit bientôt sereine et fraîche. Assis devant leur tente, les agents allemands songeaient a leur patrie, aux parents, aux amis, à l'avenir réservé à leur expédition. Des pensées tristes succédaient aux pensées souriantes; parfois un doute les traversait et laissait dans leur esprit une ombre noire qu'ils s'efforçaient en vain de dissiper.

causes involontaires, cas de force majeure comme le naufrage de l'*Ethiopia*, les envois de vivres, riz, conserves et autres comestibles n'arrivaient pas toujours assez promptement au gré des désirs et des besoins à leurs destinations respectives. Quelquefois même les aliments parvenaient en si mauvais état de conservation, que les destinataires eussent préféré ne les point recevoir.

En conséquence, il fallait compter le plus souvent sur les seuls produits indigènes, produits dont l'obtention était toujours aléatoire.

Par cupidité, les nègres exigeaient de la moindre denrée un prix inabordable ; à certains moments, ils fermaient par caprice, l'accès de leurs marchés, ils coupaient littéralement les vivres aux blancs et au personnel des stations.

En de telles occurrences, Nilis intendant faisait appel à toute sa diplomatie. Après des pourparlers, des palabras sans fin, il réussissait à ravitailler la garnison, toujours trop tard pour les estomacs affamés, toujours conformément aux lois de la morale et de l'équité.

Si nous notons ici ces petits côtés de l'existence de nos pionniers en Afrique, c'est pour faire connaître chacune des admirables qualités qu'ils ont dû posséder pour lutter contre les difficultés inhérentes aux entreprises dans les régions équatoriales, et contre certaines fautes d'organisation indépendantes de la volonté des promoteurs de l'œuvre.

Indépendamment de ces occupations à Manyanga, Nilis, comme nous l'avons dit, visitait les chefs des districts du voisinage, passait avec eux des conventions, soit pour la cession d'une partie de leurs territoires et de leurs droits souverains à l'Association, soit pour les déterminer à fournir à la station des contingents de travailleurs indigènes.

Certes quelques-unes de ces conventions prêtent matière à discussion et dans le fond et dans la forme : elles ont été critiquées à outrance par les rivaux de l'Association internationale ; mais elles ressemblent à toutes celles que l'on passe journellement avec les nègres et dont tous les gouvernements reconnus portent la responsabilité. On se taille en Afrique un royaume à bas prix, financièrement parlant.

La France au Sénégal a acquis des domaines immenses pour quelques litres d'eau-de-vie, des cotonnades, des fusils ; la valeur des traités passés au continent noir ne dépend pas de la bonne volonté des nègres, mais bien du pouvoir qui les propose et sait les faire respecter.

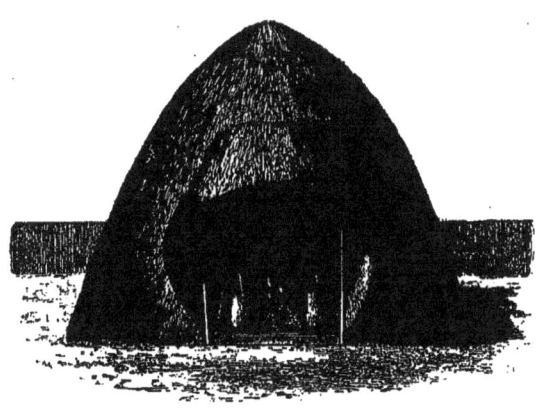

CHAPITRE XVI

Le docteur Peschuel attaqué à Mowa. — Van Gele fonde la station de Luteté. — Une promenade militaire du *m'foum Katchéche*. — Victoire de Nills à Dandanga. — Makito, marchand de légumes. — Les moutons de Manyanga. — Nouveaux arrivants.

ANS les derniers jours d'août 1882, divers points du cours du Congo entre Manyanga et Léopoldville sont le théâtre de drames sanglants. Des hordes de bandits attaquent pour les piller les convois des explorateurs; les agents de l'Association internationale sont obligés de se défendre et de se faire, bien à regret, les justiciers des brigands noirs.

La loyauté des pionniers belges dans leurs relations avec les possesseurs du sol ne peut être mise en doute; seuls par leurs mauvais instincts,

Leurs hommes d'escorte, allongés sur des couches d'herbes, causaient auprès des feux de bivouac.

Soudain l'attention des blancs fut éveillée par de nombreuses et brillantes lueurs qui traversaient l'espace.

Après mûre réflexion, ce fait fut imputé à l'habitude qu'ont les nègres d'incendier à cette époque les herbes et les graminées. Néanmoins l'heure de l'incendie n'était pas sans inspirer des inquiétudes aux voyageurs

A la vue des flammes, Djuma, cuisinier zanzibarite de l'escorte, et un des convoyeurs kabindas, se levèrent précipitamment et rallièrent leurs chefs blancs.

Djuma en traînant Peschuel près de la tente, lui désigna du doigt des centaines d'individus lançant des bambous emflammés pour activer l'incendie.

« Maître, les gens de Mowa sont armés ; les flammes qu'ils allument sont dirigées contre nous. »

Bientôt en effet, activée par un fort vent de l'est, une ceinture de feu entoura le bivouac.

Les hommes d'escorte, effrayes, se levèrent en toute hâte et se groupèrent affolés autour de Peschuel et de Teusch.

Devant ce péril imminent, les explorateurs eurent recours à toute leur présence d'esprit. Calmes, maîtres d'eux-mêmes, ils n'avaient qu'une pensée : résister avec ensemble et sortir vainqueurs de cette épreuve inattendue.

Ils ranimèrent le courage de leurs hommes et firent plier et entasser les bagages dans un étroit espace dénudé situé au centre du campement.

Dans ce grave moment, l'incendie menaçait de les envahir. Peschuel, se tournant vers Djuma, lui dit ·

« Tu vas sortir d'ici, le plus sûrement qu'il te sera possible et tu courras à Manyanga pour informer les mundelés du danger qui nous entoure. Dis-leur que nous nous défendrons jusqu'à la mort. »

Djuma allait s'élancer du côté des herbes enflammées, lorsqu'une détonation formidable enveloppa d'une nuée de projectiles le petit groupe formé par les Allemands et leurs vingt-quatre hommes. Djuma tomba mortellement frappé ; Peschuel, atteint au bras droit par un éclat de cuivre, poussa un rugissement de douleur, resta debout et enjoignit aux Zanzibarites et aux Kabindas de répondre par des coups de carabine à la sauvage agression des noirs.

Ces derniers avançaient toujours ; les herbes, réduites en cendres,

L'ALERTE

n'offraient plus d'obstacles à leur approche. A voir ces nègres robustes s'élancer à la lueur des flammes, on aurait cru comtempler un coin des régions infernales. Poussant des cris qui n'avaient rien d'humain, ils marchaient serrant leur rang à chaque trouée meurtrière des carabines à tir rapide.

Mais à mesure que les feux diminuaient d'intensité, ils rendaient plus distincte l'imminence du danger. Les ennemis étaient cent contre un.

Les munitions de la caravane s'épuisaient avec rapidité ; un combat ne pouvait durer bien longtemps, car, dès que le feu des winchesters se ralentirait, les combattants de Peschuel seraient écrasés par le nombre des ennemis.

Les Allemands avaient mesuré l'étendue du péril ; ils combattaient en désespérés. Leur exemple, la vue du sang de Djuma, l'odeur de la poudre, avaient transformé en lions furieux les Zanzibarites et les Kabindas.

Lorsque l'incendie eut dévoré toutes les herbes avoisinantes, les blancs ralliant leurs hommes, s'élancèrent au plus épais des ennemis et brûlèrent à bout portant leurs dernières cartouches.

Cette décharge extrême mit fin aux cris diaboliques des noirs de Mowa ; poussant des hurlements d'effroi, ils prirent la fuite vers leur village.

Les caravaniers, n'écoutant plus la voix de leurs chefs, poursuivirent les fuyards avec acharnement.

Le lendemain les huttes de Mowa étaient la proie des flammes. Zanzibarites et Kabindas avaient à leur tour jeté des bambous enflammés sur les cabanes de leurs lâches assaillants.

Par un revirement étrange, le chef indigène de Mowa, instigateur de la lutte de la veille, venait rendre à Peschuel une visite et s'excuser de l'erreur commise par ses sujets :

L'agression de la nuit précédente, affirmait-il, devait être tentée contre une caravane dirigée par Susi et apportant de Léopoldville des charges d'ivoire destinées à l'administration européenne de l'Association internationale. Ce chef aussi impudent qu'insouciant réclamait en outre des dommages pour les désastres subis par sa capitale.

Peschuel adressa à ce roitelet de sévères remontrances. Devant tout son peuple assemblé, il rejeta sur lui la responsabilité de ce qui était arrivé et lui dit dit bien haut que ceux qui avaient à pleurer la perte de leurs proches ou à déplorer la ruine de leurs cabanes devaient s'en prendre à lui, et à lui seul. Il ajouta que sans perdre de temps il allait se remettre en route, et qu'il irait s'établir à Léopoldville où les blancs et leurs alliés sauraient le défendre et le préserver des inqualifiables attaques des bandits de Mowa.

La réponse de Peschuel provoqua la fureur de l'assistance; une reprise d'armes paraissait imminente.

L'entrevue avait lieu non loin des huttes fumantes de Mowa, sur la route habituellement suivie par les caravanes venant du Pool.

Peschuel et Teusch, revolver en main, entourés de leur vaillante escouade, restaient calmes et impassibles, peu soucieux en apparence des murmures, des menaces qui s'élevaient, signes précurseurs d'un massacre par la multitude des fuyards de la veille.

Assurément la situation des agents de l'Association était terrible; des armes brillaient encore dans leurs mains; mais l'absence de munitions réduisait à néant l'emploi de ces engins de défense. Dans une conjoncture aussi critique, les blancs ne pouvaient commettre l'imprudence de laisser percer dans leurs paroles ou dans leur attitude, le moindre sentiment de crainte.

Les interprètes des Allemands traduisaient donc aux grands de Mowa des paroles pleines d'autorité et non de supplications.

« Nos marchandises ont été détruites par l'incendie; un de nos compagnons est mort, lâchement assassiné par vos subordonnés;... le mundelé a le bras traversé par une balle, et vous avez l'audace de lui réclamer encore des valeurs en payement de vos désastres? Le mundelé n'a plus rien et ne donnera rien. Ordonnez à vos gens de nous livrer passage; nous nous rendons près de Ntamo, où nous trouverons des frères, des amis; vous pouvez nous y suivre. »

A ces paroles, un vieux nègre, dont l'accoutrement différait de celui des habitants de Mowa, s'avança vers Peschuel pour lui demander s'il connaissait Boula-Matari.

« Oui! » répondit le docteur, en examinant froidement son interlocuteur.

Ce dernier, drapé dans une immense toge écarlate, avait sur la tête une coiffure en papier rappelant par sa forme une mitre d'évêque.

Ce personnage, de passage à Mowa, était en effet un chef bateké dont le village sis auprès du Gordon Bennett, avait été visité naguère par Stanley et Braconnier. Les récits de ses relations avec les premiers voyageurs blancs avaient récemment impressionné les seigneurs de Mowa et acquis au narrateur une certaine influence son intervention mit fin aux murmures de l'assistance

LE ROI MPANGA

Ce survenant imprévu allait-il être pour Peschuel un défenseur ou un ennemi déclaré ? L'incertitude ne fut pas de longue durée.

« Vous connaissez Boula-Matari, dit-il, et comme lui, sans doute, vous vous rendez chez les Wambundu pour accaparer l'ivoire que les matouts charriaient autrefois jusque dans nos districts et que nous revendions avec bénéfice à nos frères du mpoutou. Donc vous venez aider à notre ruine ; vous êtes des hommes méchants contre qui les makokos de tous les districts du grand fleuve doivent s'armer. »

Ces accusations étranges amenèrent une recrudescence de dispositions hostiles contre les blancs. La populace noire hurla de plus belle ; Peschuel et Teusch crurent entendre le glas de leur dernière heure : braves devant la mort, il tinrent en respect leurs plus proches ennemis, par la seule énergie du regard. Derrière eux, les Zanzibarites et les Kabindas, comprenant l'imminence du danger, se serraient, s'entassaient, détachaient les haches et les couteaux qui pendaient à leurs ceintures. Un mot de Peschuel eût provoqué une nouvelle effusion de sang.

Tout à coup, une détonation retentit ; une balle siffla dans l'espace, au dessus des têtes des chefs de Mowa.

Gravissant la pente de la route qui conduit à Mowa, un blanc tenait déployée la bannière de l'Association et guidait au pas de charge, vers le rassemblement cernant Peschuel, un peloton de Zanzibarites armés de winchesters.

L'apparition inopinée de ce renfort changea les menaces des indigènes en exclamations de frayeur ; un vide instantané se fit autour du groupe des défenseurs de Peschuel que ne tarda pas à rejoindre la phalange libératrice.

L'envoyé providentiel à qui les Allemands durent la vie ce jour-là était Nicolas Grang.

Le jeune officier, parti de Léopoldville pour Manyanga, avait appris en route le danger auquel étaient exposés des blancs près de Mowa. Il avait dès lors accéléré la marche de sa caravane ; et arrivait sans s'être épargné aucune fatigue, sans avoir pris le moindre repos depuis deux jours, pour sauver les Européens menacés.

Inutile de dire en quels termes de reconnaissance Peschuel et Teusch remercièrent leur sauveur.

La première effusion passée, il restait à prendre des mesures efficaces pour rendre aussi peu dangereux que possible tout retour offensif des indigènes de Mowa.

Un express fut dépêché à Manyanga afin de demander des fusils et des munitions.

Le 3 septembre, l'estafette rencontrait à Ngoyo une caravane commandée par Callewaert.

Cette petite troupe s'était croisée en ce point avec la caravane de Susi qui, venue de Léopoldville par la rive gauche, avait passé le Congo un peu en amont de ce point.

Susi avait eu vent de l'affaire de Mowa, et en nègre imaginatif il avait amplifié considérablement le récit de la bataille. Djuma n'était pas le seul homme tué ; on comptait plusieurs Zanzibarites parmi les morts, Peschuel et Teusch étaient blessés l'un et l'autre, toute la contrée riveraine était révoltée, etc., etc., etc.

Callewaert, trompé par ces contes exagérés, avait, avant l'arrivée de l'émissaire de Grang, fait demander à Nilis vingt paquets de cartouches de sniders et deux boîtes de winchesters. Avec ce surcroît de munitions, Callewaert partait pour Mowa.

Il y rencontrait les blancs occupés à conférer avec les chefs indigènes.

La palabra était peu amicale, il s'agissait d'un crime commis par un Zanzibarite de l'escorte de Grang.

Ce musulman de la côte orientale avait, en dépit des coutumes locales, pénétré dans une hutte habitée par une jeune femme tout nouvellement accouchée.

Ce fait constituait aux yeux des indigènes une véritable profanation, un sortilège, un mauvais sort jeté au nouveau-né.

L'auteur du méfait, surpris en flagrant délit par quelques habitants de Mowa, avait été rossé d'importance ; mais, étant parvenu à se soustraire à leurs mains, il avait rejoint son chef direct, le caravanier Hami Karourou, chef noir de l'escorte de Grang, et l'avait décidé à faire prendre les armes à ses hommes pour attaquer Mowa.

Grang, avisé des intentions des Zanzibarites, s'était interposé et avait dû, pour s'opposer aux desseins de ses gens, mettre en joue Hami Karourou lui-même qui s'apprêtait à tirer sur un groupe de natifs.

De lourdes accusations étaient donc à la charge des Zanzibarites, lorsque Callewaert se présenta avec un nouveau renfort de soldats et de munitions.

Devant le déploiement considérable des forces de l'Association, les seigneurs de Mowa parurent intimidés. Leur arrogance fit place à une apparente aménité. Ils se déclarèrent disposés à laisser partir les blancs de leur village sans exiger d'indemnité.

Peschuel et Teusch reprirent leur route pour Léopoldville; Grang et Callewaert se dirigèrent vers Manyanga.

En traversant le champ de bataille où les Allemands avaient combattu, ils découvrirent le cadavre de Djuma dans un tel état de décomposition, qu'aucun des Zanzibarites ne voulait l'inhumer.

Néanmoins, sur les injonctions impérieuses des Belges, Djuma fut enterré, une fosse recouverte de pierres et de branches d'arbres reçut la dépouille de cet obscur mais dévoué auxiliaire d'une mission glorieuse.

Le 4 septembre, vers midi, Grang et Callewaert racontaient aux colons de Manyanga-Nord les événements de Mowa.

Sur le rapport de Grang, Nilis crut devoir infliger au Zanzibarite qui avait pénétré dans la hutte de l'accouchée une punition exemplaire.

Quinze coups de chicote, lanière de peau d'hippopotame tordue et séchée, laburèrent les chairs du coupable.

Ce supplice contre lequel s'élèvent à outrance les philanthropes en chambre de nos pays d'Europe, est la seule punition produisant un effet salutaire sur les noirs attachés au service des explorateurs du Congo.

Le même jour, l'interprète William, expédié par Nilis auprès de Mlongo-Mlako, roitelet de Dandanga, rapportait à Nilis des nouvelles peu rassurantes : les peuplades de la rive gauche étaient ameutées contre les blancs et s'apprêtaient à leur déclarer la guerre, en raison de la méchanceté déployée par les Zanzibarites tant à Mowa que sur les divers points de passage des caravanes.

« L'insolence des chefs de tribus n'avait plus de bornes, disait William, ils menaçaient de mort tous ceux qui, blancs ou serviteurs des blancs, oseraient traverser leur districts. »

William n'exagérait pas, contrairement à l'habitude des noirs ; le missionnaire anglais Comber, qui résidait à quelques minutes de la station, confirmait quelques heures après à Nilis et à Hanssens le dire de l'interprète.

Les indigènes englobaient les religieux dans leur vengeance projetée. Comber espérait qu'en cas d'attaque de la mission la garnison de Manyanga volerait à son secours.

Hanssens et Nilis rassurèrent le missionnaire et lui promirent, le cas échéant, la protection la plus efficace.

Les forces de la garnison étaient considérables, et l'arrivée attendue de nouveaux pionniers de l'association allait affermir la puissance des blancs.

La Belgique, en effet, offrait généreusement à l'entreprise africaine, une véritable phalange, d'hommes d'élite, sortis des rangs d'une armée dont s'enorguellit à si juste titre.

Le lieutenant Van Gele, adjoint d'état-major, précédant de quelques mois plusieurs explorateurs nouveaux, avait en juillet 1882 touché à Banana, puis à Vivi et à Issanghila.

Il s'embarquait le 2 septembre sur le *Royal* en destination de Manyanga.

Dans une de ces lettres, l'officier belge qui devait accomplir au Congo de grandes actions, esquisse avec un style attrayant les péripéties de son voyage entre Issanghila et Manyanga.

« Quelle navigation ! écrit-il. Celui qui ne connaît que nos eaux tranquilles, n'offrant pas d'accidents, se fera difficilement une idée du présent voyage. »

Le fleuve a une largeur variable, mais qui ne va pas au-dessous de mille à huit cents mètres.

La rapidité de son cours est de six milles à l'heure, soit près de dix kilomètres ; il faut donc longer les rives où le courant est moins rapide. S'il arrive qu'il faille couper le courant, on n'y réussit qu'au prix d'efforts surhumains, surtout si le vent est contraire ; même lorsqu'il est favorable, on subit une forte dérive, et il est quelquefois nécessaire de ramer pendant une heure pour avancer seulement de quelques mètres ; mais alors on est hors du rapide et la navigation offre moins de difficultés.

Ce n'est pas tout. Cette nécessité d'éviter les grands rapides du milieu, fait courir des bordées sur des bas-fonds garnis de roches souvent pointues, où le bateau reçoit des chocs qui pourraient faire craindre qu'il ne se fende, si la coque n'était pas en fer galvanisé.

Les rames deviennent inutiles, surtout si les eaux sont très basses à l'endroit où l'accident se produit. Tous les passagers, les rameurs, les bagages sont débarqués ; on fixe un câble et chacun aide au renflouage. Inutile d'ajouter que ces roches sous eau, la grande rapidité du courant, les tournants du fleuve forment des tourbillons, espèces de vastes entonnoirs, gouffres à éviter, sinon on y serait comme aspiré.

Malgré ces dangers, cette navigation n'est pas sans charmes : parfois, on longe une rive boisée d'arbres dont l'épais feuillage couvre de son ombre de vastes étendues ; c'est le moment où les rameurs zanzibarites font entendre les chants de leur pays ; leurs accents se répercutent au loin, en s'affaiblissant graduellement, mêlés au clapotis des lames et aux bruissements étranges des dômes touffus.

Vers quatre heures du soir le bateau accoste la rive; les passagers dressent les tentes, préparent les feux de nuit, procèdent au repas, ordinairement composé d'un bouillon de poules achetées aux naturels; ensuite, si les insectes le permettent, ils dorment sur la rive et reprennent au soleil levant la navigation fluviale.

Six jours de traversée amènent les passagers du *Royal* de la station d'Issanghila à celle de Manyanga-Nord.

Van Gele pouvait donc dès le 8 septembre serrer avec joie la main de Nilis, de Van de Velde, d'Orban, ses amis et compatriotes, hôtes de Manyanga à cette date.

Hanssens et Grang étaient partis la veille, pour apaiser la rébellion imminente des indigènes de la rive sud.

Les pratiques hostiles des indigènes ayant eu pour effet non seulement d'intimider les missionnaires, mais encore de ralentir le commerce, d'effrayer les caravaniers zanzibarites entre Manyanga et Léopoldville, la création d'une nouvelle station avait été décidée, et la mission de la construire et de la commander avait été confiée à Van Gele.

Trente-six heures après son arrivée à Manyanga, le lieutenant traversait le fleuve et rejoignait sur la rive sud un corps expéditionnaire commandé par Valcke et allant à Léopoldville.

Ils marchèrent ensemble jusqu'à Luteté, où Van Gele devait établir la station; Valcke continua jusqu'au Stanley-Pool.

Le village de Luteté allait posséder le premier établissement de l'Association créé ailleurs que sur les rives mêmes du Congo.

Ce village situé au milieu des terres, sur la voie que parcouraient désormais les caravanes, avait déterminé l'installation d'une station au milieu de population très denses, dont quelques unes étaient trop belliqueuses.

On ne rencontre pas dans tout le Congo moyen de village plus beau et plus vaste que celui où règne Luteté. Les cases sont spacieuses, bien construites et très nombreuses. Luteté en possède dix, et dans chacune d'elles il fait chaque soir coucher deux de ses femmes.

La toilette de ces dernières consiste uniquement en deux morceaux d'étoffe, de la grandeur d'un mouchoir; l'un d'eux est noué autour des seins; l'autre cache ces organes, les serre et les aplatit, ce qui les allonge et les déforme complètement.

Chaque mois, les femmes nubiles se peignent le visage en rouge; il est alors expressément défendu de les approcher. Défense bien inutile, quant aux blancs.

Cependant certaines d'entre elles possèdent une aimable physionomie; leur sauvagerie ne va pas jusqu'à refuser des cadeaux.

Van Gele eut dès les premiers jours de son arrivée à Luteté de fréquentes occasions de leur offrir de superbes colliers de perles (communes, bien entendu) qu'il leur faisait l'honneur d'attacher lui-même à leur cou.

A l'exemple du makoko Luteté, les habitants de ce district vendent les enfants, voire même les femmes ; celles-ci coûtent assez cher, et cela se comprend : elles donnent des rejetons et travaillent à la culture du manioc, des oignons, du maïs, etc., etc.

Beaucoup de productions naturelles constituent pour les indigènes de ce lieu une source de richesses.

D'excellents légumes, dont une variété, plante à feuilles larges de trente centimètres sur cinquante, rappelant par le goût les feuilles d'épinards, figuraient fréquemment sur la table de Van Gele.

L'officier commençait les travaux de la station dans des circonstances assez difficiles.

On entrait dans la saison des pluies. De formidables orages, véritables déluges, avaient lieu presque chaque jour. Le tonnerre éclatait avec une soudaineté stupéfiante, les éclairs se succédaient de seconde en seconde, le vent soufflait avec une violence inouïe; on pouvait se croire au milieu d'un cataclysme épouvantable.

Heureusement Van Gele et son détachement occupaient un vaste plateau élevé d'environ six cents mètres ; l'air y était sain, l'humidité peu dangereuse et la chaleur supportable.

Il serait fatigant pour le lecteur de retrouver ici les détails des travaux quotidiens nécessités par la construction de la station de Luteté.

Élever un établissement, avec des noirs pour travailleurs, est une besogne nécessitant de la part d'un chef blanc les connaissances les plus variées. Il doit être à la fois terrassier, charpentier, menuisier et maçon; puis, dans un autre ordre de faits, cuisinier, boulanger, etc.,... tous les métiers, à l'exception néanmoins de celui de boucher.

Ah ! pour l'art de saigner un mouton, une chèvre, les Zanzibarites s'y connaissent. Fervents adeptes de Mahomet, ils coupent adroitement une tête, en se tournant, bien entendu, du côté de l'Orient et en prononçant quelques paroles sacrées.

Ils agiraient à l'occasion avec un chien de chrétien de la même façon qu'avec une chèvre ; ils savent par cœur les versets du Coran,, qui promettent des félicités éternelles à tous les musulmans qui auront dextrement dépecé des *boumis*.

Un des grooms de Van Gele, appelé Ali-ben-Babir, musulman fanatique, s'était en peu de temps, fort attaché à son maître, qu'il croyait un peu son coreligionnaire.

Comme lui, l'officier belge s'abstenait de manger du porc. La cause en était, paraît-il, identique à celle qui détermina Moïse à interdire aux Hébreux l'usage de cette viande.

Van Gele, seul blanc à Luteté, apprenait l'idiome zanzibarite et le langage du pays. De temps en temps, au passage des caravanes, il parlait le français ou baragouinait l'anglais avec quelque Européen ; c'étaient ses jours de grande fête !

La chasse, les excursions dans le district remplissaient les rares heures de loisir du lieutenant, le plus souvent occupé à surveiller ses travailleurs.

Les Zanzibarites qui composaient la garnison de Luteté, avaient comme les autres hommes des qualités et des défauts. Sobres en général, ils ne fuyaient pas les occasions d'améliorer un peu leur ordinaire... toujours du riz !

« Si Allah le veut, pensaient-ils, nous serons pris à voler des poules; si Allah le veut, nous ne serons pas pincés à voler et nous croquerons de la volaille. » Ce raisonnement leur suffit, le *mecktoub* (c'est écrit) à son côté fâcheux, revers de la médaille.

Allah et Mahomet son prophète voulurent donc un jour que Van Gele surprît trois larrons occupés à dépeupler le poulailler improvisé où gloussaient en abondance des volatiles destinés à approvisionner la table de Van Gele.

C'était un jour de marché, la plupart des hommes de la station étaient absents; Van Gele, occupé à l'inspection des foyers, trouva des os que, sans être un Cuvier, il put reconnaître comme appartenant à un animal de race ovipare.

Des coups de bâton appliqués à chacun des larrons les déterminèrent pour quelque temps à croire qu'Allah voulait qu'on respectât les poules.

Tout Zanzibarite qui a mérité un châtiment ne cherche pas à s'y soustraire et le subit sans la moindre réplique.

En somme le noir de la côte orientale, relativement, civilisé a rendu de réels services aux explorateurs du Congo. Entraîné par un blanc, il est brave au combat; ses goûts nomades en font un excellent caravanier, mais il est mauvais travailleur dans les postes stationnaires, et trop prompt à abuser de la supériorité des armes à tir rapide sur les fusils à silex des peuplades indigènes.

Van Gele, qui commandait à Luteté vingt-cinq Zanzibarites, eut maintes fois l'occasion de tirer profit de leurs qualités belliqueuses inhérentes à certains peuples musulmans : l'insouciance du danger, le mépris de la mort.

Dans le traité passé avec le makoko Luteté, il était stipulé que le chef de la station lui devait aide et protection. L'application de cette clause fut bientôt réclamée par le souverain noir contre trois villages dont les gens avaient insulté son neveu et héritier et l'avaient même lardé de coups de machète. Ces mauvais traitements avaient été exercés contre le neveu, l'ami dévoué du mundelé de Luteté.

Le devoir de Van Gele était tout tracé : il devait prouver aux populations que les blancs attachent du prix à l'amitié d'un roi nègre et savent à l'occasion défendre et faire respecter un ami.

Van Gele partit en guerre, sans autres préparatifs qu'une inspection d'armes et une distribution de cartouches; il assista avec son peloton au réjouissant spectacle d'un combat entre les naturels.

Qu'on se figure une troupe d'individus tout noirs, le visage et le corps bariolés de différentes couleurs où le rouge domine, et se trouvant dans le désordre le plus complet qu'on puisse imaginer. Quelques-uns sont des enfants; d'autres n'ont pas de fusil. Tout cela grouille et fait un bruit assourdissant; les uns soufflent à pleins poumons dans des clairons de cuivre bosselés achetés probablement à la côte, les autres battent le tambour de guerre ou jouent d'un instrument barbare quelconque.

Ils crient, sifflent, gesticulent; ils marchent à la queue leu-leu, la file indienne étant la seule marche possible : les chemins sont d'étroits sentiers bordés d'herbes dont les tiges sont hautes de trois ou quatre mètres et mesurent un centimètre de tour.

Dans les pays de montagnes les bruits s'entendent à une distance très grande : l'ennemi est ainsi rapidement prévenu de la marche de l'assaillant.

Lorsque les troupes ennemies indigènes sont en présence, un espace de cinquante mètres les sépare ; c'est la portée de leur fusil à pierre. Alors ils s'insultent et tirent des coups de feu inoffensifs.

L'assaillant a bien soin de ne pas s'avancer, et comme le défenseur n'a aucun motif de reculer, la journée s'écoule ainsi sans aucune effusion de sang. Les deux partis fatigués cessent ce jeu à la nuit tombante, s'en retournent chez eux, quittes à recommencer le lendemain. C'est là toutes les péripéties d'une guerre entre indigènes du district de Luteté.

Quant à Van Gele, il voulut agir d'une façon toute indépendante.

Les villages belligérants étaient situés sur des mamelons herbus entourés de ravins. C'est dans les ravins que se tenaient les défenseurs, parfaitement abrités par de grands arbres contre la vues et les projectiles.

Van Gele aurait désiré passer sur un de ces ravins ou franchir un point non occupé ; il demanda quelques guides à son allié Luteté, qui crut bien faire en venant lui même avec la moitié de sa troupe. La marche ne put donc se faire secrètement ; l'ennemi, prévenu de l'arrivée de Van Gele et voyant qu'il s'avançait sans tenir compte des cinquante mètres de séparation laissés d'habitude entre les combattants, délogea en toute hâte du ravin et se sauva.

Le ravin traversé, la bataille était censément gagnée par Van Gele sans coup férir · l'indigène n'osant pas supporter la lutte en rase campagne, et avec raison, vu l'infériorité de son armement.

Après le passage, l'officier se dirigea sur le premier village et successivement sur les deux autres ; ils étaient déserts ; les huttes abandonnées n'offraient rien de particulier à la curiosité des vainqueurs.

Aux dernières lueurs du soleil de cette journée mémorable, Van Gele refusant de coucher sur le champ de bataille regagnait la station de Luteté.

Harassé de fatigue, non à la suite des émotions du combat, mais bien en raison des marches et contre marches exécutées au plus fort de la chaleur, le lieutenant réquisitionna au retour un singulier moyen de transport.... le dos d'un nègre.

« Ah ! quelle béatitude ! écrivait Van Gele à cette époque. Comme je le chérissais, ce bon nègre, et combien j'en appréciais les qualités ! Je ne m'apercevais pas qu'il sentait mauvais, tout au contraire il me semblait exhaler un parfum exquis !

« Inutile d'ajouter que je le récompensai royalement, c'est-a-dire qu'il reçut une douzaine de beaux mouchoirs imprimés ou la couleur rouge dominait. »

La rapidité avec laquelle Van Gele s'était porté au secours de Luteté, les visites successives qu'il avait rendues dans la même journée aux trois villages révoltés, lui valurent dans tout le district une réputation immense surnom par les nègres de « *m'foum katcheché* » (chef écureuil).

L'autorité du blanc de Luteté fut affermie par sa promenade militaire ; l'amitié d'un mundelé acquit aux yeux des noirs une grande valeur ; tous les chefs nègres du district vinrent successivement pour la solliciter. La paix s'établit bientôt entre les anciens ennemis ; Van Gele ne compta plus que des amis.

Si le nouveau chef de la station de Luteté avait pu obtenir, sans recourir aux mesures rigoureuses du massacre ou de l'incendie, la pacification des domaines de Luteté, son collègue de Manyanga, le lieutenant Nilis, dut, le 14 septembre 1882, réprimer d'une façon désastreuse une rébellion des indigènes de Dandanga.

Mlongo-Mlako, makoko du district de Dandanga, avait, comme le makoko Luteté, un neveu qui causa une guerre d'un jour.

Ce neveu, prince héritier de la couronne ou mieux du sceptre de Mlongo-Mlako, — la loi de succession étant dans ce district la même que chez les Turcs, c'est-à-dire que c'est le fils aîné de la sœur du roi qui est l'héritier présomptif, système assez logique, si l'on veut être certain d'avoir une dynastie de même sang, — ce neveu, disons-nous, comme un simple sujet de son auguste parent, avait été condamné à boire le poison a l'occasion de la mort d'une de ses douze épouses. Ce singulier veuf, révolté contre les us et coutumes, avait catégoriquement refusé d'absorber la décoction vénéneuse préparée à son intention, et pour échapper à la vindicte publique il s'était réfugié chez ses voisins, les blancs de Manyanga.

Guidés par des sentiments humanitaires, les blancs accueillirent le transfuge et l'encouragèrent à persister dans ses refus. Les noirs de Dandanga, furieux, résolurent de se venger des blancs ; ils interdirent l'entrée de leur marché à tout habitant de la station, et tirèrent même quelques coups de fusils sur les serviteurs noirs de Nilis.

Cette dernière action necessitait un châtiment.

Avant d'en venir cependant à cette extrémité, Nilis essaya de ramener les noirs de Dandanga à la saine raison. Il expédia William, son interprète, porteur de magnifiques présents, en qualité d'ambassadeur auprès du roi Mlongo-Mlako.

Non seulement William fut mal reçu et menacé de mort, mais, chose inouïe, les cadeaux furent refusés, méprisés. Mlongo déclara son intention formelle de faire la guerre au blanc de Manyanga.

Au retour de William, Nilis décida d'aller en personne solliciter la paix et le rétablissement des relations cordiales qui existaient autrefois entre lui et son royal voisin de Dandanga.

Il réunit ses hommes les plus solides, leur distribua des fusils et des cartouches, et partit à la tête d'une armée faible par le nombre, mais forte par le courage et l'énergie de son chef.

Le départ eut lieu vers une heure de l'après-midi. Le soleil dardait à pic ses rayons de feu sur les marcheurs, qui défilaient néanmoins d'un pas alerte et en bon ordre.

L'étape de Manyanga à Dandanga est longue et pénible. On passe le fleuve en pirogue, puis on s'avance difficilement en suivant les berges montueuses, à travers des hautes herbes et des broussailles.

Six heures de marche amenèrent Nilis et ses guerriers à quelques centaines de mètres du village de Dandanga.

La nuit tombait. On dormit à la belle étoile. Au petit jour, les Zanzibarites se déployèrent en tirailleurs à portée de fusil du village.

Nilis, escorté de deux seuls noirs, se dirige bravement vers la capitale de Mlongo-Mlako. Reconnu bientôt par des indigènes, il doit rebrousser chemin devant les salves menaçantes de mousqueterie tirées à son intention.

Les noirs de Dandanga, armés en un instant, poursuivirent le lieutenant. Hommes, femmes, enfants, poussant des clameurs sauvages où dominaient plutôt des accents de triomphe que des cris de détresse, volaient sur les pas de Nilis et de ses deux compagnons. Les

LE NEVEU DE MLONGO-MLAKO

indigènes s'imaginaient qu'ils n'avaient que trois hommes à assassiner.

Mais l'officier avait rejoint la ligne des tirailleurs; à son cri de ralliement, les Zanzibarites, debout, se formaient en carré et opposaient une décharge générale à la poursuite des assaillants.

Le sang coula; treize femmes, un enfant et cinq hommes du peuple de Dandanga tombèrent sous cette première nuée de balles.

Affolés, croyant à un sortilège, les habitants de Mlongo-Mlako se débandèrent, et s'enfuirent, abandonnant leurs huttes aux vainqueurs.

Nilis fut impuissant à réprimer chez les Zanzibarites l'excitation, l'ardeur, la fièvre du pillage. Il assista à contre-cœur au sac de Dandanga, et dut châtier un à un ses soudards pour les déterminer à reprendre le chemin de Manyanga.

Les Zanzibarites emmenèrent prisonnières des femmes et des jeunes filles.

Des enfants blessés furent aussi conduits, sur les ordres de Nilis, jusqu'à la mission anglaise, où Comber leur prodigua tous ses soins.

Le lendemain des natifs de Dandanga, montés sur de longues pirogues, venaient chercher querelle aux employés de la station occupés au déchargement du *Royal*.

Le steamer, docile à la manœuvre, court sus à la flottille ennemie. Les natifs jettent leurs avirons et tirent contre la coque du navire. Le capitaine Anderson persiste à avancer; le *Royal* accoste quelques canots, qu'il remorque dans la crique de Manyanga.

Sur terre et sur eau, les indigènes de Dandanga, battus à plate couture, comprirent qu'il fallait s'incliner devant la supériorité des blancs; ils prièrent les chefs de Ntombo-Mataka d'aller traiter avec Nilis du rachat des prisonniers et des conditions de paix.

Le 19 septembre une palabra imposante animait le plateau de Manyanga.

Les chefs de Ntombo offraient trois chèvres étiques en échange des femmes et des jeunes filles dont le nombre dépassait douze. Cette estimation parut dérisoire à Nilis. Après de longues heures de marchandage, de discussions irritantes, il fut convenu que les gens de Dandanga payeraient, contre restitution des prisonniers et contre promesse d'amitié et de protection des blancs, quinze chèvres, cinq moutons et cinquante poules.

Ces étranges indemnités de guerre ne furent jamais acquittées entièrement. Nilis, ne pouvant toutefois nourrir des bouches inutiles, renvoya à Mlongo-Mlako les négresses vieilles et jeunes qui troublaient le repos de la garnison.

La leçon infligée aux indigènes de la rive sud valut au lieutenant plus de peine que de récompenses.

A la suite des fatigues encourues et des accès violents de colère, dans lesquels ses propres soldats acharnés au pillage l'avaient plongé, le lieutenant, en proie à la fièvre, à des douleurs rhumatismales, à un malaise intense et général, fut cloué dans sa chambre durant plus de huit jours.

Les missionnaires anglais du voisinage firent au malade de fréquentes visites et lui prescrivirent les médicaments nécessaires.

Ces hommes de bien soignaient en même temps le lieutenant Van de Velde, recueilli à la mission même.

Depuis le 21 septembre Orban et Callewaert étaient partis pour se rendre à Léopoldville par la rive gauche.

Nilis étant malade, et aucun blanc n'étant plus l'hôte de Manyanga, les indigènes des districts voisins reprirent leurs procédés malveillants.

Ah, ces sauvages enfants, comme ils abusent du moment! Le mundelé, le blanc énergique gît sur un lit de douleur, aussitôt les noirs qui trembaient sous le regard de cet homme, ou à la pensée qu'il pouvait, lui fort et bien portant, exercer contre eux une vengeance immédiate en retour d'une mauvaise action, retrouvent leur audace pour tramer des complots, fomenter des troubles, inventer mille tracasseries contre le redouté de la veille.

Mlongo-Mlako réussit par ses intrigues à interdire aux serviteurs de Nilis l'accès des marchés de Manyanga, de N'Sengé, de Dandanga. La famine menace les habitants de la station ; les Zanzibarites et les Kabindas s'ameutent, l'un d'eux déserte en essayant d'entraîner ses compagnons, le travail se ralentit, tout est dans le plus complet désarroi. L'œil du maître n'est pas à craindre.

Heureusement le 27 septembre la caravane de Léopoldville arrive à Manyanga, escortant Valcke et Peschuel.

La présence des blancs et d'un renfort de troupes à Manyanga-Nord produisit de salutaires effets, tant sur Nilis lui-même et sur ses gens que sur les natifs mutinés.

Nilis se rétablit comme par enchantement, et son premier acte fut de mander les chefs de N'tombo-Mataka qui avaient servi d'intermédiaires de paix au sujet de l'affaire de Dandanga.

Ces chefs se rendirent à la station, ils protestèrent de leur dévouement au mundelé, et déclarèrent n'avoir pas encouragé les menées de Mlongo-Mlako.

« Si les natifs de Manyanga, de N'Sengé et de Dandanga refusent de vendre aux blancs les denrées du pays, ceux de N'tombo seront heureux de faire présent aux habitants de la station des produits de leur territoire. Ils ont apporté des bananes, une caisse remplie d'ignames, des patates douces, du maïs, qu'ils prient leur ami d'accepter. »

Nilis n'eut garde de refuser, tant les provisions étaient rares ; mais, se conformant aux usages, il couvrit de cadeaux les chefs de N'tombo-Mataka.

Un des serviteurs dévoués de Nilis, le Zanzibarite Ambari, accompagna jusqu'à leur village les chefs de N'tombo. Il doit en rapporter des plantes destinées à orner les jardins de la station. Les serments d'amitié des noirs ont décidé Nilis à laisser partir son homme de confiance.

Plusieurs jours se passèrent, Ambari ne revenait pas.

Enfin le 16 octobre, des femmes, sous la conduite de Makito (ex-makoko de N'tombo), viennent à la station, apportant dans des corbeilles de jonc les plants achetés par Ambari.

Makito rassure Nilis sur le sort de son serviteur : « Ambari, dit le makoko détrôné, a été retenu comme otage ; les herbes ne sont pas payées, et le peuple de N'tombo ne connaît pas les traitements qui sont réservés aux femmes que j'accompagne »

Sur ces paroles flegmatiquement prononcées, Makito s'installe à la turque, aux pieds de Nilis ; il tire de sa ceinture une petite calebasse contenant du tabac en poudre, en verse une prise dans la paume de sa main, ramasse la substance sur la lame d'un couteau, et passa à diverses reprises l'engin chargé de tabac sous son appendice nasal ; cette façon cocasse de priser arrache un franc éclat de rire à Nilis. Makito, sans s'émouvoir, absorbe une nouvelle quantité de poudre noire, et se met à éternuer pendant un quart d'heure.

Impossible de se fâcher contre un tel ambassadeur

Les herbes sont comptées et estimées. On compte trois colliers de perles par chaque double botte de plantes ; en outre, Nilis toujours galant avec les dames, attache au cou des plus jolies négresses de la bande quelques colliers supplémentaires aux perles bleues.

Le soir de ce même jour, Ambari, échappé à la surveillance de ses gardiens, arrivait à Manyanga peu après le départ de Makito ; il affirmait à Nilis que les herbes avaient été payées par lui aux chefs de N'tombo.

« Il n'y avait pas de carottes au nombre de ces plantes, pensa Nilis, ces vendeurs hypocrites en ont mis. »

S'il fallait, au Congo, partir en guerre chaque fois que les chefs ou la vile populace d'un district élèvent des prétentions mal fondées, réclament et empochent des sommes auxquelles ils n'ont aucun droit, les explorateurs mériteraient bientôt le titre d'exterminateurs.

De nombreuses années se passeront encore avant que les habitudes impudentes de mensonge, de vol, etc., ne soient plus pratiquées par les peuplades du noir continent.

L'amende ou la prison sont des moyens inefficaces contre ces passions endémiques du nègre, partagées, comme nous le savons, par les noirs zanzibarites.

Van Gele, à Luteté, avait vu disparaître ses poules ; Nilis, à Manyanga, constatait chaque jour la diminution des chèvres et des moutons.

« Ces animaux désertent, » disait Souedi Wadi, nègre de la côte orientale attaché à la garde des troupeaux.

« Seraient-ce des moutons de Panurge ? » se demandait Nilis.

Il est nécessaire cependant de conserver à la station un approvisionnement de vivres. Les natifs peuvent supprimer les marchés, les malles venant d'Europe peuvent faire naufrage... On ne peut attacher trop de prix à l'élevage des côtelettes ambulantes.

A toutes ses occupations Nilis ajouta celle de contrôleur du bétail.

Le 11 octobre, le lieutenant, flânant aux abords des étables, entrevit Souedi discutant avec des natifs les conditions de vente de trois moutons.

La désertion de la garnison ovine de Manyanga s'expliquait. Le berger coupable reçut autant de coups de chicote qu'il avait dérobé d'animaux; à la suite de ce châtiment, Souedi prit la fuite sans entraîner avec lui ses ouailles.

Dans la nuit du 14 octobre, Nilis fut réveillé en sursaut vers deux heures du matin par les boys et les interprètes qui envahirent sa chambre à coucher.

Des Kabindas, arrivés la veille du Stanley-Pool, venaient de déserter en masse, essayant de déterminer les hommes de la garnison à filer avec eux.

Fort heureusement, les Zanzibarites de Manyanga, fidèles à leur maître, avaient résisté aux mauvais conseils. L'un d'eux, menacé de mort par les Kabindas s'il refusait de les suivre, avait crié « au meurtre! » et mis en émoi la station.

Nilis s'habilla à la hâte, en quelques minutes la garnison fut sur pied; une battue dans les parages de la station n'amena aucune découverte.

Les Kabindas avaient disparu sans laisser de traces.

Ainsi, fatigues et soucis incessants, petites misères de tous genres, rien n'était épargné au chef de la station de Manyanga. Nuit et jour sur le qui-vive, obligé d'exercer une surveillance sans trêve sur les hommes qu'il commandait, en butte aux continuelles alertes des peuplades environnantes et subissant les cruels désagréments de l'existence tropicale, Nilis, sans jamais laisser percer une plainte dans ses correspondances avec ses amis d'Europe, dans ses causeries avec les hôtes de passage à Manyanga, se dévouait corps et âme à l'accomplissement de sa mission.

Le mois d'octobre avait ramené les fréquentes tornadas, les pluies diluviennes qui, filtrant au travers des toitures confectionnées par des maçons inhabiles, inondaient parfois la chambre du lieutenant; les *dijggas* (dermatophiles), qui élisaient quotidiennement domicile sur les pieds de l'officier, entre les ongles et la chair, et dont l'extraction journalière menaçait de pourriture les membres attaqués, les retours périodiques des accès de fièvre, combattus par l'absorption à outrance de doses de quinine et de drogues pharmaceutiques, germes le plus souvent de ces maladies cruelles qui abrègent et troublent le soir de la vie.

Mais parfois un bonheur passe, trop rapide, hélas ! dans l'existence du pionnier de Manyanga.

Le *Royal* débarque, au pied de la colline, des compatriotes avides d'acquérir sur la terre africaine, au prix d'infortunes nombreuses et de dangers vaincus, l'auréole pure et glorieuse de la célébrité.

Le 15 octobre, Camille Coquilhat, lieutenant adjoint d'état-major ; Eugène Avaert, lieutenant au 5me de ligne ; Guillaume Van de Velde, officier de marine, gravissaient la hauteur de Manyanga et apportaient à Nilis, empêché par les djiggas d'aller à leur rencontre, des nouvelles récentes de la patrie, de douces réminiscences du passé et des espérances et des promesses d'avenir concernant l'œuvre du Congo.

Ces arrivants, débarqués à Banana peu de temps après le lieutenant Van Gele, faisaient partie d'une phalange d'explorateurs nouveaux, au nombre desquels on comptait :

Émile Parfonry, sous-lieutenant au 10me de ligne ; Émile Brunfaut, voyageur de commerce ; Louis Haneuse, lieutenant au 10me de ligne ; Alfred Allard, docteur en médecine.

Comme on le voit, l'élan et l'enthousiasme en faveur de l'exploration et de la civilisation de l'Afrique centrale ne s'étaient point ralentis.

Ce n'est plus par deux ou trois que des hommes de cœur, enfants de la Belgique, sollicitent la faveur de participer aux entreprises humanitaires d'une société internationale ; mais, dans les classes privilégiées de la société belge, là où les aspirations les plus nobles, l'honneur, le patriotisme, l'ambition légitime de la gloire, de la science, de l'action, ont trouvé un refuge inviolable contre l'égoïsme et contre l'apathie, il semble qu'un mot d'ordre a été donné, qu'une entente a eu lieu pour élever la Belgique, par le nombre et la valeur de ses explorateurs, au rang des plus grandes puissances européennes qui, comme l'Angleterre et la France, se disputent l'honneur d'enrichir le domaine des connaissances géographiques et d'étendre le champ de travail de l'humanité laborieuse.

CHAPITRE XVII

Le docteur Allard et le *sanitarium* de Boma. — Station d'Ikoungoula — Le poste de Mposo. — A Gangila : mort de Joseph Van de Velde. — La fête de S. M. Léopold II, à Manyanga-Nord.

uelque vif que soit notre désir de raconter sans retard aux lecteurs la découverte des territoires riverains du haut Congo par des hommes tels que Hanssens, Janssen, Van Gele et Coquilhat, nous devons, avant d'aborder cet historique, retracer les travaux successifs tentés sur les cours inférieur et moyen du grand fleuve par les agents nouvellement débarqués en Afrique.

L'un d'eux, le docteur Alfred Allard, nous fait assister, en octobre 1882, aux préliminaires de la fondation de l'établissement connu sous le nom de *sanitarium* de Boma.

A cette époque, la presse européenne avait à diverses reprises signalé le défaut d'organisation des services médicaux et ambulanciers pour les expéditions se rendant au Congo sous le drapeau bleu constellé d'or.

Un journaliste, peut-être loyal et sincère, mais assurément pessimiste, avait même écrit : « Tout Belge qui part pour l'Afrique est un condamné à mort ou, qui pis est, à une lente agonie, à un martyre perpétuel. »

Il y a dans cette affirmation une exagération qui est victorieusement refusée par le nombre des Belges revenus depuis en Europe, et qui pour la plupart manifestent le désir de retourner au Congo.

De notre côté nous courrions le risque d'être taxé d'optimisme, si nous disions que l'état de santé des explorateurs ne laisse rien à désirer après trois ans de voyage en Afrique. Plusieurs malheureusement en reviennent avec l'estomac délabré, le foie irrémissiblement malade ou en voie de le devenir, la constitution ébranlée, ou avec des fièvres paludéennes qui peuvent, vingt ans après la rentrée au sol natal, s'ils résistent pendant cette période à d'autres affections, les rejeter périodiquement sur un lit de douleur.

Le régime suivi par ces hommes courageux qui ont pour la plupart passé leur jeunesse au milieu des douceurs de la civilisation européenne, expose fatalement à bien des maladies. Plus d'un estomac est troublé par les ingestions quotidiennes de quinine auxquelles les explorateurs sont forcés de recourir pour combattre les fièvres qu'ils ont contactées.

Nous avons vu cependant de vieux récidivistes de l'exploration africaine au visage tanné, à l'aspect mâle et robuste, à la santé extérieurement florissante, venir, sur le retour, faire dans nos grandes villes la vie de jeune homme dont ils avait été sevrés sous les latitudes tropicales. Leur belle allure ne serait-elle qu'apparente ? seraient-ils des sépulcres blanchis recélant une demi-douzaine de maladies mortelles ? Nous l'ignorons. Dans tous les cas, ils luttent avec succès et meurent le sourire sur les lèvres, comme de vrais gladiateurs, et dans un âge très avancé.

Quoi qu'il en soit, les critiques adressées par la presse à l'Association internationale relativement à l'absence de maisons hygiéniques hospitalières, quelques années après la première expédition ne manquaient pas de fondement. La création d'un sanitarium à Boma s'imposait.

Grâce à l'habileté diplomatique de Delcommune, le roi Nécorado avait placé le district de Boma sous le protectorat de l'Association ; il fut donc aisé au docteur Allard de choisir un emplacement favorable à la création sollicitée.

Cet établissement, le plus vaste et le plus confortable de tous ceux élevés jusqu'alors sur les bords du Congo par les Européens, couronne un monticule situé au nord-est et à dix minutes de marche de la factorerie belge fondée par Gillis.

Il est construit sur pilotis, élevé de deux mètres au dessus du sol, et de ce point on a sous les yeux la large expansion du fleuve gracieusement découpée par les îles qui étalent devant Boma leur luxuriante verdure.

Autour du bâtiment, une spacieuse véranda, accessible des quatre côtés par de larges escaliers, a été habilement menagée pour servir de promenoir. Cette véranda, plus large sur le côté est, présente en face de l'escalier, entrée principale, une magnifique salle à manger.

Au nord et au sud, huit chambres bien éclairées, bien ventilées, bien meublés, lits, chaises, canapés, s'ouvrent sous la véranda et offrent aux agents de l'Association, malades ou convalescents, tout le comfort qu'il est possible d'obtenir dans un pays qu'effleure à peine la civilisation.

Une douce brise qui règne fréquemment dans le bas Congo, le matin et le soir, apporte aux hôtes du sanitarium de bienfaisantes senteurs.

On le voit, la situation de l'établissement sanitaire a été fort heureusement choisie et l'aménagement de la maison répond aux services que viennent lui demander les pionniers affaiblis par le climat de l'Afrique inhospitalière.

Quelques années après la première expédition du Comité d'études, le bas Congo présentait donc déjà plus que des embryons de villes futures, sans parler de Banana, où l'Europe était représentée depuis plus d'un demi-siècle.

Après Boma, qui devait ses plus beaux édifices à l'industrie belge et a l'activité de laborieux et courageux enfants de la Belgique, Nokki (rive gauche), village portugais et centre commercial, se développait d'abord sous l'initiative privée de Gillis, et plus tard sous l'influence du voisinage de la station d'Ikoungoula, fondée par l'Association en face de Nokki.

Dans les parages de cette station, quelques villages indigènes à l'apparence prospère et confortable dénotent par plusieurs légers perfectionnements apportés dans la construction des huttes que les habitants ne sont pas indifférents aux amélioration physiques et intellectuelles.

Les huttes reposent sur une plate-forme en terre battue qui forme comme un trottoir autour de la construction.

Près de chaque village des cultures de bananiers, de plantains, sont une source assurée de revenus alimentaires pour les indigènes. Le plantain produit un fruit qui, mangé cru est d'un goût peu agréable, mais qui, frit dans du beurre de palme, est un mets savoureux.

En outre, les naturels de la contrée élèvent avec soin les oiseaux de basse-cour; ils sont très experts dans la fabrication de cages à poules faites avec des brins d'osier et des tiges de graminées, cages qu'ils disposent à une certaine hauteur du sol sur un plancher en bois soutenu par quatre pieux solides.

Pour faciliter aux volatiles l'accès de leur demeure, ils ont soin d'y appliquer une échelle confectionnée avec une justesse géométrique que ne désavoueraient pas des menuisiers européens.

Plus loin, sur la rive gauche, à une faible distance de Vivi-Station, des missionnaires anglais ont établi, comme nous l'avons dit, la mission d'Underhill d'où rayonne sur toute la contrée l'aurore bienfaisante de la civilisation.

Les Belges débarqués en 1882, et obligés de stationner à Vivi, ont été fréquemment surpris, au cours de leurs excursions dans le voisinage, d'entendre les naturels des environs de la mission les saluer par le mot anglais *morning*, abréviation de *good morning*.

Plus qu'un semblant de civilisation s'est infiltré déjà chez les nègres du bas Congo. Les efforts d'évangélisation des missionnaires n'ont cependant pas encore fait disparaître les barbares coutumes du poison et les nombreux et ridicules préjugés de ces peuplades. Tout fait espérer que l'on obtiendra ce résultat avec le temps.

Presque en face de Vivi-Station, débouche une rivière rapide qui prend sa source près de San Salvador. On la nomme Mposo. (En langue indigène mposo signifie « buffle » Très souvent, en Afrique, les natifs baptisent les cours d'eau de noms d'animaux féroces.) Au confluent de cette rivière, les agents de l'Association ont établi un poste hospitalier, près d'un comptoir commercial fondé aussi par Gillis.

Ainsi donc de Banana à Vivi la civilisation et le commerce ont pris pied d'une façon durable; et cela, cinq ans après la célèbre descente du fleuve par Stanley, qui n'avait rencontré sur ses rives, jusqu'à Nokki, que des populations dégradées et rebelles à tout progrès.

En septembre 1882, l'élégant chalet de Vivi, selon l'expression de M. de Laveleye, recevait la visite de l'illustre voyageur qui lui a donné son nom. Stanley, dont nous n'avons pu suivre jusqu'à présent les explorations au delà du Pool, s'apprêtait à retourner en Europe pour prendre un repos que nécessitait sa santé ébranlée.

Vivi avait acquis un développement considérable. Des centaines de noirs constituaient sa garnison redoutable: plus de trente mille cartouches s'entassaient dans son arsenal. Indépendamment du commandant européen, qui était alors le docteur Von D***, des agents belges et étrangers constituaient une population flottante plus accentuée qu'en aucun autre établissement européen.

Lorsqu'on s'éloigne de Vivi par la voie de terre et sur la rive droite, en suivant une route tracée à travers des halliers, on rencontre Pallaballa au sommet d'une haute colline, village nègre où résidait un missionnaire anglais de la *Livingstone Ireland Mission*. Ensuite on traverse les domaines du chef Nguvi Mpanda, homme aimable, malgré sa physionomie hargneuse, et toujours disposé à recevoir les hommages et les cadeaux des visiteurs blancs, quitte à leur accorder en échange de boire après lui au goulot d'une calebasse, sous la véranda de sa hutte, le vin de palme de l'amitié.

POULAILLER INDIGÈNE.

Mais si Nguvi Mpanda est bienveillant avec les étrangers au visage pâle, il n'en est pas ainsi d'une certaine partie de ses jeunes sujets appartenant à la coterie secrète des T'chimbas.

Ces derniers, en effet, dont Nilis avait rencontré des acolytes aux environs de Manyanga, ont l'habitude d'écarter de leur route tous les profanes et en particulier les étrangers blancs.

Les T'chimbas, sorte de secte maçonnique, ont, paraît-il, de petits temples rustiques cachés dans la profondeur des forêts. Des statuettes obscènes, s'efforçant de représenter des divinités mâles et femelles, constituent l'ornementation de ces temples, où les fidèles déposent en masse des débris de faïence, des couteaux, de la ferraille et quelquefois des lambeaux d'étoffes hors d'usage.

Le personnage qui préside à leurs cérémonies privées se nomme le *Nganga*; c'est en général un orateur, ou du moins un nègre à la parole facile, à l'imagination plus que féconde, qui doit sans s'émouvoir débiter les plus grossières balivernes, exécuter les plus grotesques pirouettes devant ses sectateurs sur qui il exerce des droits absolus.

Détail à signaler : on trouve dans le dialecte usité par les T'chimbas, des mots spéciaux, ignorés des nègres non initiés à cette secte.

En outre, on rencontre dans les environs de Pallaballa, de même que dans les districts avoisinant Manyanga, des eunuques volontaires, fervents adorateurs de la lune. A chaque nouveau quartier de l'astre de la nuit, ces singuliers célibataires sacrifient une poule ou un canard.

Des fêtes macabres, danses, improvisations rythmées, tours de passe-passe, jongleries de tout genre, servent de préludes à la scène du sacrifice.

L'oiseau lâché dans les airs sert de cible aux ennuques, d'habitude excellents tireurs au fusil à silex ; il tombe déchiqueté par les projectiles, et ses morceaux palpitants sont dévorés crus par les sacrificateurs.

Ce sacrifice de l'oiseau est un progrès ; il y a peu d'années encore, les ennuques sacrifiaient à la lune non pas un poulet ou un canard, mais une victime humaine, le plus souvent un esclave choisi parmi les plus gras de la localité.

En remontant vers le nord-est, après Pallaballa on rencontre le marché indigène de Gangila, aujourd'hui tristement célèbre par la mort d'un jeune pionnier belge, martyr de l'œuvre africaine, le sous-lieutenant Joseph Van de Velde.

Ce vaillant officier d'artillerie chargé à Léopoldville de la construction des bateaux, atteint de la fièvre dès son arrivée à ce poste, avait été contraint par ses chefs hiérarchiques de retourner en Europe.

Malade au cours de ses étapes de retour, Van de Velde avait successivement reçu l'hospitalité la plus généreuse dans toutes les stations qu'il avait traversées ; ses haltes dans les diverses missions anglaises établies sur son chemin lui avaient permis d'arriver sans fatigues excessives jusqu'à Issanghila d'où son impatience de revoir l'Océan, porte de la civilisation, l'avait arraché trop tôt.

Van de Velde, que la fièvre n'avait pas quitté, voulut suivre une caravane et se rendre avec elle à Vivi, où il espérait revoir son frère aîné Liévin, revenu du Kouilou.

Arrivé près de Gangila, le malade, porté dans un hamac par deux vigoureux Kabindas, ordonna à ses serviteurs de le déposer à terre; des souffrances intolérables lui avaient arraché cet ordre : ce furent les dernières paroles intelligibles qu'il prononça.

Sur la lisière d'une forêt tropicale, où le *Borassus* détache ses palmes en éventail au-dessus des gerbes sauvages des palmiers dentiliféres, les caravaniers s'arrêtèrent pour assister aux derniers moments de l'infortuné sous-lieutenant couché sur un lit d'herbes sèches.

L'agonie fut courte; deux heures après la halte, Joseph Van de Velde avait cessé de souffrir.

Le missionnaire de Palabaiballa, appelé en hâte auprès du défunt, présida à la cérémonie des funérailles. Le prêtre protestant récita des prières chrétiennes sur la tombe de ce martyr, dont son frère, résidant au Congo, n'apprenait la mort que plusieurs semaines après l'inhumation.

Ancien élève de l'École militaire, Joseph Van de Velde expirait à vingt-sept ans, après six mois de présence en Afrique, c'est-à-dire sans avoir pu réaliser les espérances dont l'Association s'était bercée au départ de ce vaillant et sympathique officier, « le plus aimable camarade que l'on puisse rêver », écrivait de lui le lieutenant Nilis.

Le lieutenant Van de Velde eut plus tard l'amère consolation d'élever un modeste mausolée où son infortuné frère dort le dernier sommeil à l'ombre des grands arbres, sous un sol dont les exhalaisons l'avaient empoisonné à l'aube de la vie.

Hélas! que de tombes d'Européens l'on compte déjà dans des coins perdus du vaste continent noir!

Après trois années consacrées par un nombre restreint de voyageurs intrépides à l'exploration partielle des rives du Congo, on foule à chaque étape des fosses où gisent décomposés les restes d'hommes de cœur qui ont laissé de légitimes regrets dans les pays les plus éloignés.

La mort a frappé cependant, dès l'année 1882, plus de Suédois, de Danois ou d'Anglais, agents de l'Association internationale, que de nationaux belges. Ironique consolation!

Mais ces martyres et ces tombes n'arrêtent point la marche des explorateurs modernes vers le centre inconnu de l'Afrique sauvage.

L'homme civilisé n'a jamais reculé devant les terribles obstacles que la nature lui suscite; son énergique volonté veut triompher partout de l'âpre opposition de la matière; l'ardeur de la science l'entraîne aussi bien en Afrique qu'au pôle Nord. Hôte souverain de la terre, il veut, au prix des plus durs sacrifices, toucher les parties les plus inaccessibles de son incommensurable domaine.

Peu après le décès de Joseph Van de Velde, deux officiers belges, Parfonry et Coquilhat, faisaient une pieuse visite au tombeau de Gangila.

Les deux voyageurs, allant de Vivi à Issanghila, suivaient les sinuosités de la rive droite du fleuve, luttant avec difficulté contre les obstacles jetés par la nature le long du cours d'eau, berges montueuses, ravins, forêts, marécages, sans parler du climat pernicieux.

On sait que le fleuve descend avec une grande rapidité à travers une gorge resserrée et sauvage, sur un lit obstrué par des blocs de rochers gigantesques. On dirait de l'effondrement d'une montagne écroulée en énormes fragments.

Dans la vaste étendue de l'horizon des marcheurs se découvrait un éparpillement de rochers et d'écueils ; sous le courant, récifs entrevus à travers une lame d'eau, rondeurs noires affleurant comme des troupeaux d'hippopotames monstrueux, pointes aiguës déchirant le fleuve, amoncellement de rochers usés par la vague, îlots de sable blafards chargés de blocs de granit : le tout hérissé, aiguisé, déchiqueté, bouleversé : sur les bords, un désordre de collines à croupes arrondies, coupées de ravins, ou bien une nappe de sable au pied d'un lourd bastion de roc ; parfois, au loin, un arbre solitaire, tache discordante de verdure, semble comme foudroyé.

Puis les chutes, les formidables cataractes pour compléter cet indescriptible et émouvant tableau.

Ce ne sont que bouillonnements épars, tourbillons pirouettant en entonnoirs, courant vers la pente comme s'ils perdaient leur aplomb, luttes de courants qui se heurtent et s'emmêlent, lanières d'eau qui fouettent les croupes de roc ou de lave et les inondent de gerbes d'embrun ; tout cela emporté dans un vertigineux élan d'eaux fangeuses et d'écumes sales remplissant toute la largeur du vide.

Une symphonie confuse et sauvage, irritée, de froissements d'eaux, de sifflements mouillés, de rauquements sourds et de rugissements effroyables, plane sur ce mélange de flots jaunâtres et de rochers noirs.

Imaginez quelles pensées inspire aux voyageurs ce spectacle énorme, bas, épars, s'étalant pêle-mêle à perte de vue !

Parfonry et Coquilhat parcourent cette étape et s'arrêtent pour bivouaquer à la nuit tombante ; puis ils reprennent leur marche au petit jour, franchissant les ravins, gravissant les falaises, traversant des villages indigènes amis. Un jour, c'est le soleil brûlant qui les accable ; le lendemain, une soudaine et terrifiante tornada transforme leur route en marais fangeux et glissants.

Arrivés à Issanghila, les deux voyageurs se séparent. Parfonry devant séjourner dans cette station en qualité de chef, Coquilhat appelé à Léopoldville, s'embarquait sur le *Royal*, avec ses compatriotes Avaert, Guillaume Van de Velde et Amelot.

Nous avons signalé leur arrivée à Manyanga, à la date du 15 octobre 1882.

Le surlendemain 17, Nilis, réduit par les djiggas à ne pouvoir marcher, conviait dès le matin les nombreux hôtes belges de sa chefferie sous la véranda du corps de logis principal.

Coquilhat, légèrement indisposé, Avaert, en proie à la fièvre, Amelot et Van de Velde, bien portants, se rendirent à la convocation de Nilis, qui les accueillit par le discours suivant :

« Il est une date que la mémoire du cœur rappelle à tout citoyen belge si éloigné qu'il soit de la métropole : aujourd'hui 17 octobre se lève la Saint Léopold.

« Dans la Belgique entière cette journée est, parmi toutes les autres, destinée au repos et aux réjouissances publiques. Nos compatriotes ne peuvent oublier qu'ils doivent leur prospérité à l'inappréciable bonheur de posséder une dynastie fidèle à la foi jurée, qui déjà a inscrit dans les fastes de l'histoire le grand nom de Léopold le Sage, et qui ouvre une page nouvelle où brille avec éclat le nom de Léopold II, protecteur des arts, des sciences, de l'industrie, et initiateur de cette croisade sublime dirigée vers le continent noir, croisade à laquelle nous avons l'honneur d'unir indissolublement nos noms de soldats et d'explorateurs belges.

« Combien y aura-t-il aujourd'hui, dans les villes et les villages de notre patrie lointaine, de familles assises à une table joyeuse, chargée de bons mets et de vins exquis, d'où l'eau sera même bannie comme superflue !

« Se douteront-elles qu'au sommet d'une montagne aride du Congo cinq Belges auraient considéré comme un bienfait le don d'un litre de bière pour porter la santé du roi Léopold II ?

« La qualité du liquide absorbé n'influe pas, heureusement, sur la sincérité du toast; je vous convie, messieurs, à boire du malafou à la santé du roi des Belges et au succès de l'œuvre africaine. »

Des bravos unanimes saluèrent ce toast; et dans le cliquetis des verres, au moment où les assistants allaient porter à leurs lèvres le liquide indigène, Amelot, toujours gai, prit la parole :

« Halte-là, messieurs, pas de vin de palme aujourd'hui ; le malafou est bon pour boire à la santé des makokos indigènes. J'ai mieux que ça pour porter un toast à notre Roi... »

Amelot quitte la véranda, et revient peu de temps après sa sortie avec deux bouteilles de rœderer, une bouteille de cognac et deux litres de porto.

Nous renonçons à décrire l'accueil qui lui fut fait.

On n'avait pas tous les jours, à Manyanga-Nord, l'occasion de déguster des liquides aussi généreux.

Devant ces trésors de cave inattendus, on résolut de festoyer gaiement et d'arrêter séance tenante l'ordre du jour de la fête.

On décréta :

Une revue des troupes de la garnison ; un festin copieux ; le soir, une illumination à giorno, avec danses et chants par le personnel noir.

Ce programme arrêté, Amelot et Van de Velde en communiquèrent la teneur aux Zanzibarites et aux Kabindas.

Les interprètes furent chargés d'annoncer aux populations indigènes environnantes que les mundelés célébreraient à la station la fête du roi des Belges, un grand monarque du continent des blancs.

Quelques heures s'étaient à peine écoulées que le plateau regorgeait de curieux. Les natifs, gaillards grands et forts, solidement charpentés, splendides dans leurs vêtements de gala, grouillaient par groupes animés dans tous les espaces libres entre les bâtiments de la station. Riches et pauvres, ils étaient tous là ; les riches se distinguaient par une pièce d'étoffe indigène descendant d'une épaule vers la hanche opposée et couvrant une partie du buste ; les pauvres avaient ceint leurs reins d'un simple pagne fait de fibres de palmier.

Comme ornements, ils avaient attaché des colliers de perles rouges, bleues et blanches, des bracelets de cuivre aux poignets et des anneaux du même métal aux jambes ; leurs cheveux, empreints d'huile de palme, se tordaient en boucles fantaisistes. Plusieurs s'étaient peints la figure de façon à conserver une apparence féroce, bien qu'en réalité leurs sentiments fussent exempts de malveillance : leurs yeux étaient cernés de rouge ; des stries blanches coupaient transversalement leur visage.

Presque tous étaient munis de fusils à silex et de couteaux de fabrication anglaise aux lames cachées dans des gaines en peau de chèvre passées à la ceinture.

Çà et là des femmes indigènes accroupies dans l'attitude de nos tailleurs d'Europe, ornées et habillées comme aux plus beaux jours de fête, attendaient anxieusement la parade promise.

Rien n'est plus mobile que la physionomie de cette foule. Hommes et femmes parlent, gesticulent avec cette mimique habituelle aux nègres, chez qui tout est en mouvement : les yeux, la tête, les épaules, les bras, les mains.

Dans ces cerveaux étroits qui considèrent tout chef blanc comme un être d'essence supérieure, la conception d'un roi des blancs donne lieu à des récits bizarres, à des descriptions ampoulées, à des explications sans fin. Un vieux nègre essaye de définir à son auditoire plus jeune ce qu'est le roi des Belges : un être plus puissant que n'importe quelle divinité locale, un homme immensément riche qui commande à tout un peuple blanc, qui possède des millions de fusils, des tonneaux de poudre, des quantités incommensurables de gin, d'étoffes précieuses, de pirogues, de maisons d'esclaves, et qui dispose à son gré des éléments physiques, du soleil, de la pluie, de la lune et des étoiles.

Les officiers belges, prévenus de l'affluence des curieux et des récits qui faisaient l'objet des conversations, voulurent donner le plus d'éclat possible à la fête projetée.

La revue fut annoncée par des salves de mousqueterie, et des drapeaux, des banderoles rouges, bleues, jaunes, noires, furent déployées au faîte des bâtiments de la station.

Manyanga-Nord pavoisé aux couleurs de la Belgique et de l'Association produisit un immense effet moral sur les spectateurs indigènes.

Le défilé des Zanzibarites et des Kabindas habilement commandés par le lieutenant Coquilhat, exécuté d'une façon magistrale, donna aux hôtes de la station une haute idée de l'instruction militaire acquise par les soldats de Nilis.

Nous passerons sous silence les détails du banquet copieux qui réunit ensuite dans la salle à manger de la station les cinq Belges à qui s'étaient joints le capitaine Anderson et le mécanicien Martin, du *Royal*.

A la nuit tombante, des frondes de palmiers desséchées, des bottes de roseaux également secs, préalablement enduites de gomme-résine, attachées à des branches d'arbres fichées en divers points sur le plateau, éclairèrent un spectacle saisissant et pittoresque à la fois.

Les Zanzibarites et les Kabindas exécutaient leurs danses guerrières. La multitude indigène, qui n'avait cessé de s'accroître depuis le matin, encombrait le plateau et les versants de la colline; les chants, les hurlements, les cris de cette masse humaine ajoutaient aux blafardes lueurs de cette nuit féerique quelque chose d'infernal.

Les danseurs partagés en deux groupes, conduits par les *nyamparas* (chefs zanzibarites), étaient armés les uns de carabines Winchester, les autres de fusils Snider; ils avaient revêtu leur costume de guerre : une pièce d'étoffe rouge ou verte (suivant le groupe) roulée autour de la tête et retombant en voile dans le dos, d'autres lambeaux d'étoffes multicolores ou blancs formant des pagnes et des blouses, des rondelles de manioc attachées aux turbans, le ceinturon avec la cartouchière autour des reins, les pieds et les jambes nus suivant l'habitude.

L'orchestre était composé de deux tambours immenses formés par des troncs d'arbres creusés et recouverts de peaux de chèvre parfaitement tendues. Ces deux tambours, sortes de grosses caisses, résonnaient sourdement sous les coups réguliers de baguettes ingénieusement armées de poix remplaçant le feutre habituel des baguettes européennes.

Aux premiers roulements les danseurs s'étaient élancés au petit trot, chantant un air ayant la cadence de leur marche et dont les paroles prononcées d'un ton guttural signifiaient : ô guerre! guerre ! pour les *ouazoungou* (hommes blancs, en *kisouahili*, idiome zanzibarite).

Puis ils simulèrent l'attaque d'une ligne ennemie, en tirant sans ensemble des coups de fusils nombreux, successifs et rapides, et mêlant au bruit des détonations des cris sauvages ressemblant plus à des hurlements de fauves qu'à des sons de voix humaine.

Par moments, l'un d'eux feignait d'avoir été frappé par une balle ennemie; il roulait à terre en se tordant et poussant des rugissements de rage et de douleur admirablement simulés, s'avançait en rampant jusqu'aux pieds d'un spectateur blanc qu'il embrassait dans une étreinte, et rendait, en maître artiste dramatique, le dernier soupir entre les jambes du mundelé qu'il tenait serrées convulsivement entre ses bras. Façon singulière d'indiquer qu'il était prêt à mourir pour ses maîtres.

Cette mimique expressive réussissait à effrayer les indigènes eux-mêmes, tant les rôles étaient bien remplis.

Les blancs, témoins de ce spectacle, se sentaient excités par le bruit de cette féerie; quant aux danseurs, grisés par l'odeur de la poudre, par le vacarme des détonations, animés par les évolutions fantaisistes, ils continuaient leur jeu avec frénésie, faisant retentir de leurs clameurs sauvages les échos du Congo, et paraissant une bande de démons déchaînés se livrant dans une demi-obscurité à une orgie de sang humain. Leur excitation était telle qu'ils eussent volontiers écharpé, séance tenante, les inoffensifs indigènes glacés d'effroi.

Mais, au signal des blancs, les nyamparas ordonnent le silence; coryphées rouges et verts cessent leurs danses belliqueuses, se groupent auprès des chefs, et la fête se termine par un chœur exécuté par tous les Zanzibarites.

Le troubadour de la troupe, un vétéran de l'armée de Manyanga, improvise une ballade dont les paroles expriment le dévouement le plus absolu aux hommes blancs et la promesse de verser, pour la défense de leurs maîtres et la gloire du grand roi des Belges, jusqu'à sa dernière goutte le sang des noirs enfants de Zanzibar.

L'énergique refrain de cette ballade est à chaque couplet répété en chœur par l'assistance, qui en applaudit à tour de bas l'improvisateur.

Déjà les torches de résine jettent les derniers éclats de leurs feux, mais aucun des Africains ne songe à se retirer.

LE LIEUTENANT COQUILHAT.

La passion des chants et des danses, la beauté d'une nuit tropicale, sont de souverains antidotes contre le sommeil des nègres. L'aube du 18 octobre retrouvait aux abords de la station une partie de l'assistance de la veille, endormie, rompue de fatigue, ou gisant, ivre de malafou, dans un pêle-mêle inexprimable au milieu des herbes, sur les talus rocailleux, ou contre les troncs des rares arbres verts.

Jamais, de mémoire de nègre habitant Manyanga, fête plus brillante, plus bruyante, n'avait animé ce district.

Jamais aussi le nom de Léopold, presque inconnu jusqu'alors aux nègres du Congo, n'avait été tant de fois prononcé par des indigènes qui attachèrent désormais à ce nom la pensée d'un haut et puissant souverain devenu pour eux plus respectable que la plus respectée des divinités locales.

Le lendemain de cette journée mémorable, dès le matin, les hôtes blancs de Manyanga escortaient à la rive leur généreux échanson de la veille : Amelot s'embarquait sur le boat pour retourner à Vivi.

Après le départ du *Royal*, Nilis et Avaert, abattus par de nouveaux accès de fièvre, durent s'aliter et absorber des doses de morphine, de quinine, etc., pour calmer leurs souffrances.

Dans l'après-midi, le missionnaire anglais Bentley, prévenu de la maladie de ses voisins, vint à la station pour leur offrir ses soins dévoués.

En tout temps, les missionnaires, désireux sans doute de reconnaître les services signalés que leur rendaient les agents de l'Association, s'empressaient de secourir ces derniers dans la mesure de leurs moyens.

Contrairement à bien des missions anglaises établies dans l'Afrique australe dont les œuvres sont stériles quand elles ne sont pas nuisibles, les missions du Congo produisaient des résultats favorables ou tout au moins pouvant le devenir, outre l'assistance qu'elles prodiguaient aux blancs sans distinction de religion et de nationalité.

Peu ou point de contestations s'élevaient sur les bords du fleuve entre les missions religieuses et la mission pacifiquement conquérante organisée par l'Association.

C'est là un fait assez rare pour être signalé.

En général l'homme blanc, quel qu'il soit, est faillible, surtout en Afrique. On conçoit aisément que loin du milieu où il a été élevé, privé de toutes les aises dont a été entourée son enfance, perdu au sein de populations ignorantes, habitant des régions inhospitalières, un Européen subisse un changement qui altère son esprit et son cœur.

Les hommes vraiment forts, ceux qui fondent leur foi sur les ressources inestimables de l'âme, qui savent résister aux passions humaines et réagir contre les faiblesses de la nature, sont seuls capables de poursuivre en Afrique une mission pleine de dévouement et d'abnégation.

Nous devons constater ici, d'après les lettres et les récits des explorateurs belges, que partout sur les bords du Congo les missionnaires anglais se sont montrés dignes d'être donnés en exemple à quiconque veut travailler à la civilisation de l'Afrique.

Bentley visitait journellement les malades de Manyanga et leur apportait à chaque visite des présents inestimables sur les bords du Congo moyen : du thé, du café, du sucre, des œufs frais, du poisson, du vin.

Les attentions délicates et les soins du missionnaire étaient d'autant plus appréciés des lieutenants Nilis et Avaert que depuis le 19 octobre Coquilhat avait quitté la station pour conduire jusqu'à Luteté un détachement de Zanzibarites chargé de ravitailler la troupe de Van Gele.

D'autre part, les 20, 21 et 22 octobre, Guillaume Van de Velde payait à son tour au climat pernicieux de Manyanga-Nord un tribut de fièvre et de souffrances.

La maison occupée par les blancs était donc transformée en hôpital véritable n'ayant d'autre docteur que le dévoué missionnaire anglais.

Le 22, vers midi, les malades furent émus en entendant des détonations fréquentes d'armes à feu partant du bas de la montagne.

Un boy, mandé en toute hâte par Nilis pour reconnaître la cause de ce vacarme inusité, revint promptement rassurer l'officier, en annonçant qu'une caravane de Zanzibarites commandée par un blanc signalait par des coups de feu sa présence sur la rive gauche du fleuve.

Nilis et Avaert, oubliant la fièvre, se levèrent et coururent au bas de la colline pour saluer leur visiteur.

C'était Braconnier.

Le capitaine, arrêté avec son escorte sur la rive sud, attendait depuis plusieurs heures que des pagayeurs indigènes voulussent bien le passer sur la rive opposée.

Les maudits noirs, occupés à pêcher le vairon dans les criques du large courant, ravis de contrarier l'étranger, se refusaient obstinément à mettre à sa disposition la moindre pirogue.

On dut les menacer de les prendre pour cible, afin d'obtenir d'eux ce léger service. Cet avis péremptoire détermina un patron de pêche de Dandanga à accoster à la rive gauche avec son canot. Braconnier et trois hommes prirent place dans cette embarcation qui les amena une heure plus tard près de Nilis.

Le brave capitaine, fondateur de Léopoldville, était brisé de fatigue ; ses membres couverts d'ulcères indiquaient les souffrances qu'il avait eu à supporter ; il annonça à ses compatriotes son intention de quitter l'Afrique et d'entreprendre pour se rétablir un voyage de plusieurs mois avant de revoir la Belgique.

Tandis que les officiers belges causaient sur la rive droite, les pêcheurs indigènes s'enfuyaient et cachaient tous les canots, comme pour faire une méchante niche aux caravaniers arrêtés sur la rive droite.

Il fallut, bon gré, mal gré, regagner le soir la station sans l'escorte complète de Zanzibarites amenée du Stanley-Pool.

Le lendemain 23, les pirogues de N'tombo, réquisitionnées chèrement au prix de plusieurs mètres d'étoffe, amenèrent toute la caravane au pied de la colline de Manyanga.

Persévérant dans leur esprit de contrariété, les indigènes se mirent en grève et refusèrent pendant plusieurs jours de passer sur le fleuve les blancs et le personnel noir de l'Association. Cette conduite des natifs exaspérait Nilis, qui fit en vain plusieurs palabras pour se concilier les bons offices des passeurs nègres.

Rien n'expliquait l'obstination de ces derniers; leur entêtement dura jusqu'à l'arrivée du *Royal* remorquant un boat dont la machine s'était cassée en route.

Le 30 octobre, le *Royal* partait pour Issanghila emmenant Braconnier dont les ulcères n'étaient point cicatrisés.

Le capitaine avait terminé la durée de son engagement de trois années; tous ceux qui l'avaient connu en Afrique avaient admiré sa mâle énergie, sa volonté de fer et le dévouement qu'il avait apporté dans l'accomplissement de sa rude mission d'explorateur et de fondateur de station.

Braconnier, en quittant Léopoldville, avait laissé à Valcke le commandement de ce poste hospitalier, au développement rapide duquel il avait si largement contribué.

Rentré en Belgique plusieurs mois après, le capitaine fut acclamé par de nombreux compatriotes à son arrivée à Anvers.

Le premier novembre 1882, la garnison de Manyanga rendit les honneurs funèbres à un Zanzibarite mort de phtisie pulmonaire après une longue maladie.

Sur l'ordre de Nilis, les travaux furent interrompus; les compatriotes du défunt procédèrent aux préliminaires des funérailles.

Au moment de la mort, les quelques Zanzibarites témoins du dernier soupir du malheureux avaient eu soin de tenir ouvertes les mains du mourant et de maintenir allongés par une forte tension horizontale ses bras et ses jambes.

Le corps fut enveloppé, cousu dans de la toile fine, à défaut du satin réclamé par les Zanzibarites; on avait eu le soin d'entourer le cadavre de morceaux de camphre et d'encens, et de boucher avec des flocons de ouate la bouche, le nez et les oreilles du défunt.

Pour le transporter à la tombe creusée sur les bords du Congo, on établit un brancard avec voûte formée par des tiges de palmiers ployées.

Le corps glissé sous cette voûte est recouvert de mouchoirs rouges destinés à le garantir des ardeurs du soleil. Au-dessus des feuilles de palmier, on étend dans le même but un grand nombre de mouchoirs multicolores.

Ces préparatifs terminés, Nilis, Avaert et Van de Velde, plus ou moins remis de leurs fatigues, accompagnèrent le cortège, composé du personnel noir de la station.

Tous les Zanzibarites portent par quatre, à tour de rôle, le corps du défunt jusqu'à la tombe. Pendant le trajet, l'un d'eux chante des stances tristes et monotones, dont le refrain, où il s'agit d'Allah, et encore d'Allah, est repris en chœur par les noirs.

A dire vrai, les détails de la cérémonie inspiraient aux officiers belges plus de curiosité que de recueillement. Certaines pratiques leur paraissaient même grotesques.

Chaque fois que quatre nouveaux Zanzibarites relevaient les porteurs du brancard, ils exécutaient une pantomime singulière. Ils prenaient leur élan pour dépasser le cortège de plusieurs mètres, puis, revenant sur leurs pas, ils arrêtaient les porteurs de la civière, plongeaient des regards attendris sous la voûte de feuillage, se cachaient le visage dans les mains, hurlaient, gémissaient un instant, remplaçaient vivement les convoyeurs et portaient précipitamment le défunt, en mêlant aux braillements du cortège leurs accents gutturaux et plaintifs.

On arriva enfin jusqu'aux bords de la fosse, profonde d'un mètre cinquante centimètres et creusée dans le sol sablonneux, sur les rives du fleuve, auprès du confluent d'un ruisseau.

La civière fut déposée près de l'excavation. Quelques Zanzibarites enlevèrent les mouchoirs rouges étendus sur le cadavre et les nouèrent de façon à obtenir une large surface d'étoffe qui fut tendue par eux au-dessus de la fosse. Le corps était toujours sur le brancard.

Deux noirs coiffés du *fez* (calotte rouge) descendirent dans la fosse; ils couchèrent le défunt que l'on fit glisser doucement de la civière, de manière que le corps placé sur le dos eût la face tournée vers l'orient, et mirent sur son corps des planches façonnées.

Pendant cette opération, les Zanzibarites, qui tenaient les mouchoirs au-dessus de la fosse, imitaient le mouvement des vagues avec ces pièces d'étoffe, tout en chantant le refrain mentionné plus haut.

Les deux Zanzibarites au fez sortirent de la fosse; les mouchoirs furent enlevés; chaque Zanzibarite défila en jetant sur les planches une poignée de terre, jusqu'à ce qu'un tertre assez élevé, aux quatre angles duquel on planta des branches d'arbres, eût servi de couronnement à ce tombeau.

On procéda enfin à la dernière partie de la cérémonie. Un Zanzibarite alla querir de l'eau à la rivière voisine et la versa sur le tombeau, tandis que ses compatriotes rangés en cercle récitaient une espèce de litanie, suivie d'une prière générale.

L'oraison terminée, chacun des assistants (à l'exception des Belges, cela va sans dire) prit à deux mains un peu de la terre humide du tertre et s'en frotta la figure. Puis ces braves gens allèrent à la débandade se débarbouiller, qui dans le Congo, qui dans les eaux du ruisseau.

Le soleil disparaissait de l'horizon, lorsque les habitants de Manyanga-Station purent regagner leurs demeures. L'enterrement avait duré toute une journée.

CHAPITRE XVIII

Les chefs de N'tombo et *Boula Matari II* (Hanssens) — Novembre 1882 à Manyanga. — Le caravanier Soudi et sa ceinture. — Une mutinerie. — Chasse et excursion de Nilis aux environs de Manyanga. — L'*atoundo*. — Triste Noël. — Le docteur Van den Heuvel.

Le dimanche 5 novembre 1882, une file de chefs, sous-chefs, arrière-chefs des districts limitrophes de Manyanga-Station vinrent imposer a Nilis, Avaert et Van de Velde les ennuis d'une grande palabra.

Pour exposer au lecteur les motifs de cette conférence solennelle, nous devons réparer une erreur involontaire qui s'est glissée dans notre récit et dont une lettre du capitaine Hanssens nous facilite la rectification.

Nous avons mentionné l'arrivée à Manyanga, le 3 août 1882, du capitaine Hanssens, venu à marches forcées d'Issanghila au secours de Nilis qu'il croyait menacé, mais qu'il trouva en paix avec les indigènes.

La paix régnait en effet à cette date dans les parages de Manyanga, paix chèrement acquise à la suite d'une guerre déclarée par Nilis aux indigènes de N'tombo-Mataka et dans laquelle ces derniers eurent le dessous.

Le résultat de cette prise d'armes fut brillant pour l'Association : trois des cinq chefs du district ennemi furent faits prisonniers et conduits, la chaîne au cou, à la station; deux villages furent complètement incendiés; un troisième fut en partie brûlé; une dizaine de natifs y perdirent la vie; les plantations furent détruites, en un mot, le désastre fut complet pour le peuple de N'tombo.

Les chefs prisonniers se nommaient Matari, Myala, Myangala. Matari était l'homme le plus puissant de la contrée, le Mirambo de l'Afrique occidentale, un ennemi mortel des blancs, qu'il eût voulu exterminer jusqu'au dernier.

Comme le séjour de ces prisonniers entraînait pour le personnel de Manyanga un service de surveillance absorbant et qu'il présentait en outre certain danger, Hanssens ordonna le transfert immédiat des captifs à Vivi, où ils seraient suffisamment éloignés de leurs possessions pour ne pas chercher à s'enfuir.

Dès le lendemain à cinq heures du matin, Hanssens signifia lui-même aux trois chefs prisonniers la décision qu'il avait prise à leur égard.

« On va vous conduire sous escorte à Vivi, dans un grand village des blancs. Matari est condamné à y passer le restant de ses jours; quant à Myala et Myangala, ils seront autorisés à revoir leurs villages après apaisement complet de la contrée, lorsque l'attitude des populations du district de N'tombo pendant un laps de temps assez long aura prouvé qu'elles sont entièrement soumises à l'autorité des blancs de Manyanga. »

Les captifs noirs écoutèrent cette sentence avec un stoïcisme remarquable; pas un muscle de leur figure ne bougea, pas une crispation nerveuse ne trahit leurs impressions.

Ils étaient pourtant persuadés qu'on les conduisait à la mort.

« Les hommes blancs sont cruels, dit Matari à Hanssens, mais ils sont forts, maintenant surtout que vous, Boula Matari second, vous êtes au milieu d'eux. Je ne me plains pas; les chances de la guerre ont été contre moi; je suis en votre pouvoir; je ne verrai plus le lever du soleil; vous me tuerez, comme je vous aurais tué si vous étiez tombé entre mes mains. »

Hanssens eut beau répondre à Matari que sa liberté seule était en jeu, qu'il recevrait tous les égards dus à un grand chef comme lui, que personne ne toucherait à un cheveu de sa tête, Matari n'en voulut rien admettre

Inhumain et cruel, Matari ne pouvait croire à la clémence des blancs. Enchaîné avec ses deux acolytes, il fut déposé dans un boat, sous la garde de dix rameurs, du capitaine de l'embarcation et d'un blanc chargé de le conduire d'Issanghila à Vivi, par voie de terre.

A la suite de cet acte, Hanssens procéda lui-même à l'investiture de trois nouveaux chefs de N'tombo, et passa plus tard avec eux des traités au profit de l'Association.

Cet important résultat, obtenu par Boula Matari II à la suite des victoires de Nilis, répondait à un désidératum de Stanley, Boula Matari Ier, qui avait vainement essayé à diverses reprises, au cours des années précédentes, de soumettre au protectorat de l'Association les indigènes du district de N'tombo.

Il fallait pour y arriver, écrivait le capitaine belge, agir par la terreur, dompter les populations par la force et profiter de leur écrasement momentané.

Mais le 5 novembre, au grand ébahissement de Nilis, Matari, Myala et Myangala, ayant rompu leurs chaînes, arrivaient de Vivi à Manyanga et poussaient l'audace jusqu'à se présenter dans tout l'éclat des libres souverains de l'Afrique centrale au chef blanc de la station.

Escortés de tous les notables de la contrée, les ex-prisonniers viennent demander à Nilis la permission de revoir leur village et lui jurer fidélité.

Matari, amaigri par la captivité et les émotions de la route parcourue en fugitif, prononce un discours nègre, c'est à dire un long boniment où les gestes, les clignements d'yeux, les gambades jouent le plus important rôle.

Il se déclare enchanté des traitements qu'il a reçus de la part des hommes blancs. Les mundelés ne sont pas ce qu'il pensait d'abord, des pillards et des mangeurs de petits nègres; il regrette d'avoir autrefois méconnu leur aménité. N'eût été le désir qu'il avait de revoir son village, ses femmes, ses sujets, ses chimbeks et ses champs de maïs, il n'eût pas quitté ses aimables gardiens.

Myala et Myangala partagent en tous points l'opinion de leur compagnon d'exil. Ils ont foi dans la clémence du bon mundelé de Manyanga; ils désirent vivre en paix avec lui, gagner et conserver son amitié en contribuant de toutes leurs forces à faire aimer et respecter des indigènes de N'tombo les agents de l'Association.

Comment ne pas accorder l'amnistie à de pareils repentis?

Nilis, feignant de croire à la sincérité de leurs belles paroles, les remercia, vivement de leur visite, et ordonna la distribution de vingt bouteilles de gin aux gens du cortège des trois chefs.

Quel argument pouvait être mieux accueilli par les nègres que cet ordre généreux ? Il produisit un enthousiasme indescriptible : des battements de main en cœur, des entrechats, des danses, des chants, des salves de mousqueterie, des roulements de tambour, des vibrations éclatantes obtenues par des sonneurs de cloches nouveau genre, cloches doubles, en fer forgé, sur lesquelles des chefs ou des sous-chefs indigènes tapaient à tour de bras avec de gros bâtons.

Cette saturnale avait lieu devant une nouvelle maison d'habitation construite par Nilis. Assis sous la véranda, les blancs échangeaient les impressions que leur causaient les grossiers ébats des nègres.

Nilis, qui ressentait les atteintes d'un nouvel accès de fièvre, souriait à contre cœur et maudissait à part lui les scènes écœurantes qui se passaient sous ses yeux.

Avaert et Guillaume Van de Velde éprouvaient une répugnance non moins vive et souhaitaient ardemment la fin de cette fête improvisée.

Le soleil, qui commençait à décliner, exauça leurs vœux. Il fallut auparavant satisfaire à un caprice des chefs réconciliés.

Matari vint supplier Nilis de donner à ses amis un baril de poudre qui serait tirée en signe de réjouissance sur le sommet de la colline.

L'officier repoussa tout d'abord cette demande.

« La poudre est précieuse et utile aux blancs, disait-il; elle leur sert à faire sauter les rochers, à assurer leur nourriture, à les protéger contre leurs ennemis. C'est trop abuser de ma générosité que d'exiger de moi le don d'un baril entier de poudre destinée à être gaspillée.

— Oh ! vous êtes si riche, répondit Matari ; j'ai vu au grand village des blancs, à Vivi, toute une vaste maison remplie de ces mêmes barils de poudre. La pirogue de fer vous en apportera lorsque vous en désirerez.

— Vous dites vrai, Matari, nous aurons toujours de la poudre; je vous accorde le baril demandé. »

Bientôt une explosion formidable fit trembler les maisons de Manyanga. Les noirs, saluant d'un hourra frénétique ce vacarme cher à leurs oreilles se retirèrent solennellement, en défilant à la queue-leuleu devant les blancs, au son des tambours, du clairon, des cloches, les unes titubant encore par suite du gin absorbé, les autres répétant en chœur un refrain improvisé par un trouvère à la louange de Nilis, ou envoyant aux échos du Congo le bruit des détonations irrégulières de leurs fusils à silex.

Au langage violent de la poudre, les missionnaires anglais, dont l'établissement s'élevait à quelques centaines de mètres de la station s'émurent et vinrent en masse a Manyanga-Nord pour avoir des explications.

Ils craignaient d'y trouver des combattants, ils y virent des Belges harassés de fatigue et pris d'un invincible besoin de dormir. Plus généreux que les nègres de N'tombo, les missionnaires se retirèrent après avoir constaté que leur inquiétude était sans fondement.

Le lendemain, Matari, Myala, Myangala, encore sous l'impression de l'agréable accueil de la veille, revinrent avec un cortège nombreux pour demander à Nilis des présents en récompense de leur soumission. C'était un comble!

Nilis les congédia en leur donnant pour trois une pièce d'étoffe dont à grand' peine un homme civilisé eût extrait douze mouchoirs, et dans laquelle les chefs indigènes se taillèrent trois costumes complets.

Tous ces nègres, nés sur les marches d'un trône africain ou venus au monde dans une hutte d'esclaves, sont des mendiants insatiables dont les explorateurs doivent le plus souvent encourager les instincts de mendicité pour vivre en bons termes avec eux.

Néanmoins Nilis, menacé de ruine par les obsessions incessantes de Matari et consorts, les envoya tout bonnement promener à la troisième tentative qu'ils dirigèrent contre les marchandises de la station.

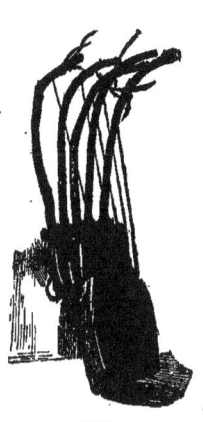

LYRE.

Après les visites assommantes des nègres, les blancs, pour se remettre, eurent à subir en novembre les pluies torrentielles et les maladies qu'elles occasionnent.

Avaert fut atteint de lombricoïdes. Lorsque le lieutenant ressentit les premières atteintes de cette maladie, il crut avoir affaire au ver solitaire; Bentley, toujours prêt à remplir les fonctions de docteur, tira le malade de son erreur et lui conseilla des doses de santonine.

Le missionnaire connaissait cette maladie terrible qui sévit fréquemment contre les natifs et sème la mort dans les tribus. Bon nombre de nègres, réduits à l'état de squelettes ambulants par ce fléau, avaient été guéris à la mission anglaise par les soins de cet homme de bien.

Hélas! c'est bien à regret, et à notre corps défendant, que nous sommes obligés de parler si souvent des heures de fièvre et de souffrances traversées sur le plateau hideux de Manyanga-Nord par les vaillants officiers belges qui y subirent la saison des pluies de l'année 1882, mais notre rôle d'historiographe consciencieux nous y condamne.

Nilis, Avaert, Van de Velde, alités à tour de rôle, se soignèrent réciproquement. Le moins éprouvé d'entre eux se dévouait au salut des autres, remplissant les fonctions de garde-malade et se chargeant en outre du commandement de la station.

Le boat d'Issanghila stoppait régulièrement dans les eaux de Manyanga. S'il n'amenait jamais de médecin, en revanche il apportait des lettres de la patrie, lettres pleines d'encouragements et d'espoirs !

Le 2 décembre, l'état d'Avaert empira et causa de très graves inquiétudes à ses compatriotes.

Nilis pria Bentley de prendre le malade en traitement à la mission.

Avaert, fou de douleur, en proie au délire le plus caractérisé, les yeux hagards, hâve et inconscient, fut attaché dans un hamac et transporté chez les missionnaires.

Le 4 décembre, Bentley écrivait qu'il croyait venue la dernière heure du malade. Heureusement cette fatale prévision ne se réalisa pas. La constitution robuste du lieutenant, aidée par la sollicitude incessante du missionnaire, triompha de la mort.

Chaque jour, le chef de Manyanga s'était rendu à la mission pour visiter son compatriote. Nilis était lui-même très souffrant; une inflammation *(rother hund)*, qui lui causait une sorte de fièvre permanente et des insomnies cruelles, avait couvert son corps de boutons. Néanmoins Nilis vaquait à ses occupations multiples de commandant de station et s'efforçait d'oublier sa propre souffrance pour venir en aide à ceux de son entourage que les maladies accablaient.

La santé d'Avaert s'améliorait peu à peu, le lieutenant se décida sur les conseils de ses amis à quitter Manyanga et à descendre avec le boat jusqu'à Issanghila, où il devait succéder plus tard à Parfonry dans le commandement de cette station.

Le 12 décembre, Nilis régalait dans la salle à manger de la station les braves missionnaires qui avaient prodigué sans relâche les soins les plus affectueux et les plus efficaces aux agents de l'Association.

Bentley, Hartland et Moolemaar assistaient à un véritable festin offert par Nilis.

Parmi le menu, reproduit sur le journal de l'officier, nous cherchons en vain la nomenclature des vins servis; le liquide absorbé, bien peu réconfortant, avait été emprunté à la cave naturelle qui roulait ses eaux vives au bas de la colline de Manyanga; quant aux mets résistants, le poulet traditionnel et le mouton africain en avaient fait les frais, la farine de chicoanga y tenait lieu de pain.

Le repas n'en fut pas moins gai; les douces causeries remplacèrent le champagne.

Les religieux anglais annoncèrent la création d'une mission succursale de

LE LIEUTENANT AVAERT.

la Livingstone Ireland à Loucongo (entre Issanghila et Manyanga).

Hartland avait visité cet établissement; il racontait que les éléphants abondaient dans les parages de Loucongo; il en avait rencontré un troupeau considérable à Baynesville.

La rive sud entre Issanghila et Manyanga possédait, disait-il, quantité de ces mammifères.

Au dessert, entre le poudingue et le fromage, le boy annonça l'arrivée de la caravane Soudi venant de Léopoldville. Soudi sollicitait la faveur d'être introduit près de Nilis, à qui il voulait remettre un présent.

La permission accordée, Soudi franchit le seuil de la salle à manger et fut accueilli par les exclamations d'effroi des convives.

Le caravanier avait comme ceinture réellement effroyable un gros serpent à la peau jaunâtre zébrée de noir, et qui, déroulé, mesura plus de deux mètres cinquante.

Le corps de ce monstre enrichit la collection de Nilis. Soudi reçut en échange un magnifique cadeau.

Le Zanzibarite, rendant ensuite compte de son étape, prévenait Nilis des tentatives de soulèvement de la contrée faites par les gens de Dandanga. Mlongo se plaisait à répandre le bruit que les blancs de la station mangeaient les noirs; en outre les indigènes du district de Luteté guerroyaient contre Van Gele; partout les caravanes de l'Association avait maille à partir avec les natifs des villages de la rive sud.

Sur ce rapport, il fut décidé que Soudi retournerait à Léopoldville par la rive nord.

Les missionnaires avaient frémi en écoutant les narrations du Zanzibarite.

« Encore de sombres perspectives de guerre, des massacres, des incendies de villages, des dévastations, représailles nécessaires si vous êtes attaqué, dit Bentley à Nilis.

— Bah! il ne faut pas prendre au mot les paroles de Soudi; ce Zanzibarite exagère. Comme toujours, les indigènes déblatèrent de loin contre nous; mais ils n'oseront plus joindre l'action à la menace; trop de fois nous avons dû exercer contre eux le tir de nos carabines et déchaîner sur leurs territoires nos hordes de Vandales, nos farouches guerriers de la côte orientale. Lorsque aucun blanc ne guide les caravanes composées de Zanzibarites, ces derniers nous arrivent toujours avec des récits alarmants, et singulièrement amplifiés. »

Cette réponse, dictée par l'expérience, calma les appréhensions des missionnaires.

Le déjeuner était terminé; les blancs réunis sous la véranda causaient encore à quatre heures de l'après-midi, lorsqu'un boat leur fut signalé.

A cinq heures, ce bateau débarquait précisément un voyageur inattendu, M. Charles Ingham, attaché à la Livingstone Ireland Mission, qui fut ravi de trouver à Manyanga-Station les compatriotes et les confrères qui devaient concourir avec lui à une mission civilisatrice.

L'importance et la multiplicité des établissements philanthropiques anglais étaient devenues telles sur les bord du Congo inférieur et moyen, que la société Livingstone Ireland avait acquis un boat spécial pour relier entre elles ses succursales par des services réguliers et fréquents.

Outre les steamers et les embarcations sillonnant le grand fleuve entre Issanghila et Manyanga et battant pavillon bleu constellé d'or, un vapeur voguait désormais dans ces mêmes parages et y déployait les couleurs de la vieille Angleterre. Les nouvelles d'Europe parviendraient plus souvent aux exilés de Manyanga.

A la nuit tombante, d'immenses éclairs qui précédaient les sourds roulements d'un tonnerre lointain, décidèrent les missionnaires à regagner leurs toits en toute hâte.

Nilis les accompagna jusqu'à la petite rivière qui séparait la colline de la station du mamelon dominé par les bâtiments de la mission anglaise.

L'officier voulait franchir la rivière avec ses invités, mais on n'eut pas de peine à le faire renoncer à ce désir.

La passerelle tout à fait primitive, un tronc d'arbre étroit et glissant, jetée sur le courant, offrait dans l'obscurité un réel danger, et exigeait de la part de ceux qui en usaient, outre beaucoup de sang-froid, les connaissances d'un bon équilibriste.

Ce passage nécessitait de longues minutes : l'orage s'avançait sur les ailes rapides d'un fort vent de l'ouest, les bords de l'eau étaient infestés de moustiques et de myriades d'insectes ailés, tous plus désagréables les uns que les autres, et dans les reflets argentins des lames les noires carapaces des alligators menaçaient d'un dénouement fatal le passager qui aurait eu le vertige et qui serait tombé à la rivière en traversant le pont.

Le lieutenant prit donc congé des missionnaires et assista en témoin anxieux aux péripéties de la traversée, qui furent surtout émouvantes pour le nouveau venu, M. Ingham.

Retourné fort tard à la station, Nilis se coucha et dut invoquer contre les mortels ennuis de l'insomnie les douceurs de la pipe et les plaisirs de la lecture des journaux belges portant les dates du mois d'octobre précédent.

L'orage de la nuit, les insupportables démangeaisons du rother hund contribuèrent à tenir Nilis éveillé jusque vers trois heures du matin.

Levé à cinq heures pour les besoins du service, le lieutenant, plus dispos que jamais, surveilla les préparatifs de départ, le chargement de la caravane Soudi.

D'habitude les caravaniers acceptaient assez facilement les ballots d'étoffe et les caisses qu'ils devaient transporter à Léopoldville ; mais ce jour-là ils se montrèrent récalcitrants. L'un d'eux, plus catégorique, refusa insolemment le ballot qui lui était destiné.

« Les chemins sont mauvais, dit-il, et détrempés par les dernières pluies, les indigènes de la rive droite sont disposés à nous maltraiter ; nous ne pouvons partir aujourd'hui. Je ne veux plus obéir aux blancs. »

Ce disant, le mutin s'enfuit à toutes jambes, et dégringole la colline comme un lièvre effarouché.

Cette audacieuse mutinerie provoque une révolte générale ; les porteurs jettent à terre leurs ballots et s'obstinent un instant à refuser de partir.

Soudi fait néanmoins tous ses efforts pour les ramener à l'obéissance ; sa voix n'est pas écoutée.

Nilis s'interpose dans le débat ; l'indignation et la colère lui arrachent les paroles les plus énergiques et les menaces les plus expressives.

Le revolver au poing, il déclare aux braillards qu'il fera sauter la cervelle à ceux qui hurleront encore.

L'énergie du geste et du regard réussit à calmer les mutins. L'ordre fut rétabli. Les caravaniers acceptèrent leurs charges et défilèrent bientôt le long du sentier glissant de la colline.

Dix hommes de la garnison furent dépêchés ensuite à la poursuite du fuyard.

Vers le soir, ces soldats retournaient à la station et racontaient que les gens de Soudi les avaient menacés de leurs fusils, s'ils persistaient à courir après le révolté.

Nilis songea un instant à réunir sa troupe, pour infliger un châtiment exemplaire aux caravaniers. Ceux-ci étaient déjà à une distance trop grande ; le lieutenant dut se contenter d'expédier à Valcke un courrier mentionnant le fait.

Le lendemain, un temps gris, légèrement humide, mais supportable, invita l'officier à chasser dans les environs de la station.

Guillaume Van de Velde, presque guéri, s'était offert pour surveiller les travaux, pendant l'absence momentanée du chef. On procédait à cette époque aux réparations des toitures des habitations diverses. Les pluies diluviennes du mois de novembre avaient singulièrement avarié les toits ; dans certains bâtiments servant de magasin, voire même de logement aux blancs, l'eau filtrait à travers les fissures des voûtes comme elle l'eût fait entre les mailles d'un panier à salade.

Les charpentiers kabindas et krouboys saccageaient donc la forêt voisine pour façonner de belles planches de teck ; quelques Zanzibarites, sous la conduite d'un nyampara, étaient allés acheter aux marchés des environs des tonnes de caoutchouc, marchandise destinée par l'Association à être échangée en Europe contre des produits manufacturés, monnaie courante du Congo.

A l'heure du déjeuner, le temps s'était remis au beau, le ciel d'un bleu foncé brillait de tout l'éclat d'un soleil tropical, le thermomètre marquait à l'ombre près de trente degrés.

« Pourquoi Nilis ne revient-il pas? » pensait Guillaume Van de Velde prévoyant la chaleur suffocante qui allait accabler le chasseur.

Bah! le soleil n'arrête pas un intrépide émule de Nemrod.

Parti à l'aube avec Ambari, Nilis, en quête de gibier, avait côtoyé la rivière voisine de la Mission.

Ce ruisseau coule au milieu d'une vallée longue et étroite enfermée entre les pentes de montagnes peu ou point boisées. La vallée est parfaitement sèche, nullement marécageuse comme le sont presque toutes celles qu'arrosent des courants dans l'Afrique centrale; de temps à autre elle prend une tension considérable.

La rivière y décrit des méandres dont la longueur la fait, à distance, paraître presque droite. Les rives sont abondamment couvertes d'herbes vigoureuses, qui s'arrêtent aux berges escarpées bordant son lit où l'eau pure comme du cristal laisse voir un fond

ORCHIDÉE.

sablonneux. On y trouve en quantités très restreintes de beaux spécimens de la flore aquatique, mais la faune y est représentée à l'époque des pluies par des crocodiles et un singulier animal dont nous dirons plus loin quelques mots.

Le gibier n'y manque pas, et Nilis ne voulut point gaspiller sa poudre contre les tourterelles, les canards, les martins-pêcheurs et les ravissants oiseaux qui picoraient, planaient, voltigeaient et gazouillaient sur ces bords.

A un léger tournant de la rivière, Nilis aperçut deux animaux d'une espèce qui lui était inconnue; il se disposa à les viser: les animaux, comme flairant un danger, s'élancèrent à l'eau et disparurent en plongeant. On ne distingua plus que le sommet de leurs cornes fendant avec rapidité la surface liquide.

Surpris, le lieutenant se cacha sous les herbes pour surveiller les mouvements de ces étranges bêtes.

Arrivées à la rive opposée, elles escaladèrent la berge et s'arrêtèrent sur un roc faisant tache dans la verdure.

La distance était telle que Nilis jugea inutile de les tirer; mais, cédant à la passion de la chasse, il se mit à l'affût et attendit.

Certains de nos lecteurs connaissent sans nul doute ces moments absorbants, cette anxiété fiévreuse du chasseur attendant parfois durant des heures pour décocher à une proie guettée un coup plus assuré et plus mortel.

Les animaux étaient à plus de deux cents mètres, sur le bord du cours d'eau; tantôt ils avançaient comme pour replonger dans la rivière, tantôt ils semblaient se décider à disparaître dans les grandes herbes. Chacun de leurs pas, épiés par Nilis, causait à ce dernier un mélange de plaisir et d'angoisse.

Enfin les deux animaux s'élancèrent dans le courant; les yeux de Nilis, rayonnant d'allégresse, suivirent ardemment la piste tracée sur les eaux par les cornes de ce gibier nageant sans le savoir vers un danger certain.

A quarante mètres du chasseur, les animaux s'arrêtèrent timidement sur la rive; leur taille, comparable à celle d'un jeune taureau, ne pouvait dans les graminées les dérober à la vue. Nilis et Ambari eurent tout le loisir de viser sûrement. Deux détonations simultanées foudroyèrent les deux bêtes.

Leur poil est brun cendré, long de six centimètres et extrêmement moelleux; sur la tête, il est presque ras; une bande de poils blancs très courts croise le haut des narines. Les cornes mesuraient environ soixante centimètres de longueur; leur section est demi-circulaire avec une corde rectiligne depuis la base jusqu'aux trois quarts de la hauteur; ensuite elle devient circulaire jusqu'aux pointes.

Les pieds sont garnis de sabots comme ceux des moutons, mais recourbés en pointe à leur extrémité; ils rendent impropre à la course ce remarquable ruminant, que nos connaissances restreintes en zoologie ne nous permettent pas de désigner autrement que sous le nom d'antilope.

Ambari disait en avoir précédemment rencontré en Afrique, toujours sur les bords des rivières, sortant peu ou point de l'eau, si ce n'est pour pâturer, de préférence pendant la nuit.

Cette variété d'antilope n'est pas dangereuse, même aux abois; sa peau magnifique est profitable, mais sa viande n'est pas agréable à manger.

Ce ruminant possède au même degré que l'hippopotame la faculté de plonger; ses habitudes rappellent sous bien des points celles du volumineux amphibie. Il se rencontre très rarement dans les eaux hantées par les crocodiles qui figurent dans le nombre de ses ennemis les plus redoutables.

Désormais le chasseur, sûr de ne point rentrer bredouille, avait le temps de considérer amplement la nature qui l'entourait, d'admirer le paysage, de cueillir une fleur brillante, de goûter aux fruits sauvages d'un arbrisseau rabougri ou d'un arbre colossal.

Non loin de l'endroit où par une inéluctable nécessité Nilis et Ambari durent abandonner leurs victimes, une sombre forêt masquait une colline et flanquait à l'est le cours d'eau.

Retourner à la station pour partager avec Van de Velde un déjeuner assez frugal, mais ardemment réclamé par l'estomac de Nilis, eût tenté le chasseur si, comme nous l'avons dit, le soleil n'eût pas fait fuir les nuages gris du matin.

Mais les dômes touffus des grands arbres étaient plus à la portée des chasseurs que les toits de la station. On pouvait sans gravir une hauteur aussi rude que celle de Manyanga, goûter les douceurs du repos à l'abri du feuillage et y casser la croûte traditionnelle que tout chasseur prudent glisse dans sa gibecière, aussi bien au Congo qu'au pays des hôtels et des restaurants de village.

Les chasseurs s'arrêtèrent à ce dernier parti.

La mousse épaisse qui recouvrait le sol de la forêt vierge, constituait une table charmante sur laquelle les chasseurs prirent un repas assaisonné par la faim, condiment qu'envieraient les gastronomes les plus dédaigneux.

Après le repas, comme toute sieste eût offert un danger certain, Nilis résista au sommeil et s'enfonça avec son compagnon dans la forêt où des milliers de singes avaient élu domicile.

Ambari découvrit une plante herbacée, rabougrie, dont le fruit semblable à la goyave était d'un goût fort agréable; le pédoncule sort de la tige à l'endroit où elle s'engage dans le sol, de telle sorte que le fruit paraît être autant sous que sur la terre.

Cette plante est connue dans certains districts de l'Afrique sous le nom d'*atoundo*.

La promenade dans la forêt était difficile en raison des buissons épineux et des lianes emmêlées; cependant les marcheurs réussirent à faire quelques kilomètres sous bois.

A leur grande surprise, ils rencontrèrent bientôt des traces récentes du passage d'êtres humains.

Excités par la curiosité, ils suivirent cette piste et arrivèrent devant un énorme piège à gibier tendu par les indigènes.

Une sorte de haie assez élevée et qui pouvait avoir plus de cinquante mètres de développement, entourait un espace presque circulaire.

Tous les vingt mètres une ouverture était pratiquée dans l'énorme enceinte pour conduire à des enclos étroits pourvus d'une trappe ingénieuse, sorte de piège à bascule dans lequel les petites antilopes sont écrasées sous le poids d'un tronc d'arbre.

Les naturels utilisent ces pièges de la façon suivante: ils se rassemblent en grand nombre, battent la forêt en poussant des cris effrayants; le gibier levé fuit éperdu devant les hurleurs; comme il ne peut franchir d'un bond la haie trop haute, il s'élance effaré dans les ouvertures et tombe victime des pièges qu'on y a tendus.

L'approche du coucher du soleil imposait aux chasseurs l'heure du retour à la station.

Nilis voulut retourner sur les bords de la rivière pour marquer l'emplacement où gisaient les victimes de la chasse.

Mais on perdit des heures avant de sortir du bois où régnait déjà une obscurité profonde. Impossible, dès lors, de retrouver dans le dédale inextricable des graminées et des joncs l'endroit cherché.

La nuit ne permettait pas de scruter chaque massif d'herbes et de s'attarder outre mesure dans des repaires trop voisins des demeures des alligators.

Le lendemain, Nilis et Van de Velde, au courant des exploits du chasseur, revenaient avec une escouade de Zanzibarites pour chercher les cadavres des antilopes.

On fouilla la rive, mais on ne trouva plus que les débris d'un festin de crocodiles. Ces voraces habitants des eaux, qui remontent seulement la rivière à la saison des pluies, avaient profité des chances et de l'habileté des chasseurs de la veille. Ces antilopes amphibies tuées par Nilis et Ambari n'ont pas d'ennemis plus acharnés que les crocodiles.

Nilis fut désolé. Quant aux noirs, leur imagination, leurs appétits, excités par les récits nocturnes d'Ambari, s'évanouirent comme les douceurs du songe devant l'impertinence du réveil.

Plus de gibier, partant plus de banquet.

Pour dédommager l'escorte, Nilis l'amena dans la forêt visitée pour y cueillir des atoundos, et disputer aux singes les fruits d'arbres énormes, graines écarlates enfermées dans une gousse gros vert et assez semblable aux pois par la forme.

On y trouva encore des fruits assez communs, jaunes et sphériques comme une orange mûre. Ils pendaient verticalement des branches d'un arbre de médiocre stature, où ils étaient attachés par un long pédoncule.

Leur enveloppe aussi dure que la corne, brisée à coups de hachette, laissait échapper un liquide épais, coagulé, plein de petites graines pareilles à des noyaux de prunes.

Cette liqueur était nourrissante, d'un goût sucré, mais légèrement acide; prise en quantité, elle produisait l'effet du meilleur purgatif.

Cette promenade instructive et apéritive dans la forêt cessa sur l'ordre des blancs. On retourna à la station, après avoir assisté de loin à une curée de crocodiles sur les bords de la rivière près de son confluent avec le Congo.

Les batraciens farouches s'étaient attaqués cette fois aux approvisionnements ambulants de la station. Deux chèvres faisaient les frais de la gloutonnerie d'un crocodile.

Ainsi se découvrait a Nilis le mystère de la diminution rapide de ses troupeaux depuis le renvoi ou plutôt la fuite du berger infidèle.

Les troupeaux de chèvres de Manyanga - Nord n'étaient pas les seuls éprouvés par le vivant fléau du voisinage; depuis longtemps les missionnaires anglais se plaignaient de la dépopulation de leurs étables.

Néanmoins les alligators laissèrent aux Européens du district de Manyanga des gigots de moutons et voire même de chèvres en nombre suffisant pour fêter le jour de Noël.

FÉTICHE.

Le 25 décembre, la station comptait un explorateur belge, retour du Kouilou, l'ancien sous-lieutenant d'infanterie Edmond Destrain.

Malheureusement, la présence de ce compatriote, que la fièvre africaine étendait ce jour-là sur un lit de douleur, détruisit la gaieté des convives.

A l'heure traditionnelle de minuit, les plaintes arrachées au malade par la souffrance avaient seules tenu éveillés, dans la nuit du 24 au 25 décembre, les enfants de la Belgique réunis à Manyanga.

Un orage épouvantable suivi d'averses, de véritables trombes d'eau sous lesquelles les toits nouvellement réparés menaçaient de s'effondrer, retint aux arrêts forcés dans la chambre et au chevet de Destrain le lieutenant Nilis.

Dans les rares moments de calme accordés au malade par la fièvre, les Belges causaient de ce Noël pluvieux, et le comparaient aux vieux Noëls parfois neigeux de la patrie, ces soirées consacrées aux douces causeries du foyer, aux fêtes intimes de la famille, aux secrètes réjouissances du cœur.

Combien d'êtres unis aux pionniers de l'Afrique par des liens indissolubles de parenté où d'affection pensèrent ce jour-là à nos héros!

Pour ceux de Manyanga, la fête de Noël de 1882 compta parmi les plus tristes moments de leur vie tourmentée d'exilés.

Le 26, dès l'aube, un splendide ciel bleu lamé d'argent dissipa l'humeur noire des hôtes de la station. Destrain ressentit les bienfaits de ce brusque changement de température; il se leva et prit part au repas du matin avec ses compatriotes.

A l'issue du déjeuner, on annonça aux blancs l'arrivée de plusieurs femmes indigènes, désireuses comme d'habitude d'échanger contre de beaux colliers de perles leurs denrées alimentaires.

Leur façon de grouper par dizaine les petits tas de marchandises attira l'attention de Nilis.

Ce n'était pas la première fois que le lieutenant constatait chez les natifs la connaissance pratique d'un système de numération décimale.

La visite des femmes était toujours de bon augure. Elle annonçait la pacification momentanée de la contrée.

Aux époques de troubles ou d'hostilité déclarée contre les blancs, les femmes ne se montraient pas.

Cependant ce singulier baromètre marquant la paix ou la guerre était parfois en défaut; le 26, au soir, après le départ des vendeuses, les missionnaires anglais communiquèrent à Nilis des nouvelles alarmantes concernant les dispositions des indigènes de la rive sud envers les agents et les serviteurs de l'Association.

Les caravaniers zanzibarites traitaient trop souvent les districts traversés en pays conquis; ils donnaient surtout de nombreuses preuves de l'intérêt qu'ils portaient aux poules des indigènes, et troublaient trop fréquemment le repos des ménages.

Le 30 décembre, le chef caravanier Minga, venant du Pool, apportait à

Nilis une lettre de Grang annonçant la mort tragique d'un officier suédois, M. Kalina, dont nous reparlerons au cours d'un prochain volume. En réponse aux réclamations du chef de Manyanga contre les caravaniers de Soudi, Grang rendait compte des punitions exemplaires qui avaient été infligées à ces rebelles : le Zanzibarite qui s'était enfui de Manyanga, lors du départ de la caravane Soudi, s'était volontairement rendu à Léopoldville pour y subir un châtiment mérité. Quant à Soudi, par décision de Valcke il avait été destitué de ses fonctions de chef caravanier.

Grang mentionnait en outre le mauvais état sanitaire des hôtes de Léopoldville; il décrivait les terribles assauts qu'il soutenait sans cesse contre sa *bilieuse*.

On appelait ainsi, là-bas, cette terrible fièvre africaine, épée de Damoclès suspendue sur la tête de chaque explorateur. On disait « il a sa bilieuse », comme on dit « il prend son absinthe » : tant le mépris de la souffrance, le stoïcisme, avaient pénétré dans les âmes de ces vaillants, tous décidés à donner jusqu'à leur vie pour le triomphe de la cause africaine.

Partout, à l'époque de la dangereuse saison des pluies, les agents de l'Association éprouvèrent les souffrances et les cruels mécomptes de la vie sédentaire ou nomade de l'Européen dans l'Afrique centrale. Partout, néanmoins, chacun d'eux remplit sa tâche avec un zèle sans égal et une énergie peu commune.

Le 1er janvier 1883, Destrain, non encore remis de sa maladie, quittait Manyanga et se mettait en route pour le Pool, *via* Luteté.

Parti malgré les instances de Nilis qui le suppliait de ne point s'exposer à une rechute inévitable, Destrain, miné par la fièvre, accablé par la marche, s'arrêta exténué chez Van Gele, le 3 janvier.

Ce même jour, Nilis était sollicité par les chefs indigènes de Mowa et Zinga, désireux de placer leurs intérêts sous le protectorat des blancs. Cette proposition acceptable avait son côté mercantile; les nègres de la rive nord, dont la conduite odieuse avait éloigné les caravanes de l'Association, demandaient la création d'un poste hospitalier soit à Zinga, soit à Mowa, et l'établissement d'une route livrant passage aux caravanes, avec obligation toutefois par ces dernières d'acquitter les droits de péage.

A cette époque, les eaux des rivières étaient très hautes; certaines d'entre elles devaient être franchies par les caravanes sur des pirogues indigènes, et, cela va de soi, les passeurs exigeaient des cadeaux largement rémunérateurs.

La discussion de l'offre des gens de Mowa et Zinga fut remise à une date postérieure, Nilis n'ayant pas l'autorisation de trancher cette question.

Le lieutenant, habitué depuis plusieurs mois à la présence de compatriotes malades ou bien portants, ressentit pendant plusieurs jours toutes les horreurs de l'isolement d'un homme civilisé sur le plateau de Manyanga.

Cette solitude relative, étant donnée la quantité de noirs êtres humains qui végétaient autour de Nilis, lui parut cette fois d'autant plus pénible que le courrier de la côte eut un retard inusité.

Le boat le *Royal*, qui selon le règlement des correspondances aurait dû toucher à Manyanga à la date du 31 décembre, n'y parvint que le 4 janvier suivant.

Le bateau avait été retenu par Stanley, débarqué tout récemment au Congo après un rapide voyage en Europe. Ce retard fut compensé pour Nilis par les nombreuses lettres venues de la patrie, apportant toutes au voyageur les vœux et les souhaits de nouvelle année émanant de personnes aimées.

Un accident dramatique avait marqué cette dernière traversée du *Royal* :

Un matelot zanzibarite, voulant décharger contre un crocodile son fusil Winchester, avait saisi l'arme avec trop de précipitation ; le chien s'était accroché, et le malheureux, en essayant maladroitement de le dégager, provoqua l'explosion et tomba, la poitrine traversée par la balle, dans le fleuve, par-dessus le bord.

L'équipage atterré ne put sauver le cadavre du sort fatal qui l'attendait. L'alligator, cause inconsciente de ce suicide involontaire, fit de son estomac le cercueil du défunt.

Le *Royal* transportait cette fois à Manyanga des colis de perles rouges et de *garatas*, perles en porcelaine blanche avec dessins bleus, monnaie destinée à circuler bientôt sur les marchés environnants.

Chose étrange, les nègres dont la prédilection pour la couleur rouge est connue de tous, n'attribuèrent aucune valeur aux perles rouges, tandis qu'ils recherchèrent avidement les garatas.

Le 11 janvier, à la nuit tombante, Destrain, retournait à Manyanga, venant de Luteté ; il devait par ordre de Stanley se rendre à la côte occidentale. Non encore guéri, il descendit le 14, avec le *Royal*, jusqu'à Issanghila.

En prévision de l'arrivée prochaine de Stanley, Nilis hâta les travaux de construction en cours.

Il fut assez habile diplomate pour amener les mfoumis (chefs indigènes) des villages environnants à décider leurs sujets à travailler pour le compte des blancs.

Convoqué à cet effet par Nilis, le chef Matari, n'ayant pu se rendre à la station le jour même de la convocation, envoya prévenir l'officier de sa visite pour le lendemain (19 janvier), et en garantie de sa promesse il lui fit remettre son sceptre de commandement, une tige en bambou piquée de clous à têtes de cuivre.

LE LIEUTENANT ORANG.

Le lendemain, en effet, Matari, doux comme un agneau, promettait à Nilis quantité de natifs, mais il priait le mundelé de ne point donner la chicotte à ceux de ses sujets qui travailleraient pour les blancs.

Le 20, un jeune Anglais, rédacteur du *Graphic*, voyageur audacieux guidé par l'amour de la science, M. H. H. Johnston, recevait à Manyanga l'hospitalité la plus cordiale.

M. Johnston, dessinateur et savant naturaliste, explora depuis les bords du Congo jusqu'à Bolobo, et consigna dans un ouvrage très intéressant, aux pages duquel nous avons souvent emprunté nos renseignements, les descriptions les plus variées sur l'histoire naturelle et les coutumes et les mœurs des indigènes de ces lointaines contrées. Cet ouvrage est intitulé ainsi qu'il suit : Johnston : *The river Congo, from its mouth to Bolobo*.

Le lendemain de son arrivée à Manyanga, M. Johnston assistait à l'entrevue plaisante du fils de Matari avec Nilis.

Matari jeune était littéralement ivre, mais, circonstance bien faite pour éveiller les soupçons du lieutenant, ce futur mfoum indigène était porteur d'une cartouchière et d'une baïonnette appartenant à l'équipement des Zanzibarites de la station.

Nilis retint ces objets et fit une enquête pour savoir comment Matari jeune en était devenu possesseur.

La faculté de mentir étant développée à l'excès chez les enfants noirs de l'Afrique, cette enquête n'aboutit à rien.

Matari jeune, que l'ivresse au gin et au malafou rendait d'une folle gaieté, n'était pas bavard dans un tel état; on ne put obtenir de lui autre chose que des gambades et des chansons plus ou moins obscènes.

Matari père, venu sur le tard à la station, se montra peu sévère pour les écarts de son héritier. Il rit à gorge déployée lorsque Nilis lui conta la conduite extravagante et la tenue irrégulière de Matari fils.

Une préoccupation très sérieuse avait dicté à Matari père sa démarche près de Nilis. L'incident Matari jeune était clos; l'ex-chef de N'tombo-Mataka apprit au lieutenant l'arrivée prochaine à la station de deux blancs venant du Pool; l'un de ces blancs était Boula Matari II (capitaine Hanssens).

« Comment le grand chef blanc agira-t-il avec moi, échappé des prisons de Vivi? Devrai-je défendre ma liberté et m'opposer à coups de fusil à l'approche de mon ennemi? demanda naïvement Matari à Nilis.

— Rassurez-vous, le capitaine Hanssens n'est pas votre ennemi. Depuis votre retour dans la contrée, vous m'avez rendu des services; je parlerai en votre faveur, Boula Matari II vous pardonnera. »

Cette idée du pardon ne pouvait entrer dans l'âme du nègre. Pour prévenir tout événement fâcheux, Nilis retint Matari père à la station jusqu'à l'arrivée annoncée du capitaine Hanssens.

Le 26 janvier au matin, une caravane imposante se dessinait comme un immense rouleau noir sur la route du Stanley-Pool, au pied de la colline de Manyanga.

Nilis, rassemblant ses hommes et ne laissant à la station que quelques

Kabindas de garde, alla, drapeau déployé, attendre sur la plage son chef, son ami et son compatriote.

Les soldats rangés en bataille présentèrent bientôt les armes à Hanssens et à Grang, qu'ils saluèrent ensuite d'un triple hip ! hip ! hourra !

Les Belges s'embrassèrent cordialement. Le soir un banquet magnifique, animé surtout par la joie des convives, réunissait Hanssens, Grang, Johnston et Nilis dans la salle à manger de la station.

Au dehors l'orage grondait avec furie, et dans les intervalles des roulements de tonnerre on percevait les sauvages accents des Zanzibarites fêtant sous les toits des chimbeks, par les chants monotones de leur patrie lointaine, la présence des quatre-vingt-dix-huit compatriotes ramenés du Pool par les blancs.

Bon nombre des Zanzibarites arrivés ce jour-là devaient regagner par étapes la ville de Banana, et s'y embarquer ensuite pour la côte orientale.

L'Association avait décidé le rapatriement des Zanzibarites qu'un séjour trop actif et trop prolongé au Congo affaiblissait au point de n'être plus utiles aux travaux entrepris.

Plusieurs agents européens étaient attachés au rapatriement des noirs, et depuis le mois de décembre 1882 un docteur belge, Théophile Van den Heuvel, le même homme de bien qui avait déjà exposé sa santé et sa vie et illustré son nom à tout jamais en accomplissant à la côte orientale une noble mission, avait été, sur sa demande, désigné par l'Association pour exercer à Léopoldville, en même temps que ses fonctions de médecin, un contrôle minutieux sur les Zanzibarites sollicitant la faveur d'être rapatriés.

Le 2 février, Van den Heuvel arrivait à Manyanga, venant d'Issanghila par voie de terre ; le docteur-médecin apparaissait vraiment comme un Messie sauveur, au moment désiré.

Manyanga comptait alors, outre son commandant, une nombreuse colonie blanche : Brown, Liedsick, Ivaert, agents subalternes de l'Association, Hanssens, Valcke, Grang, Amelot, tous moralement forts, mais physiquement affaiblis par les rudes épreuves d'un séjour sous les latitudes tropicales, assez long et surtout très laborieusement rempli.

Après un feu roulant de demandes et de réponses, après une envolée de paroles amicales, le docteur, sans prendre le moindre repos, accorda généreusement une consultation interminable à tous les Européens devenus aussitôt ses amis.

Jamais effet moral produit sur des malades par l'apparition d'un docteur ne fut comparable à celui que réalisa la venue du sympathique Van den Heuvel au milieu de la population européo-africaine de Manyanga-Nord.

Il eut pour tous un mot d'espoir, une ordonnance réconfortante ; ses recommandations, ses conseils sur le régime hygiénique à suivre dans ces contrées torrides avaient un prix inestimable, par suite de son expérience acquise sous des latitudes isothermes.

CHAPITRE XIX

Visite de Stanley à Manyanga. — Parfonry sur la route de Luteté. — Suicide de Luksick. — Mort de Parfonry. — Folie d'Ivaert. — Excursion à N'jenga. — Décès de Grang. — Retour de la saison sèche.

E 4 février, les blancs présents à Manyanga faisaient à Stanley une réception grandiose.

L'agent supérieur de l'Association africaine descendu, dès le matin, du steamer le *Royal*, fut salué par de bruyantes salves de mousqueterie et par les acclamations et les vivats des blancs et des noirs de la station, rangés en ordre de bataille sur la rive du Congo.

Une foule innombrable d'indigènes des alentours, attirée par cette fête, marquait de son côté sa présence et son empressement par des manifestations non moins bruyantes.

Au débarcadère, les blancs, ayant Hanssens à leur tête, offrirent à Stanley leurs compliments de bienvenue.

Le célèbre explorateur répondit à tous par un petit speech cordial, puis gravit allégrement la colline en s'entretenant familièrement avec Hanssens et Nilis.

Arrivé sur le plateau de Manyanga, Stanley, jugeant d'un coup d'œil l'important développement des travaux de la station si activement poussés par Nilis, témoigna au lieutenant son agréable surprise; ses yeux exprimèrent une vive satisfaction et sa figure rayonna de joie.

Quelle différence entre le plateau désert sur lequel Stanley et Harou plantaient, trois ans auparavant, au sommet d'un bambou, la banderolle bleue du Comité d'etudes, et ce même sol de Manyanga où des maisons en bois, des magasins en fer, des hangars, des étables en dressaient maintenant leurs gracieuses façades et leurs masses imposantes sous l'ombrage de bananiers vigoureux!

Un logement particulier avait été préparé pour Stanley, qui manifeste néanmoins l'intention de prendre ses repas en commun à la table des blancs.

Au dîner du soir un léger incident troubla un moment l'accord qui n'avait cessé de régner depuis longtemps entre les hôtes civilisés de la station de Manyanga.

Stanley, à qui nous avons décerné au cours de notre récit, un légitime tribut d'éloges et d'admiration en tant que champion intrépide du voyage et de la découverte, est par excellence suivant une expression du capitaine Hanssens, l'homme habitué à exercer sur ceux qui l'entourent un commandement absolu.

Cette tendance à l'autocratie a froissé parfois les agents places en Afrique sous les ordres de Stanley, et voire même ceux qu'un stage assez long dans une armée européenne a familiarisés avec les rigueurs de la discipline militaire. Elle est néanmoins excusable, si l'on tient compte du tempérament nerveux de l'explorateur, ayant à lutter sans cesse contre des obstacles qu'une forte tension de volonté peut seule parvenir à vaincre, et peut-être aussi des ravages produits par les maladies africaines qui rongent comme un poison lent cette organisation de fer.

Donc, le 4 février, au repas du soir, Nilis, en qualité de chef de la station, présidait la table.

Le dîner était frugal ; les vins absents ne pouvaient, hélas! animer les convives, sur qui l'humeur soudainement morose de Stanley avait exercé une fâcheuse influence.

Stanley, harassé de fatigue, était dans un de ces moments de dispositions chagrines, sorte d'accès de spleen où l'on peut oublier, pour la cause la plus futile, toutes les formes sociales du savoir-vivre et se métamorphoser un instant en homme trop brusque, quitte à le regretter sincèrement plus tard.

A l'occasion du service, l'agent supérieur s'emporta violemment contre le lieutenant Nilis. Ce dernier avait cependant réalisé presque un miracle pour offrir à Stanley tout le confortable possible à Manyanga ; il avait même mis a contribution à son fonds particulier de provisions alimentaires et d'ustensiles de table pour traiter dignement son hôte anglais.

Aussi le lieutenant éprouva-t-il, pour ainsi dire, un véritable choc en retour. Il s'oublia, et répondit sur un ton très animé à l'agent supérieur.

Celui-ci, furieux contre lui-même et contre tout ce qui l'entourait, s'élança hors de la salle à manger et entreprit au loin une course désordonnée, afin de calmer un peu ses esprits.

Quant à Nilis, ayant retrouvé son sang-froid, il essayait de s'expliquer comment une pareille révolution avait pu s'opérer chez lui d'ordinaire affable et calme, et comment il avait pu répondre à Stanley avec aussi peu de mesure.

La réflexion de part et d'autre arrangea amiablement les choses. Le lendemain, Stanley et Nilis paraissaient avoir oublié le désagréable incident de la veille. Stanley, escorté du chef de la station, inspectait les magasins et les réserves de marchandises.

Au cours de cette inspection, Stanley et Nilis se heurtèrent à Matari père.

Quelques jours de douce captivité à Manyanga, la grâce pleine et entière, accompagnée même de splendides présents, accordée par Hanssens, avaient anéanti dans le cerveau de cet ex-ennemi farouche des blancs toute idée de révolte ou d'hostilité.

Chef détrôné de N'tombo-Mataka, Matari imposait encore, en réalité, ses volontés aux chefs et aux indigènes de ce district ; il en remorquait à sa suite un nombre considérable afin de se présenter au célèbre Boula Matari Ier, haut et puissant souverain des blancs du Congo, dans le prestigieux éclat d'un seigneur nègre épris de gloriole et de parade.

Les agissements et les hâbleries de Matari ne réussirent pas à tromper les blancs. On savait depuis longtemps à la station que sous les dehors d'un plat courtisan, le malicieux nègre cachait une ambition sans bornes, un désir effréné de ressaisir le pouvoir avec l'assentiment des Européens.

D'accord avec Hanssens et Nilis, Stanley ne laissa entrevoir à Matari aucune espérance relativement à une restitution d'autorité reconnue. Mais comme ce noir personnage était très influent, on le traita, sous le rapport des cadeaux, à l'égal des chefs indigènes venus pour saluer Stanley.

Le 7 février, Stanley quittait Manyanga vers quatre heures, pour se rendre à Luteté. Avant de partir, il complimentait chaleureusement Nilis sur le bon ordre qui régnait dans son gouvernement et lui remettait des ballots de marchandises et diverses semences, pommes de terre et graines potagères.

Le 9, Van den Heuvel et Nilis procédaient au choix d'un terrain dans les parages de la station, pour y planter ou semer le tout. Les graines potagères, carottes, salades, etc., devaient donner de bons résultats plus tard; mais les pommes de terre ne produisirent qu'une masse de verdure.

Cette occupation en plein soleil valut à Nilis une indisposition, un commencement de scorbut aussitôt combattu par les médicaments homéopathiques du docteur Van den Heuvel.

Vers la mi-février commençait la saison dite des grandes pluies, qui devait durer jusqu'au 10 mai environ.

Durant cette époque, il y avait chaque jour, surtout le soir, des tornados terribles: éclairs, coups de tonnerre incessants, averses diluviennes; l'après-midi, soufflait généralement un aquilon furieux; le thermomètre atteignait en moyenne vingt-trois degrés centigrades.

Outre Nilis, le docteur eut à soigner à Manyanga le capitaine Hanssens, terrassé pendant dix jours par une fièvre persistante.

Sans attendre son complet rétablissement, Hanssens quitta Manyanga le 23 février, pour regagner le haut Congo.

Comme il était encore très faible, il se fit transporter en hamac jusqu'au bas de la montagne; mais, par humanité, en présence des difficultés inouïes qu'éprouvaient ses porteurs, le capitaine, renonça à ce mode de transport et s'engagea résolument à pied sur le semblant de route tracée par le passage des caravanes le long de la rive sud du Congo.

Cette route devait plus tard être établie par les agents de l'Association; Parfonry, relevé par Avaert dans le commandement de la station d'Issanghila, fut appelé à la commencer dès les premiers jours de mars 1883.

Le 4, le sous-lieutenant de passage à Manyanga prévenait Nilis de sa nouvelle mission, dont la réalisation lui paraissait fort difficile dans l'espace de trois mois, accordé par l'Association.

Parfonry ne disposait en effet que de quarante travailleurs noirs de Zanzibar, peu initiés ou même étrangers au métier de cantonnier, mais solides, habiles à manier la hache, rompus aux travaux de mineurs, et capables, sous l'œil du maître, d'un labeur soutenu et de vigoureux efforts.

Ce petit nombre de bons ouvriers eût, à la rigueur, permis à Parfonry de terminer sa mission pénible dans l'intervalle de temps fixé, si la saison eût été propice.

Ouvrir une route durable et accessible à d'énormes chariots-wagons, la hache au poing, à coups de pioche, de pelle et de poudre de mine, sur une longueur de plusieurs dizaines de kilomètres; fouiller un sol transformé en maints endroits par les pluies en masse de boue épaisse et fétide, était un véritable travail d'Hercule, semé de périls et de fatigues sans nombre.

Néanmoins Parfonry se mit à l'œuvre, et dès le 6 mars il dirigeait lui-même son escouade de routiers, sapant, émondant, minant, çà et là, sur un espace de la route, presque en face de Dandanga.

Dans l'accomplissement de ses fonctions, le brave sous-lieutenant n'avait d'autre consolation que le travail, et

INSTRUMENT DE MUSIQUE FÉTICHE
(COLLECTION DE M. FLEMING).

d'autre satisfaction que de recevoir au passage des caravanes des nouvelles de ses compatriotes.

Le 10 mai, il apprit le déplacement de Van Gele qui, laissant à un Suédois le commandement de Luteté, était appelé par Stanley au delà du Stanley-Pool.

Le 12, à sa grande surprise mêlée de contentement, Parfonry voyait s'avancer sur la route de Luteté, Amelot, guidant allègrement, aux doux sons de l'ocarina, une faible caravane de noirs.

Amelot allait remplir par intérim les fonctions de chef de station à Luteté. L'agent, M. Luksick, nommé à ce poste, était, paraît-il, réduit par les djiggas à l'immobilité.

Avec quelle joie Amelot apprenait à son compatriote la distinction dont il était l'objet! Cette place intérimaire de chef de station serait pour le jeune Belge, jusque-là en sous-ordre, l'occasion de se signaler et de mériter le titre et l'emploi définitif de commandant de poste.

« Nous serons bons voisins, je l'espère, pendant plusieurs mois, dit Parfonry en prenant congé du marcheur. Ma route s'avance; les travaux m'amèneront sous peu aux abords de votre station. Conservez-vous à Luteté, mon cher Amelot, toujours gai et bien portant; je vous y ferai de fréquentes visites, et nous y passerons de douces soirées consacrées aux souvenirs, aux causeries intimes que vous entremêlerez des refrains si chers à la patrie. »

Hélas! l'explorateur propose, et le brûlant climat de l'Équateur dispose.

Le 14, au matin, des nuées orageuses s'amoncelèrent au-dessus des tentes de Parfonry; vers deux heures de l'après-midi elles s'entr'ouvrirent et de leurs masses noirâtres laissèrent échapper des gouttes d'eau tiède, larges et serrées; à trois heures, comme un rideau de théâtre qui se lève au signal du régisseur, les nuages se replièrent loin dans l'espace, et le soleil darda ses rayons de feu à pic sur le chantier des constructeurs du chemin.

La pluie avait été courte, mais torrentielle. Dès qu'elle eut cessé, Parfonry sortit imprudemment nu-tête de sa tente, et courut pour examiner les dégâts occasionnés.

La terre, récemment remuée et terrassée au prix des plus pénibles labeurs, était ravinée, crevassée par les eaux; sur certains points, les talus de la nouvelle route s'étaient éboulés; çà et là, des rameaux, des troncs d'arbres, saisis puis abandonnés par le torrent momentané, barraient le chemin tracé.

C'était plus qu'un travail compromis; tout était à refaire sur une longueur de quatre kilomètres.

Immobile au milieu du gâchis, le sous-lieutenant, les yeux hagards, la tête perdue entre les mains, constatait avec un douloureux serrement de cœur les désastreux effets de l'orage. Les pensées les plus décourageantes se succédaient dans son esprit.

« De quelle volonté, murmurait-il, de quelle opiniâtre énergie faut-il être doué pour remplir dignement son devoir, dans ce pays maudit ou les causes naturelles se liguent contre nous avec l'insuffisance, l'incapacité, le mauvais vouloir, des gens! Réussirai-je jamais à me tirer sans honte de la rude tâche que l'on m'a confiée? Ah! déplorable tempête!

« Combien je souffre! Je suis abattu! ma tête est en feu! suis-je fou? à moi! à moi!... »

Sur ces derniers mots prononcés avec égarement, Parfonry s'affaissait sur lui-même et tombait à la renverse, victime d'une insolation, dans l'eau fangeuse du chemin.

Quelques Zanzibarites l'avaient aperçu. Ils le relevèrent et le transportèrent mourant à la station de Manyanga.

Les soins intelligents, le dévouement infatigable du sympathique docteur Van den Heuvel, disputèrent quelques jours encore à la mort cette jeune et vigoureuse organisation.

Peut-être Parfonry eût-il été sauvé, si un drame sanglant n'eût accru l'intensité de son affaissement physique et moral.

Le 18 mars, les Belges bien portants de la station, invités par Nilis à assister au lancement d'un nouveau canot, s'étaient réunis sur les bords du fleuve et avaient confié la surveillance du malade à M. Luksick, le titulaire de la chefferie de Luteté, victime, lui, des dermatophiles pénétrants.

Parfonry, accablé par la souffrance, était légèrement assoupi; sa respiration saccadée troublait par instants, comme un râle pénible, le silence de la chambre à coucher.

Le Suédois Luksick, assis près de la couchette, souffrait lui-même atrocement.

Les bras appuyés sur les genoux, les mains supportant la tête, il contemplait fixement, d'un œil morne et glacé, le malade qu'il gardait, et écoutait avec un rictus sur les lèvres les plaintes douloureusement étouffées du malheureux. Pas une idée consolante, pas une pensée d'espoir ne passait alors dans sa tête. En fait, il touchait à la démence.

Jugeant Parfonry profondément endormi, Luksick se traîna sur les mains et les genoux, les pieds refusant de le soutenir, jusqu'à l'extrémité de la couchette où pendait au ceinturon de l'officier un revolver chargé.

Saisissant cette arme, le Suédois en approcha le canon de sa tempe droite et pressa la détente. Le coup partit, Luksick roula sans pousser une plainte.

Au bruit de la détonation, Parfonry s'était brusquement soulevé sur sa couche.

La vue des caillots de sang qui s'échappaient de la plaie béante du suicidé provoqua chez le malade une sensation indicible. Il se leva malgré sa faiblesse, comme pour porter secours à son ex-garde-malade, le prit dans ses bras amaigris, l'appela, le tourna, le retourna. Tout fut inutile, Luksick était mort, et son visage encore calme indiquait que le trépas avait été instantané.

Cette émotion secoua terriblement le malade.

Lorsque Nilis et Van den Heuvel revinrent à la station, ils trouvèrent le pauvre Parfonry en proie au délire, gesticulant, criant convulsivement :

« Oh ! Amelot sera content ! Luksick s'est suicidé ! Amelot sera nommé commandant en titre de Luteté ! »

Le poignant spectacle de ce malheureux délirant à côté du corps sanglant du suicidé étreignait à la gorge et annihilait les facultés de Nilis. Il restait là, immobile, muet, tandis que Van den Heuvel, plus calme, procédait avec sang-froid à l'examen du cadavre et administrait au malade affolé une potion dont l'effet bienfaisant amena avec le sommeil quelques heures de tranquillité.

Le lendemain, on enterrait Luksick dans la nécropole où s'élevaient déjà les tombes de plusieurs Zanzibarites.

Le cérémonial des funérailles fut réglé selon le rite des indigènes de la côte orientale.

Ce même jour, Van den Heuvel, resté à la station auprès de Parfonry, constatait une aggravation fatale dans l'état du jeune officier. Le délire persistait et le mal prenait toutes les apparences de la fièvre typhoïde.

Le docteur s'établit au chevet de son compatriote. Durant trois jours il le disputa à la mort. Avec de l'eau bouillante, n'ayant rien de mieux à sa disposition, Van den Heuvel prépara des espèce de cautères qu'il appliquait, toujours poudrés de sulfate de quinine. Pendant la nuit, il administrait des injonctions hypodermiques d'un gramme du même médicament chacune.

Ces soins incessants devaient être, hélas ! sans résultats heureux.

Le 24, Parfonry eut le typhus bien déclaré ; la journée fut pour lui remplie par un râle ; à 9 heures et demie du soir il rendait le dernier soupir, sans avoir repris ses sens et sans manifester une souffrance réelle.

Tous les blancs présents à Manyanga avaient assisté à l'agonie du regretté jeune homme, cherchant en vain à saisir dans ses dernières paroles l'expression d'un désir, d'une volonté, d'un regret.

Le dimanche 25, les habitants de Manyanga-Nord rendaient au malheureux défunt les honneurs funèbres. Nilis prononçait sur la tombe de son compatriote des paroles émues, coupées parfois par un sanglot.

Enlevé à la fleur de l'âge, sept mois après son arrivée au Congo, Parfonry avait néanmoins assez vécu pour montrer qu'il y avait en lui les éléments que doit posséder tout homme qui s'élève au-dessus des autres par sa propre valeur morale.

Sympathique à tous ceux qui le connurent, Parfonry avait allié aux qualités du cœur une bravoure remarquable, beaucoup de talent et une ardeur infatigable au travail.

LE CONGO PRÈS DE LUTETÉ

Les pénibles événements qui venaient de se dérouler en si peu de jours à Manyanga, éprouvèrent diversement la colonie blanche de la station.

Nilis et Van den Heuvel, les deux agents belges qui exerçaient en raison de leurs fonctions, l'un l'autorité, l'autre un ministère entraînant le respect, durent réagir contre les tendances au découragement ou à la nostalgie qui s'emparèrent des Européens.

Dans la nuit qui suivit l'enterrement de Parfonry un agent de l'Association, Ivaert, marin de passage à Manyanga, fut subitement atteint de folie.

Obligé de coucher dans la chambre du défunt, il avait à contre-cœur obéi à cette nécessité. Dans la nuit, il éprouva des sentiments d'effroi inconcevables et ses cris amenèrent auprès de lui le lieutenant Nilis.

Ivaert, drapé dans sa toile de couchage, ressemblait à un fantôme; pâle, les cheveux en désordre, il courait de tous côtés, pleurant, hurlant, croyant voir partout l'ombre du mort. Le pauvre diable était pris de folie.

On dut le garrotter, le coucher sur son lit, l'enfermer à double tour et mettre à sa porte un gardien.

Cette folie passagère, effet de prétendues visions, disparut au retour de l'aube; mais un accès nouveau s'empara d'Ivaert, le lendemain 26.

Sur les conseils du docteur, Nilis expédia Ivaert avec une caravane partant pour Luteté. Ivaert consentit joyeusement en apparence à ce déplacement, mais, arrivé sur la rive sud, en face de Manyanga, il s'arrêta et s'établit avec quelques Zanzibarites dans des huttes d'herbages élevées spontanément.

Le pauvre insensé passa là plusieurs jours, offrant de loin aux blancs de la station l'écœurant spectacle de ses étranges accès. Sa folie dominante était de refuser la nourriture préparée à son intention, pour partager le repas au riz des Zanzibarites; il avait du reste adopté plus que les coutumes de ses noirs compagnons, il s'habillait aussi comme eux.

A cette époque de l'année, les indigènes descendaient des villages perchés sur les collines et s'installaient pendant le jour sur les rives du fleuve, pour s'y livrer surtout aux occupations de la pêche. Les femmes et les enfants suivaient les hommes dans cette pérégrination quotidienne.

La présence d'un blanc possédé d'un fétiche avait amené autour d'Ivaert un nombre incalculable de natifs. Pour eux un blanc sain de corps et d'esprit est l'égal d'un demi-dieu; un blanc aliéné atteint de folie équivaut à un dieu complet.

Il n'était pas rare de voir des groupes compacts d'adorateurs respectueux se former autour d'Ivaert dans ses pénibles moments d'accès d'aliénation mentale.

Toute la journée quelques femmes et de nombreux enfants s'accroupissaient autour de lui, les unes vaquant à des soins d'hygiène et de propreté, les autres jouant, murmurant en chœur les refrains tristes et monotones de la tribu; tous, frémissant d'une religieuse terreur, s'inclinant, courbant leur front dans la poussière, lorsque par un mouvement inconscient Ivaert promenait sur eux ses regards vagues et indécis.

Entre-temps, Nilis avait expédié à Stanley un courrier spécial relatant les déplorables incidents survenus à Manyanga.

Stanley dépêcha en réponse le lieutenant Valcke, son second, son bras droit, avec ordre d'assurer la continuation de la route entreprise par Parfonry, de confirmer Amelot dans son poste de chef de Luteté.

L'arrivée de Valcke à Manyanga coïncida avec celle d'une caravane conduite par Orban et Guillaume Van de Velde.

Ces deux derniers repartaient bientôt, emmenant Ivaert presque guéri. Ils allaient renforcer une expédition de découvertes commandée par le lieutenant Harou, récemment retourné au Congo.

Le 8 avril, Nilis et Van den Heuvel, seuls blancs de la station, décidèrent une excursion, une promenade à l'aventure dans les environs de Manyanga. Callewaërt, arrivé la veille du Stanley-Pool, surveilla la station.

Le 8 était un dimanche, journée consacrée au repos aussi bien pour les blancs obéissant aux principes religieux européens, que pour les Zanzibarites, excellents musulmans, heureux d'ajouter au farniente du vendredi le repos dominical.

Les Belges descendirent le versant nord-est de la colline et s'égarèrent ensuite dans les grandes herbes. Suivant la direction nord, ils s'éloignaient par conséquent de la rive droite du Congo. Ambari, compagnon inséparable des excursions de Nilis, était avec eux.

Après trois heures de marche, on arriva dans un petit village, N'jenga, où les indigènes saluèrent du nom de *séfou-séfou* le lieutenant Nilis. (Séfou-séfou signifie l'homme à la barbe, le roi barbu.) Ce surnom fut acquis depuis au chef de Manyanga, et subsista même après que Nilis eut fait tomber sous le rasoir la magnifique barbe qui le lui avait valu.

Ce village de N'jenga, où les indigènes étaient fort aimables, commandait une région très fertile. Il devint par la suite le marché maraîcher le plus important, le centre de ravitaillement des blancs de Manyanga.

Les notables de cette localité invitèrent avec insistance les blancs à partager leur repas, composé de toutes sortes de mets confectionnés à l'huile de palme. Cette insistance eût décidé Nilis et Van den Heuvel à accepter, s'ils n'avaient pas été témoins des procédés peu appétissants des cuisiniers de l'endroit.

Les artistes culinaires préparaient certaines boulettes, mélange de farine de manioc, de beurre de palme et autres ingrédients, en roulant le tout dans leurs mains, qu'ils passaient préalablement dans leur chevelure graisseuse.

Malgré la longueur et l'heure matinale de la promenade, Nilis et Van den Heuvel n'étaient pas affamés au point de manger, les yeux fermés, des mets ainsi préparés. Ils se contentèrent de quelques fruits, prirent congé de leurs nouveaux amis et regagnèrent la station, en glissant dans les grandes herbes.

Le retour fut pour eux un cruel supplice. La route était une véritable fournaise; sous les rayons ardents d'un soleil précurseur de l'orage, on voyait les molécules de chaleur sortir de terre, les objets, plantes, cailloux, ronces de la route, semblaient vibrer.

Rentrés à Manyanga, nos deux excursionnistes exténués juraient, mais un peu tard, qu'ils ne tenteraient plus au Congo, durant le mois d'avril, des promenades de plaisir.

Huit jours après, le docteur Van den Heuvel partait pour Léopoldville avec trois jeunes Kabindas et quelques porteurs zanzibarites; le *Royal* emmenait Callewaert vers Issanghila; Nilis se retrouvait seul, et subissait plus que jamais l'affreuse nostalgie, ce mal fréquent de l'exilé.

Le 21 avril, une désolante missive apportée à Nilis par un caravanier venu de Léopoldville accroissait la tristesse, le spleen du lieutenant.

Son compagnon de bord du *Roquelle*, son brave ami le lieutenant Grang, était mort à Léopoldville, le 11 avril, emporté par l'insatiable fléau africain, la *bilieuse*, cette maladie terrible contre laquelle le jeune pionnier avait vaillamment lutté.

En butte depuis longtemps aux accès périodiques de l'ingrate fièvre, Grang n'en accomplissait pas moins avec un dévouement sans exemple tous les services qu'on demandait de lui.

Aussi grand de taille que loyal et fidèle agent de l'Association, le jeune officier distingué par Stanley avait été désigné vers la fin de mars pour diriger une expédition vers le haut Congo.

A cet effet, il s'occupait lui-même de rassembler tous les éléments nécessaires à cette entreprise, et après s'être fait tour à tour recruteur de troupes indigènes, emballeur, forgeron, charpentier, etc., il était devenu constructeur de steamer.

Cette dernière fonction l'avait retenu au port de Léopoldville dès les premiers jours d'avril. Désireux de hâter l'achèvement de son embarcation, Grang, stimulant par l'exemple la bonne volonté de ses ouvriers, travaillait, en bras de chemise, au milieu d'eux, jouait du marteau et de la hache comme l'eût fait le plus expert charpentier d'Europe.

Les intempéries du ciel ne pouvaient modérer l'ardeur du laborieux pionnier.

Un après-midi, Grang mit la dernière main à la construction du bateau ; il enfonça les derniers clous, ficha la hampe au sommet de laquelle se déployèrent les couleurs de l'Association, et aida les noirs à effectuer le lancement de l'immense pirogue.

Sous les coups de marteau redoublés et sonores, les madriers servant de support au canot s'écartèrent et délivrèrent de toute entraves la proue qui glissa et bondit sur les eaux du Stanley-Pool, miroir reflétant alors les teintes sombres d'un ciel orageux.

Soudain l'orage sévit avec une violence inouïe, une avalanche d'eau interrompit la manœuvre ; les noirs allèrent précipitamment à la recherche d'un abri ; Grang, inquiet du sort réservé par la tempête à son embarcation, s'acharna, sous le fouet battant de la pluie, à l'amarrer à la rive par des cordages de rotang.

Ce travail nécessita du temps et de prodigieux efforts. Grang le termina ; mais lorsque, fier d'avoir réussi, il songea à sa propre personne, il reconnut son imprudence irrémédiable : ses vêtements de toile étaient trempés comme s'ils sortaient du baquet d'une blanchisseuse ; l'eau ruisselait partout sur son corps, naguère couvert de sueur.

Pas un vêtement de rechange n'était en sa possession ; il s'abrita un instant, pour échapper aux dernières fureurs de la pluie, et regagna ensuite la station sous le souffle glacial du vent qui avait chassé les nuées.

Arrivé à Léopoldville, il se coucha pour ne plus se relever. Sa constitution ébranlée ne fut plus qu'une proie facile pour un accès de la redoutable fièvre bilieuse.

L'infortuné Grang ouvrit la liste des glorieuses victimes de l'œuvre africaine, inhumées dans la nécropole de Léopoldville, à l'ombre de quelques bananiers et de séculaires bombax.

Sa perte, vivement déplorée par l'Association, impressionna douloureusement tous les agents belges ou étrangers qui, en Afrique, avaient appris à estimer et à chérir cet excellent camarade, ce jeune et vaillant pionnier qui ne connaissait ni hésitations, ni plaintes, ni murmures, et remplissait sa tâche si rude et si pénible qu'elle fût, toujours le sourire sur les lèvres, en dépit du mal qui mina les derniers mois de sa vie trop courte.

Nilis en éprouva un chagrin inexprimable, et la soirée du 21 avril 1883 fut sans contredit pour le lieutenant l'une des plus tristes, des plus pénibles, passées par lui sur le plateau de Manyanga : soirée de veille, où la mémoire et l'imagination du lieutenant évoquèrent les sinistres événements qui plongeaient coup sur coup dans le deuil la valeureuse cohorte européo-africaine, suicide de Luksick, décès de Parfonry, folie d'Ivaert, mort de Grang.

De tels pensers eussent pu décourager et abattre une âme indécise, timorée; ils traversaient le cerveau de Nilis, sans ébranler son entier dévouement à la cause africaine.

Les derniers jours d'avril 1883 furent marqués par de formidables orages; la nuit surtout, la tempête sévissait avec fureur. Les roulements prolongés du tonnerre, les éclairs incessants qui déchiraient les ténèbres, les rafales effrénées de l'ouragan menaçaient sans cesse de renverser, d'incendier, d'emporter les constructions de Manyanga.

Du 1er au 10 mai, ces épouvantables scènes nocturnes changèrent de théâtre; seuls les échos affaiblis de la voix puissante des éléments parvenaient à la station. La période des tornados touchait à sa fin, les pluies étaient plus rares, la chaleur encore excessive.

La saison sèche commençait.

Dans la nuit du 10 au 11 mai, les indigènes du district de Manyanga célébrèrent avec le retour du printemps des tropiques la reprise des divertissements nocturnes.

Bon nombre de natifs, enrôlés par Matari au service de l'Association, se trouvaient précisément à cette date réunis à la station. Ils demandèrent à Nilis la permission de fêter la lune nouvelle.

Le lieutenant, bien que faible, indisposé, éprouvant une grande lassitude et par suite un pressant besoin de sommeil, accéda aux désirs de ses noirs subordonnés.

Zanzibarites, Krouboys, Kabindas et natifs se livrèrent à leurs ébats.

L'ensemble de la fête fut superbe, en dépit de la mauvaise grâce que mit à l'éclairer l'astre en l'honneur duquel les noirs se disloquèrent.

Improvisations rythmées, chants en chœur, battements de mains en cadence, danses d'ensemble, serpentines, combats dansants, figures spéciales d'un quadrille africain, balancements de nègres se tenant comme enchaînés avec mouvements en avant, en arrière, séances de dislocations, d'assouplissements, gymnastique, bonds, jongleries, salves de mousqueterie, malafou, rien n'y manqua, sauf la clarté et la franche gaieté.

Le lendemain matin, calme parfait à Manyanga. Les Zanzibarites consacraient à leurs oraisons la journée du vendredi; tout le personnel noir profitait de la circonstance pour faire relâche, en tant que travail.

Nilis commença des observations météorologiques dont nous extrayons certains renseignements.

Pendant la saison sèche, le ciel est presque chaque jour voilé, dès le matin par un léger brouillard grisâtre; une pluie fine, sorte de brume désagréable, tombe jusqu'à dix heures environ; à ce moment, une brise venue de l'ouest chasse les vapeurs; il fait presque froid; vers midi, le soleil se montre dans tout son éclat, la chaleur augmente rapidement; à deux heures du soir, le thermomètre marque à l'ombre de vingt-neuf à trente degrés, et lorsqu'on vient de l'extérieur on ressent en entrant dans un appartement une fraîcheur très vive.

Cette dernière sensation est comparable à celle que l'on éprouve lorsqu'on descend dans une cave de brasserie, après avoir circulé quelques heures dans les rues de nos villes d'Europe, transformées au mois d'août en brasiers ardents.

Le 17 mai, Nilis était agréablement surpris par l'arrivée du boat amenant à Manyanga le lieutenant Haneuse et M. l'abbé Guyot, prêtre français en mission au Congo.

Le lieutenant Haneuse venait succéder à Nilis dans le commandement de la station de Manyanga.

CHAPITRE XX

Le lieutenant Avaert à Issanghila. — L'expédition Van Kerckhoven. — Les pigeons voyageurs. — Le lieutenant Nilis à Zinga. — L'incident Haneuse. — La mission du général Goldsmith. — Une révolte à Vivi. — Lettres d'Ernest Courtois. — Retour du lieutenant Nilis à Bruxelles. — Mort d'Orban. — Guillaume Casman à Mukumbi.

E 1ᵉʳ juin, le lieutenant Nilis s'absentait de Manyanga. En compagnie de Hanssens, de retour le 20 mai d'une expédition dans les vallées du Kouilou et du Niari, il descendit le fleuve pour aller rétablir sa santé et prendre un peu de repos sur les bords de l'Océan.

Ce voyage de congé permit à Nilis de visiter ses amis et ses compatriotes échelonnés sur les collines hospitalières des rives du Congo.

A Issanghila, le lieutenant Avaert, successeur du regretté Parfonry, hébergea les voyageurs mieux que ne l'eût pu faire un grand roi africain.

Outre des plantations nouvelles, une habitation neuve et coquette s'élevait sur le plateau, en face d'une large avenue de bananiers courant à travers la vallée jusqu'au détour du sentier qui conduit à Vivi.

De nombreux indigènes, engagés par Avaert dans les villages des alentours, contribuaient pour une large part au développement rapide des installations d'Issanghila.

L'explorateur Roger venait d'y aborder avec deux baleinières destinées à assurer les communications par le fleuve entre Issanghila et Manyanga. Désormais le *Royal* compterait parmi les embarcations à vapeur remontant en amont du Stanley-Pool la partie navigable du fleuve,

Le 8 juin, Hanssens et Nilis touchaient à Vivi, où Lindner et Peschuel, agents allemands de l'Association s'étaient récemment embarqués pour retourner en Europe. Les officiers belges y rencontraient le docteur Allard, surnommé le « père des explorateurs ». et descendaient avec lui à Boma pour rendre visite au jeune Orban, le premier pionnier belge qui ait eu la triste fortune de connaître les bons traitements réservés aux pensionnaires malades dans le sanitarium.

De Boma Nilis remonta jusqu'à Nokki, en face d'Ikungula, où des canonnières de guerre portugaises à l'ancre dans les eaux du fleuve semblaient protester contre l'occupation de ces parages par des agents de l'Association.

Néanmoins, officiers marins portugais et explorateurs belges vécurent en bonne intelligence. Nilis reçut à bord de l'une des canonnières une franche et cordiale hospitalité.

Peu après le lieutenant prit congé des Portugais et retourna à Boma.

Gillis l'invita gracieusement à dîner en compagnie de M. Greyshof, capitaine de navire anglais, et de Mme Greyshof.

La vue d'une femme blanche causa à Nilis une émotion profonde. Depuis plus d'une année, le lieutenant n'avait rencontré que des négresses ; il avait oublié ce parfum de candeur qui est l'apanage d'une jeune et charmante Européenne.

La compagnie de cette dernière, le dîner, le service, le thé, le sucre, le vin, le pain blanc, le café, les liqueurs, tout enfin s'agitait dans sa tête en traits confus.

Il était arrivé à ne plus avoir une pensée suivie et à craindre que son cerveau affaibli ne fût impuissant à supporter les impressions qu'il éprouvait.

Le repas se termina sans que Nilis pût s'en rendre nettement compte ;

il se retrouva le lendemain sur l'*Espérance*, nageant à toute vapeur vers Banana.

De ce port, le navire américain *Quinebaw*, capitaine Ludlow, conduisit Nilis à Saint-Paul de Loanda, capitale de l'Angola.

Cette excursion fut pour le lieutenant féconde en distractions de tous genres ; à bord du navire, fête au sujet de l'anniversaire de l'Indépendance des États-Unis, dîner, concert, hymnes, représentation théâtrale ; à Saint-Paul de Loanda, réceptions charmantes, courses en *matchina*, parties de billard, promenades à travers les rues ensablées d'une ville offrant, par l'architecture de ses maisons européennes d'un style mauresque écrasant les huttes et les cabanes des indigènes, le contraste de la civilisation et de la barbarie.

De retour à Banana, Nilis rencontrait dans cette localité de nouveaux pionniers belges venus pour remplacer sur la terre africaine de regrettés compatriotes tombés victimes de leur dévouement.

Cette nouvelle expédition, dont le lieutenant Van Kerckhoven, adjoint d'état-major au 1er régiment de ligne, était en quelque sorte le chef, se composait du lieutenant Liebrechts, du 6me régiment d'artillerie, et du maréchal des logis chef Lommel, également du 6me d'artillerie.

Parmi les bagages des nouveaux venus se trouvait un panier contenant des pigeons sur lesquels ils semblaient veiller avec une extrême sollicitude.

Ces compagnons ailés étaient destinés à établir un service de correspondance entre les différentes stations de l'Association, établies ou à établir encore en Afrique.

L'idée de faire collaborer des pigeons à la conquête civilisatrice de l'Afrique centrale était excellente. Ces intelligents oiseaux pouvaient en trois jours relier Banana à Zanzibar (environ 650 lieues), alors qu'il fallait plusieurs mois pour correspondre entre ces deux points.

Indépendamment de cette nouvelle recrue susceptible de rendre d'importants services aux agents de l'Association, d'autres colis silencieux, mais capables à l'occasion d'un énergique langage, quatre canons de montagne étaient débarqués au Congo.

La tâche difficile d'assurer jusqu'à Vivi le transport de ces terribles engins de guerre, auxiliaires précieux de toute conquête même pacifique, incombait au sous-officier d'artillerie Lommel.

Le lieutenant Liebrechts se détacha aussitôt de ses compagnons, pour aller rejoindre Stanley sur les rives du haut Congo.

Van Kerckhoven s'embarqua en canot avec Nilis, pour remonter le fleuve.

Le 6 août, les deux hardis canotiers touchaient à Vivi.

Au cours de cette traversée, Nilis avait pu apprécier les qualités remarquables de son compatriote : très modeste, s'effaçant en temps ordinaire, Van Kerckhoven, doué d'une énergie peu commune dans l'action, possédait une foi inébranlable dans le succès de l'œuvre à laquelle il était fier de coopérer, et jouissait du tempérament robuste nécessaire pour supporter les rigueurs du climat inhospitalier des tropiques.

A Vivi, Nilis et Van Kerckhoven faisaient la connaissance de deux Belges : Joseph Defrère, négociant, plus tard agent commercial à Léopoldville, et Joseph Palmaerts, attaché à l'Observatoire royal de Bruxelles, jeune et vaillant explorateur, qui, après avoir résisté aux rigueurs des régions boréales avec une expédition scientifique américaine dirigée au pôle Nord et poussée au delà des parages funestes à la *Jeannette*, se disposait à affronter bravement, soutenu par la foi et l'enthousiasme du savant, les étouffantes ardeurs de l'Équateur.

Le 9 août, Nilis, Van Kerckhoven et Defrère quittaient Vivi à neuf heures du matin, et s'engageaient dans le sentier conduisant à Issanghila, où ils parvenaient après cinq jours de marche.

Avaert se disposait à retourner en Europe ; il laissa à Van Kerckhoven le commandement intérimaire de la station.

Le 15 août, Nilis et Defrère poursuivirent leur route, en employant l'une des embarcations amenées récemment par Roger.

Le 20, au matin, ils étaient en vue de Manyanga.

Heureux de revoir le plateau couronné de constructions, et sur lequel il avait cependant connu bien des heures adverses, Nilis, aidé de son compagnon de route, pavoisa le boat qui les portait et tira des salves de mousqueterie pour éveiller l'attention du personnel de la station.

Hanssens, Haneuse et Harou, hébergés à cette date à Manyanga, descendirent à la rive pour recevoir, à midi, le boat pavoisé ; ils reconnurent avec joie leur camarade Nilis dissimulé sous les flots des banderoles multicolores.

Le congé du lieutenant n'était pas entièrement expiré, on ne comptait sur son arrivée que par le courrier suivant. Il n'en fut que plus chaudement accueilli ; Defrère partagea avec lui les charmes et la courtoisie de l'accueil.

Après un déjeuner substantiel, on but un flacon de vieux vin de Madère ; le capitaine Hanssens avait attendu ce moment pour annoncer à Nilis la distinction spéciale que Stanley attribuait au lieutenant en récompense de ses services.

Nilis était nommé chef de la division du bas Congo. Sa nouvelle fonction comportait des charges délicates : l'inspection des diverses stations établies dans la région désignée, et une mission diplomatique incessante à exercer auprès des chefs indigènes, tant pour l'achat de leurs territoires que pour le maintien pacifique des districts rangés sous le protectorat de l'Association.

On voit par ce qui précède que Stanley avait oublié l'altercation regrettable survenue entre lui et le lieutenant belge, et qu'il se rappelait la valeur et le mérite de l'agent dont les services signalés à Manyanga avaient mis en évidence les précieuses aptitudes.

Dès le 5 septembre, Nilis se rendait à Zinga pour procéder à l'achat de ce village. Un des chefs de l'endroit étant mort peu d'heures auparavant,

KROUBOYS ET CHEF INDIGÈNE (D'APRÈS UNE PHOTOGRAPHIE).

le lieutenant ne put traiter immédiatement l'affaire importante qui l'avait amené. A aucun prix les natifs n'auraient consenti à supendre la cérémonie des funérailles : l'absorption du poison, et les mille simagrées d'usage en pareille occurence.

Perdu dans la foule indigène, Nilis observa la façon particulière des femmes de manifester leur deuil. Elles se rasaient les cheveux, se barbouillaient le visage avec une pommade visqueuse, mélange de charbon de bois et d'huile de palme, et nouaient autour de leur tête une longue écharpe d'étoffe rouge foncé, de telle sorte que les bouts soyeux flottaient sur leurs épaules.

L'attention que prêta Nilis aux moindres détails de la cérémonie funèbre permit à ses cinq hommes d'escorte de s'esquiver.

Ces gredins avaient déguerpi en emportant les ballots de marchandises destinées à payer l'achat du district de Zinga.

Lorsque Nilis s'aperçut de leur disparition, il se trouva dans une situation fort perplexe. Essayer d'obtenir à crédit des chefs indigènes la cession de leur territoire était une irréalisable utopie. Les nègres font payer d'avance jusqu'à leurs promesses; ils usent du crédit à leur profit, mais ne l'accordent jamais, surtout à des blancs.

Une idée ingénieuse mit fin à l'embarras de Nilis. Il raconta son aventure aux natifs et les détermina à poursuivre les déserteurs et à les lui ramener contre récompense.

Une demi-heure plus tard, les naturels poussaient devant eux jusqu'aux pieds du lieutenant les cinq déserteurs garrottés, les mains liées par des cordes de liane, servant de laisse à leurs conducteurs.

Les ballots retrouvés et portés par les indigènes furent remis à Nilis, qui tressaillit de joie.

Mais, contraint d'infliger un châtiment exemplaire aux noirs qui l'avaient trahi, Nilis ordonna aux natifs de ne point délier ses porteurs et de les pendre à la branche d'un arbre qui paraissait disposé tout exprès pour l'exécution.

Lorsque, la corde passée à leur cou, les délinquants comprirent que les ordres du maître allaient être remplis, ils s'écrièrent tremblants d'épouvante : « Ne nous tuez pas, mundelé, ne nous tuez pas ! Nous resterons vos fidèles esclaves, nous ne vous abandonnerons plus. »

Touché en apparence de leur repentir, Nilis accorda la grâce d'une peine qu'il n'avait pas intention d'appliquer; il ordonna de les débarrasser de leurs entraves, tout en proférant la menace de brûler la cervelle à celui d'entre eux qui manifesterait le plus léger symptôme de rébellion.

Nilis aurait-il mis à exécution cette menace ? Les mutinés n'en doutèrent pas un instant en voyant les yeux du lieutenant lancer des éclairs de colère implacable.

Ils reprirent leurs charges, et tandis que Nilis discutait avec N'zabi, chef nègre de Zinga, les clauses du traité, le plus ancien des porteurs répondit sur sa tête des paquets confiés.

Peut-être quelques-uns de nos lecteurs blâmeront-ils ce procédé énergique de Nilis; mais nous prierons ces censeurs de vouloir bien tenir compte de la position dans laquelle il se trouvait; au milieu d'une peuplade indigène qu'il venait essayer de ranger sous l'autorité de l'Association, pouvait-il faiblir devant une mutinerie, devant un complot fomenté par cinq de ses serviteurs, sur une terre où existait encore l'esclavage.

Sans doute nous ne posons pas en principe que la fin justifie les moyens, mais nous ne croyons pas qu'il soit possible aux explorateurs, agents d'une société civilisatrice, de pratiquer cette vertu qui consiste à tendre la joue gauche quand la droite vient d'être souffletée.

Loin des freins du monde civilisé, hors de ces cercles de fer, le code pénal et les gendarmes, les conventions sociales et le qu'en-dira-t-on, qui tout étroits qu'ils sont laissent pourtant encore trop de facilité au crime et à l'infamie, l'Européen en Afrique, entouré par des races de sauvages dont les règles de conduite s'écartent essentiellement des siennes, n'ayant que sa conscience pour juge, son courage et son sang-froid pour sauvegarde, a besoin parfois de recourir à des mesures énergiques pour conserver sa dignité morale et pour assurer la réalisation de ses décisions.

La fermeté de Nilis exerça sur les indigènes de Zinga une impression salutaire. Ces gens dégénérés, qui semblent ne pas méconnaître leur faiblesse, leur infériorité vis-à-vis de l'homme blanc, sont enclins à céder devant la fermeté, à s'incliner devant une volonté inébranlable; ils admirèrent le procédé du lieutenant, et sollicitèrent à des conditions très acceptables la protection de ce brave mundelé.

Le lendemain, Nilis rentrait à Manyanga pour rédiger un rapport sur l'heureux résultat de ses négociations à Zinga. Une forte fièvre, rebelle à de formidables absorptions de quinine, retint le lieutenant à la station durant plusieurs jours.

Le 23 septembre, le malade, quoique très faible, se leva pour assister à l'arrivée de nouvelles recrues destinées à grossir le contingent des troupes de la station.

Conduits à Manyanga par un agent anglais, M..X***, une centaine de nègres, recrutés pour la plupart à Lagos (point situé sur la côte d'Or, faisant partie des possessions anglaises) et appartenant aux tribus belliqueuses des Haoussas, s'installèrent dans la station d'un air conquérant et refusèrent pour la plupart de se soumettre au commandement du lieutenant Haneuse.

Le chef de la station présenta à cet égard quelques observations à l'agent innommé et lui rappela que les règlements de l'Association disaient: « les voyageurs séjournant dans les stations doivent, durant leur séjour, respect et obéissance aux commandants de ces postes ».

M. X*** écoutant peu ou point les récriminations fondées du lieutenant, s'abandonnait sans réserve, pendant l'altercation, à la dégustation de sa liqueur favorite : le whisky.

En qualité d'Anglais, il croyait à la protection spéciale de Stanley, et s'enhardissait au point de méconnaître les droits d'un chef de station.

Le lendemain l'outrecuidance de l'agent dépassa toutes les bornes. Ayant appris qu'il existait un approvisionnement de savon dans les magasins, l'agent anglais en demanda pour ses Haoussas.

Haneuse accéda à la demande; mais comme la quantité de savon était minime et qu'elle était destinée seulement aux blancs, il ne put en fournir aux cent nègres arrivés la veille.

L'Anglais s'emporta violemment; excitée par l'alcool, sa colère monta au diapason le plus aigu de la fureur, de la rage; il se répandit en invectives contre Haneuse et enjoignit brutalement au commandant de Manyanga de lui livrer jusqu'à sa dernière brique de savon.

Haneuse répondit par un refus catégorique aux grossières injonctions du passager insubordonné.

Ce dernier, hors de lui, fou de rage, s'élança hors de la véranda où avait eu lieu la querelle, rassembla ses Haoussas et ordonna à une partie de ces sauvages armés de fusils Snider, yatagan au canon, de se jeter sur Haneuse et de le garrotter.

Aux cris d'appel poussés par son compatriote, Nilis, encore couché et en proie à la fièvre, quitta son lit et accourut pour assister, témoin débordé par l'indignation, mais impuissant, à un acte d'odieuse sauvagerie.

Environ trente Haoussas entouraient Haneuse étroitement enlacé par trois ou quatre sauvages. Ces êtres, qui n'avaient alors rien d'humain, hurlaient, gambadaient, se bousculaient; on eût dit d'une meute de chiens attendant le hallali pour dévorer une victime étendue sur le sol.

L'idée de tirer à bout pourtant les six coups de son revolver sur six des lâches agresseurs de Haneuse traversa, comme un éclair, la pensée de Nilis.

La réflexion le fit renoncer heureusement à ce projet désespéré: ils étaient deux contre cent.

Au dehors, l'Anglais et ses soixante-dix bandits enfonçaient les portes du magasin et s'emparaient du savon en litige. Leurs hurlements de triomphe roulaient sur le plateau de Manyanga, frappant de stupeur le personnel habituel de la station : Zanzibarites, Kabindas et natifs, gens sans initiative, incapables, sans ordre, de voler au secours de leurs maîtres.

Cette scène de piraterie suscitée par un agent anglais d'une société civilisatrice eut son dénouement.

UNE FLOTILLE INDIGÈNE SUR LE CONGO.

Le fils d'Albion dégrisé fit des excuses ; les Haoussas allèrent à la débandade gaspiller dans les eaux du fleuve la précieuse provision de savon des blancs de Manyanga.

Pour pardonner au coupable cette folle équipée, il fallut à Haneuse et à Nilis plus que de la grandeur d'âme ; et plus tard, lorsque sur la recommandation de Stanley, ce même Anglais fut promu au grade de chef de station, les nombreux officiers belges qui coopéraient à l'œuvre africaine durent puiser dans leur respectueux attachement à S. M. Léopold II, dans l'ardent amour d'une patrie qu'ils honoraient, dans la profondeur des sources infinies du dévouement, de l'héroïsme et surtout de l'abnégation, pour accepter sans murmure les arrêts décisifs des chefs supérieurs de l'Association.

A la louange des pionniers, cause et inspiration de notre présent ouvrage, nous croyons devoir ajouter qu'en tout temps et en toutes circonstances ils ne se montrèrent jamais oublieux, en Afrique, des règlements qui les régissaient, et qu'ils reconnurent et acceptèrent la suprématie, l'autorité de certains agents étrangers.

Le 1ᵉʳ octobre, Haneuse et Nilis reçurent à Manyanga une visite moins fâcheuse que celle des Haoussas. Une longue caravane de jeunes apprentis missionnaires noirs conduite par le père Kraft faisait halte à la station.

Le père Kraft avait succédé au père Augouard dans les tentatives d'établissements religieux à fonder sur les rives du Gordon-Bennett. Mais à M'fwa, les indigènes avaient réservé au vaillant missionnaire le même sort qu'à son devancier.

Empêché de s'établir chez les Bateké, le père Kraft, redoutant les lubies des tribus sauvages éloignées des postes protecteurs de l'Association, avait résolu d'implanter une mission catholique dans le cercle de Manyanga.

Il s'installa à cinq lieues, sur la rive droite, et en amont de la station.

Là, pour hâter l'instruction morale des indigènes, pour décider les féticheurs à l'apostasie et les faire entrer dans le giron de l'Église romaine, le père Kraft se résigna, pour renforcer sa légion de futurs apôtres africains, à user d'un procédé ayant cours encore en dépit de tous les traités, à l'achat d'enfants du pays, filles ou garçons, sorte de larves, dont les prix variaient de cent à deux cents francs, valeur payée en marchandises.

Mais, comme les principes de l'esclavage étaient en opposition directe avec la religion prêchée par le père Kraft, il fut convenu que les enfants achetés jouiraient plus tard de leurs droits d'hommes libres ; propriété temporaire, les petits nègres n'étaient tenus qu'à une demi-journée de présence aux cours et aux travaux de la mission, la matinée leur appartenait, ils pouvaient aider leurs parents aux occupations de la pêche ou aux labeurs de la culture, voire même s'exercer à fumer l'Iamba et développer au contact de leurs vieux congénères les germes de tous les mauvais instincts.

Le 6 octobre, Nilis partait de Manyanga avec Haneuse sur le boat descendant le fleuve. Le chef de la division du bas Congo allait au-devant du major général sir F. Goldsmith venu au Congo, en qualité de chef d'une expédition anglaise, sous les auspices et aux frais de S. M. Léopold II.

En route, les officiers, ayant fait escale à Kouméka pour y passer la nuit, rencontrèrent M. Delmar Morgan, un des membres de l'expédition anglaise, qui leur apprit l'arrivée du général à Issanghila où la fièvre le forçait de séjourner.

Nilis rencontra en effet dans cette station sir F. Goldsmith dans un état voisin de la prostration. Le savant géographe anglais, ancien serviteur de la Compagnie des Indes, avait accepté une mission au-dessus de son âge et de ses forces ; il payait chèrement le surcroît de réputation qu'il était venu chercher dans une aventureuse entreprise au centre même du continent noir.

Rétabli le 13 octobre, le général laissait Issanghila, pour retourner à Vivi, en compagnie de Nilis et de Van Kerckhoven. La distance entre ces deux stations fut franchie en quatre jours, par voie de terre, à travers une chaîne de montagnes à pentes rapides descendant dans des ravins étroits. Les voyageurs européens effectuèrent le trajet à dos des dernières mules de Ténériffe possédées encore par l'Association.

Un déplorable événement s'était déroulé, un mois auparavant, dans la plus ancienne station du Comité d'études. Vers le 15 septembre, le personnel noir employé à Vivi, soixante-quinze Kabindas et deux cents Haoussas, s'était mis en révolte ouverte contre le chef blanc.

L'administrateur de Vivi, M. Rathier-Duvergé, Français d'origine, devenu agent de l'Association après avoir rempli quelque temps les fonctions de consul des États-Unis à Saint-Paul de Loanda, s'était défendu vaillamment avec quelques Zanzibarites contre les insurgés munis de fusils et de munitions.

Il y avait eu un combat véritable, une effusion de sang ; trois Kabindas étaient tombés sous les coups de revolver de M. Rathier-Duvergé, qui faisait ainsi payer cher à ses ennemis la mutilation de sa main gauche traversée par une balle.

Trois des canons de montagne, pièces d'un calibre de dix centimètres et demi, sortis de l'usine Krupp et amenés à Vivi par Lommel, avaient été braqués sur les rebelles : ils décidèrent de la victoire en faveur de l'agent de l'Association.

Les Kabindas et les Haoussas s'étaient enfuis, saisis d'une frayeur indicible à la voix formidable des puissants engins de guerre, messagers forcés de l'œuvre civilisatrice.

Depuis cette époque, le calme était revenu ; mais il était fort difficile de recruter des porteurs et des travailleurs nègres aux alentours de Vivi.

Au moment même de la révolte, Orban, délivré, par son retour à la santé, de sa captivité relativement douce au sanitarium de Boma, avait été dépêché à la côte de Krou pour ramener à Vivi le plus de Krouboys possible. Il rencontrait à Banana un renfort d'auxiliaires blancs près de s'éparpiller le long des rives du Congo, en marchant sous la bannière de l'Association.

Ernest Courtois, pharmacien, comptait dans le nombre des nouveaux arrivés. Il se joignit à une caravane et arriva à Vivi le 15 octobre, après avoir passé successivement sur les ponts des steamers, le *Héron* et la *Belgique*.

Nous croyons utile de reproduire ici, presque *in extenso*, les lettres adressées par Courtois à l'un de ses meilleurs amis de Bruxelles, et datées de Vivi-Station.

« 15 octobre. — Mon expédition à l'intérieur est retardée d'une dizaine de jours. On a besoin de moi à Vivi ; je suis nommé médecin et pharmacien en chef en l'absence du Dr Allard.

« J'ai en ce moment une vingtaine de noirs et cinq blancs malades. Ils sont en bonnes mains, ces braves gens, ma longue étude des maladies de ces contrées leur est une garantie.

« 1er novembre. — Je suis encore à Vivi, les natifs refusent de porter mes bagages ; nous passons actuellement ici une fort vilaine crise. Tout est bouleversé, plus de caravanes, plus de commerce, rien ! sans communications régulières avec l'intérieur, et entourés de noirs révoltés dans la station même.

« Nous avions pour la garde des bâtiments et pour notre sécurité personnelle quarante Haoussas, soldats nègres armés de bons fusils Snider à baïonnettes, et de grands coutelas à faire du hachis.

« Vendredi dernier, nos singuliers protecteurs, sous l'empire de la boisson ou d'une mauvaise mouche qui les avait piqués, ont catégoriquement refusé le travail. Ils prétextaient que la nourriture n'était pas assez variée.

« On voulut administrer la chicotte aux plus rebelles ; les chefs noirs s'y opposèrent.

« Les grévistes eurent raison ce jour-là.

« Le lendemain, samedi, nouveau refus de travail des Haoussas, et demande de rapatriement.

« Bien entendu, le chef de la station ne veut pas accéder à ces désirs. Nous recevons l'ordre d'armer nos fusils et de nous tenir prêts à la première alerte.

« La journée se passe sans incidents graves, on tient conseil des blancs; sur la proposition du lieutenant Nilis, on décide de constituer une garde de nuit sous le commandement d'un blanc et de désarmer les mutins.

« Le dimanche, grande inspection des armes et de l'équipement. Toutes nos dispositions sont prises. Nous chargeons une pièce d'artillerie de montagne et deux mitrailleuses.

« Tous les noirs, fidèles serviteurs de la station, reçoivent des fusils; les blancs chargent leurs winchesters.

« Artilleur improvisé pour la circonstance, je garde une mitrailleuse et, en attendant de la faire parler au besoin, je me couche, nouveau Turenne, harassé de fatigue, sur le canon bronzé de cette arme.

« Devant un pareil déploiement de forces, les Haoussas ont pris une résolution digne de leur bravoure : ils se sont rendus, ont demandé grâce, nous sommes maîtres de la situation.

« Le mauvais vent qui soufflait sur Vivi devait nous amener des complications fâcheuses. Dans l'après-midi, un blanc, en voulant décharger son arme, blesse un nègre. Nouvelle alarme, on sonne le tocsin. Rassemblement immédiat de la population bicolore de Vivi; mais fort heureusement, sans tohu-bohu, sans révolution imminente, tout se passe dans le plus grand calme.

« Je me rends immédiatement à l'endroit où l'homme est tombé, et je constate que la blessure ne sera pas mortelle. Je procède à l'extraction de la balle, qui est entrée en pleine poitrine, s'est aplatie sur une côte et est venue se loger dans le bras.

« Aujourd'hui lundi, tout est pour le mieux dans la plus mauvaise des situations possible et le blessé est en pleine voie de guérison. Cette cure et les soins donnés ont produit une grande impression sur les noirs qui m'appellent « l'homme à médecine » et vont même jusqu'à me qualifier de « grand féticheur ».

« Malheureusement, nous avons ici beaucoup de blancs malades; deux surtout, entre la vie et la mort, sont entre les mains de l'excellent docteur Allard qui vient d'arriver.

« La fièvre est terrible et n'épargne personne. Le climat devient à cette époque plus pernicieux que jamais. Nous entrons dans la saison des pluies, saison malsaine par excellence; nous sommes en hiver, et le thermomètre marque 34 degrés au-dessus de zéro, de onze heures du matin à trois heures du soir; le matin, vers six heures, la température moyenne est de 26 degrés. Les nuits sont froides et les soirées très fraîches.

« Je vais quitter Vivi, enchanté de pénétrer plus avant dans le *dark Continent*. Écris-moi souvent, une lettre fait un plaisir immense dans ce désert d'Afrique; un courrier sans nouvelles vous donne la fièvre. »

Telle est la narration faite par un témoin oculaire des événements survenus à Vivi dans la dernière quinzaine d'octobre 1883.

Dès le 2 novembre, le général Goldsmith et ses compagnons anglais quittaient le Congo, où ils n'avaient fait qu'une rapide apparition. Nilis, jeté par la fièvre bilieuse sur un lit de douleur, ne put, à son grand regret, accompagner le général jusqu'à la côte occidentale.

Il compta au nombre des malades qui absorbèrent les instants du dévoué docteur Allard. Pendant plus de dix jours, les amis nombreux que le sympathique chef de la division du bas Congo s'etait acquis à Vivi conçurent, en raison de son état, de bien graves inquiétudes.

Le 12, Nilis sembla revenir à la vie. Orban, rentré ce jour-là à la tête d'une caravane de Krouboys, croyant être agréable et utile au lieutenant, lui prépara pour le dîner un des pigeons voyageurs amenés récemment par l'expédition Van Kerckhoven. Cet infortuné volatile, errant dans la campagne aux abords de la station, était tombé sous une balle du winchester d'Orban, qui ignorait les qualités et les services de sa victime.

Par une étrange fatalité, ce pigeon rôti valut à Nilis une rechute, une nouvelle attaque de fièvre, compliquée d'une indigestion nerveuse. Quant à Orban, il ressentit aussi les premières atteintes du mal qui devait l'emporter.

Le 10 décembre, le capitaine Hanssens arrivait à Vivi, où il hésitait à reconnaître son vigoureux compagnon du *Roquelle*, tant la maladie, l'anémie, avaient exercé de ravages et réduit à néant pour ainsi dire la robuste constitution du lieutenant.

Le bienveillant capitaine, messager d'une distinction nouvelle accordée à Nilis, ne crut pas devoir la lui communiquer. D'après les ordres de Stanley, le lieutenant Nilis était appelé à former et à prendre le commandement d'une expédition exploratrice destinée à reconnaître des affluents du bas Congo.

Vu l'état de santé de Nilis, Hanssens dépêcha à Stanley, séjournant alors à Léopoldville, un courrier spécial invitant l'agent supérieur à *ordonner* le retour en Europe du pionnier que de simples instances n'eussent pas déterminé à quitter une ingrate contrée où le retenait encore son engagement.

En janvier 1884, un ordre formel de départ était remis à Nilis, en même temps qu'une lettre du célèbre explorateur et agent supérieur de l'Association internationale, lignes courtes, mais très-élogieuses, dictées à un chef dont la sincérité ne peut être mise en doute.

Nous donnons la reproduction de cet autographe de Stanley, dont voici la traduction.

Monsieur Nilis,

« Je regrette beaucoup votre départ de cette expédition parce que vous étiez actif et très dévoué aux intérêts de l'Association. Bien peu de ceux qui sont rentrés en Europe peuvent montrer un rapport aussi net de services rendus et d'appréciation intelligente du devoir telle que vous l'avez montrée.

« J'apprendrai avec plaisir votre rétablissement (à une bonne santé) et votre prompt retour à ce champ (d'exploration).

« Je reste votre dévoué,

« (S) Henri M. Stanley. »

Est-il nécessaire d'ajouter un commentaire à cet éloge décerné par l'un des hommes les plus compétents de notre siècle pour juger la valeur d'un explorateur africain?

Nilis, de retour en Belgique, recouvra la santé; mais en fils qu'on devrait taxer d'ingratitude, si le mobile auquel il obéissait n'eût été une excuse sublime, le lieutenant, retrempé sous le climat hospitalier de la mère patrie, offrit de nouveau ses services à l'Association.

Les rives du Congo ont-elles pour ceux qui les parcourent d'irrésistibles attraits? Les indigènes sont-ils des enchanteurs autres que de vulgaires charmeurs de serpents? Ou bien, lorsqu'on a marché sous l'étendard d'azur qui doit rompre les chaînes de l'esclavage odieux dans lequel sont retenus au moyen d'organisations immorales et inintelligentes, des millions d'êtres humains, ne peut-on déposer les armes? Éprouve-t-on une satisfaction sans égale à provoquer, chez une multitude d'aveugles, fétichistes, dans une collection de corps nègres sans têtes, trébuchant de toutes parts, comme les insurrections de la pensée, de la justice, du progrès?

Ce désir insatiable de retour en Afrique, manifesté par la plupart des pionniers qui ont, au continent noir, séjourné ou voyagé, mais toujours souffert et risqué leur vie à chaque pas, a quelque chose d'incompréhensible pour les profanes de l'exploration africaine. Il semble affirmer les théories philosophiques du personnaliste espagnol M. de Camponaor :

« La société civilisée dévore l'homme;... établissons un féodalisme per-

Leopoldville
Jan 31st 1884.

Mon cher
　　Sir
　　　　I much regret your departure from this Expedition where you have been so active & devoted to the Interests of the Committee. Few who have returned to Europe can show such a clean record of service performed, and intelligent appreciation of duty as you have shown. I shall hear with pleasure of your speedy recovery to sound health, and your sincerely return to this field.

　　　　　　I am
　　　　　　yours obdt Servt.
　　　　　　Henry M Stanley

Dr Willis
　　&c &c.

sonnel. Faisons sacrés, à l'égal des temples, nos palais, nos maisons, nos cabanes, et traçons autour des fossés qui servent de tombeau à tous les sbires de la tyrannie... »

Où, mieux que dans les contrées récemment explorées de l'Afrique centrale, l'homme peut-il affirmer son individualité? Là, il est à la matière et au monde ce que la Psyché de Canova est au marbre de Carrare. Au premier rayon de son intelligence repliée sur elle même par une sorte de gravitation morale, il saisit, il affirme sa personnalité, il se sent avec une âme; il sort de la vie collective, de la confusion, du chaos; il peut aspirer, délivré de certaines entraves sociales, à s'élever par sa propre valeur, sa vertu et son intelligence.

Mais jusqu'à l'heure actuelle Nilis n'a pas vu son désir exaucé par les chefs qui président aux destinées de l'État libre du Congo. Le lieutenant remplit avec distinction la charge de répétiteur à l'École militaire.

Quelques jours avant le départ de Nilis, la garnison valide de Vivi avait assisté aux funérailles du sous-lieutenant Orban. Ce jeune officier, caractère décidé, agent courageux et dévoué, obligeant au point de se dépouiller lui-même pour venir en aide aux voyageurs, avait rendu d'immenses services que nous aurons l'occasion d'exposer dans le volume suivant de notre ouvrage.

Janvier 1883 amenait à Vivi, dix jours après la mort du regretté Orban, une phalange de pionniers belges: Guillaume Casman, employé au Grand-Central; Henri Watterinckx, adjudant au 3ᵐᵉ d'artillerie; Cranshoff, ancien secrétaire du consulat de France à Ostende; Monet, ancien adjudant au régiment des carabiniers.

Les deux derniers furent désignés pour occuper à la station de Vivi des fonctions conformes à leurs aptitudes.

Guillaume Casman obtint d'accompagner en expédition le capitaine Hanssens. Il s'équipa aussitôt, reçut une tente et un lit de camp, prépara des charges pour trente porteurs (charges d'environ 35 kilos), et le 21 janvier il se mit en marche avec une caravane de trente hommes commandée par Hanssens, déployant crânement l'étendard de l'Association au départ de Vivi.

A trois heures de l'après-midi, les marcheurs atteignaient le village de Sabbi-Kabandi, où ils campaient sous une espèce de hangar. Le cuisinier nègre de l'expédition préparait pour les blancs une collation composée d'un bouillon de poulets, d'un rôti de poulets, (volatiles africains très inférieurs à ceux d'Europe) et pour dessert, des bananes. Le brave chef d'une bourgade traversée le matin par la caravane avait gracieusement offert au

capitaine Hanssens une calebasse remplie d'un malafou exquis, qui releva
fort à propos ce frugal repas.

Dans la nuit une pluie épouvantable, une averse africaine, contre laquelle
la toiture d'un hangar était un abri insuffisant, obligea le capitaine Hanssens
à s'envelopper dans sa couverture imperméable, à déployer son parapluie,
à essayer de dormir dans cette position originale, et donna à Casman un
avant-goût des surprises que lui reservaient de futures étapes.

Arrivés le 23 au soir sur les bords du Boundi grossi par les pluies il
fallut traverser la rive à dos de nègres; on avait malgré cela de l'eau jusqu'aux épaules, bain intempestif et obligatoire dont on se fût bien passé.
surtout au moment du coucher du soleil.

Le lendemain 24, l'expédition n'était pas au terme de ses peines : la terrible vallée du Boundi, vallée marécageuse, obstruée par de hautes herbes
dures et tranchantes, repaires de nuées d'insectes, étalait devant les marcheurs sa longueur de plusieurs kilomètres.

Sur les pas de Hanssens, vétéran de l'étape africaine, on s'ouvrit un passage
dans ce dédale inextricable de végétation. A certains moments on disparaissait comme noyé dans cet océan de verdure ; parfois, les herbes
semblaient s'abaisser, les têtes des marcheurs émergeaient à la surface et
se hâtaient de disparaître pour échapper à une atmosphère infecte et suffocante.

Casman s'aguerrissait. « La vie d'explorateur est dure, écrivit-il alors,
pourtant malgré toutes ses misères elle a pour moi des charmes que je ne
puis définir. »

Le 7 février, la caravane faisait halte sur le plateau de Manyanga-Nord,
où le lieutenant Haneuse s'efforçait, après Nilis, d'embellir la nature et de
développer l'installation existante.

Là Hanssens trouvait une lettre de Stanley qui le mandait immédiatement à Léopoldville; Casman recevait l'ordre d'aller fonder une station
à Mukumbi.

Mukumbi est situé à cinq journées de marche et au nord-ouest de
Manyanga, près de la source d'un affluent de droite du Congo, rivière
appelée Mata.

Un officier bavarois, M. Boshaert, fut adjoint à Casman ; tous deux partirent de Manyanga le 12 février, à la tête d'une caravane de quarante-deux
indigènes dressés aux travaux et aux entreprises des blancs par les soins
du lieutenant Haneuse.

La première étape s'accomplit sans incidents notables.

On suivit la rive droite du Congo, le long d'un sentier zigzaguant au milieu des ronces et des herbes, parfois contournant les falaises, parfois serpentant sur les flancs de collines rocheuses à croupes arrondies.

Le lendemain, les marcheurs, s'écartant du grand fleuve, pénétrèrent insensiblement au nord et arrivèrent vers midi à Mpangu, joli village nègre déguisé sous le feuillage diapré de beaux arbres, dont une variété très abondante appartenant à l'espèce des papilionacées, le *Baphia nitida*, répandait au loin le parfum délicieux de ses fleurs.

Les porteurs, noirs peu soucieux d'admirer le paysage, s'enquirent aussi-

GUILLAUME CASMAN.

tôt d'un emplacement propice à l'installation du bivouac et dressèrent les tentes de leurs maîtres, pressés de se livrer aux douceurs de la sieste.

Le mfoum de la localité éveilla bientôt les dormeurs, sous le fallacieux prétexte de leur offrir les présents de bienvenue, le traditionnel malafou et trois poulets étiques : singuliers cadeaux acceptés par les blancs, et payés par eux le quintuple de leur valeur. De là protestations interminables d'amitié du chef de Mpangu, présentations des sous-chefs, des arrière-chefs, des arrière-petits-chefs du village et de presque toute la population mâle et femelle : gent fort aimable du reste, montrant à travers ses sourires aux mundelès des rangées à claire voie d'incisives aiguisées et leur imposant l'inévitable spectacle d'une sarabande aussi désordonnée que bruyante.

Mais le 14 février, au lever du soleil, changement complet de scène. La population de Mpangu ne sourit plus, elle grince des dents et s'apprête à mordre; elle entoure en hurlant, menaçante et armée, les tentes de Casman et de M. Boshaert.

Éveillés en sursaut, les blancs sautent de leurs lits, saisissent leurs armes et affrontent bravement la multitude furieuse.

Le mioum si poli de la veille n'est plus qu'un rustre grossier. Il crie à tue-tête, il écume, il insulte, il montre les poings; la populace fait silence autour de lui, on peut enfin parvenir à s'expliquer.

L'interprète de Casman interroge; il s'agit d'un vol de deux poules commis par les porteurs des blancs.

La propriétaire des volatiles soustraits est une pauvre et vieille négresse qui crie et geint d'une façon assourdissante; les larmes ruissellent sur ses joues amaigries, et creusent comme des sillons dans le maquillage au charbon de bois et à l'huile de palme qui couvre son visage.

Impossible de calmer les pleurs de la négresse; les poules étaient depuis une heure plumées par les voleurs, trois natifs du district de Manyanga désignés par la vieille.

La multitude exigeait le châtiment immédiat des coupables et voulait appliquer elle-même la peine de mort aux auteurs du larcin.

Devant cette exaspération générale à laquelle il était loin de s'attendre, Casman fut obligé de sacrifier plusieurs ballots d'étoffes pour calmer la population. C'était payer bien cher les deux poules dérobées; mais il est des circonstances où il faut savoir s'exécuter généreusement pour avoir la paix, circonstances plus fréquentes au continent noir que partout ailleurs.

La libéralité de Casman satisfit les indigènes et sécha les pleurs de la pauvre vieille; elle valut aux blancs deux guides volontaires qui conduisirent en une heure et demie, par un sentier direct connu des seuls noirs de Mpangu, la caravane jusqu'aux bords de la Mata.

Oh! la malencontreuse rivière, obstacle périlleux de la route, dont le passage exige des heures entières. A l'endroit où les blancs l'abordèrent, l'eau était tellement profonde, qu'il fut impossible de recourir au mode économique usité au Congo pour franchir certaines rivières, les épaules de solides nègres déjà pliés au joug de la civilisation.

D'autre part, établir un pont de bois sur la largeur du courant eût fait perdre un temps considérable; Casman tira profit de l'adresse des nègres à tresser les lianes; il fit construire un pont suspendu d'un nouveau genre : des cordages végétaux furent fixés aux arbres des deux rives et grâce à ces soutiens improvisés les blancs et les noirs de la caravane purent effectuer sans encombre le passage de la Mata.

A midi, les explorateurs dressaient leurs tentes à Kinbumba, très beau village (rive droite de la Mata) où le chef indigène et les notables se portèrent courtoisement au-devant des étrangers.

Après une halte assez courte pendant laquelle on reprit haleine et l'on déjeuna, on se remit en route et on gagna, accompagné du chef obligeant de Kinbumba, le hameau de Kivunda. De ce point, on arriva à la nuit tombante au chef lieu du district de Songi.

Trois personnages influents à bonnets écarlates, à pagnes tissés de fibres de palmier exigèrent des voyageurs traversant leur territoire des cadeaux et des explications. Casman offrit à chacun d'eux une pièce d'étoffe et gratifia le chef principal d'un don supplémentaire, une pièce de mouchoirs.

En agissant ainsi, Casman croyait bien faire; il ne fit qu'éveiller la jalousie cupide des deux chefs moins généreusement gratifiés; l'un d'eux, être essentiellement irascible se leva plein de rage, jeta dédaigneusement la pièce d'étoffe qui lui avait été donnée, et déclara ce cadeau insuffisant.

Une querelle s'ensuivit; les coups semblaient inévitables.

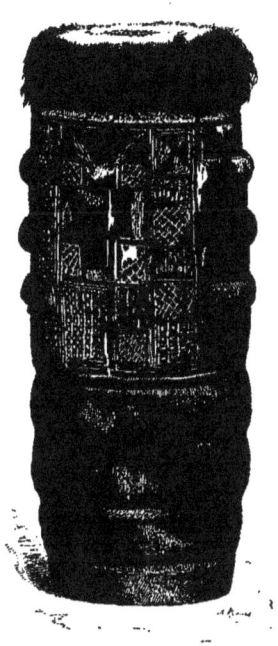

TAMBOUR (COLLECTION DE M. FLEMING).

Le deux compagnons du nègre censément lésé s'interposèrent et réussirent à trancher le différend. Néanmoins la situation paraissant très tendue, Casman et Boshaert se gardèrent à tour de rôle durant la nuit et firent bivouaquer aux abords de leurs tentes une escouade de serviteurs.

A l'aube du 16 février, malgré une pluie torrentielle les agents se remirent intrépidement en route. Le peuple de Songi assista avec surprise à leur départ.

Les natifs de ce village, sveltes et robustes en général, se colorent la peau du visage avec de l'ocre rouge; un triangle blanc, qui a pour sommet le coin de l'œil, orne leurs tempes; leurs cheveux, enduits d'une composition gluante colorée au charbon de bois, sont en outre parés de plumes d'oiseaux de proie; leur corps est couvert de tatouages taillés au couteau et décrivant les courbes les plus bizarres. La plupart sont armés en permanence de lazarinas (fusils à silex), armes de guerre et de chasse servant à détrousser les faibles caravanes aussi bien qu'à poursuivre au détour des halliers l'antilope légère ou le buffle farouche.

Ces guerriers n'osèrent pourtant pas attaquer la petite troupe vaillamment commandée par les pionniers blancs et qui affrontait d'un pas allègre un sentier transformé en torrent.

Après quelques heures d'une marche excessivement pénible, les pauvres porteurs, glissant à chaque pas, rompus de fatigue, inondés, exténués, sollicitaient un repos bien mérité, repos qu'imposait également l'état de santé de M. Boshaert, réduit par la fièvre à ne plus pouvoir avancer. On campa toute la journée du 17 février au village de Congo da Lemba, où l'instinct mercantile des habitants pourvut aux nécessités alimentaires de la caravane.

Le lendemain 18, la pluie avait cessé, le ciel était sans nuages; Boshaert, encore très faible, voulut néanmoins continuer la marche. On partit: après dix kilomètres, Boshaert tombait, exténué; on le laissa, sur sa prière, au bord du chemin, dans les grandes herbes, confié à la garde de quelques caravaniers.

Casman poursuivit sa route et arriva, mourant de faim et de fatigue, le soir, vers cinq heures, près des groupes de huttes de Mbulangugu. Les cabanes n'abritaient pas un seul être humain; impossible même d'y trouver à manger. Casman emprunta à son fonds de provisions un dernier biscuit et un peu de café froid; ce fut le cas pour lui de mettre en pratique le dicton: « qui dort dîne », l'explorateur n'y manqua pas. Cette nuit-là, faveur suprême, les moustiques respectèrent son sommeil.

Le 19, à onze heures et demie du matin, Casman découvrait les cabanes du village de Mukumbi, terme désiré de sa rude étape. Il paya aussitôt ses porteurs indigènes qui le remercièrent avec effusion et prirent congé de lui.

Quelques moments après, Casman reçut la visite des deux mfoums du

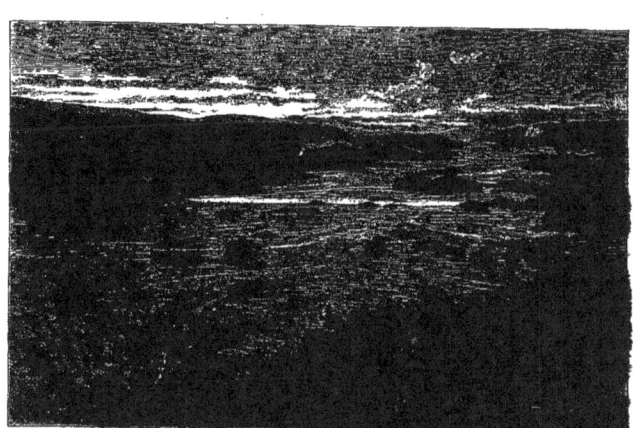

LA MAYA.

village, hauts et puissants seigneurs nommés l'un Ngoyo, et l'autre Loualou. Il leur fit, selon l'usage un présent accompagné d'un petit speech bien senti dans lequel il parla des bonnes relations qu'il espérait entretenir avec eux et de l'avantage que le district retirerait de l'établissement des blancs dans la contrée.

Présent et speech produisirent un excellent effet; les chefs se retirèrent enchantés, laissant à leur nouvel ami deux poulets, une chèvre et une calebasse de malafou. Ce don avait pour l'estomac délabré de Casman une inestimable valeur.

Vers le soir, un Zanzibarite, lardé de coups de couteau, pénétra en rampant dans le campement de Casman. C'était un messager du lieutenant Haneuse.

Ce noir de Zanzibar, parti de Manyanga deux jours après Casman, avait été chargé, en compagnie de deux Haoussas, de porter à Mukumbi des correspondances et divers objets adressés aux blancs. En route, ces courriers avaient été attaqués et dévalisés. Les deux soldats haoussas étaient tombés sous le couteau des assassins; le Zanzibarite, échappé comme par miracle à ses blessures, avait été laissé pour mort dans la savane et dépouillé de ses vêtements et de son fusil. Heureusement, cette arme, tombée entre les mains des natifs, ne pouvait leur servir; il ne restait plus une seule cartouche au Zanzibarite qui avait énergiquement défendu sa vie.

M. Boshaert, arrivé sur ces entrefaites, s'enquit de l'endroit où les messagers avaient été attaqués. « Près de Songi », lui fut-il répondu.

Possédé du désir de retrouver ses correspondances, et surtout de châtier les coupables, Boshaert, n'écoutant aucunes remontrances reprit avec un détachement de serviteurs la direction de Songi. Casman resta à Mukumbi avec huit hommes, dont son cuisinier, son domestique et le Zanzibarite blessé : en tout six fusils.

Malgré la pénurie d'hommes et d'outils, Casman se mit bravement à l'ouvrage et dirigea le déblayement, le nivellement du terrain concédé sur lequel devait s'élever la station.

Le district de Mukumbi, pauvre, mais pittoresque, est coupé de chaînes de collines courant parallèlement de l'ouest à l'est, et séparées par des vallées étroites que ravinent des torrents.

Les flancs des collines et les rives des cours d'eau fournissaient avec parcimonie les matériaux indispensables : bois, feuilles, joncs et bambous nécessaires à la construction des magasins et des hangars provisoires de l'établissement de l'Association.

De puissants auxiliaires contribuaient à faciliter à Casman sa tâche de fondateur de la station de Mukumbi une bonne santé et la paix avec la population indigène du district.

Les deux chefs, Ngoyo et Loualou, rendaient à leur voisin de fréquentes et amicales visites. On les voyait, tous les deux ou trois jours, gravir le flanc de la colline où flottait le drapeau bleu, en remorquant les présents animés, poules et chèvres destinées à soutirer à Casman quelques lambeaux d'étoffe ou quelques brillants objets fabriqués en Europe.

Autour des mfoums se pressaient toujours de nombreux indigènes n'ayant pour tout costume que la *choucka*, petit tablier descendant de la ceinture aux genoux.

Ces nègres ont aussi le corps couvert de tatouages bizarres ; certains d'entre eux teignent en rouge leurs cheveux ; d'autres les enduisent d'une pommade gluante, noire, sorte de colle retenant le monument de plumes d'oiseaux qui sert de coiffure.

La plupart entourent leurs bras et leurs jambes de beaucoup d'anneaux de cuivre ou de plomb. La présence de gisements de ces minéraux à quelques kilomètres au nord de Mukumbi explique le luxe et l'abondance de ces lourds ornements.

Contrairement aux habitudes de certaines peuplades des rives du Congo, les indigènes de Mukumbi semblent faire parade de leur malpropreté repoussante ; ils ne se lavent jamais, alléguant pour prétexte que les ablutions d'eau froide abrégeraient leur vie.

Le 24 mars, deux hangars provisoires abritaient déjà la tente de Casman et ses marchandises. La population continuait à se montrer favorable au blanc ; les habitants du village, devenus ses amis, lui avaient par flatterie décerné le surnom de *Kata Mandala* (branche de palmier). Cependant les natifs des bourgades sises au nord-est de Mukumbi tenaient des propos hostiles aux nouveaux venus et répandaient contre eux les bruits les plus absurdes et les plus menaçants. Casman ne s'en inquiétait pas outre mesure, mais il avait soin néanmoins de ne pas s'écarter sans armes des limites de son domaine.

A cette époque, ses provisions alimentaires et ses marchandises (sa monnaie) étaient à peu près épuisées. M. Möller, officier suédois, venant du Niari et passant par Mukumbi pour se rendre à Manyanga, eut l'obligeance extrême de lui donner une certaine quantité de café, de riz, de thé et de quinine.

Möller partit emportant une lettre de Casman pour Stanley, par laquelle le pionnier belge informait l'agent supérieur de son quasi-dénûment et de l'inquiétude que lui causait l'absence prolongée de M. Boshaert.

Ce dernier arrivait quelques heures après le départ de Möller. Il avait en vain cherché les assassins des Haoussas, mais sa bonne étoile l'avait guidé auprès d'un chef nègre qui s'était collé sur la poitrine, en guise de fétiche, une des lettres dérobées aux victimes. Ce fervent sectateur du fétichisme avait, non sans difficultés, consenti à remettre à Boshaert la lettre devenue illisible; puis, alléché par des promesses de cadeaux, il s'était décidé à restituer tout un paquet de lettres religieusement placé dans sa hutte entre deux idoles, dieux lares en bois grossièrement sculpté.

Le paquet contenait plusieurs missives, une entre autres confirmant la nomination de Casman au grade de commandant de la station de Mukumbi; une autre, émanant de Hanssens, apportait au nouveau promu les félicitations et les encouragements d'un compatriote.

Dans la dernière quinzaine d'avril, Casman tenta une courte expédition vers le haut Niari (le Niari est le plus important affluent de droite du Kouilou).

Cette expédition dura douze jours, dont dix journées de marche et quarante huit heures de repos au village de Kumbedi.

Les parages visités, hantés par une population sauvage par excellence, présentèrent certains dangers; des nègres embusqués attendaient comme à l'affût derrière les grandes herbes que le blanc signalé passât à portée de fusil.

Fort heureusement les nègres de l'Afrique centrale visent fort mal en général, et leurs fusils chargés de projectiles de cuivre ou de fer n'ont que peu de justesse. Ils sont en outre d'une bravoure relative et jugent plus prudent de laisser passer en paix une caravane d'étrangers bien armés, après avoir compté le nombre des caravaniers. Casman disposait de quarante

FUSIL D'INDIGÈNE.
(COLLECTION DE M. FLEMING).

fusiliers dans son expédition au haut Niari; il dut son salut à cette escorte.

De retour à Mukumbi, il recevait l'ordre de construire une maison.

pouvant loger deux ou trois blancs et une vingtaine d'habitations pour les travailleurs. Mais son personnel se trouvait réduit à dix hommes; Boshaert, parti pour Vivi le 17 avril, avait emmené un fort détachement de serviteurs noirs et diminuait ainsi l'effectif de la garnison de Mukumbi.

Néanmoins, les constructions ordonnées s'élevèrent rapidement. Casman profita des dispositions favorables des chefs Ngoyo et Loualou pour obtenir le concours de nombreux travailleurs indigènes; les femmes et les enfants contribuèrent même, en apportant des feuilles de loango et des bambous, à hâter l'exécution des bâtiments.

Jamais un agent de l'Association appelé à fonder un embryon de ville n'avait rencontré chez les indigènes d'un district, peu de mois après son arrivée parmi eux, la même sympathie persévérante, les mêmes appuis efficaces, nous pouvons écrire aussi le même attachement, que ceux dont jouit Casman dans le district de Mukumbi.

Dès le mois de juin, le mundelé Kata Mandala était littéralement adoré de la population noire. Chaque soir, lorsque le ciel le permettait, tous les natifs, gens doux et timides, venaient solliciter la faveur de chanter et danser autour de l'habitation de Casman.

Dans la journée, Casman pouvait se promener et poursuivre seul, sans armes, la pipe à la bouche, le bâton à la main, ses rêveries dans la campagne; en le voyant, les femmes occupées aux travaux de culture cessaient leur besogne pour venir à lui et le saluer; les enfants délaissaient leurs jeux pour courir à leur « père blanc », lui prendre les mains en riant et l'appeler leur bon Kata Mandala.

Casman, véritable apôtre civilisateur, éprouvait un charme indéfinissable à se concilier chaque jour davantage l'attachement, la fidélité de ces êtres chez qui les germes de tous les dons du cœur paraissaient exister.

Aux heures de loisir des journées du dimanche, le blanc se risquait volontiers accompagné d'un seul interprète jusqu'à l'un des petits villages amis sis aux alentours de Mukumbi. Il s'avançait sans crainte au milieu des natifs et s'arrêtait sur l'unique place de l'endroit, espace libre où un bombax gigantesque formait sous ses voûtes comme une espèce de kiosque de la conversation.

Les habitants se groupaient en masse autour de lui; les chefs lui souhaitaient la bienvenue et l'invitaient à se reposer, à s'asseoir comme eux sur le maigre gazon, tapis de verdure toujours préservé des rayons ardents du soleil. Dans ces parages les sièges sont inconnus, les indigènes s'assoient par terre à la façon des orientaux, soit pour prendre leurs repas, soit pour vaquer à leurs occupations de tisserands de fibres de palmiers.

Alors, les conteurs à imagination féconde improvisaient des récits émouvants de chasse ou de guerre, des histoires d'amour, et beaucoup moins qu'en Europe des cancans sur le compte d'autrui; d'autres captivaient l'attention d'un auditoire émerveillé en décrivant des pays fantastiques où les armes à feu, la poudre, le sel et tous les bibelots chers aux descendants de Cham s'offraient par montagnes à la disposition de tout venant.

C'était aussi le moment où certains courtisans nègres encensaient Casman et racontaient les prouesses de chasse du mundelé. Casman, excellent tireur, avait parfois abattu au vol, devant une nombreuse assistance indigène, des aigles communs dont les plumes ornaient depuis certaines têtes de l'endroit, têtes que les plus habiles coiffeurs d'Europe auraient de la peine à reproduire.

Aussi Casman étendait-il sans cesse, à plusieurs lieues à la ronde, de bonnes relations avec ses noirs voisins.

Doux et patient envers les natifs, il réussissait à les attirer et à gagner toutes leurs sympathies, au point d'être admis aux cérémonies les plus intimes de ces païens.

Il put assister, en juillet, à l'enterrement d'un homme libre du village de Kibango; l'inhumé était mort depuis plus d'un an.

Un enterrement donnant lieu à de grandes réjouissances, presque tous les habitants des environs s'étaient hâtés d'affluer à Kibango, les uns avec leurs fusils, d'autres avec leurs instruments de musique, tous avec une respectable quantité de malafou.

INSTRUMENT DE MUSIQUE.
(COLLECTION DE M. FLEMING).

Pour la circonstance, ils se mettent en frais de toilette; ils se teignent les cheveux en rouge ou en bleu et s'enduisent soigneusement le corps d'huile de palme.

N'exhalant naturellement aucun parfum suave, ils répandent après de pareils maquillages une odeur nauséabonde, capable d'asphyxier à distance un blanc à l'odorat sensible.

Casman estima à six ou sept cents le nombre des personnes, hommes, femmes, enfants, qui devaient prendre part à la fête funèbre de Kibango.

A l'époque où le héros de cette fête était mort, un an auparavant, avons-nous dit, on l'avait placé, selon la coutume, sur une espèce de gril en branches de palmier, sous lequel un feu nourri de bois odorant, feu sans flammes, mais qui produit une fumée âcre et épaisse, avait transformé le cadavre en une sorte de jambon fumé.

Le défunt n'étant pas un personnage d'importance, on ne le conservait qu'un an dans cet état; un notable eût été gardé deux ans, un chef trois ans et même davantage.

Donc, Casman étant présent, on commença la cérémonie de l'enterrement. Tout d'abord on supplia le mundelé de donner quelques mètres d'étoffe de couleurs diverses, pour ensevelir le cadavre fumé. Impossible à l'agent de l'Asssociation de se soustraire à un tel emprunt à fonds perdus.

Les étoffes furent délivrées. On les utilisa de la façon suivante : l'étoffe de couleur rouge enveloppa la tête, les bras et la partie thoracique du mort; le calicot bleu entoura les jambes, et quelques fragments de calicot blanc sur l'étoffe rouge représentèrent les yeux, le nez la bouche et les oreilles de cette future momie.

Puis le mannequin ainsi obtenu fut exposé sur la place du village, maintenu droit au moyen d'une pique, et tenant un grand coutelas attaché à la main droite. Autour de lui commença le défilé des assistants.

La musique, un orchestre infernal dont les sons discordants, que l'on ne peut se figurer et qui semblaient essayer de réveiller la momie elle-même, précède le cortège. Puis viennent les femmes de l'endroit; elles ont mis ce jour-là leurs atours les plus beaux, et par suite elles sont un peu plus hideuses : un enduit de goudron découle de leurs têtes, de leurs fronts, de leurs cous, sur leurs épaules, sur les mouchoirs d'une couleur douteuse qui déguisent mal les seins; un cercle d'ocre rouge entoure leurs yeux.

En passant devant le cadavre, elles chantent, parlent, gémissent, gambadent, trépignent avec une douleur simulée, empruntent au malafou une voix rauque et stridente et aux acres bouffées de leurs pipes de chanvre quelques larmes forcées. On croirait voir une horde de furies infernales. Parmi elles, il est de jeunes mères qui secouent dans leur délire factice de pauvres nourrissons qu'elles portent attachés sur leurs épaules, pauvres petits jetant la seule note réellement triste et douloureuse au milieu de cette écœurante cérémonie.

Après la manifestation des femmes, vient le défilé des hommes. Le vacarme est à son comble; Casman en épouve un violent mal de tête;

écœuré, asphyxié, assourdi, aveuglé par des douleurs névralgiques, il essaye vainement de s'échapper par quelque issue à ces scènes de sauvagerie.

En cet instant, une ceinture d'êtres qui n'ont d'humain que le corps étreint le blanc et le bouscule, le porte jusque devant le mannequin.

De solides gaillards, détachés de la foule, s'emparent du cadavre, le mettent à califourchon sur des branches d'arbre, et tandis que quatre d'entre eux placés de chaque côté de la civière le maintiennent en équilibre, douze autres le soulèvent, et en dansant lui impriment des mouvements saccadés, le font sauter en l'air. Ils jouent en quelque sorte avec ce cadavre momifié comme avec une balle en caoutchouc.

Le mannequin bondit et rebondit aux acclamations, aux éclats de rire de l'assistance enivrée. Parfois, vigoureusement projeté dans l'espace par ses douze bourreaux, le cadavre menace, en retombant, de ne pas enfourcher la civière; les acolytes des porteurs tiraillent alors le mannequin par les bras ou les jambes, le remettent en position, et lui enjoignent, en lui donnant des soufflets, de se tenir en équilibre. Les assistants rient à se tordre.

Soudain le jeu cesse; on enlève le coutelas planté comme un cierge dans la main droite du cadavre, qui est attaché par des lianes sur la civière effeuillée.

La foule se forme en cortège et suit le mort transporté jusqu'à un champ voisin où l'on doit procéder à l'enfouissement. Un refrain monotone et lugubre beuglé, en chœur par l'assistance avec accompagnement discordant de tam-

PIPE A DEUX FOURNEAUX,
POUR LE CHANVRE ET LE TABAC
(COLLECTION DE M. FLEMING).

bours, de trombes, de fifres, de tam-tams, répété plus de vingt fois depuis le départ de la place du village, cesse seulement devant le trou creusé à deux mètres cinquante centimètres de profondeur, qui doit recueillir la dépouille bien peu respectée du défunt.

Autour de la fosse, les assistants se groupent en cercle.

On détache le mannequin; un nègre vigoureux le soulève par les épaules, d'autres lui tiennent les jambes serrées et on le fait glisser verticalement dans le trou de façon à le maintenir dans une position verticale; il est alors recouvert de terre et d'un amas de gros cailloux.

Près de la tombe les danses et les chants recommencent de plus belle, on vide des calebasses de malafou, l'orgie est à son comble et dure jusqu'au lendemain.

Casman avait dû la veille, pour s'esquiver aussitôt le cadavre enfoui, implorer le secours des chefs de la localité; on lui avait fait l'honneur insigne de l'admettre à la cérémonie, la populace considérait sa retraite précipitée comme un affront.

Le 3 août 1883, le jour succéda à une nuit des plus sereines où Casman, impuissant à trouver le sommeil, avait tristement songé aux côtés pénibles de son existence à Mukumbi.

Confiné dans un district perdu au milieu des montagnes, perdu lui-même en quelque sorte entre l'immense vallée du Congo et l'étroite vallée du haut Niari, il était séparé durant des semaines entières du monde civilisé et ressentait, en dépit de ses labeurs et de ses études ethnographiques, quelques accès inévitables de nostalgie : la boueuse Mata ne versait pas à Casman le baume de l'oubli.

Son isolement au milieu des noirs durait depuis plus de trois mois; il éprouvait comme un vague désir de revoir un Européen, de parler la langue de son pays avec un compatriote, avec un ami.

Vers huit heures du matin, des coups de feu simultanés tirèrent Casman de ses méditations soucieuses. Son serviteur Oulédi pénétrait sans frapper dans l'appartement du maître et lui annonçait l'approche d'une nombreuse caravane conduite par trois hommes blancs.

A onze heures le lieutenant Van Kerckhoven, MM. Massari officier italien, et Daenfeld, officier suédois, échangeaient avec Casman sur le plateau de Mukumbi des paroles de présentation remplies de cordialité.

Van Kerckhoven, relevé de son commandement d'Issanghila, était chargé de conclure des traités avec les tribus des environs de Mukumbi; il devait en outre transmettre à Stanley un rapport sur les travaux de Casman. Il s'empressa d'adresser les plus vives félicitations à son compatriote au sujet des nombreuses constructions et des jardins de la station.

Nous savons que Casman avait pu, grâce aux bonnes dispositions des indigènes, suppléer à l'insuffisance numérique de son personnel noir. Il avait ainsi en quelques mois réalisé, outrepassé même les plans de Stanley en édifiant la maison d'habitation destinée aux blancs, les huttes des travailleurs noirs, et en créant de gracieux jardins, joignant l'utile à l'agréable, les légumes et les fruits aux fleurs et aux ravissants feuillages.

Mukumbi ravitaillé copieusement par la caravane de Van Kerckhoven parut aux blancs, durant quatre jours, un Éden délicieux.

Ces quatre journées bien remplies furent employées par les blancs à visiter successivement les centres les plus considérables du district, les villages de Koumassie, M'soundi, Louangou, Tchakoula, Yakota. Partout un bon accueil leur fut fait, grâce à leur bienveillante attitude, et partout des traités, des conventions pacifiques, furent conclus ou ébauchés avec les populations.

Van Kerckhoven, enchanté des résultats de sa mission, quitta Mukumbi en confiant à Casman le soin de terminer l'acquisition des villages de la contrée au protectorat de l'Association.

Au cours des démarches tentées par Casman, un trait remarquable, qui prouve combien certains roitelets indigènes méritent peu les qualificatifs de despotes ou d'autocrates, fut noté par l'explorateur.

Ayant à conclure un traité avec une tribu assez éloignée de la station, Casman s'y rendit sans armes avec une hampe primitive ornée du drapeau bleu et en compagnie seulement de son fidèle Oulédi et d'un interprète.

Le village, où siégeaient les chefs de la tribu, était absolument désert. Mais Casman, connaissant la façon d'agir des indigènes de cette contrée, s'assit au pied d'un bouquet d'arbres, alluma tranquillement sa pipe et attendit.

Après un quart d'heure d'attente environ, il aperçut une dizaine de naturels qui se dissimulaient derrière un buisson et qui l'examinaient avec curiosité.

Voyant le blanc immobile, les curieux s'approchèrent lentement, à pas comptés, et, arrivés à une faible distance du fumeur, ils échangèrent à voix basse quelques mots avec Oulédi, puis s'avancèrent un peu plus. Casman devint bientôt le centre d'un groupe de dix indigènes.

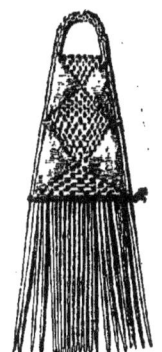

PEIGNE (COLLECTION DE M. FLEMING).

« Je voudrais connaître le grand chef de cette tribu, » demanda-t-il sans s'émouvoir.

Un grand et vigoureux jeune homme, dont l'abondante chevelure disparaissait sous une montagne de plumes d'aigle, avança timidement vers le blanc.

Casman lui tendit la main, le salua respectueusement et lui exposa le but de sa visite, en faisant dans son discours ressortir les avantages que la conclusion d'un traité procurerait à son pays.

« Je crois à vos paroles, répondit le chef indigène; j'ai souvent entendu dans les marchés des environs faire l'éloge de Kata Mandala; son courage, sa bonté, sa générosité, ses richesses, sont connus de nous tous, mais je n'entreprends jamais rien sans consulter les hommes riches et pauvres de ma tribu. Actuellement il n'y a autour de moi qu'une dizaine de conseillers, je vais faire appeler les autres et nous verrons ce qu'ils décideront. »

Une demi-heure après, le conseil était au complet ; il lui exposa longuement et gravement la proposition du chef blanc de Mukumbi.

On délibéra quelque temps, chacun prenant la parole, discutant le pour et le contre, donnant son avis ; enfin on vota par gestes et marques d'approbation la conclusion du traité soumis. La conduite de ce jeune chef nègre peut servir d'exemple à plus d'un gouvernant élu chez des peuples civilisés d'Europe.

De retour à la station, Casman apprit avec peine la désertion de deux de ses hommes, deux Haoussas.

Sévère au besoin, mais toujours juste et bon envers ses subordonnés, le chef de Mukumbi ne savait à quelle cause attribuer cette fuite soudaine. Il fit une enquête immédiate pour s'assurer des sentiments du restant de la garnison.

En général, les noirs enfants de l'Afrique ont une propension fatale à l'imitation, surtout lorsque l'exemple donné encourage leurs mauvais instincts.

Les serviteurs de Casman firent exception à cette règle fâcheuse ; ils affirmèrent non seulement leurs intentions de servir loyalement leur bon chef, mais encore leur désir de poursuivre les coupables et d'aider à les châtier.

Quelques-uns d'entre eux furent, sur leur demande, chargés de retrouver les traces des déserteurs.

Ces derniers ne devaient pas tarder à payer bien cher leur insubordination. Partis sans armes dans la direction de Kimbedi, ils s'étaient arrêtés, à demi-morts de faim et de fatigue, au village de Mukengi.

Cette localité était gouvernée par un véritable sauvage, un ennemi intraitable et juré des blancs, le féroce Wissasala. Depuis plusieurs jours les nouvelles des soumissions des villages voisins au protectorat de Kata Mandala emplissaient d'indignation et de haine le cœur de ce possesseur-né d'un coin de la terre d'Afrique.

Wissasala paradait ce jour-là sur la place de Mukengi. Suivi d'un ramassis de courtisans, il allait de l'étalage d'un marchand d'étoffes à la boutique en plein vent d'une négresse accroupie au milieu de ses corbeilles emplies de fruits et de légumes ; plus loin, il s'arrêtait devant des denrées humaines, jeunes esclaves mâles et femelles qu'il examinait attentivement en expert, en connaisseur, tâtant les côtes, les bras et les jambes, cherchant à reconnaître au nombre et à la qualité de leurs dents la valeur attribuable à chacune de ces malheureuses créatures.

Les habitués du marché s'inclinaient sur le passage de Wissasala ; quelques-uns, plus hardis, venaient lui raconter les événements survenus aux environs ; un d'eux lui dit l'exploit pacifique remporté l'avant-veille par le blanc de Mukumbi, qui avait soumis une tribu avec deux hommes et un drapeau.

« Ah ! ce blanc maudit, qu'il ose venir sur mes terres avec son fétiche d'étoffe et son troupeau d'esclaves, je saurai venger, moi, la lâcheté des chefs des villages voisins ! »

Soudain ces imprécations furent interrompues par un tohu-bohu inexprimable ; des natifs traînaient par des cordages de lianes les deux Haoussas épuisés et les conduisaient, au milieu des accents de triomphe de la multitude, devant le juge suprême de l'endroit.

Wissasala reconnut sans peine les serviteurs du blanc de Mukumbi. Un sourire de joie féroce plissa ses lèvres, il pouvait à l'instant assouvir une partie de sa vengeance, racheter par le sang des Haoussas les prétendues fautes commises par l'homme blanc détesté.

« Ces hommes sont à vous, cria-t-il à la foule ; ils sont vendus aux mundelés ; il faut les massacrer, les brûler ici-même, et jeter au loin leurs cendres : ce sont des fétiches malveillants. »

Les captifs sont aussitôt assaillis par la foule à coups de bâton, de hache, de couteau. Hommes, femmes, enfants, poussent des hurlements atroces, se livrent à de violentes contorsions, se disputent entre eux pour réussir à frapper à leur tour les infortunés exposés à cette hideuse curée.

Les cadavres horriblement mutilés sont grillés séance tenante. Quelques bourreaux plus acharnés encore arrachent aux flammes des lambeaux de chair palpitante et les promènent en hurlant au-dessus de la foule, dont les clameurs et les chants féroces célèbrent la puissance de l'assassin Wissasala.

Les serviteurs fidèles de Casman, mis au courant de cette sinistre aventure par des indigènes revenant du marché de Mukengi, se replièrent prudemment sur la station et firent connaître au blanc le sort des déserteurs.

Cédant à un premier mouvement d'indignation, Casman résolut d'infliger au peuple de Mukengi un châtiment exemplaire. Il recevait précisément à cette date un renfort de soldats haoussas qu'il lança sur les barbares administrés de Wissasala.

Néanmoins, loin de favoriser l'ardeur au massacre et au pillage des belliqueux guerriers de Lagos, Casman empêcha l'incendie de Mukengi et se contenta d'imposer à Wissasala vaincu et captif la ratification du traité qu'il n'eût pas réussi à lui faire accepter par la persuasion ou la douceur.

Peu après cet exploit, qui rangeait sous le protectorat de l'Association tous villages du district de Mukumbi, Casman était appelé par l'agent supérieur de l'Expédition, au commandement d'une station nouvellement créée sur les rives du haut Congo.

Le 14 septembre 1884, M. Edmonds, ancien chef d'Issanghila, venait succéder à Casman.

Le 15, le fondateur de Mukumbi-Station quittait ce poste hospitalier par excellence, où il avait vécu sept mois sans avoir eu à châtier par les armes d'autres voisins que le chef dégradé et sauvage du village de Mukengi.

Lorsqu'ils apprirent le départ imminent de Kata Mandala, les indigènes du district se rendirent en masse à la station. Toute la matinée du 15 septembre ce fut un défilé sans fin de chefs de tribus et de vassaux venant faire à Casman de touchants adieux et lui apporter, qui un poulet, qui un régime de bananes, en signe de reconnaissance et d'inaltérable attachement.

Ces preuves pleines d'affection, données à notre compatriote par une population naguère hostile aux hommes blancs, disent mieux que n'importe quel commentaire combien les procédés de patience, de persuasion, de douceur, et à l'occasion de fermeté, mis en pratique par l'agent dévoué de l'Association, avaient opéré dans le district de Moukoumbi d'heureuses métamorphoses.

Le 19 septembre, Casman passait à Manyanga une journée de repos; le 20, il en partait pour rejoindre à Léopoldville le capitaine Hanssens avec qui il comptait remonter le fleuve jusqu'à l'Équateur: le 26, il s'arrêtait dans la capitale future du Congo moyen.

Nous empruntons à la correspondance de Guillaume Casman les détails intéressants qui suivent, relatifs à son séjour dans cette station.

« Arrivé au Stanley-Pool le 26 septembre, je n'y ai pas trouvé le capitaine Hanssens; il est parti pour le haut Congo et ne sera ici que dans quelques jours; il m'a toutefois fait savoir que j'étais officiellement désigné pour prendre le commandement de la station de l'Équateur. »

Voici en quels termes flatteurs le capitaine Hanssens avait écrit à Casman, au sujet de sa nouvelle promotion :

« J'ai été heureux d'apprendre que vous êtes satisfait de votre nomination comme commandant de l'Équateur. Lorsque je vous ai quitté à Manyanga, je vous avais promis de songer à vous. Vous voyez que j'ai tenu parole. J'ai d'ailleurs agi dans l'intérêt même de l'Association.

« D'après tous les renseignements qui me sont parvenus, vous avez fait

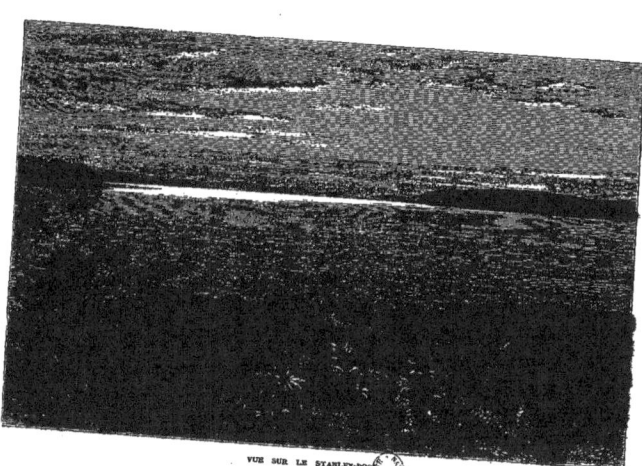

VUE SUR LE STANLEY-POOL

des merveilles à Mukumbi, et il n'était que juste de vous donner une position en rapport avec vos aptitudes. »

Mais avant de se rendre à sa nouvelle destination, Casman dut séjourner deux mois environ à Léopoldville, où il se plut à établir des comparaisons entre les natifs de ces parages et ses anciens administrés de Mukumbi.

« Ici (écrit-il en octobre 1884) les indigènes sont doux et très familiers

SIÈGE (COLLECTION DE M. FLEMING).

avec les blancs dont le contact leur a beaucoup profité. Ils sont plus beaux et plus propres que ceux de Mukumbi.

« Chaque jour ils viennent au magasin de la station pour vendre leurs produits et pour acheter des étoffes. Le *mitako* (fil de laiton d'environ un mètre vingt centimètres, plié en deux) est la valeur représentative. Tout est cher à Léopoldville. Je dois payer une poule huit et quelquefois dix mitakos, tandis qu'à Mukumbi j'obtenais huit poules pour une pièce de douze mouchoirs (valeur inférieur au moins de moitié); une petite chèvre ne me coûtait qu'une brasse de flanelle rouge ».

« Les marchés sont excessivement curieux. Celui de Mukumbi était fréquenté par plus de quatre cents personnes; ici le nombre est beaucoup plus considérable.

« Les femmes y arrivent chargées comme des mules. Elles y apportent du manioc, différentes espèces de bananes, des arachides et une espèce de légume tout préparé, ressemblant assez à nos épinards.

« Le tout est contenu dans une grande hotte suspendue à la tête et reposant sur le dos. Ces malheureuses ploient sous le fardeau. Quelques-unes d'entre elles ont en outre un moutard campé à califourchon sur les hanches. Presque toutes ont le brûle-gueule à la bouche.

« Les hommes présentent en vente du tabac, des poules, des chèvres et... des rats fumés *(poukous)* passés dans une broche. Ce dernier article est considéré par les indigènes comme le *nec plus ultra* de la friandise.

« L'animation qui règne dans les marchés a quelque chose d'infernal : tout ce monde noir va, vient, crie, gesticule, rit, se dispute, se bat et fait un vacarme épouvantable.

« Le costume est des plus simples : un mouchoir ou un petit morceau d'étoffe autour des reins.

« A Mukumbi les femmes n'avaient pour tout vêtement que deux morceaux d'étoffe, larges comme la main : l'un devant, l'autre derrière. A Manyanga les jeunes filles de quinze à seize ans n'ont qu'une ou deux rangées de perles attachées autour de la taille. Ici la femme d'un chef, venue il y a quelques jours à la station, avait autour du cou, en guise de collier, un rouleau de cuivre pesant au moins quatre kilogrammes.

PIPE A CHANVRE.
(COLLECTION DE M FLEMING).

« Les gens les plus huppés de l'endroit se drapent fièrement dans une pièce de mouchoirs.

. . . .
. . . .

« Le capitaine Hanssens est arrivé à Léopoldville le 31 octobre à bord du steamer A. I. A. (Association internationale africaine). Bien qu'ayant terminé ses trois années. M. Hanssens comptait rester encore six mois en Afrique. Malheureusement, par suite de circonstances qui sont demeurées un mystère pour ses compagnons, il a pris soudainement la résolution de retourner en Europe.

« Ce départ m'attriste beaucoup ; c'est une immense perte pour toute la colonie belge. Non seulement par son caractère bienveillant et ferme M. Hanssens avait su s'acquérir toutes les sympathies, mais il s'imposait à ses camarades par son grade d'abord, ensuite et surtout par ses qualités qui font de lui un des officiers les plus savants et les plus distingués de l'armée belge, un explorateur infatigable, un chef moins autoritaire que M. Stanley.

« Une expédition composée de trois steamers à vapeur part le 11 novembre courant pour le haut Congo. Le capitaine Hanssens m'a à brûle-pourpoint chargé de diriger et de commander cette expédition jusqu'à l'Équateur, où je remplacerai le lieutenant Van Gele, chef actuel d'une station.

« Je prendrai place à bord de l'*En Avant*; sur ma route, j'aurai à faire plusieurs palabras et à conclure divers traités. C'est une lourde tâche que m'a donnée le capitaine Hanssens, mais je ferai de mon mieux pour m'en tirer avec honneur. »

Ainsi s'exprimait le vaillant explorateur près de poursuivre vers le haut Congo la réalisation d'une mission, et que de loyaux et signalés services avaient dès la première année de sa présence en Afrique mis au rang des plus fidèles et des plus dévoués serviteurs de l'Association.

Avant de retracer son œuvre au cœur du noir continent, nous devons reprendre par ordre de dates le récit des expéditions successives dirigées par les pionniers belges ralliés à la bannière bleue, en amont du Stanley-Pool.

Nous ne pouvons néanmoins terminer l'ébauche historique des brillantes entreprises conduites par les Belges sur les rives du Congo inférieur et moyen, sans consigner dans notre présent volume les noms des vaillants et hardis champions qui vinrent, en l'année 1884, grossir la cohorte glorieuse de nos compatriotes, et affirmer la conquête bienfaisante, les premiers résultats de l'œuvre pacifique et humanitaire du Congo, devant lesquels le monde civilisé manifestait à S. M. Léopold II les plus éloquents témoignages de gratitude et d'admiration.

Le mois d'avril 1884 avait amené MM. : Arthur Weber, ancien adjudant au 3me de ligne, qui fut appelé à commander la station de Mayombo (lat. 3°, 2') sur la côte occidentale, au nord de l'estuaire de Banga;

Camille Van den Plas, ancien sergent major au 8me de ligne, attaché à Léopoldville, en qualité d'agent comptable;

Édouard Manduau, capitaine de la marine marchande, que nous retrouverons chef de Kimpoko;

Delatte, élève de l'École de navigation d'Ostende, attaché au service des baleinières de Manyanga;

Ruen, mécanicien à bord de la *Belgique*.

En mai 1884, arrivèrent MM. :

Georges Steleman, adjoint à Issanghila;

Pierre Robbe, adjoint à Manyanga;

Léon Stévart, adjoint à Léopoldville;

Nilis, frère du lieutenant Arthur Nilis, médecin de bataillon au 2me de ligne, qui fut chef du service sanitaire à Léopoldville et sut se concilier l'estime et la sympathie de tous ceux qui l'y ont connu.

Plus tard, en juin, Émile Van den Heuvel, frère du docteur Théophile Van den Heuvel, et attaché au sanitarium de Boma.

En août · Claude Zboïnski, capitaine commandant au 3me d'artillerie; George Lemarinel, sous-lieutenant au régiment du génie, attachés tous deux au transport d'un steamer baptisé du nom de *Stanley*.

CHAPITRE XXI

Le lieutenant colonel Sir Francis de Winton. — Nouveau-Vivi. — Mort de Flamini. — Les jalons hospitaliers de Boma à Léopoldville. — Projet d'un chemin de fer au Congo. — Les animaux domestiques du bas Congo.

Jusqu'ici, fidèle au titre du présent ouvrage, nous nous sommes borné au récit des étapes, des travaux et des aventures des pionniers belges en Afrique.

Pas un de nos lecteurs n'ignore cependant que de nombreux Européens de nationalités diverses ont de leur côté coopéré à l'œuvre africaine, et contribué à ouvrir aux investigations de la civilisation l'immense bassin du Congo dont il y a huit ans à peine on ignorait complètement le cours entre Vivi et Nyangoué.

La relation même abrégée des expéditions, des découvertes réalisées par chaque agent de la Société internationale, nécessiterait des chapitres où des redites, des descriptions identiques de paysages, de mœurs et coutumes indigènes, se glisseraient sous notre plume.

Il nous paraît néanmoins juste et utile de mentionner les noms de certains de ces vaillant agents étrangers de l'Association, et d'indiquer brièvement la large part qu'ils ont prise à l'enfantement de l'État libre dont S. M. Léopold II devait être le premier roi.

En 1884, l'Association n'étant pas encore une puissance reconnue, c'était un groupement de volontés qui cherchaient à arracher un vaste territoire à la barbarie, une société philanthropique créée en haine de l'esclavage, en haine surtout de l'affreux commerce de chair humaine près de faire disparaître d'une région bénie la majeure partie des races qui l'habitent.

A l'exception du Portugal, ce petit pays qui rêvait de nouveau la grandeur coloniale et voyait avec jalousie le succès d'une entreprise privée, l'Europe entière sympathisait à l'œuvre du Congo et prodiguait à l'Association, outre ses encouragements, des explorateurs d'élite et des capitaux.

L'illustre explorateur anglais, H. M. Stanley, dirigea à pas de géant les opérations en Afrique jusqu'au mois de juin 1884.

A cette date, Stanley remettait le commandement en chef de l'expédition au colonel sir Francis de Winton, ancien aide de camp de S. A. R. le marquis de Lornes. Voici les deux ordres du jour adressés par Stanley au personnel de l'Association internationale du Congo, au moment de son départ pour l'Europe

« Vivi, le 6 juin 1884.

« Le lieutenant colonel sir Francis de Winton prend, à partir de ce jour et jusqu'à nouvel ordre, les fonctions d'agent supérieur de l'Association internationale du Congo. Il a le commandement suprême de toutes les affaires de cette Association et comme tel a droit à l'obéissance de chacun.

« Signé . H. M. Stanley. »

« Vivi, le 6 juin 1884.

« L'agent supérieur, avant de partir pour l'Europe où il retourne pour motif de santé, désire exprimer sa vive satisfaction pour la manière dont les agents de l'Association ont rempli leur mission pendant le temps qu'ils ont été placés sous ses ordres, et il adresse plus particulièrement ses remerciements à ceux auxquels, pendant les quatre années écoulées, il a fait appel pour des services spéciaux.

« C'est avec un profond regret qu'il leur fait ses adieux et il exprime l'espoir que son successeur obtiendra d'eux le même concours dévoué.

« Il espère aussi que les agents continueront à avoir le sentiment de la grande importance de l'œuvre dans laquelle ils sont engagés et de l'immense influence que celle-ci est destinée à exercer sur ces régions.

« Signé : H. M. Stanley. »

Avant son départ, Stanley avait achevé à Vivi un travail considérable : le déplacement de la station.

En raison de l'accroissement extraordinaire du poste de Vivi, le mamelon sur lequel la station fut primitivement installée avait été reconnu trop étroit pour l'utile développement d'une ville future. Toutes les constructions avaient été démontées et transportées, avec ce qu'elles renfermaient de marchandises et d'approvisionnements de tout genre, à 1,500 mètres au nord, sur un plateau plus large et admirablement situé.

Le nouveau Vivi doit être relié au débarcadère du Congo, à Belgique-Creek, par un petit chemin de fer à voie étroite, et long d'environ deux kilomètres, dont la construction est déjà commencée.

Le personnel blanc de Nouveau-Vivi se compose du lieutenant de Winton, administrateur général ; du docteur Leslie, secrétaire ; du major Parminter, chef de division ; de M. Shaw, chef de station ; du comte de Pourtalis, adjoint ; de M. Monet, agent comptable en chef ; de M. Cranshoff, son adjoint ; de MM. Ledien, agronome, Harris et Martin, charpentiers.

Nouveau-Vivi est devenu en réalité la capitale du bas Congo civilisé, dont les futures villes principales, aujourd'hui simples stations de l'Association, sont Boma, Ikungula, Nokki et Mpozo.

Boma (lat. 5° 47', longitude 13° 10') a pour chef le docteur Allard, directeur du sanitarium, ayant sous ses ordres Van den Heuvel jeune, Sichmann, agronome. Ce dernier a enrichi le sol concédé de plantations de sorgho et d'eucalyptus constituant un parc véritable dans lequel les convalescents respirent un air pur, à l'abri d'ombrages salutaires.

Le docteur Allard, dont la santé avait été fort ébranlée au cours des premiers mois de son arrivée au Congo, a heureusement résisté au climat africain, se dévoue complètement à l'œuvre humanitaire dont il est chargé. Le sanitarium de Boma, a été construit en Belgique par M. Lassinat, de Braine-le-Comte, sur les indications du docteur Allard. A ce sujet, nous ajouterons que M. Lassinat, concitoyen de Gillis, a fabriqué un certain nombre de maisons en bois destinées au nouveau Vivi et qu'elles ont été conduites à leur destination par M. de Beyghere, chef charpentier au service de l'Association. Les meubles qui garnissaient ces habitations sortent de la maison Cambier frères, à Ath.

Le 31 juillet 1884, un des plus anciens et des plus dévoués agents de la société, Francesco Flamini, chef mécanicien du *Royal*, mourait au sanitarium de Boma. Après avoir résisté durant quatre années à toutes les attaques d'un climat pernicieux, cet infortuné tombait victime de la terrible fièvre bilieuse.

L'Association a perdu en lui un artisan très habile, rompu à toutes les difficultés de son métier, un agent d'une intelligence, d'une activité, d'un zèle remarquables, d'une fidélité à toute épreuve. Le souvenir de Flamini restera attaché à l'œuvre à laquelle il a donné sa vie; on n'a pas oublié que Stanley a baptisé du nom de ce mécanicien l'une des cataractes du bas Congo.

Boma compte en outre une colonie commerçante belge : M. Delcommune, directeur des factoreries établies par Gillis, a pour adjoints MM. de Kuyper, Luce et Uytdenbroeck.

M. Delcommune, homme sympathique et très intelligent, a pour les agents de l'Association de passage à Boma toutes sortes de prévenances et d'attentions.

Il offre à chacun une cordiale hospitalité et s'efforce de bien traiter ses hôtes. Néanmoins il ne parvient pas à pouvoir servir le moindre plat de légumes aux convives qu'il régale avec le produit de ses chasses à l'hippopotame, car on ne rencontre à Boma, ni dans les environs aucun jardin potager bien cultivé et qui rapporte. Pourtant dans les pays tropicaux les légumes accompagnant la viande sont une des conditions hygiéniques qu'il importe le plus de pratiquer.

Indépendamment des services rendus par lui aux voyageurs, M. Delcommune enrichit de pièces curieuses le musée de l'Association. Une de ces pièces entre autres, qu'il avait reçue en cadeau d'un roitelet nègre des environs de Boma, mérite une description spéciale.

C'est une idole en bois sculpté figurant un homme, et haute d'un mètre dix centimètres.

La sculpture en est des plus grossières ; la tête et les bras s'emmanchent néanmoins au corps d'une façon heureuse. Les yeux sont occupés par deux petits miroirs. Le corps est hérissé de clous, dus sans doute à la piété des fidèles.

Lorsque ces derniers avaient en effet à adresser une prière à ce fétiche, ils captaient son attention en lui enfonçant au hasard dans les bras, les jambes ou le bas-ventre, un clou d'une longueur inusitée.

Puis ils lui donnaient des lambeaux d'étoffe en guise d'offrandes, s'agenouillaient ou mieux s'accroupissaient à ses pieds et murmuraient leurs oraisons.

La prière achevée, on frottait le front du fétiche avec le pouce, comme pour mieux incruster dans la mémoire du dieu la demande quelconque qu'on venait de lui adresser.

Les frottements subis par l'idole que possède aujourd'hui le Musée de l'Association ont produit sur son front une usure profonde, preuve manifeste de la vénération qu'avaient pour elle les nègres du district de Boma.

LE DOCTEUR ALLARD.

Ikungula (lat. 5° 42', long. 13° 55') est située sur la rive droite du Congo, en face de Nokki, et commandée par M. Naets.

Nokki (lat. 5° 42', long. 13° 55') est gérée par M. Rasmussen.

Mpozo (lat. 5° 34', long. 14° 3'), sur la rive gauche du Congo, au confluent de la rivière Mpozo, presque en face de Vivi, compte un personnel blanc assez considérable : le major Vetch, chef de division; le comte Fosse, chef de station, et deux adjoints.

Ainsi donc, de Boma à Vivi, sur un parcours de quatre-vingt-cinq kilomètres de voie fluviale, l'Association comptait en 1884 cinq stations hospitalières. La distance de Banana à Boma, environ 100 kilomètres, non occupée par les établissements de la Société, était facilement franchissable et n'offrait aucun danger, pas plus aux commerçants qu'aux touristes européens.

La région baignée par le Congo, entre Vivi et le Stanley-Pool, et explorée, comme nous l'avons, dit par les pionniers belges, comptait, outre les stations fondées par eux, des postes établis par les agents étrangers de l'Association.

Léopoldville (lat. 4° 20', long. 15° 48'), fondé en décembre par le capitaine Braconnier, à la sortie du Pool, sur la rive gauche du fleuve, est la capitale de fait de cette région.

En 1884, l'Anglais Saulez était chef de cette station; le docteur Nilis, chef du service sanitaire, y remplaçait le docteur Van den Heuvel qui, chargé de rapatrier des Zanzibarites, fut poussé par un caprice des flots à relâcher avec la *Ville d'Ostende*, voilier au service de l'Association, dans un des ports de l'Amérique du Sud, a Bahia (Brésil); le Belge Vanden Plas exerçait la charge de comptable; MM. Stewart et Mouheneyer, agronomes, développaient les plantations et les cultures primitivement introduites par l'agronome allemand Teusch.

Issanghila (lat. 5° 12', long. 14° 12'), fondé en 1881 par l'infortuné Paul Nève, ne comptait alors aucun Belge dans son personnel. M. Montgomery remplissait les fonctions de chef de station; le docteur allemand Stroebelt et M. Ertwig lui étaient adjoints.

Dans l'intérieur des terres, à trois journées de marche d'Issanghila, sur la rive gauche du Louvou, affluent de gauche du Congo, l'explorateur Clarkson avait fondé la station de Rubytown, dont le commandement fut confié à M. Moeller.

Peu après, une nouvelle station fut fondée non loin de Rubytown, sur la rive gauche du Congo, en aval du confluent de l'Élouala, par 5° 15' de latitude, et 14° 15' de longitude, à Voonda, par l'agent hollandais Vanderburgh. Elle eut pour chef M. Stanhop.

Non loin de ce poste s'élevait la mission anglaise de Baynesville. Ce nom a été illustré par un explorateur anglais, Thomas Baynes, qui le premier visita la région déserte entre le Zambèze et le Calahari. C'est pour rendre hommage à ce voyageur infatigable, qui fit connaître certains pays inhospitaliers de l'Afrique australe et dont la vie a été aussi privée de joie que de renommée, que les missionnaires anglais ont adopté le nom de Baynesville, donné à cette localité par Stanley.

Il est regrettable que cet exemple n'ait pas été suivi par l'Association dans toutes les stations fondées en Afrique centrale par ses fidèles et dévoués serviteurs. Soit pour célébrer la mémoire des agents européens tombés martyrs de leur devoir sur les champs de bataille de la conquête pacifique, soit pour rendre impérissable le souvenir des actions glorieuses, des persévérants efforts tentés au Congo par les pionniers héroïques qui ont eu la chance d'en revenir, ou qui y cueillent encore de nouveaux lauriers, l'Association ne devrait pas chercher ailleurs que dans le livre d'or de ses fidèles agents les noms à donner à ses embryons de villes jusqu'à ce jour connues sous des désignations plus ou moins barbares et occasionnant de nombreuses erreurs d'orthographe.

Le vœu que nous formulons, s'il est réalisé comme nous en avons l'espoir, tirera de l'oubli les noms presque ignorés encore de certains agents subalternes européens qui ont courageusement sacrifié leur vie dans l'exécution d'une œuvre si honorable pour notre siècle.

En attendant une restitution que l'équité impose, nous devons citer encore par leurs noms indigènes les stations établies dans la région du Congo moyen.

A l'est de Voonda, nous trouvons Lukunga (lat. 4° 50', long. 14° 53') où M. Ingham remplit les fonctions de chef, avec l'aide de M. Peterson.

Plus loin s'élève Manyanga-Nord, rive droite du Congo, à 2 kilomètres en aval de la chute de N'tombo-Mataka. Cette station est, en décembre 1884, commandée par M. Spencer Burns, qui a sous ses ordres MM. Delatte, Van der Felsen et Ahearne.

En face, Manyanga-Sud compte deux blancs : MM. Edwards, chef de la station, et Robbe, adjoint.

A plusieurs kilomètres au sud de ce dernier poste, M. Edmunds a fondé la station de Ngombi (lat. 4° 49', long. 15° 22'), et il préside à ses destinées, tout en rendant de fréquentes visites à son compatriote, M. Connelly, chef de la station de Luteté (lat. 4° 49', long. 15° 47').

Enfin, sur le Congo, en aval de la chute de Kaloulou, on rencontre la station de Ngoma, dernière halte hospitalière du voyageur parti de Manyanga et se rendant à Léopoldville par la rive sud.

Telles sont les étapes successives de la route de Banana au Stanley-Pool; elles résument éloquemment les progrès que les agents de l'Association internationale du Congo y ont réalisés en moins de cinq ans.

Cette route a une longueur de cinq cent soixante-dix kilomètres, c'est-à-dire cent quarante kilomètres de plus que le cours entier de l'Escaut.

Quant à la largeur de la voie fluviale, elle est excessivement variable.

Entre Banana et Boma, le fleuve atteint parfois une largeur de huit kilomètres ; un peu en amont de Boma, la nappe liquide a une largeur de cinq kilomètres et demi.

En amont de Boma jusqu'à Vivi, le voyage peut s'effectuer en six heures avec les petits steamers d'un faible tirant d'eau appartenant à l'Association. Mais la navigation exige des précautions infinies, le fleuve se resserre : sa largeur varie de trois mille à quinze cents mètres, son lit est çà et là hérissé de récifs, le courant est par places d'une rapidité menaçante.

« Près de Vivi, écrit M. de Pourtalès, le Congo se retrécit de plus en plus, surtout quand on dépasse un promontoire de rochers, baigné en amont par l'eau d'une anse dans laquelle le courant s'engouffre ; la base en est rongée de manière à lui donner l'apparence d'une énorme grenouille au repos. De l'autre côté se trouve Belgique-Creek, avec de charmants îlots ; puis vient un étranglement du Congo avec un courant d'une puissance effrayante. On traverse pour aborder à un banc de sable, dans une nouvelle petite anse bordée de belle végétation, à la base pyramidale du Vieux-Vivi, qui semble tomber à pic. »

De Vivi à Issanghila, le fleuve étant impraticable, le trajet s'effectue en quatre jours par voie de terre. La route indiquée par Stanley en 1880 est encore suivie ; elle longe la rive droite du fleuve.

D'Issanghila à Manyanga (140 kilomètres), les petits steamers à vapeur de l'Association peuvent franchir la distance en trois jours, lorsque le temps est favorable.

Presque à mi-route on touche à la station de Voonda.

De Manyanga à Léopoldville (160 kilomètres), on peut suivre indifféremment les deux routes africaines qui longent l'une et l'autre rive du Congo. Le trajet dure six jours. Il est préférable néanmoins de choisir la voie sud, qui passe à Luteté, et plus loin à Ngoma.

Dès la fin de l'année 1884 Stanley, de retour en Europe, plaidait en faveur de la construction d'une voie ferrée destinée à relier les stations principales du bas et du moyen Congo.

« Le bas Congo, avec le littoral adjacent, disait le célèbre explorateur, a une longueur de 720 kilomètres. Ce développement produit un trafic annuel d'une valeur de 70 millions de francs.

« Un capital de vingt millions suffirait pour construire un chemin de fer léger entre Vivi et Issanghila, quatre vapeurs à 250,000 francs chacun entre Issanghila et Manyanga, et un tronçon de chemin de fer entre Manyanga et Léopoldville.

CHASSE AU BUFFLE.

« Si cependant il était nécessaire de construire une ligne directe de Vivi à Léopoldville, le coût en serait de trente-sept millions. »

Le chemin de fer est sans contredit la route la plus rapide et la plus sûre pour conduire l'œuvre du roi des Belges à l'apogée du succès final.

Une voie ferrée reliant Vivi au Stanley-Pool sera la source de bienfaits immenses, non pas tant pour le présent, mais pour l'avenir.

La générosité de l'auguste promoteur de l'Association internationale, et des capitalistes de tous pays qui le secondent, est le gage certain qu'avant peu d'années la locomotive ternira de ses noirs nuages de fumée le ciel d'opale de ces parages africains, et secouera par ses sifflets stridents la torpeur des nègres du Pool.

Un agent de l'Association, le capitaine Zboïnski, a été spécialement chargé en 1884 d'étudier les possibilités et les nécessités de construction de voies ferrées au Congo

Le capitaine belge, qui est en même temps ingénieur honoraire des mines, avait en quelque sorte des droits acquis pour remplir cette mission difficile.

Il a successivement exercé les fonctions d'ingénieur-chef de section aux chemins de fer de Bruxelles-Lille et Hesbaye-Condroz; de sous-directeur de charbonnages à Liége; de directeur des travaux de canalisation du bas Escaut; de professeur de mathématiques rationnelles à l'École militaire de Constantinople; de chargé de la carte géologique du bassin houiller d'Héraclée (Asie Mineure) et de l'Attique.

Après avoir exploré pendant plus de sept mois les districts riverains du Congo, entre Banana et le Stanley-Pool, le capitaine Zboïnski estima à quinze millions, en chiffres ronds, la dépense que nécessiterait la construction d'un chemin de fer entre la côte et Léopoldville, soit cinq millions de moins que dans l'estimation de Stanley.

M. Zboïnski supputant, d'après les données des voyageurs et des directeurs de factoreries au bas Congo, que le trafic général de la région pouvait être chaque année d'environ soixante-quinze mille tonnes, a calculé qu'en portant à soixante-dix francs le prix de transport d'une tonne on obtiendrait le revenu nécessaire pour couvrir les frais d'exploitation de cette voie ferrée.

D'ailleurs, quel que soit le coût d'une telle entreprise, il serait regrettable qu'on hésitât devant sa réalisation. Depuis cinq années, il y a comme un duel engagé entre deux mondes sur les rives du fleuve Congo. Dans cette lutte, dans ce corps-à-corps entre le progrès et la barbarie, la victoire restera au monde civilisé, à la condition toutefois que le vainqueur présumé use dans le combat de ses armes les plus efficaces : la vapeur et l'électricité.

Les larges sentiers taillés à la hâche dans les halliers, ou tracés à la mine sur les flancs des collines rocheuses, le fleuve lui-même dans ses parages navigables, sont des routes insuffisantes, hérissées de difficultés et d'entraves au développement agricole et commercial, par suite à la prospérité du vaste territoire convié au banquet de la civilisation.

Les rapides wagons traînés par la vapeur remplaceraient avec avantage les lourds chariots péniblement remorqués à l'heure actuelle par des hordes d'êtres humains, à qui les bras et les jambes ont été données pour remplir des rôles plus utiles et plus dignes sur la terre d'Afrique.

C'est en vain que l'Association a tenté de remplacer les malheureux porteurs nègres par des bêtes de somme. Les mulets et les petits ânes, amenés à grands frais de Madère, n'ont rendu que des services insignifiants. La mortalité a sévi fortement parmi ces animaux. On leur imposait un travail écrasant et sans repos par des chemins impraticables, et on ne leur octroyait qu'une nourriture insignifiante et de mauvaise qualité.

Dans de telles conditions, ânes et mulets ne résisteraient pas davantage sous le climat le plus favorable. Il ne faut pas attribuer la mortalité des bêtes de somme à la mouche tsetsé; cet épouvantable insecte ne se rencontre pas au Congo.

Quelques chevaux ont cependant été introduits par des Européens, notamment à Vista, sur la côte, dans une factorerie hollandaise; à Banana; à Boma, dans la factorerie belge, et à Vivi, dans l'écurie du colonel sir Francis de Winton. Ces chevaux, qui provenaient également de Madère, supportent on ne peut mieux le climat.

Le bœuf est presque inconnu dans le pays.

Puisque nous faisons ici une revue sommaire des animaux domestiques et utiles à l'homme à divers titres, nous sommes tout naturellement conduit à dire quelques mots des moutons du Congo. Ces animaux, de race exotique, ne portent pas de toison et sont de deux espèces, l'une à poil épais et court, l'autre à poil un peu plus long : ces deux espèces sont très rares dans les environs du Stanley-Pool.

Le bélier est doué d'une magnifique crinière qui lui donne un air fier et belliqueux. La brebis, privée de cet ornement, rappelle, par son pelage blanc et noir, les brebis de race persane. Les indigènes, tout en estimant beaucoup ce bétail, lui préfèrent néanmoins les chèvres, en général bonnes laitières avant et après la saison des pluies.

Chèvres et moutons vivent en troupeaux sous la garde de pasteurs indigènes aidés dans leur tâche par des chiens, tout comme les bergers des contrées européennes.

Aux lecteurs qui pourraient être surpris de voir figurer le chien dans notre incomplète récapitulation des animaux domestiques de l'Afrique centrale, nous rappellerons que le chien est le seul animal cosmopolite qui, dans sa domestication, soit capable de vivre partout où vit l'homme. « Où s'arrête la végétation, a dit Isidore Geoffroy Saint-Hilaire, et où s'arrête l'herbivore, le chien vit encore des restes de la chasse ou de la pêche de ses maîtres. Le même animal qui au sud veille sur les moutons sans laine de l'Africain, chasse pour l'Indien de l'Amazone, sert de nourriture au Chinois et défend les huttes du Papou, se retrouve au nord gardant les rennes du Lapon et traînant l'Esquimau jusque sur les glaces polaires. » Voilà au moins trois mille ans que le chien a atteint, de l'est à l'ouest, les deux

MOUTON DU CONGO.

extrémités de l'ancien monde, et les monuments égyptiens attestent qu'il était en Afrique bien avant cette époque.

Le chien, et sur ce point les naturalistes sont d'accord sans exception, est la plus complète et la plus précieuse conquête de l'homme. Il est de tous les animaux le plus intelligent, le plus dévoué, le plus docile ; et si l'élégance du corps, la délicatesse de l'ouïe, la vivacité des mouvements, sont des qualités qu'il partage avec plusieurs d'entre eux, comment ne pas signaler l'extrême finesse de son odorat et surtout l'expression variée de son regard qui tour à tour prie, flatte, caresse, sourit, interroge ?

Ces qualités, sur lesquelles nous n'osons pas nous arrêter plus longtemps dans la crainte d'être taxé d'une cynophilie trop prononcée, nous les retrouvons dans le chien du Congo qui est l'ami du nègre et l'esclave le plus attaché à son maître qu'il soit possible de rencontrer. Avec le blanc il se montre défiant, inquiet, hargneux, indécis; il pousse, lorsque ce dernier l'appelle, un aboiement sourd et prolongé qui a quelque chose de douloureux, d'effaré, de sinistre.

Par contre les chiens importés d'Europe par les agents de l'Association manifestent pour le nègre une répulsion non moins marquée.

Les pigeons voyageurs qui avaient été apportés en Afrique par l'expédition que commandait Van Kerckhoven et qui, ainsi que nous l'avons dit dans un chapitre précédent, étaient destinés à un service de postes aérien, ont été presque tous victimes des serpents et des rats dans le colombier de Vivi. On n'est point parvenu encore à propager cette intéressante espèce au Congo: par suite la correspondance en quelques jours de Banana à Zanzibar est forcément ajournée. Le succès, grâce à l'expérience acquise viendra sans nul doute couronner un nouvel essai.

POIRE A POUDRE
(COLLECTION DE M. FLEMING)

Serait-ce trop exiger que de demander quelques millions aux pays pour donner plus d'élan à l'œuvre africaine?

L'Association a fait plus déjà, au point de vue financier, que n'aurait pu le faire n'importe quelle puissance européenne sans rencontrer dans son sein une opposition de tous les instants. La France, l'Angleterre ou l'Allemagne n'auraient jamais tenté séparément de créer un empire au cœur de l'Afrique: questions de finance et... d'équilibre budgétaire, répondra-t-on. Triste reponse.

Seule jusqu'à cette heure, la société inspirée et créée par S. M. Léopold II devra continuer à entretenir le foyer civilisateur en Afrique et à le doter de tous les éléments de vitalité nécessaires.

Déjà, en dépit des assertions aussi injustes que malveillantes de certains critiques ligués contre l'Association, l'esclavage, la traite des nègres sont fort restreints sur les bords du Congo. Le fleuve équatorial n'est plus la citadelle inaccessible du commerce de chair humaine; les traitants se réfugient vers le Soudan égyptien, d'où les Anglais, malgré des défaillances momentanées, parviendront tôt ou tard à les débusquer pour toujours.

Les indigènes du Congo, depuis Banana jusqu'à Léopoldville, n'opposeront aucune résistance sérieuse à l'impulsion progressiste que tendront chaque jour à élargir davantage non seulement les agents de l'Association, mais encore les missionnaires, les commerçants européens, établis au milieu d'eux. Ces peuplades sont en général douces et paisibles; leurs mutineries, leurs rébellions pour des motifs parfois enfantins, sont facilement répressibles.

Le long de la rive sud, écrit le lieutenant Valcke en 1884, les villages se suivent presque sans interruption, et leurs habitants sont pleins de bonnes dispositions à l'égard des blancs. On trouvera donc sur les lieux mêmes les bras nécessaires à l'accomplissement de grands travaux. Cette abondance de main-d'œuvre indigène n'est ni à oublier ni à dédaigner, car on ne peut songer encore à voir se former avant de longues années un noyau puissant de colonisation blanche dans cette région courageusement explorée, mais qui effraye par ses légendes les classes émigrantes des diverses nations d'Europe.

Un important résultat obtenu par l'Angleterre dans la plupart de ses colonies ou des territoires sur lesquels elle implante son étendard commercial; c'est de faire accepter partout, immédiatement, sa livre sterling. L'Anglais ne fait pas la troque; il paye en monnaie courante les marchandises qu'il achète à l'indigène, et exige et reçoit de l'argent comptant de ce même indigène à qui il cède à son tour les marchandises qu'il désire.

Il est à remarquer que l'Association n'a pas essayé au Congo d'introduire le cours d'une monnaie avantageuse, facilitant l'échange commercial. Rien ne s'oppose, ce nous semble, à tenter aujourd'hui cette expérience.

Dans l'Afrique australe, au Mangouato, un négociant anglais a réussi à introduire des valeurs fiduciaires; les billets qu'il a créés ont été volontiers acceptés par le roi du pays et par beaucoup des indigènes les plus riches.

Cette courte plaidoirie en faveur du commerçant ou de l'industriel européen qui cherche des débouchés au Congo, pourrait être appuyée de multiples exemples; mais cette preuve, que nous pourrions faire si victorieusement évidente, est étrangère au cadre de notre récit.

Nos lecteurs doivent impatiemment désirer retrouver les héros Belges qui ont déployé au delà du Stanley-Pool l'étendard civilisateur de l'Association internationale. Le prochain volume, qui va succéder sans interruption à celui-ci et qui sera exclusivement consacré au haut Congo, calmera leur légitime impatience.

Bien qu'un historien français contemporain ait, dans un livre plein de charmes, spirituellement observé que « l'histoire ne commence et ne finit nulle part », nous devons arrêter ici l'historique des tentatives poursuivies par des pionniers belges sur les rives du Congo inférieur et moyen et laisser à leur existence de luttes incessantes, de déboires, de tourments, de fièvres, d'infortunes toujours glorieuses, les braves agents qui, depuis l'année 1884, coopèrent avec un dévouement égal à celui de leurs prédécesseurs à la fondation de l'État libre du Congo.

TABLE DES MATIÈRES

CHAPITRE I

L'État libre du Congo : ses limites, son fleuve. — Premières découvertes. — L'ambassadeur nègre : Cacuta. — Baptême du premier roi chrétien du Congo ; ses funérailles. — Couronnement du roi Alphonse. — Les *Vêpres congoises*. — Les Anziques. — Les Giachas. — Le XIXe siècle au Congo : expédition Tuckey 1

CHAPITRE II.

Enfance de *John Rowlands*. — *John Rowlands* devient Stanley. — Stanley soldat, marin, officier, voyageur, journaliste, explorateur, écrivain. — Principales étapes du missionné du *Daily Telegraph* et du *New-York Herald* « à travers le Continent mystérieux ». 25

CHAPITRE III.

La découverte de Stanley et l'Europe. — L'œuvre africaine du Roi des Belges. — Le Comité d'études du haut Congo. — Le colonel Strauch. — Stanley retourne à Banana. — Une croyance des Kabindas. — Les passagers du *Barga*. — Une escadre dans un bâteau. — Le baobab 40

CHAPITRE IV.

Les blancs à Banana. — Une chimbouck d'ivoire. — Un banquet à la factorerie hollandaise. — Promenade nocturne. — Danse des Krouboys. — Les quatre saisons au bas Congo. — Pêche en haute mer; chasse à la panthère. — Quelques fleurs.   71

CHAPITRE V.

Le 21 août 1879. — Une forêt enchantée. — Kissanga. — Les deux fils du Mani-Pouta. — Une halte à Ponta da Lenha. — L'arbre fétiche. — En hamac près de Boma. — La traite odieuse. — Le cimetière de Msoukou. — A la poursuite des caïmans. — Vivi; première station du Comité d'études.   93

CHAPITRE VI.

Le commerce belge au Congo. — M. Gillis au marché de Boma. — Les porteurs d'arachides. — Rêves d'un commerçant. — Aperçu rapide des productions agricoles du bas Congo. — Les passagers du *Biafra*. — Harou et sa caravane de mules. — Valcke « briseur de rochers ». — Triste Noël — Paul Nève et Stanley fondent la station d'Issanghila   125

CHAPITRE VII.

Le *Royal* au départ d'Issanghila. — Entre Kilolo et Nsouki-Kintomimba. — Harou chasse aux buffles. — Paul Nève au camp de Kuvoko. — Les Bassoundi. — Près des rapides d'Itounzima. — Danses des sauvages de Ndonga. — Heures de fièvre. — Harou et Stanley à Manyanga-Nord   151

CHAPITRE VIII.

Stanley et Harou à Manyanga. — Le drapeau « fétiche ». — Un devin complaisant. — Mort de Paul Nève. — Les Babouenndé. — A Nzabi. — Les termites .   177

CHAPITRE IX.

Ngoma. — Passage à gué du Lubamba. — Les Batéké. — Le fusil fétiche. — Sur la colline de Kinduta. — Le clown de Bwabwa-Njaï. — Récolte du vin de palme. — Chez Gamankano   201

CHAPITRE X.

Brave Pauchu. — Le *Père*, la *Mère*, l'*Enfant*. — Ngaliema. — Un tam-tam près du Gordon Bennett. — Sur la route de Gammpa. — Sommes-nous au *bois de la Cambre ?* — « Palaver » des rois nègres 227

CHAPITRE XI.

Orban et Janssen séjournent à Vivi. — Janssen, chef d'Issanghila. — Confection d'un drapeau belge. — Une traversée de l'*Espérance*. — Manyanga-Nord-Station. — La « question des porcs ». — Une chasse à l'hippopotame. — Le drapeau du Comité d'études à Ngoyo. — Manyanga-Sud 251

CHAPITRE XII.

Brûler le *taratara !* Descente de la colline de Zinga. — Récit de Susi. — Le mont Iyumbi. — Makoko, roi des Wambundu 289

CHAPITRE XIII.

Les menées de Ngaliema au camp d'Usandi, près de Ntamo. — L'*En Avant* sur le Stanley-Pool. — Le blockhaus de Léopoldville. — Les plantations de la cinquième station 309

CHAPITRE XIV.

Retour de Gillis à Boma. — La première factorerie belge au Congo. — Les productions animales, végétales, minérales du bas Congo. — Les articles de troque. — Les cultures. — Les produits de l'industrie belge eu Congo. — M. Delcommune et les chefs de Boma 329

CHAPITRE XV.

Expédition de Hanssens, Nilis et Grang. — Visite à Makito. — Le docteur de N'tombo-Mataka. — Les occupations de Nilis à Manyanga-Nord 353

CHAPITRE XVI.

Le docteur Peschuel attaqué à Mowa. — Van Gele fonde la station de Luteté. — Une promenade militaire du *m'foum Katchéche*. — Victoire de Nilis à Dandanga. — Makito, marchand de légumes. — Les moutons de Manyanga. — Nouveaux arrivants 377

CHAPITRE XVII.

Le docteur Allard et le *sanitarium* de Boma. — Station d'Ikungula — Le poste de Mpozo. — A Gangila : mort de Joseph Vandevelde. — La fête de S. M. Léopold II à Manyanga-Nord. 401

CHAPITRE XVIII.

Les chefs de N'tombo et *Boula Matari II* (Hanssens). — Novembre 1882 à Manyanga. — Le caravanier Soudi et sa ceinture. — Une mutinerie. — Chasse et excursion de Nilis aux environs de Manyanga. — L'*atoundo*. — Triste Noël. — Le docteur Van den Heuvel. 419

CHAPITRE XIX.

Visite de Stanley à Manyanga. — Parfonry sur la route de Luteté. — Suicide de Luksick. — Mort de Parfonry — Folie d'Ivaert. — Excursion à N'jenga. — Décès de Grang. — Retour de la saison sèche 441

CHAPITRE XX.

Le lieutenant Avaert à Issanghila. — L'expédition Van Kerckhoven. — Les pigeons voyageurs. — Le lieutenant Nilis à Zinga. — L'incident Haneuse. — La mission du général Goldsmith. — Une révolte à Vivi. — Lettres d'Ernest Courtois. — Retour du lieutenant Nilis à Bruxelles — Mort d'Orban — Guillaume Casman à Mukumbi. . 457

CHAPITRE XXI.

Le lieutenant colonel Sir Francis de Winton. — Nouveau-Vivi. — Mort de Flamini. — Les jalons hospitaliers de Boma à Léopoldville. — Projet d'un chemin de fer au Congo. — Les animaux domestiques du bas Congo 501

TABLE DES GRAVURES

Kabinda	1
Le roi du Congo recevant une ambassade portugaise (d'après une ancienne estampe).	1
Le couronnement du roi Alphonse (d'après une ancienne estampe)	13
Grande pirogue indigène	20
Une factorerie à Kabinda	21
M. Henry M. Stanley	23
Le « *Lady Alice* » démonté	27
Vue aux environs du Rouiki et de Nakannpemmba	29
Une maison à Ikonndou	30
Les explorateurs du « Continent mystérieux »	31
Franck Pocock	35
Combat au confluent de l'Arouhoumi et du Livingstone (Congo)	37

La septième cataracte des Stanley-Falls	37
Le fils aîné du roi de Tchoumbiri	41
L une des femmes du roi de Tchoumbiri	42
Traînage des canots sur les promontoires rocheux	43
Mort de Kaloulou	44
Les membres de l'expédition, rapatriés	45
Poisson du Congo	48
Une factorerie à Banana	49
Le colonel Strauch	53
Vue de Banana	61
Krouboy	67
Le Baobab	69
Racines de manguiers (Banana)	70
Antilope cobus	71
Oiseau	72
Une crique du bas Congo	73
Ananas du bas Congo	79
Corbeaux à collier blanc (Banana)	85
Écureuil du Congo	91
Camoensia Maxima	93
Poisson du bas Congo	94
Oiseau	95
Pogonorhyncus oegaster	100
Le Congo à Kissanga	101
Vue des factoreries de Boma	109
Graminées du bas Congo	113
Le cimetière de Msoukou	115
Station de Vivi (vue de la route d'Issanghila)	121
Gongs en fer	124
Porteurs d'ivoire	125
Adolphe Gillis	129
Le crin végétal	133
Paul Nève	137
Le bas Congo aux environs de Vivi	139

TABLE DES GRAVURES

Halage des embarcations près des chutes.	145
Première chute d'Issanghila	148
Deuxième » »	149
Fers de lances	150
La rive du bas Congo	151
Le lieutenant Harou	153
Baphia nitida	154
Lissochilus giganteus	159
Krouboys creusant un canot	160
Serpent python	163
Le capitaine Braconnier	165
Martin pêcheur géant	171
Hyphœne ventricosa	173
Pipe	176
Transport des embarcations	177
Le Congo à Manyanga	179
Hutte où Paul Nève est mort (d'après un croquis du lieutenant Valcke)	185
Tombe de Paul Nève (d'après un croquis du lieutenant Valcke)	189
Chute de la rivière d'Edwin Arnold	193
Chute de Massassa	195
Vue prise du plateau de Mowa	197
Poire à poudre	200
La rive à Ngoma	201
Embouchure du Nkenké	205
Les rapides du Lady Alice	209
Récolte du vin palme	219
Trombe	223
Camp à Malima	227
Branche droite de la première cataracte de Livingstone	233
Groupe de Zanzibarites attachés à l'expédition	240
Banc	250
Arrivée à Vivi	251
Le lieutenant Janssen	253
Le lieutenant Orban	257

Oulédi et un de ses compatriotes.	261
Première maison construite à Issanghila.	265
Vue de la Station d'Issanghila (d'après un croquis du lieutenant Valcke)	270
Mlongo-Mlako	273
Dracœna Sapochnowki	279
Le Congo près de Manyanga Nord	281
Lance	288
L'En Avant.	289
La catastrophe de Zinga	295
Le Zanzibarite Susi	299
Banc	308
Vue près de Ntamo	309
Siége batcké.	313
Schizorhis gigantea	317
Carte du Stanley-Pool.	319
Vue de Léopoldville	321
Habitation indigène	323
Poisson du Congo	328
Caverne	329
Une séance du féticheiro	331
Plan de la factorerie belge de Boma.	335
Couteaux indigènes	343
Palmier calamus et son fruit	344
Poterie indigène	349
Siége.	352
Le jardinet d'Issanghila	353
Le lieutenant Nilis.	357
Nilis partant pour N'tombo Mataka (d'après une photographie)	361
Forêts sur les rives du fleuve	365
Le capitaine Hanssens.	369
Canots et pagaies indigènes	373
Grande hutte cylindrique	377
Mussaenda grandiflora	379
L'alerte	381

TABLE DES GRAVURES

Le neveu de Mlongo-Mlako	395
Siège	400
Un village	401
Poulailler indigène	405
Le lieutenant Coquilhat	413
Panier	418
Groupe d'explorateurs (d'après une photographie)	419
Lyre	423
Le lieutenant Avaert	425
Orchidée	429
Fétiche	433
Le lieutenant Grang	437
Calebasse	440
Krouboys (d'après une photographie)	441
Instrument de musique fétiche	445
Le Congo près de Luteté	449
Hache	456
Curiosité indigène	457
Krouboys et chef indigène (d'après une photographie)	461
Une flottille indigène sur le Congo	465
Autographe de Stanley	473
Guillaume Casman	477
Tambour	479
La Mata	481
Fusil d'indigène	485
Instrument de musique	487
Pipe à deux fourneaux	489
Peigne	491
Vue sur le Stanley-Pool	494
Siège	497
Pipe à chanvre	498
Sifflet de caravane	500
MM. Avaert, Allard et Delcommune à Vivi (d'après une photographie)	501
Le docteur Allard	505

Chasse au buffle.	509
Mouton du Congo	513
Poire à poudre	514
Fétiche	517

www.ingramcontent.com/pod-product-compliance
Lightning Source LLC
Chambersburg PA
CBHW051401230426
43669CB00011B/1718